Elisabeth Badinter:

Ich bin Du

Auf dem Weg in die androgyne Gesellschaft

Aus dem Französischen von
Friedrich Griese

Deutscher
Taschenbuch
Verlag

Ungekürzte Ausgabe
März 1994
Deutscher Taschenbuch Verlag GmbH & Co. KG, München

Titel der französischen Originalausgabe:
L'un est l'autre

ISBN 3-492-03127-7
Umschlaggestaltung: Simone Fischer
Umschlagfoto Rückseite: Louis Monier
Satz: Fotosatz Uhl + Massopust, Aalen
Druck und Bindung: C. H. Beck'sche Buchdruckerei, Nördlingen
Printed in Germany · ISBN 3-423-30397-2

Das Buch

Nach viertausendjähriger Herrschaft ist das Patriarchat im Lauf der letzten drei Jahrzehnte an seinem Ende angelangt. Die Männer sind »weiblicher«, die Frauen »männlicher« geworden, der androgyne Mensch entsteht – so die These der französischen Philosophin Elisabeth Badinter. In vielen Bereichen konstatiert sie den Niederschlag dieses tiefgreifenden gesellschaftlichen Wandels. So haben Frau und Mann prinzipiell Zugang zu allen Positionen in Wirtschaft, Politik und Kultur. Das Arbeitsleben ist desexualisiert: Seine technische Organisation ersetzt weibliche Geschicklichkeit und männliche Kraft gleichermaßen. Die Ehe ist nicht mehr »Lebensversicherung« für die Frau und kostenloser Service für den Mann – ihr erster Anspruch ist Liebe. Die Selbstbestimmung der Frau über ihren Körper hat sie beweglicher, unabhängiger und aktiver, also »männlicher« gemacht; Frausein heißt nicht mehr notwendigerweise Muttersein. Die Männer hingegen entdecken und akzeptieren zunehmend ihre »weibliche« Seite, Eigenschaften wie Sanftheit, Fürsorglichkeit, Sensibilität; daraus resultieren neue männliche Verhaltensweisen, etwa die Rolle des »neuen« Vaters. All diese Entwicklungen sind das Produkt eines langen und vielschichtigen Prozesses, dessen historische und soziale Wurzeln Badinter freilegt. Ein Buch für Frauen und Männer.

Die Autorin

Elisabeth Badinter, 1944 in Boulogne-Billancourt geboren, ist Professorin für Philosophie an der Ecole Polytechnique in Paris. Studien zur Soziologie der Familie, Veröffentlichungen auf deutsch u. a.: »Die Mutterliebe« (1980), »Emilie, Emilie« (1983), »XY. Die Identität des Mannes« (1993).

Inhalt

Vorwort

Seit rund fünfzehn Jahren beobachten die Fachleute aus den Humanwissenschaften fasziniert, wie sich im Westen die Wertvorstellungen, Wünsche und Verhaltensweisen von Mann und Frau allmählich fortschreitend entwickeln. Während in anderen Teilen der Welt eine freiwillige Rückkehr zu älteren Wertvorstellungen festzustellen ist, bildet die industrialisierte Welt des Westens einen Block, der durch gleichartige, beschleunigte Umwälzungen geeint wird. Die Umwandlungen geschehen so rasch, ja beinahe abrupt, und sie stehen so sehr zu unseren jüngeren Traditionen in Widerspruch, daß man versucht ist, von einer Revolution zu sprechen. Eine andere Ordnung der Welt ist dabei, sich zu etablieren und wir sind sowohl die interessierten Zuschauer als auch die beunruhigten Akteure dieses Prozesses.

Die Statistiken und Berichte sowie die persönliche Erfahrung jedes einzelnen zeigen unbestreitbar, daß Männer und Frauen im Begriff sind, das Bild, das sie sich von sich selbst und von dem anderen machen, gründlich zu verändern. Es fällt immer schwerer, Unterschiede in den besonderen Merkmalen auszumachen, die sie sich gegenseitig zuschreiben und die lange Zeit hindurch durch die »Natur« des jeweiligen Geschlechts bestimmt waren. Ihre Beziehungen ruhen auf anderen Grundlagen und folgen anderen Wegen, als ihre Väter sie vorgezeichnet haben. Die Unterscheidungsmerkmale, deren Zahl wächst, lösen sich gleichzeitig auf, und unsere festen Anhaltspunkte gehen uns verloren. Ratlosigkeit und Angst kommen daher nicht von ungefähr.

Nachdem mir – wie vielen anderen – diese Veränderungen bewußt wurden, glaubte ich zunächst, der Wandel der Leitbilder, den wir erleben, unterscheide sich nicht grundlegend von den zahlreichen sonstigen Veränderungen im Laufe der bisherigen Geschichte. Veränderungen von Gewohnheiten und Vorstellungen mögen sich früher langsamer vollzogen haben und daher von den Beteiligten nicht so deutlich wahrgenommen worden sein, doch waren sie sicherlich von einem gewissen Unbehagen begleitet, auch wcnn dieses nicht immer zum Ausdruck kam. Im Laufe der Zeit wurde die neue Ordnung dann zu etwas Selbstverständlichem und reihte sich in die Kontinuität des Althergebrachten ein.

Doch diese beruhigende Beschwörung der Vergangenheit bleibt in diesem Fall wirkungslos. Die Umwälzungen, deren Zeugen wir sind, könnten von ganz anderer Art sein als eine bloße Evolution – oder selbst eine Revolution – der Sitten. Der Wandel der Leitbilder stellt nicht nur unsere Verhaltensweisen und Wertvorstellungen in Frage, sondern er berührt unser innerstes Wesen: unsere Identität, unsere Natur als Mann und als Frau. Deshalb nimmt die Beunruhigung die Gestalt einer regelrechten existenziellen Angst an, die uns zwingt, erneut die große metaphysische Frage zu stellen: Wer bin ich? Worin besteht meine Identität, meine Besonderheit als Mann oder als Frau? Worin unterscheiden wir uns voneinander? Wie können wir miteinander leben?

Descartes hatte recht. Die Frage nach dem Sein ist schwindelerregend, und wir besitzen nicht sein Genie, um uns innerhalb einiger Tage der Meditation Gewißheit zu verschaffen. Die Antworten, sagt man, stünden in der Bibel, doch wir finden sie da nicht mehr. Möglich, daß es uns, weil wir allzu sehr in diese »große Umwälzung« verwickelt sind, nicht gelingt, einen Überblick zu gewinnen, möglich auch, daß die Bibel dieses Mal nicht die Antworten auf die neuen Fragen enthält.

Aber wie sind diese neuen Fragen entstanden?

Wir müssen zwei Jahrhunderte zurückgehen bis zur Entstehung der westlichen Demokratien, um den Hintergrund zu erfassen, dem die Fragen entsprungen sind. Das Prinzip der Gleichheit wurde zum Grundsatz der Demokratien; und sie haben seither unablässig dafür gekämpft, Gleichheit durchzusetzen und Herrschaftssysteme abzuschaffen, die auf der Vorstellung von einer naturwüchsigen Hierarchie unter den Menschen beruhen. Selbst wenn wahre Gleichheit eine Utopie sein sollte, so besitzt sie doch genügend ideologische und moralische Macht, um die Beziehungen zwischen den Menschen substantiell zu verändern.

Was die Gleichheit der Geschlechter betrifft, so kam sie übrigens erst im 20. Jahrhundert wirklich auf die Tagesordnung. Zwei Jahrzehnte haben ausgereicht, um einem System von Vorstellungen ein Ende zu machen, dank dessen die Männer über viele Jahrtausende hinweg Macht über die Frauen ausüben konnten: dem Patriarchat. Dabei sind nicht nur die Bedingungen der Möglichkeit für eine Gleichheit der Geschlechter geschaffen worden, sondern zugleich wurde das uralte Leitbild ihrer Komplementarität in Frage gestellt, und die bis dahin selbstverständlichen Voraussetzungen der geschlechtlichen Identität gerieten durcheinander.

In der Überzeugung, daß die Ungleichheit vor allem den unterschiedlichen Geschlechtsrollen zuzuschreiben sei, hat man die Regel der geschlechtlichen Arbeitsteilung systematisch und sorgfältig durch die Regel der gemischt-geschlechtlichen Arbeitsteilung ersetzt. Das Bild einer Gesellschaft, die in eine männliche und eine weibliche Sphäre aufgespalten ist (Haushalt und Arbeitswelt, Kinderzimmer und Büro...), ist dadurch im Schwinden begriffen, und zugleich haben wir den Eindruck, unsere persönlichsten Orientierungspunkte zu verlieren. Noch vor kurzem mangelte es nicht an Gewißheiten. Sie gebar das Leben, und er beschützte es. Sie sorgte für die Kinder und den Haushalt, er zog aus zur Eroberung der Welt und notfalls in den Krieg. Diese Arbeitsteilung hatte den Vorzug, bei jedem andere Merkmale zu entwickeln, die zum Identitätsgefühl in hohem Maße beitrugen.

Ein einziger, aber wesentlicher Unterschied ist bis heute geblieben: Die Frauen bringen die Kinder zur Welt, nicht die Männer. Doch angenommen, die weibliche Identität ließe sich auf die Möglichkeit der Mutterschaft beschränken[1], dann gibt uns die männliche Identität ein Rätsel auf. Gibt es eine Erfahrung – von der sexuellen abgesehen –, die allein den Mann auszeichnete und der Frau völlig unbekannt wäre? Reicht es aus, den Mann negativ zu definieren als denjenigen, der keine Kinder zur Welt bringt? Fragen dieser Art, die zwangsläufig Spuren in unserem Unbewußten hinterlassen, fördern grundlegend neue Probleme zutage. Wenn das Leitbild der Komplementarität der Geschlechter in Frage gestellt wird, so hat das ganz gewiß nicht nur gesellschaftliche oder »politische« Konsequenzen; es zwingt uns vielmehr, uns Gedanken zu machen über unsere Natur, ihre Formbarkeit und die ständig wachsende Rolle der Kultur. Was bleibt heute, da man die Befruchtung *in vitro* praktiziert und genetische Manipulationen denkbar werden, an Unwandelbarem, das uns unauflöslich mit unseren fernsten Vorfahren verbindet?

Wir wissen auf diese schwindelerregenden Fragen keine Antwort, doch können wir wenigstens versuchen, mit Hilfe der Geschichte und der Ethnologie die Tragweite des aktuellen Phänomens zu ermessen. Es gibt keine Gesellschaft, so erfahren wir, wo man von einer Komplementarität der Geschlechter überhaupt nichts wissen würde. Die Natur dieser komplementären Beziehungen bleibt jedoch ungeklärt. Nach Ansicht vieler – wenn auch nicht aller – Ethnologen, sind sie immer asymmetrisch gewesen, und zwar zu Ungunsten der Frauen. Wenn wir die im engeren Sinne historische Phase unserer Gesellschaft untersuchen, finden wir zwar nur Spuren eines Patriarchats, das oft die Gestalt einer absoluten männlichen Herrschaft angenommen hat, doch da wir der patriarchalischen Ideologie ein Ende gemacht haben und diese Herrschaft selbst in den letzten Zügen liegt, dürfen wir annehmen, daß sie nicht die einzige gesellschaftliche Möglichkeit ist.

Das Zusammentreffen zwischen dem Ende eines Herrschaftssystems (des Patriarchats) und einem Modell der Geschlechterbeziehungen (der Komplementarität) bedeutet nicht, daß zwischen beiden ein ursächlicher Zusammenhang besteht. Während es den Anschein hat, als gehöre die Komplementarität zum Wesen der Menschheit, ist die fast auf der ganzen Welt übliche männliche Vorherrschaft nur eine von mehreren Möglichkeiten, diese Komplementarität zu leben. Es gibt, auch wenn sie sehr selten geworden sind, noch immer sogenannte primitive Gesellschaften, bei denen wir eine ausgewogene Komplementarität und eine »fast völlige Gleichheit der beiden Geschlechter«[2] finden.

Die Gleichheit in der Verschiedenheit, d. h. die Symmetrie, ist nicht bloß ein feministisches Schlagwort. Es ist sogar möglich, daß das Patriarchat, eben weil es diese Symmetrie nicht beachtet hat, in den demokratischen Gesellschaften das Leitbild der Komplementarität mit in seinen Sturz hineinreißt. Wie dem auch sei – die mit diesem Leitbild verknüpfte Rollenverteilung scheint uns so eng mit der ungleichen Beziehung der Geschlechter zusammenzuhängen, daß wir, um diese zu verändern, alles daran setzen, um jener Verteilung der Rollen ein Ende zu machen, selbst auf die Gefahr hin, die »natürlichen« Gegebenheiten durcheinanderzubringen.

Wenn es denkbar ist, die Komplementaritätsbeziehung, die den Mann mit der Frau verbindet, vom System der Herrschaft des Mannes über die Frau zu trennen, muß man die Entstehungsbedingungen dieses Systems und die ihm zugrundeliegende Logik aufdecken und zeigen, daß diese Logik unvereinbar ist mit der Logik von demokratischen Gesellschaften, die nämlich ein ganz anderes Leitbild hervorbringt: *die Ähnlichkeit der Geschlechter*.

Um diese Hypothese zu prüfen, müssen wir zwei überaus gewagte Dinge tun: Wir müssen zunächst den Ursprüngen nachgehen, die bekanntlich eine methodologische Fiktion und zugleich eine nahezu unbekannte prähistorische Realität sind; sodann müssen wir uns auf das Wagnis einlassen, die Entwicklung des Verhältnisses zwischen Mann und Frau in unserer Zivilisation zu beschreiben und insbesondere deren Gründe zu erhellen. Wenn wir dabei chronologisch vorgehen, kommt es weniger darauf an, einen Überblick über die Geschichte zu gewinnen, als vielmehr darauf, ihre treibende Kraft zu erkennen.

Als entscheidend stellt sich die Machtfrage heraus. Es sieht nämlich nicht so aus, als hätte ein *deus ex machina* die Verteilung der Machtbefugnisse zwischen den Geschlechtern ein für allemal geregelt. Sie ist aus manchmal nur schwer erkennbaren Gründen zu verschiedenen Zeiten und an verschiedenen Orten unterschiedlich geregelt worden. Ökologische, ökonomische, ideologische und wissenschaftliche Revolutionen bieten uns zwar wertvolle Anhaltspunkte, können aber allein die Geschichte des Verhältnisses zwischen den Geschlechtern nicht völlig aufklären. Es gibt darüberhinaus eine Unmenge von Imponderabilien, die sich der Vernunft entziehen, so etwa die Wünsche, die man nicht weiter analysieren kann, und die zahllosen ungesagten Dinge, die für immer unbekannt bleiben.

Unser Vorhaben birgt also erhebliche Risiken.

Es setzt sich durch seinen Umfang von vornherein zahlreichen Vorwürfen aus: Dem Vorwurf der unzureichenden Kenntnisse, der Leichtfertigkeit, des Schematismus, der Verzerrung usw. Daß wir uns dessen bewußt sind, vermag uns nicht völlig vor solchen Vorwürfen bewahren. Im übrigen ist diese so sehr leidenschaftliche Geschichte mit unseren eigenen Passionen befrachtet. Doch wie könnte man sich freihalten von dem alten, von Generation zu Generation weitergegebenen Groll und von dem geheimen Einverständnis, in das die einen sich unbedacht gegen die anderen verstricken ließen?

Last but not least sei unverhüllt zugegeben, daß wir in dieser Arbeit der Kultur (statt der Natur) von vornherein das größere Gewicht beimessen. Die gegenwärtige Entwicklung des Verhältnisses zwischen den Geschlechtern geht nach unserer Meinung so weit, daß wir versucht sind, darin den Anfang einer regelrechten Mutation zu sehen, einer kulturellen Mutation, die nicht bloß die Machtverhältnisse zwischen Männern und Frauen durcheinanderbringt, sondern uns nötigt, noch einmal die »Natur« beider zu überdenken. Könnten die wissenschaftlichen Möglichkeiten, die sich vor uns auftun, unseren zerbrechlichen Identitäten nicht schon morgen kräftige Stöße versetzen? Die Perspektive der künstlichen Mutter oder – warum nicht? – des »schwangeren Mannes« beschwört das Schreckbild des Maschinen-Menschen und der Naturverleugnung herauf, die andere schlicht als »Realitätsverleugnung« bezeichnen würden.

Im Unterschied zu anderen Mutationen beruht diese jedoch weniger auf dem Druck der Umwelt, als vielmehr auf der Konfrontation der Wünsche des Mannes mit denen der Frau. Die Frauen haben jetzt gesagt, was sie nicht mehr wollen, und eine beispiellose Revolution in Gang gesetzt. Nun müssen die Männer sich über die neue Lage Gedanken machen und sagen, was sie wollen und wie sie sich den neuen Geschlechtervertrag vorstellen.

Dürfen wir hoffen, daß sich zwischen zwei gleichermaßen verantwortlichen Parteien ein neues Gleichgewicht herstellt? Oder müssen wir befürchten, daß sich ein weiteres Mal der Wunsch nach Herrschaft gegen die Weisheit durchsetzt?

Nur eines bewahrt uns vor dem Geschichtspessimismus und gibt uns Mut: die Utopie der Zukunft.

I. Teil

Das Eine *und* das Andere

»Der Mensch der Zukunft ist nicht zu verstehen,
wenn man den Menschen der Vergangenheit nicht verstanden hat.«
A. Leroi-Gourhan

Der Rückgriff auf die Gesellschaften der Frühzeit ist eine Versuchung, der man unmöglich ausweichen kann. Es ist eine gefährliche Versuchung, denn von den Sitten des Menschen der Vorgeschichte wissen wir bis heute fast nichts. Unendlich sind die Schwierigkeiten, sobald es darum geht, das Verhältnis zwischen den Geschlechtern zu begreifen. Von den Gesetzen, die es bestimmten, den Gefühlen, die sie empfanden, den Konflikten, die sie bewegten, haben wir nur dürftige und indirekte Kenntnisse. Daher das beinahe totale Schweigen der Prähistoriker zu diesem Thema.

Nachdem Rousseau[1] uns vor den Gefahren des Ethnozentrismus und des Anachronismus und Lévi-Strauss[2] vor unangebrachten Vergleichen zwischen archaischen und primitiven Kulturen gewarnt hat, ist es offen, wie wir uns dem dunklen Kontinent der Altsteinzeit nähern sollen. Wie können wir die Beziehungen zwischen Mann und Frau während eines so langen, von verschiedenen Zivilisationen geprägten und geformten Zeitraums begreifen, wie die Vielfalt der Lebensverhältnisse und der sozialen Sitten? Wie können wir herausbekommen, welche Rollen dem einen und dem anderen Geschlecht zugewiesen waren, in welchem Maße beide Geschlechter die täglichen Angelegenheiten bestimmten, welchen Anteil sie an den religiösen oder magischen Praktiken hatten und wie groß schließlich ihre jeweilige Macht war?

Seit mehr als 30 000 Jahren haben die Menschen der Vorgeschichte Spuren ihrer materiellen Lebensbedingungen und ihrer spirituellen Besorgnisse hinterlassen. Doch die technisch-ökonomischen Überreste, die Gräber und die Kunstwerke, die unserer Geschichte als Leitfaden dienen, liefern nur »verstümmelte Botschaften«[3]. Wie sollen wir sie deuten, wenn uns jedes Vergleichsmodell fehlt? Unser einziger Führer ist die Imagination, die Phantasie, die aber keine Schöpfung aus dem Nichts sein kann, sondern im Gegenteil von Analogien und von unseren unvermeidlichen Projektionen lebt.

A. Leroi-Gourhan hat sich im Hinblick auf die Jäger des Magdalénien von Pincevent nicht gescheut, ihnen eine Ähnlichkeit mit Eskimos, Australiern oder afrikanischen Buschmännern zuzuschreiben, die noch vor kurzem unter den gleichen Bedingungen lebten. Wenn wir uns von den Beziehungen zwischen Mann und Frau in der Altsteinzeit eine Vorstellung machen wollen, muß uns jedes Mittel recht sein. Wir stützen uns dabei ebenso auf Forschungen in bestimmten primitiven Gesellschaften wie auf Überlegungen, die von der gegenwärtigen Entwicklung der westlichen Gesellschaft ausgelöst werden. Wir verfahren mit anderen Worten nach Spielregeln, die nach Ansicht der heutigen Anthropologie gefährlich, wenn nicht gar verdammenswert sind.

Wie sollen wir jedoch anders vorgehen, wenn wir darauf bestehen, uns von den Vorstellungen der Geschlechter sowie von den Werte- und Machtsystemen archaischer Gesellschaften, die vor Jahrtausenden untergegangen sind, ein Bild zu machen? Daß wir dabei in einem gewissen Maß phantasieren, ist unvermeidlich, aber kommt es nicht vielmehr darauf an, uns dieser Tatsache bewußt zu bleiben?

Je mehr wir uns dem historischen Menschen nähern, um so klarer werden die Anhaltspunkte. Neue technische Geräte geben uns Auskunft über ökonomische Umwälzungen und über veränderte Beziehungen, die sich möglicherweise zwischen den Geschlechtern herstellten. Religiöse und künstlerische Darstellungen, deren Bedeutung jetzt deutlicher erkennbar wird, verraten uns noch mehr über die jeweilige Stellung von Mann und Frau. An ihrer Entwicklung lassen sich Veränderungen der Perspektive und eine Umwälzung der Kräfteverhältnisse ablesen. Aus den Kult- und Kunstgegenständen läßt sich erahnen, ob das Männliche oder das Weibliche vom Glanz magischer oder religiöser Macht umgeben ist oder die in dieser vorgeschichtlichen Periode wesentliche Fortpflanzungsfähigkeit besitzt. Wenn eine neue Gestalt in den Darstellungen auftaucht, so geschieht das nicht grundlos; vielmehr äußert sich darin eine Neubewertung der Machtbefugnisse und Fähigkeiten des einen oder des anderen, durch die sich das bis dahin bestehende Kräfteverhältnis änderte. Dieses Kräfteverhältnis ist somit nicht ein für allemal festgelegt, sondern es schwankt in Abhängigkeit von technischen und ideologischen Umwälzungen.

Man ist übrigens, wenn man einen flüchtigen Blick auf diesen fernen Abschnitt der Menschheitsgeschichte wirft, nicht nur über die Entwicklung des Verhältnisses zwischen den Geschlechtern erstaunt, sondern man behält auch den Eindruck zurück, daß die Machtbefugnisse relativ ausgewogen auf beide Geschlechter verteilt waren. Im Gegensatz zur anschließenden Periode ist von einer allgemeinen Unterdrückung des einen Geschlechts durch das andere kaum etwas zu bemerken. Doch hier setzt möglicherweise unsere Phantasie ein...

1. Die ursprüngliche Komplementarität der Geschlechter

Mann und Frau sind, wohin wir auch blicken, nicht nur verschieden, sondern ergänzen einander so gut, daß sie zusammen beinahe allmächtig sind: Herren des Lebens und Urheber ihres Überlebens, ihrer Freuden und der notwendigen affektiven Wärme, ohne die auch das Humane verkümmert. Voneinander getrennt, scheinen sie sowohl nutzlos als auch in Todesgefahr zu sein, so als wäre nur die Einheit beider sinnvoll und wirksam. Beide müssen sich zusammentun und zusammen wirken, damit die Menschheit vollständig ist, das heißt »vollendet, abgeschlossen, vollkommen«. Nichts deutet von vornherein darauf hin, daß das eine Geschlecht überlegen oder das andere im geringeren Maße notwendig wäre.

Nicht ganz so offensichtlich wie im Hinblick auf ihre Anatomie ist die Komplementarität der Geschlechter bezüglich ihrer jeweiligen Funktionen. Doch schon flüchtige Beobachtung lehrt, daß es in allen menschlichen Kollektiven stets Aufgaben gegeben hat, die einem Geschlecht vorbehalten und dem anderen untersagt waren.

Bei allen Unterschieden von einer Gesellschaft zur anderen scheint die geschlechtliche Arbeitsteilung eine Konstante zu sein. Sie unterscheidet nicht nur die menschliche Gesellschaft von der Tierwelt, sie ist auch in den unterschiedlichsten Gesellschaften, die wir bis heute kennen, überall wirksam. Vielleicht haben wir es hier mit einer Grundregel der menschlichen Natur zu tun. Sollte das der Fall sein, so wären wir versucht, ihr einen ähnlichen Status zu geben, wie ihn Lévi-Strauss dem Inzestverbot einräumt. Der große Anthropologe hat gezeigt, daß dieses Verbot das Band zwischen dem Biologischen und dem Gesellschaftlichen darstellt, und er hat damit seine Universalität und seine Notwendigkeit unterstrichen. Würde gleiches von der geschlechtlichen Arbeitsteilung gelten, so könnte sich in der Entwicklung, die wir heute in unseren Gesellschaften beobachten, eine Art von Mutation ankündigen.

Doch ehe wir darüber urteilen, sollten die Anthropologen und die Primatologen zu Wort kommen, die sich über das, was man von den frühesten Gesellschaften weiß, einig zu sein scheinen. Danach wird Gelegenheit sein, auf den Inhalt und die Art der Komplementarität der Aufgaben einzugehen sowie die wichtigen Fragen nach den jeweiligen Machtbefugnissen des einen und des anderen Geschlechts und nach der Vorherrschaft des einen über das andere anzuschneiden.

Das Wesen des Menschen

Eine universelle Regel der menschlichen Natur?

Ethnologen und Anthropologen können uns nur von der Mannigfaltigkeit der Kulturen berichten, die sie direkt beobachten, und damit von den Gemeinsamkeiten, die diese über die vielfältigen Unterschiede hinweg verbinden. Einhellig erklären sie, das Inzestverbot sei universell, und ebenso einhellig betonen sie die Universalität der geschlechtlichen Rollenverteilung.

Schon vor fast dreißig Jahren schrieb Magaret Mead: »Ob wir uns nun mit kleinen oder großen Dingen befassen,... überall finden wir festgelegte Meinungen, nach denen die Rollen der Geschlechter – oft in einander grob widersprechender Weise – verteilt werden. Immer aber finden wir diese Differenzierung. Wir kennen keine Kultur, die ausdrücklich behauptet, der Unterschied zwischen Mann und Frau bestehe lediglich in der Form, in der beide Geschlechter zur Erzeugung der Nachkommenschaft beitragen, im übrigen aber seien beide nur menschliche Wesen mit verschiedenen Anlagen, von denen keine einem Geschlecht ausschließlich zugesprochen werden könne.... Wie unterschiedlich diese Eigenschaften bald diesem, bald jenem Geschlecht zugeschrieben werden,... wie willkürlich eine solche Aufteilung auch sein mag, es hat sie doch in jeder uns bekannten Gesellschaftsform von jeher gegeben.«[1]

Heute trifft Françoise Héritier die gleiche Feststellung. Man müsse erkennen, daß am Anfang die Binarität stehe, daß »alles zweigeteilt wird, dem einen oder anderen Geschlecht zugewiesen, gemäß zwei entgegengesetzten Polen«[2]. Stärker als Mead betont Héritier den asymmetrischen und ungleichen Charakter der geschlechtlichen Dichotomie. Männer und Frauen, schreibt sie, seien stets »invers«: Die Frau handelt immer dem Mann entgegengesetzt, »er ist das überlegene, sie das unterlegene Geschlecht«[3], was in ihren Augen ein Skandal ersten Ranges ist. Während die amerikanische Anthropologin stets nach dem *Ursprung* und der *Realität* dieser Unterschiede fragte (entstammen sie der Natur oder der Gesellschaft? Handelt es sich um einen tief in unserer Säugernatur verankerten Imperativ, dessen Verletzung eine individuelle oder eine soziale Krankheit hervorrufen würde, oder um einen Imperativ, der nicht so tief sitzt und sich lediglich als gesellschaftlich praktisch erwiesen hat?), sieht Françoise Héritier das asymmetrische Verhältnis in der jeweiligen Natur beider Geschlechter begründet. »Es besteht kaum ein Zweifel daran, daß die körperliche Überlegenheit des Mannes und vor allem die große Belastung, die erzwungene Immobilisierung und Schwächung der Frauen während der längsten Zeit ihres Lebens (...) schon zu den Anfängen der menschlichen Gesellschaft wesentliche Ursachen für die männliche Vorherrschaft darstellten.«[4] Mit anderen Worten, der geschlechtliche Dualismus hat seine Wurzel in der Wahrheit des Körpers. Dieser ursprünglichen Dichotomie, in der sich die Überlegenheit des Männlichen äußert, bemächtigt sich dann die Ideologie und dehnt sie auf alle Lebensbereiche und alle Aspekte der Erkenntnis aus. Diese binäre, wertende Einteilung der Fähigkeiten, Verhaltensweisen und Eigenschaften nach dem Geschlecht findet man übrigens in *allen Gesellschaften*.

Doch ungeachtet dessen, ob man nun den beiden sexuellen Polen einen positiven beziehungsweise negativen Wert beimißt oder nicht, besteht Einigkeit darüber, daß ihre Komplementarität etwas Universelles ist, auch in den Gesellschaften, die eine deutliche Präferenz für symmetrische Verhaltensweisen zeigen. Beim Stamm der Manus auf den Admiralitäts-Inseln sind die

Rollen der Frauen und Männer sehr schwach differenziert: Beide haben wichtigen Anteil am religiösen System, beide betreiben Geschäfte. Das Geschlecht und die geschlechtliche Anziehung werden bei diesen Puritanern derart abgewertet[5], daß die Vorstellungen, die Männer und Frauen darüber haben, sich kaum voneinander unterscheiden. Doch während im wirtschaftlichen und religiösen Leben der Manus Gleichheit herrscht, »dient (all dies) dazu, das Los der Frau weniger anziehend als das des Mannes zu machen. Als Repräsentanten der unerlaubten Tätigkeiten des Körpers, als das Geschlecht, das tatsächlich mehr mit seinem Körper leistet, werden die Frauen stärker eingeengt... Die Frauen (empfinden) ihre Weiblichkeit nicht als positiv; nicht, weil den Männern gegebene öffentliche Auszeichnungen ihnen vorenthalten würden – Einfluß, Macht und Reichtum stehen auch Frauen offen –, sondern weil die sinnliche, schöpferische Bedeutung der weiblichen Rolle als Frau und Mutter so unterbewertet wird«[6].

Hier wie überall, wo das Weibliche als ein zu verbergendes Übel wahrgenommen wird, macht sich die Komplementarität mit Nachdruck auf negative Weise geltend, zum Nachteil der Frauen und ihrer affektiven Beziehungen zu den Männern. Bei den Mundugumor[7], die eine beiden Geschlechtern gemeinsame Aggressivität betonen[8], während sie außer der Anatomie des Geschlechtsapparats kein komplementäres Merkmal kennen, erscheint uns das Leben der Frau, im engeren Sinne verstanden, als unerträglich. Mit Ausnahme der genitalen Sexualität werden die Schwangerschaft und das Stillen gehaßt und wenn möglich vermieden. Die Teilung der Gesellschaft, so erklärt Mead, in zwei Gruppen, erwachsene Männer auf der einen Seite, Frauen und Kinder auf der anderen, ist praktisch aufgehoben, was die Gruppe freilich teuer bezahlen muß, denn ihr Überleben ist gefährdet.

Daraus ist zweierlei zu schließen: Die völlige Aufhebung der spezifischen Merkmale eines der Geschlechter ist sowohl schwierig als auch gefährlich, denn wenn man diese Wahrheit leugnet, setzt man das Leben aufs Spiel. Manchem mag diese Behauptung wegen ihrer Selbstverständlichkeit wie eine Binsenweisheit erscheinen. Beobachtet man jedoch die Verhaltensweisen der Männer und Frauen in unserer westlichen Gesellschaft, so geraten die Selbstverständlichkeiten ins Wanken, und die Behauptung gewinnt wieder an Überzeugungskraft, ja sogar an Originalität.

Georges Balandier bemerkt mit Recht, daß »die vorgefundenen Beziehungen zwischen den Geschlechtern sehr alten und unantastbaren Strukturen zu entsprechen scheinen«[9]; und es stimmt, daß jeder Versuch, dieses System zu »untergraben«, einer Revolution gleichkommt, die sehr viel weiter reicht als jene, die lediglich auf die Beseitigung der Klassenverhältnisse abzielt. Der Geschlechterdualismus ist das Paradigma aller Dualismen, »das Paradigma der Weltgeschichte.«

Wenn es heute in unseren Gesellschaften in Frage gestellt wird, so rührt das folglich an ganz archaische Strukturen in uns, und die seit uralten Zeiten bestehende Ordnung der menschlichen Welt droht durcheinander zu geraten.

Der Bruch zwischen dem Primaten und dem Menschlichen

Bei allen uns bekannten menschlichen Gesellschaften weisen die technisch-wirtschaftlichen Beziehungen zwischen Mann und Frau eine enge Komplementarität auf. Bei den Primitiven zeigen diese Beziehungen sogar eine »enge Spezialisierung«[10]. In der Tierwelt findet sich dazu keine Parallele. Bei den Landraubtieren widmen sich Männchen wie Weibchen dem Beutefang; bei den Primaten ist die Nahrungssuche Sache des einzelnen Tieres, und eine geschlechtliche Spezialisierung ist nicht zu erkennen.

Die Anthropologin und Primatologin Sarah Hrdy sieht darin die Bedingung einer im Vergleich zum Menschen größeren Autonomie des Tieres: »Eine Frau, die keinen Mann hat, der auf die Jagd geht oder Geld heimbringt, oder ein Mann, der keine Frau hat, die für ihn kocht, sind in zahlreichen Gesellschaften erheblich benachteiligt. Bei den nichtmenschlichen Primaten ist dagegen jedes erwachsene Tier vollständig für seine Selbsterhaltung verantwortlich. Die einzige bekannte Ausnahme ist die gelegentliche Aufteilung des Fleisches unter den Schimpansen. Aber selbst dort neigen die Männchen dazu, sich das Fleisch der gemeinsam erjagten Beute anzueignen. Für die Grundversorgung ist jedenfalls kein Geschlecht auf das andere angewiesen.«[11]

Die Weibchen müssen diese Autonomie in der Nahrungsbeschaffung jedoch teuer bezahlen, wenn sie Junge haben. Jane Goodall, die die Schimpansin Flo und ihre Jungen jahrelang beobachtet hat, berichtet von deren Schwierigkeiten. Flo mußte während der Nahrungssuche das Jüngste auf dem Rücken tragen und es beaufsichtigen, stundenlang nach Termiten angeln, die Ältesten in den Termitenfang einführen, mit ihnen spielen, sie kratzen und hätscheln und vor den Launen der Männchen in Schutz nehmen[12].

Die menschliche Ernährungsweise impliziert eine Aufteilung der Aufgaben und der Nahrungsmittel. Bei allen primitiven Gruppen, die wir kennen, ist die Jagd normalerweise Sache des Mannes, das Sammeln Sache der Frau[13]. Für eine ausgewogene Ernährung beider Geschlechter ist sowohl fleischliche als auch pflanzliche Kost erforderlich. Die Geschlechter tauschen daher ihre jeweiligen Mittel aus: tierische Proteine gegen pflanzliche Proteine. In diesem ursprünglichen Tausch liegt wahrscheinlich der erste Unterschied zwischen dem Menschen und dem Primaten, ein Unterschied, dem sowohl eine Komplementarität der Geschlechter als auch ein ganz und gar menschliches soziales Phänomen entspricht.

Man nimmt allgemein[14] an, daß diese geschlechtliche Spezialisierung die »organische Lösung«[15] des Problems der Menschwerdung gewesen ist. Um den physiologisch-biologischen Ursprung der Komplementarität besser zu verstehen, muß man sehr weit zurückgehen, bis in jene Zeit, da sich das Primatenweibchen ganz allmählich in Richtung auf das menschliche Modell entwickelte.

Alles beginnt in Afrika vor etwa acht bis neun Millionen Jahren. Zuvor hatte jeder selbst für seine Bedürfnisse gesorgt und war allein umhergestreift. Als ausgedehntere Dürreperioden auftraten und sich dadurch Savannen mit ihren vielen Gefahren bildeten, mußten die Protohominiden lernen, ihre Nahrung an einen sicheren Ort zu bringen. So sehen es einige Autoren, und so entstand nach Ansicht zahlreicher Anthropologen, namentlich Helen Fishers, die Bipedität, die eine dreifache Mutation nach sich zog, eine körperliche, eine soziologische und eine affektive[16]. Das Argument der Savannen wird zwar von einigen[17] Fachleuten abgelehnt, doch ist man sich über die Folgen der Bipedität relativ einig.

Allmählich veränderte sich das Skelett der Protohominiden[18] und paßte sich an den aufrechten Gang an. Die große Zehe stellte sich um und richtete sich parallel zu den übrigen Zehen aus. Die Fußknöchel wurden stärker. Die Kniegelenke drehten sich in Verlängerung der Hüftgelenke einwärts. Das Becken richtete sich entsprechend aus und verstärkte sich, um das Gewicht des Rumpfes zu tragen. Diese Evolution des Skeletts hatte für die Weibchen zunächst verhängnisvolle Konsequenzen, die bewirkten, daß sie sich rascher in Richtung auf die Menschwerdung entwickelten.

Die Umbildung des Unterbeckens verengte den Geburtskanal und ließ die Entbindung für zahlreiche Weibchen schwierig, ja tödlich werden. Die natürliche Selektion tat das ihre, und neue genetische Merkmale traten auf. Die Weibchen brachten Frühgeburten zur Welt, die mit ihrem kleineren Schädel leichter den Geburtskanal passierten. Das bedeutete jedoch nicht, daß die Weibchen frei waren, denn die vorzeitig geborenen Jungen bedurften monate- wenn nicht jahrelang zusätzlicher Pflege. Wegen der Bipedität mußten sie ihren Säugling auf dem Arm tragen oder auf dem Rücken befestigen. Dadurch fiel es ihnen schwerer, Tiere zu fangen und sich und ihre Nachkommen zu versorgen. Jetzt war es an der Zeit, mit dem Männchen einen Handel abzuschließen. Der Geschlechtervertrag sollte rasch zu einem Bestandteil der Lebensweise werden.

Die Selektion begünstigte über viele Generationen hinweg jene Protohominiden, die sich über fast den ganzen Monatszyklus paarten. Bei den Weibchen hörte die Brunst, die nur periodisch auftretende Begattungsbereitschaft auf, ihr tägliches Leben veränderte sich. Die permanente sexuelle Empfänglichkeit des Weibchens und die frontale Paarung eröffneten nach H. Fisher die Möglichkeit für eines der grundlegendsten Austauschverhältnisse des Menschengeschlechts: die Liebe. Die Weibchen konnten dank ihrer verlockenden Eigenschaften überleben und wirtschaftliche Beziehungen mit den Männchen aufnehmen. Sie lernten, die

Arbeit zu teilen und Fleisch gegen pflanzliche Kost auszutauschen. Die sexuelle Aktivität hatte sie gebunden, und die wirtschaftliche Abhängigkeit verstärkte ihre Bindungen.

Von nun an kann die Mutter sich um mehrere Kinder zugleich kümmern. Sie wird seßhafter und hält sich in einem begrenzten Territorium auf, in dem sie sich gründlich auskennt. Während sie Pflanzen sammelt, beschaffen die Männer das Fleisch, das sie anschließend mit ihr und den Kleinen teilen, deren Überlebenschancen dank dieser Aufteilung wachsen.

Vor mehr als zwei Millionen Jahren unterschieden sich die Hominiden bereits deutlich von den Menschenaffen. Owen Lovejoy hat die Unterschiede in der folgenden Tabelle[19] festgehalten:

Hominiden	*Pongiden (Menschenaffen)*
Ausschließlich am Boden lebend.	Einige meist auf den Bäumen, andere meist am Boden lebend. Keine nur am Boden lebenden Arten.
Aufrechter Gang.	Kein aufrechter Gang
Einehe führt zum Entstehen von Familien.	Keine Einehe. Keine Familienbildung außer bei den Gibbons.
Zunehmende Standorttreue der weiblichen Individuen. Möglichkeit für das Entstehen einer Basis.	Die weiblichen Tiere nehmen die Jungen auf die Futtersuche mit. Keine Basis.
Teilen der Nahrung.	Kein Teilen des Futters.
Anfänge der Herstellung und Verwendung von Werkzeugen.	Keine oder nur gelegentliche Verwendung von Werkzeugen.
Das Gehirn vergrößert sich.	Das Gehirn vergrößert sich nicht.
Ständige Sexualität.	Die Paarung beschränkt sich auf die Paarungszeit.
Aufzucht von mehreren Nachkommen zur gleichen Zeit.	Einzelaufzucht der Jungen.

Vom *homo sapiens* ist man natürlich noch weit entfernt. Doch unsere Merkmale, namentlich die geschlechtliche Arbeitsteilung, sind bereits, real oder in der Anlage, vorhanden. Nur noch knapp zwei Millionen Jahre, und der Australopithekus weicht dem Pithekanthropus, dann dem Neandertaler und schließlich dem Menschen von Cro-Magnon, der, unser aller Vater, vor über 30 000 Jahren der erste Vertreter des *sapiens sapiens* in Europa ist.

Das Komplementaritätsverhältnis zwischen den Geschlechtern hat sich im Laufe der Zeit deutlicher ausgeprägt und ist kodifiziert worden, so als sei es das Gütezeichen der Menschheit, die unerläßliche Bedingung ihres Überlebens.

Die Komplementarität zur Zeit der Sammler und Jäger

Die Prähistoriker lassen das Jung-Paläolithikum etwa 35 000 Jahre vor unserer Zeitrechnung beginnen. In dieser Zeit ergreift der *homo sapiens* vom größten Teil der Welt Besitz, und es entstehen verblüffend entwickelte Kulturen[20]. Es gibt Anhaltspunkte für einen Totenkult[21], und es kommt zu einer wunderbaren Entfaltung der bildenden Kunst[22], in der sich eine geistige Aktivität äußert, deren Komplexität man gerade erst zu entdekken beginnt.

Während dieses Zeitraums, der etwa zehnmal so lang ist wie unsere Geschichte im engeren Sinne, kam es zu Klimaveränderungen, die sich auf die Lebensbedingungen unserer Vorfahren und damit sehr wahrscheinlich auch auf die Beziehungen zwischen Männern und Frauen auswirkten. Über diese Beziehungen kann man daher nur Vermutungen anstellen, die mit Sicherheit nur näherungsweise zutreffen.

Wenn ich mich gleichwohl auf dieses Wagnis einlasse, so wegen der Gewißheit, daß die Lebensgrundlage all dieser Kulturen das Jagen und Sammeln ist, eine bis heute nicht völlig untergegangene Lebensweise. Die rund dreißig Sammler- und Jägergesellschaften, die es noch auf der Welt gibt, haben zwar keine gemeinsame

Auffassung vom Verhalten zwischen Mann und Frau, doch lebten die Eskimos, die australischen Ureinwohner, die Buschmänner und die afrikanischen Pygmäen nach der Feststellung von Leroi-Gourhan noch in jüngster Zeit auf der gleichen technisch-wirtschaftlichen Grundlage wie die Jäger des Magdalénien von Pincevent[23]. Diese Lebensbedingungen begünstigen sowohl eine gewisse Distanz zwischen den Geschlechtern als auch ihre Komplementarität.

Anhaltspunkte für eine Trennung der Geschlechter

Zahlreiche afrikanische Legenden sprechen von einer ursprünglichen Trennung der Geschlechter, einer scharfen, nämlich geographischen und wirtschaftlichen Trennung. So erzählen die Massai in Kenia, daß Männer und Frauen anfangs zwei getrennte, für sich lebende Stämme bildeten. Die Frauen züchteten Antilopen, die Männer Rinder. Jeder Stamm war vom anderen unabhängig, und man begegnete sich nur zufällig in den Wäldern, um sich Liebesspielen hinzugeben. Die aus diesen Verbindungen hervorgegangenen Kinder blieben bei ihrer Mutter, doch die kleinen Jungen schlossen sich, wenn sie größer wurden, dem Stamm der Männer an. Eines Tages aber verloren die Frauen durch ihre Dummheit und ihre Streitigkeiten[24] ihre Herden und mußten sich dem Stamm der Männer anschließen. Nun waren sie bereit, Gattinnen der Männer zu werden und völlig von ihnen abzuhängen[25].

Auch in Westafrika ist der Mythos von der ursprünglichen Getrenntheit häufig anzutreffen, wenngleich die Legenden gelegentlich voneinander abweichen, was die Ursache der Annäherung der Geschlechter betrifft.

Diese archaischen Schilderungen geben natürlich nicht die Wirklichkeit wieder, sondern sprechen eine ideologische Sprache, in der bisweilen die Realität einfach auf den Kopf gestellt wird, aber dennoch ist es von Bedeutung, wenn in so vielen primitiven Legenden das Verhältnis zwischen den Geschlechtern im Zeichen einer ursprünglichen Trennung gesehen wird. So als überlieferten sie die ferne Erinnerung an die Zeit des *homo erectus*.

Die Gesellschaft der Sammler und Jäger des Jung-Paläolithikums war über dieses Stadium sicherlich hinaus. Gewisse Anzeichen lassen aber die Vermutung zu, daß Männer und Frauen zwei klar unterschiedene Lebensstile hatten und möglicherweise zwei relativ getrennte, sich gegenseitig duldende Gemeinschaften bildeten.

Die naturwüchsige Einteilung in Jagen und Sammeln stützt sich auf den Unterschied der Geschlechter und verändert ihn zugleich. Sie bringt zwei deutlich getrennte Tätigkeitsbereiche und vielleicht auch zwei Formen der Intelligenz hervor. Bei den Ainu, einem Volk des hohen Nordens, waren nach dem Bericht von Serge Moscovici die Aufgaben des Mannes und der Frau derart verschieden, daß sie sich nicht überlappten. »Die Frau kommt beim Sammeln über ein eng begrenztes Gebiet in der Nähe des Lagers nicht hinaus, während der Mann bei der Jagd ein sehr viel weiträumigeres Gelände durchstreift. Die Disparitäten bestehen auch dann weiter, wenn die Frauen jagen. Sie fangen Kleintiere.«[26]

Die in der Unbeständigkeit der tierischen und pflanzlichen Nahrungsquellen begründete halbnomadische Lebensweise der Sammler und Jäger hat ganz bestimmte Auswirkungen auf das Verhältnis zwischen den Geschlechtern. Männer und Frauen gehen bei der Nahrungsbeschaffung ihre eigenen Wege und teilen sich das Gebiet in der Weise auf, daß sie weitgehend getrennt voneinander leben: Einerseits die Frauen mit den Kindern, andererseits die Jäger unter sich.

Männer und Frauen der Altsteinzeit wahrten auch dann, wenn sie an ihren Wohnorten zusammentrafen, eine gewisse Distanz. André Leroi-Gourhan spricht von »einem weiblichen und einem männlichen Raum in der prähistorischen Wohnstätte«[27].

Man darf auch annehmen, daß Männer und Frauen nicht zusammen aßen. Die Trennung der Geschlechter während der Mahlzeiten ist ein Brauch, der bei zahlreichen primitiven Völkerschaften noch sehr lebendig ist. In Afrika wird das Verbot fast überall befolgt[28], aber auch in so unterschiedlichen Kulturen wie der der Kurden, des wedischen Indien, der Indianer von Guyana und von Yucatan hat es existiert. Sogar bei der Aufteilung der Nahrung war eine gewisse Trennung der Geschlechter zu beachten[29].

Tatsächlich haben die Sammler und Jäger der Altsteinzeit uns keinen greifbaren Anhaltspunkt für ein »Eheleben« hinterlassen.

Bis heute kennen wir nicht eine Darstellung des menschlichen Paares aus der ansonsten so reichhaltigen Felsmalerei und den Kunstgegenständen jener Zeit. Leroi-Gourhan hat sich immer wieder darüber gewundert, daß »Darstellungen der Paarung von Menschen oder Tieren und mehr noch der primären Geschlechtsmerkmale völlig fehlen«[30]. Allenfalls findet man die sekundären Geschlechtsmerkmale angedeutet, aus denen die Zugehörigkeit der Tiere zu dem einen oder anderen Geschlecht hervorgeht. Man kennt jedoch keinen Fall einer ithyphallischen männlichen Gestalt[31] in unmittelbarer Nachbarschaft einer weiblichen Gestalt[32].

Unter den bildlichen Darstellungen des Jung-Paläolithikums fehlt es indessen nicht an weiblichen und männlichen Gestalten. Die Felsmalerei des Magdalénien ist reich an geschlechtsbezogenen Darstellungen, die je nach Entstehungszeit realistisch oder abstrakt sind. Durch ihre räumliche Anordnung bilden sie jedoch getrennte Einheiten, wie man es insbesondere in Lascaux beobachten kann. Dort wie auch andernorts[33] gibt es drei deutlich voneinander getrennte Zonen (am Eingang, im Zentrum und im Hintergrund der Höhle). Männliche Zeichen finden sich stets am Eingang und im Hintergrund der Höhle. Weibliche Zeichen finden sich mit größter Häufigkeit im Zentrum, in den Hauptdarstellungen oder in ihrer Nachbarschaft[34].

Offenbar hat sich die Trennung der Geschlechter in der Altsteinzeit bis in die Kunst hinein ausgewirkt. Das ist zumindest der Eindruck, den unsere fernen Vorfahren hinterlassen haben. Frauen und Männer scheinen getrennte Gruppen gebildet zu haben, von deren Beziehungen und Austauschverhältnissen man nichts weiß. Dennoch müssen die Beziehungen zwischen ihnen bedeutend gewesen sein, denn nur zusammen konnten sie das Leben und Überleben der Gruppe sichern.

Anhaltspunkte für eine Komplementarität

Die geschlechtliche Aufgabenteilung, mag sie auch noch so radikal sein, schließt nicht aus, daß diese Aufgaben einander ergänzen. Die Trennung der Geschlechter und der jedem Geschlecht übertragenen Funktionen ist vielmehr der sicherste Garant ihrer Komplementarität.

Wenn Männer und Frauen sich um unterschiedliche Nahrungsquellen bemühen, stellen sie eine gegenseitige Abhängigkeit her. Kein Teil der Gemeinschaft besitzt ein eindeutiges Monopol über die Reichtümer. Die regelmäßige Versorgung der Mitglieder verlangt, daß die vorhandenen Mittel zusammengelegt werden und allen zugänglich sind. Die Komplementarität ist eine objektive, denn kein Teil der Gruppe kann ohne den anderen existieren.

Aus dieser wechselseitigen Abhängigkeit entsteht Achtung vor dem anderen und – vielleicht in höherem Maße, als man glaubt – Gleichheit. Bei den Massai, einem halbpatriarchalischen Volk von Jägern und Viehzüchtern, ist das Fleisch im Besitz der Männer, während die Frauen über die Milch bestimmen, die den wesentlichen Teil der täglichen Nahrung ausmacht. Wer sich nicht gebührend verhält, dem können sie seinen Anteil verweigern.

Bis in die 70er Jahre hinein haben die meisten Forscher diese geschlechtliche Arbeitsteilung hierarchisch aufgefaßt. Man hat geglaubt, daß die Jagd als Gemeinschaftsunternehmen bei den Männern zu einer rascheren Entwicklung der Intelligenz geführt habe, während das individuelle Sammeln die Frauen in einer Art von Subkultur zurückgelassen habe. Edgar Morin und Serge Moscovici in Frankreich sowie Robin Fox und Lionel Tiger in den USA sangen neben vielen anderen das Lied von der zivilisierenden Jagd: »Die Jagd... als ein umfassendes menschliches Phänomen... verändert das Verhältnis zur Umwelt, das Verhältnis von Mann zu Mann, von Mann zu Frau und von Jung zu Alt.«[35]

E. Morin weist mit Recht darauf hin, daß die Jagd in der Savanne die Sinnesleistungen und die Intelligenz des Menschen gesteigert hat, denn sie lehrte ihn, sinnliche Eindrücke zu interpretieren, sie konfrontierte ihn mit den listigsten Tieren, und sie stimulierte seine strategischen Fähigkeiten: die Aufmerksamkeit, die Ausdauer, die Kampflust, die Kühnheit, die List, das Ködern, das Fallenstellen, das Auflauern[36]. Unbestreitbar war die Jagd ein mächtiger Sozialisationsfaktor, denn dabei erlernten die Menschen die Kooperation, die Transaktion und die Regeln der Distribution. Anders als die höheren Affen, bei denen man

Unduldsamkeit zwischen den Männchen beobachtete, mußten die Jäger Solidarität und Freundschaft üben und eine gewisse Gleichheit praktizieren.

Da die Frauen, die mit den Kindern und dem individuellen Sammeln beschäftigt waren, selten an der Jagd teilnahmen, erklärte man sie »in sozialer… und kultureller Hinsicht zu Unmündigen«[37]. Die Frauen, denen nachgesagt wurde, sie seien langsamer, schwächer, weniger koordiniert oder aufgrund ihres Menstruationszyklus Launen unterworfen und als Sexualobjekte eine Störung für die Gruppe, seien wegen ihrer mangelnden Motivation, sich untereinander zu verbünden, ganz zwangsläufig dazu verurteilt, sich den stärkeren, intelligenteren, mutigeren Männern zu unterwerfen.

Einige Anthropologen und Primatologen – mehrheitlich Frauen[38] – haben das Stereotyp von der intellektuellen und sozialen Inferiorität der vorgeschichtlichen Frau in Frage gestellt und ein neues Argumentationsmuster entwickelt.

Adrienne Zilhman[39] beschreibt die weibliche Sammlertätigkeit völlig anders. Nach ihrer Ansicht war es eine gefährliche Aktivität, die von den Frauen um so mehr Energie und Intelligenz verlangte, als sie nicht die physischen Fähigkeiten ihrer männlichen Gefährten besaßen. Sie mußten die Kunst beherrschen, rasch und erfolgreich Nahrungspflanzen zusammenzulesen, sie mußten lernen, Werkzeuge zu benutzen, und sie mußten ihre Sinne schärfen, um Gefahren zu erkennen. Vor allem mußten die Frauen die Fähigkeit zu einer nicht nachlassenden Aufmerksamkeit besitzen, um den Bedürfnissen ihrer Kinder gerecht zu werden: sie zu behüten, sie satt zu machen, sie zu unterhalten und sie auf das Leben vorzubereiten[40].

Im Gegensatz zu vielfältigen Behauptungen hat das weibliche Geschlecht in nicht geringerem Maße als die Männer am Werk der Sozialisation mitgewirkt. Der Beitrag der Frauen war anderer Art, aber er war wesentlich. Die anhaltende mütterliche Pflege ist die primäre Quelle der menschlichen Gemeinschaftsfähigkeit. Die Mütter vermitteln die Grundregeln des Zusammenlebens, die Sprache und die Liebe.

Solidarität und Intelligenz zeichnen nicht allein die Männer aus. Beide Geschlechter haben auf ihre Weise diese menschlichen

Qualitäten entwickelt. Auch hier hat sich die Komplementarität voll ausgewirkt, indem sie die Bedürfnisse des anderen verstärkte und die Folgen der unausweichlichen individuellen Ungleichheit milderte.

Schließlich haben auch die wertvollen Untersuchungen von Leroi-Gourhan und Annette Laming-Emperaire über die Höhlenmalerei dazu beigetragen nachzuweisen, daß die Menschen der Altsteinzeit sich ihrer Komplementarität wirklich bewußt gewesen sind, auch wenn sie sie in einer Weise ausdrücken, die für den Beobachter des 20. Jahrhunderts noch relativ unverständlich ist. Unter den Felszeichnungen findet man neben deutlich ausgeführten Darstellungen von Menschen abstrakte oder realistische Zeichen, welche die beiden Geschlechter symbolisieren, und Darstellungen von verschiedenen Tierarten (in der jeweiligen Darstellung sind es immer dieselben), die einander paarweise zugeordnet sind[41]. Man erkennt dabei ein ganzes Netzwerk von Beziehungen zwischen den Tieren, den Menschen und den Zeichen, die jeweils in zwei komplementäre Gruppen aufgeteilt sind. So sind die männlichen Gestalten den Pferden, Steinböcken und Hirschen zugeordnet und bilden eine eigene Gruppe, während die weiblichen Gestalten, denen Wisente, Rinder und Mammute zugeordnet sind, eine andere bilden. Sehr wahrscheinlich wurden daher die Gestalten in eine männliche und eine weibliche Gruppe aufgeteilt.

Leroi-Gourhan schließt daraus, daß die »*Kopplung*« zweier lebender Wesen ein Grundprinzip ist, dem die Idee der Fortpflanzung möglicherweise nicht fremd ist. »Man glaubt, vor einem System zu stehen, das von der Zeit geglättet wurde, wie in jenen alten Regionen der heutigen Welt, wo *männliche und weibliche Gottheiten existieren können,* deren Handlungsweise nicht offen auf die sexuelle Fortpflanzung anspielt, obwohl ihre männlichen und weiblichen Vorzüge notwendig komplementär sind.«[42]

Letzten Endes sind das Männliche und das Weibliche trotz ihrer scheinbaren Distanz unzertrennlich. Die Höhlenmalerei drückt aber nicht nur ihre Komplementarität aus, sondern zeigt auch, daß das Eine nicht besser gestellt ist als das Andere. Niemand hat bisher irgendeine Hierarchie zwischen der Gruppe der weiblichen Gestalten und derjenigen der männlichen Gestalten ausmachen können. Während die Bedingungen des Überlebens für ein gewisses Gleichgewicht zwischen den Geschlechtern zu sprechen scheinen, deutet die ideologische Darstellung in der Kunst ihrerseits auf eine Symmetrie und möglicherweise sogar Gleichheit zwischen den Geschlechtern hin. Es gibt jedenfalls nichts, was die Annahme zuließe, daß die Männer in jener Zeit eine tyrannische Herrschaft über die Frauen ausgeübt hätten – oder die Frauen über die Männer.

Die Machtfrage

Während man sich über die notwendige Arbeitsteilung ausgesprochen einig ist, bestehen über die Machtverhältnisse zwischen Männern und Frauen in den frühen Gesellschaften tiefgehende Meinungsverschiedenheiten. Die Komplementarität ist meist weniger als ein Verhältnis der Symmetrie und der Gleichheit, sondern vielmehr als ein hierarchisches Herrschaftsverhältnis aufgefaßt worden. In populären Darstellungen zum Beispiel, sieht man den Höhlenmenschen häufiger eine Frau an den Haaren hinter sich herziehen als in einer ebenbürtigen Situation mit ihr. Aber selbst wenn wir von Witzen und Karikaturen absehen, müssen wir doch feststellen, daß Gleichheit und gegenseitige Achtung der Geschlechter als Ideen nicht so verbreitet sind wie die Vorherrschaft des einen und die Unterdrückung des anderen.

Amerikanische Anthropologen befürworten seit einigen Jahren eine andere Darstellung des Verhältnisses zwischen den Geschlechtern in der Gesellschaft der Altsteinzeit. Manche[43] betonen, daß die Geschlechter notwendigerweise zusammenarbeiten mußten und daß die Arbeitsteilung allein – ohne ein ausgesprochenes System des Privateigentums – nicht Grundlage der Ausbeutung des einen durch den anderen gewesen sein kann. Andere begründen ein ebenbürtiges Verhältnis zwischen den Geschlechtern mit der Notwendigkeit einer ausgeglichenen Ernährung. Nach Adrienne Zilhman ist die Machtfrage nicht vom Ernährungsproblem zu trennen. Von den karnivoren (›fleischfressenden‹) Gewohnheiten des prähistorischen Menschen ist zwar viel die Rede gewesen[44], doch ist ebenso sicher, daß pflanzliche Nahrungsmittel, die zu sammeln den Frauen oblag, einen wesentlichen, in manchen Jahreszeiten sogar den größeren Teil der Ernährung ausmachten. Dieses gewichtige Argument, das für ein partnerschaftliches Verhältnis gegenseitigen Respekts zwischen den beiden Geschlechtern spricht, scheint bei den meisten Anthropologen kein Interesse gefunden zu haben. Sie beschäftigen sich nämlich seit beinahe hundert Jahren fast ausschließlich mit den Verwandtschaftsbeziehungen. Nach Ansicht der einen war die offenkundige matrilineare Abstammung Grundlage der Frauenherrschaft. Andere meinten, aus der Stärke der Männer und ihrem Bündnis sei der Frauentausch und die Herrschaft der Männer über die Frauen und ihre Kinder abzuleiten.

Welche Hypothese man auch in Betracht zieht, es ist nicht absurd, wenn man annimmt, daß die einen wie die anderen teilweise ihre geheimsten Wünsche auf die frühen Gesellschaften projiziert und ihre eigene Welt zum Vorbild genommen haben. Die These vom Matriarchat setzte sich besonders im 19. Jahrhundert durch, das emphatisch die Herrschaft der Mutter feierte, und sie hat in unseren Tagen erneut bei den Feministinnen Anklang gefunden. Ebenso mag die Tatsache, daß die Welt zum größten Teil noch immer unter der patriarchalischen Ordnung lebt, die Anthropologen dazu bewogen haben, diese als ursprüngliches Herrschaftsmodell zu betrachten.

Auch die von uns vorgeschlagene Hypothese ist zweifellos davon beeinflußt, wie wir die aktuelle Entwicklung unserer Gesellschaften sehen.

Am Anfang weder Matriarchat noch Patriarchat

Ende des 19. Jahrhunderts fand die evolutionistische These von einem ursprünglichen Matriarchat ungeheuren Anklang. Der Deutsche Johann Jakob Bachofen und der Engländer Lewis Henry Morgan postulierten, der ursprüngliche Familienverband sei ein Matriarchat gewesen, eine weibliche Abstammungsreihe, in der nur die mütterlichen Vorfahren anerkannt waren. Kurz darauf machte sich auch Friedrich Engels diese These zu eigen.

Die Theorie stützte sich auf die Tatsache, daß die Filiation Mutter/Kind unbestreitbar ist, während die Vaterschaft zweifelhaft, ja unbekannt sein kann. Es schien daher logisch, daß die Verwandtschaftsbeziehung an der Frau festgemacht wurde und der Mann, der sich mit einer Frau verband, in ihre soziale Gruppe eintrat. Auf die Idee der Vaterschaft sollen die primitiven Völker erst sehr viel später gestoßen sein. Anschließend sollen die Männer die Macht sowie die Güter und Rechte, welche die Frauen als Familienoberhäupter erworben hatten, an sich gerissen und sich den Rang von Patriarchen verliehen haben, deren Kinder dann der väterlichen Linie zugerechnet wurden.

Diese Konzeption, schreibt Françoise Picq, »macht auf die kulturelle Bedingtheit der monogamen patriarchalischen Familie aufmerksam, so daß man sich ihr Verschwinden vorstellen und nach ihrer Legitimität fragen kann. Die mütterliche Abstammung erscheint als natürlich..., während die Vaterschaft nur ein Glaube, eine Mutmaßung, eine Fiktion, eine Setzung des positiven Rechts ist«[45]. Es ist daher kein Zufall, wenn die Theorie vom ursprünglichen Matriarchat, die zu Beginn des Jahrhunderts von den Gegnern des Evolutionismus scharf kritisiert wurde, in den 70er Jahren von den Feministinnen in einer mehr oder weniger geglückten Weise wiederaufgegriffen wurde.

Die meisten hoben mit Recht den großen Anteil hervor, den die Frauen zum Lebensunterhalt, zur Werkzeugherstellung und zu den Kulturtraditionen beigesteuert hatten. Die amerikanische Anthropologin Evelyn Reed veröffentlichte ein Buch, das einiges Aufsehen erregte – *Woman's Evolution*[46] – und in dem sie fast wörtlich die Thesen übernahm, die R. Briffault in seinem Buch *The Mothers*[47] entwickelt hatte; er behauptete dort, die Mütter hätten mit der Begründung der Affektivität die menschliche Sozialisation möglich gemacht und die Biologie, ursprünglicher als Ökonomie, sei die Grundlage ihrer Macht. Da Briffault jedoch nichts als eine Kompilation von unsicheren ethnographischen Quellen produziert hatte und das Werk von Reed nur ein Abklatsch davon war, vermochte es weder die Fachleute zu überzeugen noch die aktuell vorherrschende Ideologie von einem ursprünglichen Patriarchat zu erschüttern[48].

Tatsächlich hatten die ersten Theoretiker des Matriarchats die Machtbefugnisse der Mutter nicht hinreichend klar definiert, noch hatten sie sich klar genug darüber geäußert, für welchen Abschnitt der Vorgeschichte ein solches Machtsystem gültig gewesen sein könnte. Häufig stellte sich heraus, daß die Beispiele, die sie sich hier und da aus dem ethnologischen Forschungsmaterial herausgegriffen hatten, falsch oder nicht überprüfbar waren. Außerdem ließ das Schema des Matriarchats den Männern zu wenig Raum, um überzeugen zu können. Seit Jahrzehnten ist durch die Arbeiten der Prähistoriker klar erwiesen, wie bedeutsam die Kultur der Jäger in sozialer und ökonomischer wie in religiöser und geistiger Hinsicht war. Es spricht kaum noch etwas für die Vorstellung, daß die Männer der Altsteinzeit wie hirnlose Wesen von allmächtigen Müttern abhängig waren. Allerdings sind die matriarchalischen Thesen von ihren Gegnern oft verzerrt dargestellt worden, insbesondere durch die Unterstellung, die Mütter hätten eine politische Macht besessen, die derjenigen gleichkam, die später die Väter haben sollten. In Wirklichkeit haben die feministischen Anthropologinnen nichts dergleichen behauptet, und ihre Gegner haben sich der verzerrten Darstellung bedient, um ihren Thesen die Wissenschaftlichkeit abzusprechen, auch auf die Gefahr hin, daß ihre interessantesten Argumente unter den Tisch fielen. Seit hundert Jahren haben die Verfechter des ursprünglichen Patriarchats jeden Kompromiß mit den Anhängern des Matriarchats abgelehnt.

Als die amerikanische Anthropologie zu Beginn des Jahrhunderts[49] die evolutionistischen Theorien liquidierte, verwarf sie zugleich die Theorie vom Mutterrecht[50]. Man betonte die außerordentliche Vielfalt der Phänomene. Einige gingen noch weiter und bestritten den ursprünglichen Charakter der Mutterschaft, der von den Verfechtern des Mutterrechts mit der Unkenntnis der Vaterschaft und der Instabilität der ehelichen Bande erklärt wurde. Lowie und später Lévi-Strauss behaupteten das genaue Gegenteil. Für sie steht die Familie als universelle gesellschaftliche Einheit und nicht der Clan am Anfang[51]. Die Menschheit beginnt eigentlich erst mit dem Dreiecksverhältnis und der Herrschaft des

Vaters über die Frau und das Kind. Die jüngsten Thesen der amerikanischen Soziobiologen kommen wie gerufen, um diese Hypothese zu bestätigen.

In den 60er Jahren verfochten L. Tiger und R. Fox[52] eifrig die Idee, die menschlichen Verwandtschaftsbeziehungen seien auf die ursprünglichen Praktiken der männlichen Jagd zurückzuführen. Aus Kooperation, Solidarität und Beuteteilung soll zunächst ein Männerbündnis entstanden sein. Danach sollen die Männer gelernt haben, sich eine Partnerin aus anderen Gruppen zu wählen und als Patriarchen die führende Rolle zu übernehmen.

1973 entwickelte Edgar Morin diese Themen weiter. Dem Mann, der als Jäger und Forscher sozialisiert war, stellte er die zärtliche, beständige und anspruchslose Frau gegenüber: »In dem Bild des Hominiden zeichnen sich zwei verschiedene Gestalten ab: Der Mann, der mit erhobener Waffe das Tier angreift und die Frau, die sich über das Kind beugt und die pflanzliche Nahrung sammelt... Die Klasse der Männer (zieht) die Regierung und Kontrolle der Gesellschaft an sich und zwingt den Frauen wie den Jungen eine *politische* Herrschaft auf, die bis heute nicht beendet ist.«[53]

Auch für Morin ist das Patriarchat die ursprüngliche familiale und gesellschaftliche Struktur, denn mit der Menschwerdung sind die Bindungen zwischen Mann und Kind enger geworden. Daß die Vaterschaft zwischen dem Bruder der Mutter[54] und ihrem Gefährten schwankt, spielt keine Rolle; indem der Mann dazu kommt, wird die elementare Beziehung Mutter-Kind erweitert, und gleichzeitig wird das männliche Hierarchieprinzip eingeführt. »Das überragende Phänomen, das die Menschwerdung vorbereitet und – wie wir glauben – von *sapiens* vollzogen wird, ist nicht der ›Vatermord‹, sondern die Geburt des Vaters.«[55]

Die Vermittlung zwischen Familie und Gesellschaft wird über die Organisierung der Verwandtschaft und die Reglementierung der Sexualität hergestellt – Erscheinungen, die ihrerseits über die Institution der Exogamie eine weitere Öffnung der Gesellschaft zu anderen, verbündeten Gesellschaften schaffen[56].

Mit der Entscheidung über die Aufteilung der Frauen haben die Männer das Risiko ausgeschaltet, daß die Frau sich selbst ihren Partner wählte, daß sie also die männliche Herrschaft in ihrem ureigenen Bereich in Frage stellte. Mit der Reglementierung des Verlangens der Frauen hat die männliche Klasse, wie Morin folgert, ihren Zusammenhalt und ihre Herrschaft gefestigt.

Diese These genießt heute die breiteste Anerkennung. Jeder gibt Lévi-Strauss bereitwillig recht, wenn er sagt, daß Asymmetrie zwischen den Geschlechtern die menschliche Gesellschaft kennzeichne. Sogar Simone de Beauvoir hat diese Überzeugung geäußert. Für sie ist das goldene Zeitalter der Frau nur ein Mythos. »Die Gesellschaft ist immer eine männliche Gesellschaft gewesen; die politische Macht hat immer in den Händen der Männer gelegen... So war... der Triumph des Patriarchats weder ein Zufall noch das Ergebnis eines gewaltsamen Umsturzes. Seit den ältesten Zeiten der Menschheit hat den Männern ihre biologische Bevorzugung gestattet, sich selbst als unabhängige Subjekte zu bejahen.«[57]

Was uns betrifft, so finden wir weder die Hypothese vom ursprünglichen Matriarchat noch die vom ursprünglichen Patriarchat überzeugend. Das mag daran liegen, daß die Gesellschaft, in der wir leben, uns eine andere Hypothese nahelegt. Wenn es nicht erlaubt ist, Unvergleichliches zu vergleichen – nämlich die archaischsten Gesellschaften mit den am weitesten entwickelten –, so dürfen wir doch zumindest feststellen, daß der Sturz des Patriarchats, den wir gegenwärtig erleben, nicht durch den Aufstieg eines wie auch immer beschaffenen Matriarchats aufgewogen wird. Es scheint, als käme unsere demokratische Gesellschaft ganz gut damit zurecht, daß weder der Vater noch die Mutter eine ausschließliche Macht besitzt. Es spricht daher nichts gegen die Vorstellung, daß auch die frühen Gesellschaften auf eine solche Macht in der einen oder anderen Form verzichten konnten und die Machtbefugnisse in anderer Weise aufgeteilt haben, als wir es heute in den meisten Teilen der Welt beobachten.

Wir haben einen der Gründe unseres Vorgehens genannt, aber es gibt auch Argumente, die dafür sprechen. Zunächst erscheint der Begriff des Patriarchats oder des Matriarchats allzu komplex und allzu starr, um auf archaische menschliche Gesellschaften anwendbar zu sein. Daß die Mutter-Kind-Bindung die erste und evidenteste soziale Beziehung ist, bedeutet nicht notwendigerweise, daß es so etwas wie eine matriarchalische Herrschaft[58] gibt, für die sich im übrigen unter der Vielzahl der Gesellschaften, die wir kennen, bis heute kein Beispiel findet.

Auch jene Gesellschaftsformen, die wir als »matrilinear«[59] bezeichnen, scheinen für die Lebensweise von Jägern der Rentier-Epoche nicht sonderlich geeignet zu sein. Während man sich noch vorstellen kann, daß der mütterliche »Name« weitergegeben wird, fällt einem die Vorstellung schon schwerer, daß in einer nomadischen Gesellschaft »Ländereien« vererbt werden sollen... Voraussetzung dafür wäre ja die Existenz von individuellem Eigentum, das es aber zu jener Zeit noch lange nicht gab[60].

Was die politische Macht der Mütter betrifft, so meint Françoise Héritier, sie sei nichts als ein Mythos. Keine der matrilinearen Gesellschaften, die wir kennen, ist ein Matriarchat. Selbst bei den Irokesen[61], die ihm am nächsten gekommen sind (die Frauen genossen in dieser Gesellschaft von Sammlern und Jägern Rechte und Befugnisse wie sonst kaum irgendwo), betrachteten sich die Männer als Überlegene. Die Anthropologin bemerkt dazu, daß »die Matronen das Leben der großen Häuser bestimmten und die Frauenarbeit leiteten«, daß sie aber »im Ältestenrat durch einen *männlichen Repräsentanten* vertreten waren, der in ihrem Namen sprach und ihre Stimme zu Gehör brachte«[62].

Die patriarchalische These, so wie sie heute verstanden wird[63], erscheint uns ebenso anfechtbar. Sie setzt die Institution der Ehe und die Anerkennung des biologischen Vaters voraus, was für die Altsteinzeit höchst unwahrscheinlich ist. Ohne wie Bachofen einen Zustand chaotischer und ausschweifender sexueller Promiskuität zu postulieren, kann man sich vorstellen, daß die Frau während des Lebensabschnitts, in dem sie fortpflanzungsfähig war, mehrere Partner kannte. Man darf daher vermuten, daß, ähnlich wie in einigen melanesischen und australischen Gesellschaften[64], die die Mutterschaft als eine soziale Funktion des weiblichen Geschlechts auffaßten, die Jäger der Vorgeschichte die Vaterschaft unter dem gleichen, das heißt kollektiven Blickwinkel sahen. Alle Männer wären demnach real oder potentiell »Väter« der Gemeinschaft gewesen, mit der Aufgabe, alle Kinder der Gruppe zu beschützen und zu ernähren.

Es gibt keinen Beweis für die Existenz des einen oder des anderen Herrschaftssystems in den Gesellschaften des Jung-

Paläolithikums. Wir wissen nicht, ob die Männer bereits Frauen nach ihrem Gutdünken austauschten. Wir können nur vermuten, daß die Mütter für die Kinder und die Männer für die männlichen Heranwachsenden verantwortlich waren.

Bleibt noch die Frage der »politischen« Macht über die Gruppe, welche die heutigen Theoretiker des Matriarchats nicht für die Frauen allein in Anspruch nehmen, die aber für die meisten Anthropologen das wesentliche Kriterium, die Quintessenz der Herrschaft darstellt.

Gegenwärtig nimmt man allgemein an, daß diese Macht stets den Männern gehört hat, denn man kennt keine Gesellschaft, auch keine matrilineare, in der die Frauen explizit die Männer beherrschen[65]. Aus dieser Feststellung läßt sich jedoch nichts ableiten, was eine vermeintliche ursprüngliche Herrschaft der Väter betrifft. Die Männerherrschaft war nicht notwendigerweise eine Herrschaft des Vaters. Vor allem aber: Es ist durchaus möglich, daß die Frauen der Altsteinzeit andere Machtbefugnisse besaßen, von denen wir heute nichts wissen.

Die Vielfalt der Machtbefugnisse

Sarah Hrdy bezeichnet bei den nichtmenschlichen Primaten jenes Tier, das sich in individuellen Auseinandersetzungen im allgemeinen durchsetzt, als »dominant«. Die Weibchen haben nach ihrer Feststellung sehr viel mehr Macht, als gemeinhin angenommen wird, aber es ist dennoch eine Ausnahme, wenn sie direkt das Verhalten der Männchen kontrollieren. Die männlichen Primaten haben dagegen nie aufgehört, von Generation zu Generation – oder im Falle des Menschen von Kultur zu Kultur – die Weibchen zu dominieren und ihre Kampfüberlegenheit in eine politische Vorherrschaft über das scheinbar schwächere und weniger kämpferische Geschlecht umzusetzen[66].

Die Gründe dieser Dominanz sind biologisch-physiologischer Art. Bei den meisten Primaten sind die Männchen kräftiger als die Weibchen und fähig, diese zu schikanieren.

Auch beim Menschen ist der Sexualdimorphismus überall und allzeit zu beobachten. Die Entdeckung der über drei Millionen

Jahre alten Lucy[67], die 1974[68], und ihrer »Freunde«[69], die ein Jahr darauf im Afar-Dreieck in Äthiopien gefunden wurden, bestätigt das.

Zum ersten Mal in der Geschichte hatte man an ein und derselben Stelle eine ausreichende Zahl von Hominidenfossilien gefunden, um Vergleiche zwischen den Individuen anstellen zu können. Ihre Untersuchung ergab, daß die Hälfte von ihnen eindeutig größer und schwerer war als die anderen. Nach einigem Hin und Her zogen Johanson und seine Kollegen daraus den Schluß, daß die großen Knochen von Männern, die kleinen von Frauen stammten. Die Unterschiede waren sogar größer als zwischen Frauen und Männern von heute[70]. Dieser Sexualdimorphismus der Fossilien scheint zu bestätigen, daß die Arbeitsteilung zwischen den Geschlechtern mehr als drei Millionen Jahre alt ist. Die männliche Dominanz ebenfalls.

Aber auch wenn man zugibt, daß die Männer aufgrund ihrer körperlichen Überlegenheit von Anfang an die politische Macht besaßen, gibt es bei den Menschen doch noch andere Arten von Machtbefugnissen, die nicht unbedingt den Männern vorbehalten sein müssen. Aus der uns interessierenden vorgeschichtlichen Periode gibt es gewisse Anhaltspunkte dafür, daß auch die Frauen sehr große Machtbefugnisse besessen haben. Statt sich bloß mit der einen und ungeteilten Macht des einen Geschlechts über das andere zu befassen, sollte man sich lieber über die verschiedenen, spezifischen Machtbefugnisse des einen und des anderen Geschlechts Gedanken machen. Man hat ein wenig voreilig davon gesprochen, daß die Frau zur Immanenz verurteilt sei, während die Transzendenz zu Recht den Männern vorbehalten sei.

Die vorgeschichtliche Kunst zeigt, daß das nicht der Fall ist. An der Entwicklung der Darstellung der Geschlechter läßt sich ein hochgradiges Interesse an den beiden Akteuren der Menschheit, ja sogar eine ausgesprochene Faszination ablesen, die man für die Frauen empfunden haben muß[71]. Schon im Aurignacien (– 30 000), einer Periode, die höchstens Ritzzeichnungen und Graffiti hervorbringt, tauchen Vulven als Symbole der Fruchtbarkeit auf. In der folgenden Periode, zwischen dem Gravettien und dem Solutréen (– 25 000 bis – 15 000), häufen sich von der Ukraine bis nach Mitteleuropa die weiblichen Statuetten aus Knochen,

Elfenbein und Stein[72]. Die Zahl männlicher Statuetten ist während dieser Zeit so gering, daß sie kaum erwähnt zu werden verdienen.

Im Magdalénien werden menschliche Darstellungen sehr viel seltener, und jetzt überwiegen die Männer[73]. Immer häufiger findet man maskierte männliche Gestalten, die offenbar einen magischen Ritus ausführen – ein Hinweis auf die Bedeutung der Jagd. Der Mensch ernährt sich in jener Zeit vorwiegend von Wild, und Pflanzen stellen allenfalls eine reizvolle Zutat während der schönen Jahreszeit dar. In der Darstellung der Geschlechter drückt sich das neue Ernährungsgleichgewicht aus.

Die meisten Kommentatoren haben das außerordentliche Ansehen betont, das der Jäger genießt, weil er dem Tod die Stirn bietet und sich dadurch über die Banalitäten des Alltags erhebt. Darauf beruht seine Macht über die Welt und die anderen Menschen. Indem er sein Leben wagt, um die Höhle gegen die großen Raubtiere zu verteidigen oder um fleischliche Nahrung heimzubringen, beweist der Mann seine Überlegenheit über die Natur. Seine physische Stärke ist nichts, verglichen mit dem metaphysischen Ansehen, das er auf diese Weise erwirbt. Und wenn in den Höhlenmalereien der Mann als vom Tier Besiegter dargestellt wird[74], so ist es vielleicht weniger seine Schwäche, die man hervorheben will, als vielmehr seinen tragischen Mut und seine tragische Größe.

Überall da, wo noch Jägergesellschaften existieren, scheint ihr Ansehen auch heute noch unendlich viel größer zu sein als das der Ackerbauern, der Viehzüchter oder der Sammler. Mircea Eliade berichtet, daß die Desana in Kolumbien von sich behaupten, Jäger zu sein, obwohl 75 Prozent ihrer Nahrung aus Fischerei und Gartenbau stammen, weil in ihren Augen nur das Leben eines Jägers lebenswert ist[75]. Françoise Héritier erklärt das folgendermaßen: »Was vom Mann am Mann geschätzt wird, ist zweifellos seine Fähigkeit, aus freiem Willensentschluß sein eigenes Blut zu vergießen, sein Leben zu riskieren und das Leben anderer zu nehmen: die Frau ›schaut zu‹, wie ihr Blut aus ihrem Körper fließt... und sie gibt das Leben (und stirbt dabei manchmal), ohne es unbedingt zu wollen oder verhindern zu können. Dies ist möglicherweise der Hauptantrieb aller symbolischen Arbeit, die in der Urzeit am Verhältnis zwischen den Geschlechtern ansetzt.«[76]

Wir möchten zum Verhältnis zwischen den Geschlechtern in der Altsteinzeit eine andere Hypothese vorschlagen. Wir glauben, daß der physischen und metaphysischen Macht des Jägers in symmetrischer Weise die Zeugungsmacht der Frau entspricht. Diese Auffassung stützt sich auf zwei charakteristische Merkmale der Kunst jener Zeit.

Zunächst spricht die große Zahl von weiblichen Statuetten für einen regelrechten Fruchtbarkeitskult, der zu den Muttergöttinnen der Jungsteinzeit überleitet. Allem Anschein nach interessieren sich die Künstler des Aurignacien und des Gravettien vor allem für den mütterlichen Aspekt der Geburt und der Erhaltung der Art. Die Statuetten des Gravettien zeigen die Frau mit einem enormen Bauch und mit hypertrophen, bis zum Becken herabreichenden Brüsten, das heißt, kurz vor der Entbindung. Von wenigen Ausnahmen abgesehen[77], haben jene Statuetten, die man fälschlich als »Venus« bezeichnet, kein Gesicht. Übertrieben betont ist allein jener Teil des Körpers, der an der Fruchtbarkeit beteiligt ist[78]. »Die Brüste, der Bauch, der Schamberg und die Hüften beschreiben zusammengenommen einen Kreis, der sich in der Verjüngung des Rumpfes und der Beine fortsetzt.«[79] Dies ist der magische Kreis der Fruchtbarkeit. Die genaue Funktion dieser »Venus«[80] läßt sich nicht klären, doch darf man vermuten, daß sie das weibliche Sakrale und damit die magisch-religiöse Macht der Göttinnen darstellt.

Wenn aber das Weiblich-Mütterliche auf die Künstler der Altsteinzeit eine so große Faszination ausübt, so liegt das vielleicht noch an einem anderen, für diese Epoche ganz spezifischen Grund.

Leroi-Gourhan hat, wie schon angemerkt wurde, immer wieder darauf hingewiesen, daß es überhaupt keine Darstellung des Geschlechtsaktes gibt[81]: nicht ein einziges Paar bei der Zeugung, nicht eine Spur von Erotik in der gesamten Kunst der Altsteinzeit. Ist das nicht ein Anzeichen dafür, daß man die Fortpflanzung als eine Fähigkeit betrachtete, die allein den Frauen zukam? Mögen die Männer auch geahnt haben, daß sie daran beteiligt waren, so konnten sie doch zu jener Zeit von der biologischen Vaterschaft nur eine verschwommene Vorstellung haben[82], die mit der Eindeutigkeit der weiblichen Schöpfung nicht zu vergleichen war. Es ist daher nicht ausgeschlossen, daß die Männer sich die Reproduktion der Gattung als eine Art von *Parthenogenese*[83] vorgestellt und ihren Gefährtinnen damit die ungeheure Macht zuerkannt haben, Leben zu erschaffen. Bei den Männern mußte eine solche Macht, die sie nicht besaßen, Neid und Bewunderung erregen. Sie war der des Jägers gleichwertig, wenn sie sie nicht sogar übertraf.

Heute räumt man bereitwillig ein, daß es bei den vorgeschichtlichen Menschen möglicherweise zwei verschiedene Kulte gegeben hat: Die Jäger verehrten eine Tiergottheit und die Frauen Göttinnen der Fruchtbarkeit. Die Trennung der Geschlechter erlaubt die Annahme der Existenz von Geheimriten, die den Männern vorbehalten waren und vor den Jagdzügen an geweihten Stätten, im tiefsten Inneren der Höhlen, gefeiert wurden[84]. Denkbar ist, daß die Altsteinzeitmenschen sich bei Initiationstänzen und bei der Jagd in Tierfelle kleideten, um so das Wild zu täuschen[85]. Das wäre eine Erklärung für zahlreiche Darstellungen, in denen der Körper des Mannes gekrümmt und das Profil zur Schnauze verlängert ist.

Man hat sich oft gefragt, welche Motive wohl für die »bestialische« Stilisierung des männlichen Gesichts eine Rolle gespielt haben. A. Leroi-Gourhan[86] schließt nicht aus, daß man sich dem Tier angleichen wollte, insbesondere dem Pferd als dem häufigsten männlichen Symbol. Diese Hypothese stimmt völlig mit der faszinierenden dualistischen Theorie von Henri Delporte überein: »Im Tier würde die belebte Natur außerhalb des Menschen dargestellt. Im Gegensatz dazu würden der Mensch, die menschliche Gruppe, *die Menschheit durch die weibliche Darstellung ausgedrückt,* und zwar völlig zu Recht durch die weibliche Form, denn die Frau sorgt für die Erneuerung und Erhaltung der Art. Dieser Gegensatz zwischen dem Prinzip ›*Mensch-Frau*‹ und dem Prinzip ›*Tier-belebte Natur*‹ würde die fundamentalen Differenzen erklären, die man zwischen der Darstellung der Frau (ihre Gesichtszüge sind, um sie zu schützen, kaum erkennbar) und der des Tieres (Realismus und morphologische Genauigkeit) beobachtet hat, während die Kunst der Altsteinzeit in der Darstellung des Mannes ziemlich mittelmäßig ist.«[87]

Wenn es stimmt, daß der Mensch sich eher in den weiblichen Formen verkörperte, dann darf man auch annehmen, daß sich an die Zeugungsfähigkeit die Hoffnung knüpfte, die Frauen besäßen die Macht, die Toten wiederzubeleben. Die Frau als Pol des Lebens verweist dialektisch auf den Pol des Todes.

Seit dem Jung-Paläolithikum werden den Gräbern Muscheln beigegeben, Embleme par excellence der weiblichen Organe. Ihre Anordnung entsprach wahrscheinlich einem magisch-religiösen Ritus, der den Toten das Leben wiedergeben sollte[88]. Aus diesem Grund hat man vielfach angenommen, daß die Bestattungsriten Aufgabe der Frauen waren. Wer wäre besser geeignet gewesen, den Toten das Leben wiederzugeben, wenn nicht diejenigen, die das Leben gaben?

Die jüngsten Untersuchungen der amerikanischen Anthropologin Annette Weiner[89] über die trobriandrischen Frauen[90] legen diese Deutung nahe. Sie weisen auf die Bedeutung der weiblichen Regenerationsfähigkeit in dieser matrilinearen Gesellschaft hin.

Im Kreislauf von Leben und Tod kontrollieren die Männer und die Frauen die verschiedenen Aspekte der Zeit, die in der Abfolge der Generationen wirksam werden: »Von den Frauen hängt die Wiederherstellung der matrilinearen Identität oder das Wesen der Person ab, die sich durch eine unbestimmte kosmische Zeit bewegt. *Die Macht der Frauen ist in einem ahistorischen raumzeitlichen Kontinuum wirksam...* Die Männer kontrollieren dagegen das Eigentum, ein Mittel, das im soziopolitischen Handlungsbereich liegt. *Die männliche Machtsphäre befindet sich in einer historischen Zeit und einem historischen Raum...*«[91]

Die Trobriander-Frauen, denen es obliegt, für die Kontinuität des *dala*[92] zu sorgen, haben somit Macht über die Unsterblichkeit, und diese Macht besitzen nur sie. Das männliche Streben nach Unsterblichkeit kann sich nur über die Kontrolle verwirklichen, die sie über die Identität des *dala* ausüben. Damit wird die transzendentale Bedeutung, die den Frauen zukommt, deutlich.

Nun ist es natürlich nicht zulässig, die Analyse der Trobriandergesellschaft unverändert auf prähistorische Gesellschaften zu übertragen. Die Arbeiten von A. Weiner haben aber den großen Vorzug, daß sie mit den herrschenden Theorien brechen, die den Frauen keine Machtpositionen zugestehen. Diese Arbeiten räumen mit der Vorstellung auf, die Frauen stellten lediglich den Pol »Natur« eines universellen Gegensatzes von Natur und Kultur dar und seien nur eines der zahlreichen Objekte, die bei der Heirat ausgetauscht werden[93].

In diesem Zusammenhang möchten wir den Gedanken vortragen, daß die Kontrolle und die Macht in den Gesellschaften der Altsteinzeit möglicherweise sowohl von den Männern als auch von den Frauen ausgeübt wurden; daß dort, wo Mutterschaft und Tod nicht bloße biologische Tatsachen waren, sondern Gegenstände mystischer Verehrung, die Frauen über sehr bedeutende kosmische Machtbefugnisse verfügten, die sich von der politischen und gesellschaftlichen Macht der Männer unterschieden.

An Weiner anknüpfend darf man vermuten, daß die Gesellschaft in zwei nach Geschlechtern getrennte, aber miteinander zusammenhängende Sphären geteilt war, daß jeder in seiner Sphäre die Kontrolle über bestimmte Ressourcen besaß und damit in vielfältiger Weise und in unterschiedlichem Ausmaß eine spezifische Macht über den anderen ausübte.

Ehrlicherweise muß daran erinnert werden, daß wir in Ermangelung von Beweisen nur Vermutungen formulieren können. Unsere Vermutung steht zwischen zwei gegensätzlichen Behauptungen. Während nach Ansicht einiger Feministinnen in der Altsteinzeit »alle Entscheidungen gemeinsam getroffen wurden«[94], hat der Philosoph Jean Baechler kürzlich behauptet, das demokratische Ideal, das bei den Jägern herrschte, habe nicht für die Frauen gegolten, die »die Macht der Männer hinzunehmen hatten«[95].

Nach unserer Hypothese stellt sich bei getrennten Machtbefugnissen eine Art von Gleichgewicht zwischen den Geschlechtern her, und *das eine ist dem anderen ebenbürtig.* Wenn man sagt, die Frau sei das andere, so bedeutet das, anders als Simone de Beauvoir meinte[96], nicht, auf ein Verhältnis der Gegenseitigkeit zwischen den Geschlechtern zu verzichten oder sie als »das Unwesentliche« zu betrachten. Vielmehr konnten die Frauen, weil sie eine getrennte, mit spezifischen Machtbefugnissen ausgestattete Gruppe bildeten, relativ autonome Beziehungen zu den Männern haben – und nicht bloße Abhängigkeitsverhältnisse.

Edgar Morins poetisches Bild von dem »Mann mit erhobener

Waffe« und der »Frau, die sich über das Kind beugt«[97], ist nicht die ganze Wahrheit. Die Kunst der Altsteinzeit hat nicht nur den siegreichen Jäger dargestellt, sie hat den Mann auch verwundet, auf Knien, als Besiegten gezeigt. Von einer gebeugten Frau in einer Haltung der Demut und der Unterwerfung findet sich dagegen keine Spur. Von den weiblichen Statuen geht ein Eindruck der Stärke und Gelassenheit aus, der mit einer inferioren Stellung nicht zu vereinbaren wäre.

Man wird einwenden, daß weibliche Darstellungen im Laufe des Magdalénien immer seltener werden und am Ende der Altsteinzeit (9000 v. u. Z.) gänzlich fehlen. Diese Tatsache könnte darauf hindeuten, daß die Frau zu Gunsten des männlichen Jägers an Ansehen verliert. Das darf jedoch nicht als Anzeichen für eine männliche Allmacht genommen werden, denn sonst stünde man vor dem Rätsel, wie daraus die folgende Epoche hervorgegangen sein könnte, die, ganz im Gegensatz zur herrschenden Ideologie, die Frau auf dem Höhepunkt ihres Ansehens findet.

2. Von der Macht der Frau zu den geteilten Machtbefugnissen

Der Zeitabschnitt, auf den wir jetzt zu sprechen kommen, beginnt im 10. Jahrtausend und endet etwa mit dem zweiten. An seinem Anfang steht eine durchgreifende Klimaveränderung, die durch das Auslaufen der Würm-Eiszeit bestimmt ist. Kurz vor dem Anbruch der historischen Zeit geht dieser Abschnitt zu Ende. Er wird in drei durch unterschiedliche Kulturen und Lebensstile charakterisierte Hauptetappen eingeteilt. Die erste, als »Mittelsteinzeit«[1] bezeichnet, erstreckt sich über etwas mehr als zwei Jahrtausende. Die zweite, als »Jungsteinzeit«[2] bezeichnet, umfaßt annähernd drei Jahrtausende und weicht schließlich dem Chalcolithikum[3] und dem Zeitalter der Metalle[4].

Soweit man sich davon einigermaßen präzise Vorstellungen machen kann, scheinen die Beziehungen zwischen Mann und Frau sich während dieser langen Zeit zunächst in Richtung auf ein gesteigertes Ansehen der Frauen, dann der Männer zu entwickeln. So wenig wir auch von dieser Epoche überhaupt wissen, eins kann man jedoch sagen: Eine Revolution, wie sie von der Folgezeit bekannt ist, hat vermutlich nicht stattgefunden. Insofern scheinen diese acht Jahrtausende, was die Geschlechter betrifft, die Kontinuität der Altsteinzeit fortzusetzen. Das Komplementaritätsverhältnis besteht in einem positiven Sinne weiter, das heißt im Sinne der Zusammenarbeit und der Interferenz, und es kommt noch nicht zu der Ausschließung, die das absolute Patriarchat kennzeichnet, das in der im eigentlichen Sinne historischen Zeit nahezu allgemein herrschen wird.

Machtstellung der Frau. Macht der Mutter

Zwischen dem 8. und 6. Jahrtausend vollzieht sich im Nahen Osten – mit einem Vorsprung von fast zweitausend Jahren vor dem Westen – in der Lebensweise der Menschen ein tiefgreifender Wandel: Sie wechseln von einer Wirtschaftsform, die auf dem Jagen und Sammeln beruht, zur Domestikation der Pflanze und des Tieres über. Die Jungsteinzeit schlägt nicht nur in der Geschichte der Wirtschaftsformen ein neues Kapitel auf, sondern bringt auch einen »radikalen Wandel der Gesellschaft, der Mentalitäten, des kulturellen und geistigen Lebens«[5] der Menschheit.

Die Frau genießt jetzt ein im Verhältnis zur vorhergehenden Periode wahrscheinlich sehr viel höheres Ansehen. Die Machtstellung der Frau und Mutter wird bestätigt durch eine Vielzahl von Skulpturen und Darstellungen weiblicher Personen, die eine imponierende Haltung zeigen und deren göttliche Natur immer deutlicher hervortritt. Männliche Darstellungen werden in diesem Zeitraum immer seltener und dürftiger; ihnen fehlt das Priesterliche und das Magische, an dem man die Göttinnen erkennt.

Der im ganzen Nahen Osten verbreitete Kult von Muttergöttinnen bedeutet nicht, daß damals ein allmächtiges Matriarchat geherrscht hätte, das die Männer an den Rand drängte. Es spricht nichts gegen die Annahme, daß sie die politische Macht besaßen und sich mit den Frauen weiterhin die wirtschaftliche Macht teilten.

Aber, auch wenn man nicht von einem Matriarchat sprechen kann, so haben wir es doch mit einem Wertesystem zu tun, das der Frau unbestreitbar eine Machtstellung einräumt, welche die Verfechter einer ursprünglichen Männerherrschaft in Verlegenheit bringen muß. Die Muttergöttin ist weder ein Mythos, noch eine Legende, noch auch nur ein Symbol[6]. Um sich von der hochrangigen Bedeutung der historischen Realität der weiblichen Werte zu überzeugen, braucht man nur die zahlreichen Steinstatuetten in den Museen zu betrachten.

Man wird vielleicht einwenden, daß die Beziehungen zwischen den Menschen nicht unbedingt den Darstellungen von Gottheiten folgen müssen und kein Abklatsch von ihnen sind. Dies ist ein gewichtiger Einwand, dem wir aber entgegenhalten, daß die neolithischen Religionen – wie auch andere Ideologien – nicht von der realen Welt abgeschnitten waren. Die Frauen stehen in dieser Epoche, in der die Menschen beginnen, die Natur zu »meistern«, statt sie nur zu erleiden, in vorderster Reihe. Sie sind es, die die Früchte der Erde wachsen lassen und so ihre eigene Potenz, Frucht zu bringen, um die Potenz der Fruchtbarkeit des Bodens vermehren. Es ist daher nicht erstaunlich, daß das Göttliche in weiblicher Gestalt dargestellt wurde, und es wäre erstaunlich, wenn das Ansehen der Gottheit nicht der Sache der Frauen genutzt hätte.

Der weibliche Ackerbau und die männliche Viehzucht

Heute ist man sich darüber einig, daß der Ackerbau eine weibliche Erfindung ist[7]. Der Mann, von der Verfolgung des Wildes und später vom Hüten der Herden in Anspruch genommen, war fast immer abwesend. Die Frau hatte dagegen bei ihrer Sammlertätigkeit Gelegenheit, die natürlichen Phänomene der Aussaat und Keimung zu beobachten, und es war ganz normal, daß sie diese künstlich nachzuahmen versuchte.

Lewis Mumford hat darauf hingewiesen, daß es zwischen den Anfängen und den späteren Phasen der Jungsteinzeit-Kultur einen deutlichen Unterschied gibt, der in etwa dem Unterschied zwischen Gartenbau und Ackerbau entspricht, also dem Unterschied zwischen dem Anbau von Blumen, Früchten und Gemüsen und dem Anbau von Getreide[8]. Der Gartenbau, fast ausschließlich eine Arbeit der Frau, bildet den fernen Ursprung des Ackerbaus. Das läßt die Annahme zu, daß die ersten Schritte zur Domestikation von den Frauen ergriffen wurden[9].

So wurden in kleinen Garteneckchen lange vor der systematischen Feldbearbeitung die ersten Nahrungspflanzen ganz bewußt gepflanzt und geerntet und die überschüssigen Körner wieder ausgesät. Die Frauen konnten mit dieser Arbeit den Nahrungsbedarf nicht vollständig decken, aber dadurch wurde eine ausgewogene Ernährung auf Dauer möglich, denn ein Teil der Ernte konnte getrocknet und gelagert werden.

Der Ackerbau im eigentlichen Sinne, das heißt der Getreideanbau, beginnt zögernd im »fruchtbaren Halbmond«. In Jericho hat man zwar Getreidekörner aus dem 8. Jahrtausend gefunden, doch hat sich der Ackerbau endgültig erst ab 6500 v. Chr. durchgesetzt, und zwar im Iran wie in der Türkei und in Palästina. Mehrere Weizensorten[10] wurden angebaut, ebenso wie Gerste, manchmal Roggen, Hafer, Wicken, die Kichererbse und die Weinrebe[11].

Da zwischen dem Getreide und der Töpferei eine organische Verbindung zu bestehen scheint[12] (für die Lagerung der Ernte und die Nahrungszubereitung braucht man verschiedene Gefäße), haben die meisten feministischen und marxistischen Autoren aus der Töpferei eine Erfindung der Frauen gemacht[13]. Die Hypothese ist verlockend, aber unbewiesen. Unbewiesen ist auch – gleichgültig was Freud darüber sagen mag –, daß das Weben, die Lederbearbeitung und die Korbflechterei rein weibliche Erfindungen seien. Die Tatsache, daß bei einigen Stämmen noch heute die Frauen und nicht die Männer sich diesen Tätigkeiten widmen, ist kein Beweis.

Während die Frauen die ersten Versuche im Ackerbau machten, bemerkten die Männer, daß es falsch war, systematisch das Wild zu töten, denn dadurch wurde der Bestand einer Tierart gefährdet. Um bestimmte Arten, die für die Ernährung der Menschen bedeutsam waren, zu erhalten, gingen sie daran, diese zu domestizieren[14].

Dem Aufbau und der Überwachung einer Herde widmet der Mann von nun an sehr viel mehr Zeit als der Jagd. Die fleischliche Ernährung hängt im wesentlichen von ihm ab, doch hat sie nicht mehr die gleiche Bedeutung wie zuvor, als das Klima kalt war. Die Viehzucht tritt an die Stelle der Jagd, doch ist das Ansehen, das der Viehzüchter genießt, weit geringer als das des Jägers, der ständig sein Leben aufs Spiel setzte.

Die Komplementarität der den beiden Geschlechtern zukommenden Aufgaben wird weiterhin beachtet, doch ihre Wertschätzung ist nicht mehr die gleiche. Je weiter die Zeit der Jäger zurückliegt und je näher der Ackerbau rückt, um so beeindruckender erscheint die Machtstellung der Frau.

Im Laufe von einigen Jahrtausenden gewinnen die Werte des Lebens gegenüber der Faszination des Todes die Oberhand. Die

Mutter wird zur zentralen Persönlichkeit der neolithischen Gesellschaft.

Die Herrschaft der Göttin: Mutter und Gebieterin der Natur

Diese Herrschaft nimmt einen langen Zeitraum ein, der von der frühen Jungsteinzeit[15] bis zur Bronzezeit und in einigen Gebieten noch darüber hinaus reicht. Statuetten, die eine Muttergöttin darstellen, hat man in den Ländern früher Zivilisation zwischen Indus und Ägäis ebenso wie in Osteuropa gefunden. Die Jungsteinzeit des südöstlichen Europa hat annähernd 30 000 Figurinen aus unterschiedlichen Materialien hervorgebracht, die fast ausschließlich weibliche Personen darstellen. Es sind immer Frauen mit breiten Hüften und massigen Brüsten, die den »Venus«-Gestalten des Périgord wie Schwestern ähneln.

Westeuropa ist die Ausnahme von der Regel. Hier wird man nur zwei- bis dreihundert plumpe Steinstatuetten finden, so als sei »die Religiosität archaisch an das Problem des Todes und der Bestattung gefesselt geblieben«[16], statt sich dem Leben und derjenigen, die es schenkt, zuzuwenden. Das hängt wahrscheinlich damit zusammen, daß die bäuerliche Wirtschaftsweise hier sehr viel später eingeführt wurde als in Osteuropa und im Orient. Überall sonst[17] haben sich bei so unterschiedlichen Völkern wie den semitischen Asiaten und den Indoeuropäern vergleichbare Glaubensvorstellungen und Praktiken durchgesetzt.

Im Nahen Osten tauchen um 6500 v. Chr.[18] zahlreiche weibliche Statuetten auf. In Çatal Hüyük, der ältesten bislang bekannten Großstadt[19] (zwischen 6500 und 5600 v. Chr.) in Südanatolien, hat man Häuser ausgegraben, die mit weiblichen Reliefs geschmückt waren: schwangeren Frauen und Figuren mit stilisierten Paaren von Brüsten[20]. Man braucht sich nur die berühmte Potnia[21] anzuschauen, wie sie, von zwei Panthern eingerahmt, auf deren Köpfen ihre Hände ruhen, auf einem Thron sitzt, und man begreift sofort, daß diese imponierende Person zugleich die Mutter und die Gebieterin der Natur ist. Diese Potnia von Çatal Hüyük aus dem 6. Jahrtausend wird, wie Camps sagt, die Erzeu-

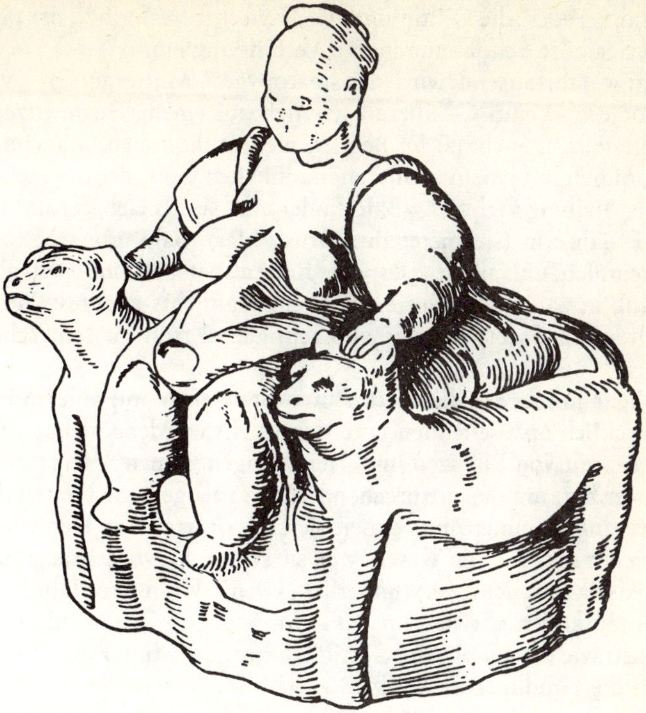

gerin von tausend weiteren weiblichen Gottheiten sein, auf denen vom Beginn der Jungsteinzeit an zum Triumph der monotheistischen männlichen Religionen die Hoffnung der Ackerbauern und Hirten ruht.

Einige Potnia-Gestalten, die man in Palästina gefunden hat und die auf das Jahr 4500 v. Chr. datiert werden, weisen ein Gesicht auf, das absichtlich so gestaltet wurde, daß es Entsetzen erregt[22]. Die Übersteigerung und die Entstellung der Gesichtszüge unterstreichen ihren dämonischen Charakter. Sicher wollte man damit deutlich machen, daß die allmächtige Mutter nicht unbedingt gütig ist. Neben der großmütigen Mutter, die das Leben und die Freuden schenkt, gibt es eine andere, grausame, die es ablehnt, ihre Kinder zu befriedigen. Hier gehen die Symbole des Lebens und des Todes, die Göttin und die Menschenfresserin[23], der gute und der böse Schoß eine innige Verbindung ein.

Im 5. Jahrtausend wird die steatopyge[24] Muttergöttin – wie zuvor die »Venus« – überall feierlich auf einem Thron sitzend dargestellt, manchmal im Begriff, niederzukommen, manchmal zusammen mit einem kleineren männlichen Gott, der in bescheidener Stellung verharrt. »Bald findet man sie als Gebärerin, bald als Ernährerin (sie bietet ihre Brüste dar), bald erotisch, bald unheimlich, und all diese Aspekte führen später zu einer Aufsplitterung in zahlreiche Gottesgestalten, die nichts anderes als die zahlreichen Facetten einer allmächtigen Person zu sein scheinen.«[25]

Nicht immer ist die Göttin in Gestalt einer imponierenden, schrecklich anzusehenden Frau dargestellt worden. Sie hat auch die Gestalt von Pflanzen und Tieren angenommen[26]. Die Große Mutter hat, um die entsprechende Art zu zeugen, die Gestalt der Tiere angenommen, mit denen sie sich paarte. Ihre Herrschaft erstreckt sich auf alle Wesen, weil sie sie alle hervorgebracht hat. Es ist daher nicht verwunderlich, wenn vor 6000 Jahren in Mesopotamien die Göttin Nin-Hur-Sag eine Milchkuh war, ebenso wie die ägyptische Göttin Hathor, die Mutter des Horus, oder die Hindugöttin Aditi[27].

Hat die Göttin Menschengestalt, so weist sie stets drei Merkmale auf: Nacktheit, Fettleibigkeit und eine betonte Weiblichkeit. Oft wird sie so dargestellt, daß sie ihre Brüste vorzeigt oder zusammenpreßt. Bisweilen spreizt sie auf eine beinahe obszöne Art und Weise ihre Schenkel[28]. In allen Fällen soll durch diese Haltung die Wirkung gesteigert werden, die von der Göttin als Urheberin des Wohlergehens ausgeht.

Die Göttin hat aber nicht nur verschiedene Verkörperungen erfahren, sie hat sich auch in Abhängigkeit von ihrem (beziehungsweise ihren) Begleiter(n) entwickelt. Bei vielen Völkern wurde sie in menschlicher Gestalt zwischen zwei Tieren dargestellt, seien es Vierbeiner, Reptilien oder Vögel. Solchen Triaden begegnet man vom Mittelmeerraum bis nach Indien und darüber hinaus, von der ägäischen Periode bis zur Kaiserzeit[29]. Später wird die Göttin zwischen zwei Männern dargestellt. Sie ist zur Gemahlin zweier Göttergatten geworden. Im minoischen Kreta, wo man es verabscheute, menschliche und tierische Gestalten miteinander zu vermengen, wird die Göttin bisweilen von zwei männlichen Göttern begleitet, deren Machtbefugnisse die ihren niemals zu übertreffen oder zu schmälern scheinen. Vielmehr sind diese Götter ihr mit einem Ausdruck des Respekts zugewandt[30]. Zwei Dinge sind an dieser Triade der Frühzeit bemerkenswert, gleichgültig, ob die Göttin von Tieren umgeben oder von zwei Männern begleitet wird. Die Triade zeigt deutlich die dominierende Stellung der Göttin gegenüber ihren Begleitern, und sie deutet vor allem darauf hin, daß die göttliche Polyandrie älter ist als das Paar. Ob die Göttin als Gebieterin der Tiere oder als Gattin junger Götter auftritt, von ihr hängt die Fruchtbarkeit ab, und dadurch bekommt ihr Handeln etwas spezifisch Göttliches oder zumindest Magisch-Religiöses.

Mutter Unser, die Du bist das Ganze...

Im Indien der vedischen Zeit ist Aditi einer der Namen der Muttergöttin. Eine Stanze des *Rigveda* beschreibt sie so:

Aditi ist der Himmel, Aditi der Luftraum,
Aditi die Mutter, sie ist Vater, sie Sohn;
Alle Götter sind Aditi, die ganze Welt,
Aditi ist was geboren, Aditi was geboren werden soll[31].

Die große Göttin herrscht über den gesamten Kosmos. Alle vergangenen und künftigen Wesen unterstehen ihr. Ihre Herrschaft erstreckt sich somit über die Unendlichkeit von Zeit und Raum. Wenn auch von Monotheismus noch nicht die Rede sein kann, da Aditi wie die übrigen Muttergöttinnen die erste unter einer zahlreichen Götterschaft ist, so bringt uns die Tatsache, daß sie die Mutter ist, aus der all die Götter hervorgegangen sind, doch dieser Vorstellung näher. Sie symbolisiert allein die Einheit des Universums, aber auch die Einheit von Leben und Tod.

Die alten Religionen Indiens, Persiens und Osteuropas haben miteinander den Mythos der Großen Mutter, der Gottheit des Wassers, gemein. Ihr Name wird den großen Strömen verliehen[32], die die Erde bewässern und befruchten. Sie ist auch die Göttin der Schlachten[33], die kriegerische Gottheit, die über die Zerstörung der Lebewesen bestimmt. In den Gesellschaften des frühen Altertums ist die Zahl derer, die Nahrung finden, begrenzt. Die einen müssen sterben, damit die anderen leben und aufwachsen können. Die Muttergöttin verkörpert diese grausame Notwendigkeit und die Vorstellung, daß Leben und Tod wie zwei Seiten ein und desselben Prozesses miteinander zusammenhängen.

Sie verkörpert zugleich die *gesamte* Schöpfung, und daher findet man an verschiedenen Orten *zweigeschlechtliche* Erdgottheiten und Fruchtbarkeitsgottheiten: »Die Gottheit konzentriert alle Schöpfungskräfte in sich – und diese Formel der Zweipoligkeit, der Koinzidenz der Gegensätze wird später von der höchsten Spekulation wieder aufgenommen.«[34]

In der Zweigeschlechtlichkeit der Göttin kommt am deutlichsten zum Ausdruck, daß sie das ganze ist, das für die Zeugung keiner Hilfe von außen bedarf. Sie bringt das Universum durch Parthenogenese hervor, genau wie der Gottvater, der sie in den männlichen monotheistischen Religionen ablösen wird.

Diese Auffassung von der Muttergöttin kann für die Beziehungen zwischen Mann und Frau nicht folgenlos geblieben sein. Die Frau war das menschliche Surrogat der Göttin, und der Mann der Jungsteinzeit verehrte einen Gott mit weiblichen Formen. Im Alltagsleben werden die Glaubensvorstellungen über die Herkunft der Kinder durch die Vorstellung bestätigt, daß der Mann an der Schöpfung keinen oder nur einen geringen Anteil hat.

Mircea Eliade, der eine Vielzahl von Geschichten und Legenden sowohl ethnologischer als auch prähistorischer Herkunft zusammengetragen hat, meint, die Menschen hätten, bevor sie die physiologischen Ursachen der Empfängnis kannten, geglaubt, daß das Kind direkt in den Bauch der zukünftigen Mutter hineingebracht würde[35]. Man sagte, die Kinder begännen ihr pränatales Leben im Wasser, in Kristallen, in Steinen, in Bäumen oder in Höhlen im Inneren der Erdmutter, bevor sie wie ein »Windhauch« in den Schoß ihrer menschlichen Mutter eingeführt würden[36]. Aus dieser Sicht legitimiert der Vater diese Kinder nur durch ein Ritual, das alle Merkmale einer Adoption hat[37].

Man wird dagegen einwenden, daß Mythen und Legenden

nicht alles über die Kenntnisse und Empfindungen der Menschen verraten. So haben neuere Untersuchungen über die Trobriander die Tatsache ans Licht gefördert, daß die angebliche Unkenntnis der biologischen Vaterschaft mehr etwas mit der Verleugnung als mit einer wirklichen Verkennung der Wirklichkeit zu tun hatte. Es ist außerdem möglich, daß man glaubt, daß der Vater an der Fortpflanzung beteiligt ist, ohne daß man deshalb die physiologischen Voraussetzungen dieses Vorganges kennen müßte. Das mindert aber nicht im geringsten die Bedeutung des ideologischen Systems, dem zufolge allein die Frauen – mit Hilfe des Kosmos oder von Geistern – zur Schöpfung Zugang haben.

Dieser Glaube an eine Art von Parthenogenese läßt sich psychologisch und ideologisch vielleicht mit der rituellen männlichen Couvade vergleichen, die in einigen primitiven Gesellschaften noch heute praktiziert wird. Während die Mutter entbindet, legt sich der Vater ins Bett. Dadurch drückt der Vater seinen Anspruch auf das Kind aus. Oft ahmt er die Entbindung nach, stößt Schmerzensschreie aus und nimmt sein normales Leben erst mehrere Wochen nach der Geburt wieder auf[38].

Umgekehrt haben die Kulturen der Jungsteinzeit allein die Schöpfungsmacht der Frau und Mutter berücksichtigt. Diese Voreingenommenheit, wenn es denn eine war, war tief im religiösen System und in der Wirtschaftsstruktur dieser Epoche verankert. Die Mutter und Frau galt zwar schon in der Altsteinzeit als etwas Heiliges, doch mußte die Entdeckung des Ackerbaus ihren sakralen Charakter spürbar gehoben haben. Jetzt bringt man die Fruchtbarkeit des Bodens mit der weiblichen Fruchtbarkeit in Zusammenhang: Die Frauen werden für die reichen Ernteerträge verantwortlich, denn sie kennen das »Mysterium« der Schöpfung.

Die Ackerbaukulturen entwickeln eine »kosmische Religion«[39], deren Riten von den Frauen vollzogen werden. Die Ackerbauarbeit ist selbst ein Ritus, weil sie sich auf dem Leib der Mutter Erde vollzieht, und sie schließt die Integration des Bauern mit ein, indem sie bestimmte Zeitperioden als günstig oder schädlich erachtet[40].

Der mystische Zusammenhang zwischen der Fruchtbarkeit des Bodens und der Schöpfungskraft der Frau ist eine der grundlegenden Intuitionen dessen, was Eliade als »Ackerbaubewußtsein« bezeichnet. Zahlreiche Riten belegen den entscheidenden Einfluß der erotischen Magie auf den Ackerbau: Die Nacktheit, die Orgien, die Tropfen von Muttermilch, mit denen das Feld besprengt wird, beweisen das. Man sieht jedoch das Leben als einen umfassenden Zusammenhang, und so beeinflußt die Fruchtbarkeit der Frau nicht nur die Fruchtbarkeit des Bodens, sondern die Üppigkeit der Vegetation hilft ihrerseits der Frau, schwanger zu werden. An beidem wirken die Toten mit, denn sie erwarten von diesen beiden Quellen der Fruchtbarkeit die Energie und die Substanz, durch die sie wieder in den Lebensstrom integriert werden.

Der Zusammenhang der Toten (die wie Körner in die Erde gelegt werden) mit der Fruchtbarkeit und dem Ackerbau[41] unterstreicht erneut die Allmacht der Mutter Erde und damit das Ansehen der Frauen. Der von den Frauen betriebene Ackerbau ermöglicht die Regeneration, denn die Fruchtbarkeitskulte stehen in einem engen Zusammenhang mit den Totenkulten.

Alles, was mit dem Leben und daher mit dem Reichtum zusammenhängt, ist Sache der Frau. Sie ist nicht nur Quelle der pflanzlichen und menschlichen Fruchtbarkeit, sondern obendrein diejenige, die vor dem Tod beschützt, bevor sie die Toten schützt. So wie die kretischen Göttinnen, die Mohn und andere Rauschmittel in ihren Händen hielten[42], besaßen die Frauen dank der Pflanzen, die sie gesammelt hatten, die Fähigkeiten zu heilen.

Es besteht kein Zweifel, daß die Frauen zu keiner anderen Zeit eine solche Vormachtstellung besaßen, auch wenn es keinen ernstzunehmenden Beleg für ihre politische Herrschaft gibt[43]. Jeder kennt die Legenden über die Amazonen[44] oder die Bewohnerinnen von Lemnos, die einen Kriegerinnen, die anderen Mörderinnen ihrer Ehemänner. Dies sind jedoch eher Gegenbeispiele, an denen man seine Phantasie ausagiert, als daß es historische Modelle des Verhältnisses zwischen Mann und Frau wären.

Es ist zwar möglich, daß zwischen den Darstellungen und dem Alltagsleben eine Kluft besteht, doch liefert die Analyse der religiösen Glaubensvorstellungen aus mehreren Jahrtausenden einen seriösen Anhaltspunkt für das Ansehen, das die beiden Geschlechter genießen. Die Jungsteinzeit steht offenbar im Zeichen der Vorherrschaft der Mutter, von der die männlichen Machtbefugnisse ein wenig überschattet werden.

Bei dem Versuch, das Verhältnis zwischen den Männern und den Frauen in jener Zeit zu verstehen, können wir nur von zwei Gewißheiten ausgehen. Die erste betrifft die Männer. Zwischen der Periode des Jägers in der Altsteinzeit und der Ausweitung der Kriege in der Bronzezeit haben sie sich hauptsächlich der Viehzucht, dem Handwerk und dann dem Ackerbau gewidmet. Diese an eine seßhafte Lebensweise gebundenen Tätigkeiten waren gewiß wichtig, doch setzten sie dabei nicht ihr Leben aufs Spiel wie bei der Jagd oder im Krieg. Es ist daher nicht ausgeschlossen, daß das männliche Geschlecht in dieser eher friedlichen Epoche einen Teil seines früheren Ansehens eingebüßt hat. Die Zeit war nicht günstig für die Verehrung männlicher Werte, wie es das Fehlen von echten männlichen Göttern zu beweisen scheint.

Die zweite Gewißheit betrifft die offenkundige Religiosität der neolithischen Gesellschaften. Das Leben der Menschen war vom Rhythmus magisch-religiöser Praktiken geprägt, und wenn man eine höhere Macht anflehte oder ihr opferte, so war es stets eine Göttin: Mußte da nicht die menschliche Verkörperung der Göttin, die Frau, bei jenen, die sie nicht verkörperten, beträchtliches Ansehen genießen? Drückte sich nicht in der jahrtausendealten Gewohnheit, »unsere Mutter, die Du bist die Erde« anzurufen, ein ähnliches Prestige des Weiblichen aus, wie es später das Männliche genoß, als man »Vater unser, der Du bist im Himmel...« betete?

Es stimmt, daß überall dort, wo ein allmächtiger Gott herrscht, der Mann die Welt und der Vater seine Familie regiert[45]. Das gilt nicht für die Frau der Jungsteinzeit, von der man einmal gesagt hat, daß »sie herrscht, aber nicht regiert«. Nun war die wirtschaftliche Aktivität aber eng mit dem Kult der Muttergöttin verknüpft, und so dürften die Männer damals noch nicht eine zwingende Vormachtstellung gegenüber den Frauen besessen haben.

Das Paar oder die geteilten Machtbefugnisse

Vom 4. Jahrtausend an bis zum Ende des 2. Jahrtausends scheint das Verhältnis zwischen Mann und Frau von einem Gleichgewicht, ja sogar von einer Harmonie bestimmt zu sein, die man später nicht wieder antrifft. Diese Phase der Annäherung zwischen den Geschlechtern hat nicht überall zur gleichen Zeit begonnen und geendet[46]. Ihre Anfänge werden von manchen schon im 5. Jahrtausend in Jericho, aber auch an den Ufern der Donau vermutet. Andere meinen, daß sie sich weit über die Anfänge der Institution des Patriarchats hinaus bis zur Geburt der griechischen Demokratie ausgewirkt habe. Man hat von einem »halbpatriarchalischen« System gesprochen, um anzudeuten, daß die Rechte, die dem Vater zugestanden wurden, andere Rechte der Mutter nicht ausschlossen und der Freiheit des weiblichen Geschlechts nicht im Wege standen. Wie auch immer – die Dokumente, über die wir verfügen, vermitteln den Eindruck einer von gegenseitiger Achtung geprägten Gemeinschaft der Geschlechter.

Alles deutet darauf hin, daß der Mann auf die Frau zugeht, sie auffordert, sich an verschiedenen Aufgaben und Funktionen, die bis dahin ihm vorbehalten waren, zu beteiligen. Man kann diese neue Zusammenarbeit als den Beginn der Enteignung der Frauen deuten, was die Geschichte dann bestätigen wird. Man kann es aber auch ablehnen, diese Periode nur unter dem Aspekt des Künftigen zu sehen und sie für sich betrachten, als einen Moment des Atemschöpfens, bevor der lange Kampf um die Durchsetzung der Vorherrschaft des einen über das andere beginnt.

Von Westeuropa bis nach Ostasien wird nach und nach erkannt, daß es zwei Menschen braucht, um sich fortzupflanzen, zwei Menschen, um zu produzieren. Der Kult der Muttergöttin ist noch nicht durch den Kult des Vatergottes ersetzt. Gegenstand der Anbetung ist vielmehr das Paar, das aus einem Gott und einer Göttin besteht. Männer und Frauen teilen sich die Erde und den Himmel, nicht mehr nach dem Schema der Trennung der für das eine wie für das andere Geschlecht spezifischen Rechte, sondern in der Auffassung, daß man bei der Bewältigung einer bestimmten Aufgabe ohne den anderen nicht mehr auskommt.

Manche verlegen das Auftreten des von Männern mit der Pflugschar betriebenen Ackerbaus[47] in das 6. Jahrtausend zu den Sumerern. Er soll sich dann bis zum 4. Jahrtausend im ganzen Nahen Osten ausgebreitet haben, im Westen aber erst in prähomerischer Zeit – 1500 bis 2000 Jahre v. Chr. – aufgetaucht sein.

Ungeachtet der chronologischen Reihenfolge kann man annehmen, daß der Mann sich relativ früh mit seiner Gefährtin zusammentun mußte, damit sie ihm bei einer schweren Aufgabe behilflich war. Den Boden mit einer zumeist hölzernen Hacke zu bestellen und eine Furche zu ziehen, machte erhebliche Mühe, wenn man den Dokumenten aus dem altägyptischen Reich Glauben schenkt, aus denen ersichtlich ist, wie sich die Fellachen mit ihrem Grabstock abmühten[48]. Erst spät hat der Mensch das Tier für den Ackerbau einspannen können, hat er den Schwingpflug[49] benutzt und vor allem die hölzerne Pflugschar durch eine metallene ersetzt[50]. Es ist aber durchaus möglich, daß sich noch vor der Ausbreitung des Schwingpfluges Männer und Frauen in die ackerbaulichen Aufgaben geteilt haben. Er besorgte die schwere Arbeit der Bodenbestellung, sie die weniger ermüdende Aussaat, und beide zusammen die Ernte. Diese Aufteilung entsprach den magisch-religiösen Riten jener Zeit, und sie nahm Rücksicht auf die körperliche Beschaffenheit beider Geschlechter.

Als sich in der Bronzezeit die Technik des Schwingpfluges weiterentwickelte und der Bauer mit geringerer Mühe größere Flächen einsäen konnte[51], und als sich dann auch noch die Benutzung des von zwei Ochsen gezogenen Gespanns durchgesetzt hatte, war der Ackerbau zur Domäne der Männer geworden. Durch die Verwendung des Pfluges mit einer metallenen Schar wurde er zu seiner ausschließlichen Sache. Das Feld wurde sein Besitz. Der Frau blieb nur der einstige Garten.

Doch ehe es zu dieser Aneignung einer ursprünglich weiblichen Domäne durch das männliche Geschlecht kam, blieb der Zusammenhang zwischen der Fruchtbarkeit der Scholle[52] und der Fruchtbarkeit der Frau ein hervorstechender Zug der Ackerbauergesellschaften. Die Frau stand daher weiter in dem Ansehen, die Fruchtbarkeit beeinflussen zu können und sie auszuteilen.

Dieses Ansehen begann erst zu verblassen, als der Pflug aufkam, der sehr rasch als ein männliches Sexualsymbol galt. Die Fruchtbarkeit des Bodens beruhte nicht mehr allein auf der Wirkung des weiblichen Prinzips, sondern auf dem Zusammenschluß der beiden Prinzipien.

War zuvor die Frau mit der Erde gleichgesetzt worden, so wurde nun die Furche mit der Vulva gleichgesetzt. Jetzt besaß nicht mehr sie eine natürliche Affinität zu den Samenkörnern[53], sondern der Mann oder genauer der männliche Samen. Der Pflug-Phallus übertrug dem Mann eine immer wichtiger werdende Rolle und machte aus ihm den Befruchter der Erde. Allerdings dachte damals noch niemand daran, den wesentlichen Anteil der Frauen am Prozeß der Fruchtbarkeit und der Befruchtung zu leugnen. Die Teilung der Aufgaben und die schöpferische Zusammenarbeit des Paares waren das Gebot der Stunde.

Wenn man bestimmten Ethnologen[54] glauben darf, wußten mehrere Südseevölker zu Beginn des Jahrhunderts noch immer nichts von den physiologischen Zusammenhängen der Fortpflanzung. Sie hatten für die Empfängnis eine Erklärung, in der der Geschlechtsakt nicht vorkam, und sie kannten nicht die Rolle des Vaters – oder taten doch so, als würden sie sie nicht kennen[55]. Die Vaterschaft wurde nur unter dem sozialen Aspekt gesehen.

Die Interpretation der Väter der Ethnologie wird heute von einigen in Frage gestellt mit der Begründung, die Unkenntnis der biologischen Vaterschaft sei nur vorgetäuscht gewesen. Dessen ungeachtet bleibt das Problem jedoch für die Männer der Vorgeschichte bestehen.

J. Przyluski hält die Unwissenheit der Menschen der Frühzeit für eine Tatsache, denn, so sagt er, jedes geschlechtsreife Mädchen mußte entjungfert werden, und zwischen der Empfängnis und den Handlungen des Mannes sah man keinen Zusammenhang. Er glaubt, die Praxis der Viehzucht habe die Menschen auf die richtige Spur gebracht. Um diese neue Aktivität mit Erfolg zu praktizieren, mußte man das Verhalten der Haustiere beobachtet haben. Dabei bemerkte man, daß man ihre Vermehrung behindern oder fördern konnte, je nachdem, ob man die Geschlechter auseinander hielt oder zusammenbrachte. Die Menschen brauchten dann die Folgerungen aus dieser Entdeckung nur noch auf sich selbst anzuwenden. Sie änderten ihre Ansichten über die Empfängnis: Nicht der Verzehr einer Speise oder die Berührung eines Gegenstandes machte die Frau schwanger, sondern der in sie eingebrachte Keim, die Substanz des Mannes.

»Auf die eingeschlechtliche Fruchtbarkeit der Urzeit folgt die zweigeschlechtliche Befruchtung; die Weitergabe des Lebens erheischt das Zusammenwirken der beiden Geschlechter... Diese Erklärung führt zu einer Umwälzung des Rechts und der Religion. Bis dahin war das Kind nur mit seiner Mutter verbunden; es war eine Pflanze oder ein Tier, je nachdem, aus welchem Keim es hervorgegangen war. Nun ist das Kind mit dem Vater verbunden. Es ist ein Menschenjunges und setzt die Reihe seiner Vorfahren fort.«[56]

Nach Auffassung Przyluskis ist man zu diesem Zeitpunkt von der matrilinearen zur patrilinearen Filiation übergegangen. Wenn man der Überlieferung der als Beispiel angeführten Völker glauben darf, hat sich eine so grundlegende Veränderung allerdings nur allmählich und nicht ohne Widerstreben vollziehen können[57].

In der griechischen Mythologie findet sich noch die vage Erinnerung an eine Zeit, in der die Kinder den Müttern gehörten. Pierre Vidal-Naquet[58] erwähnt den Mythos von Kekrops, dem zivilisatorischen Helden, der die Athener aus der Wildheit heraus zur Zivilisation führte. Das zivilisierte Athen wird als die Umkehrung des vorhergehenden Zustands dargestellt. Die Athenerinnen stimmen nicht mehr ab, die Kinder tragen nicht mehr den Namen ihrer Mutter, die Frauen von Athen haben keinen eigenen Namen mehr. Sie sind nur die Ehefrauen oder die Töchter der Athener. »Früher dagegen, so berichtet Klearch, vollzog man wahllos die geschlechtliche Vereinigung, niemand konnte seinen Vater identifizieren, und infolgedessen war jeder nur unter dem Namen seiner Mutter bekannt.«[59]

Diese Aussage bedeutet nicht, daß man die Rolle des Mannes in der Fortpflanzung verkannt hätte, sondern sie weist darauf hin, daß der biologische Vater wegen der sexuellen Freiheit der Frauen unbekannt war, woraus sich notwendig eine matrilineare Familienstruktur ergab. Das liefe darauf hinaus, daß der Begriff des auf der Ehe beruhenden Paares mit dem patriarchalischen System, wie wir es kennen, jüngeren Datums ist, als man es vielfach glauben möchte. Bedenkt man, daß Kekrops[60] mit der Stiftung der Institution der Ehe zugleich die Entdeckung des Ackerbaus, der Schrift und der Gesetze des Eigentums zugeschrieben wird, so kommt man zu der Feststellung, daß die Mythologie zwischen der Vaterschaft und der Entwicklung der Ackerbaupraktiken den gleichen Zusammenhang herstellte, wie die Prähistoriker von heute.

Die Geburt des Krieges[61]

Während der gesamten Altsteinzeit waren die prähistorischen Jäger bewaffnet, aber friedlich. Spuren des Krieges sind an den Gräbern, die man entdeckt hat, nicht festzustellen. Zu Beginn der Jungsteinzeit ist die Bevölkerung noch dünn gesät und daher friedlich. Seit dem oberen Paläolithikum findet man zwar Spuren der Aggressivität zwischen Männern, die aber über individuelle Auseinandersetzungen nicht hinausgehen, so daß man noch nicht von Krieg sprechen kann.

Von der mittleren Jungsteinzeit an, die ganz von der Landwirtschaft geprägt ist, häufen sich kriegerische Manifestationen, und sie werden zu kollektiven Erscheinungen. Das hat einen einfachen Grund: Die Lebens- und Ernährungsbedingungen haben die Bevölkerung stark anwachsen lassen. In dieser Zeit werden die ersten Dörfer errichtet, und die Produktion wächst. Unter den beweglichen Gütern tauchen jetzt große Vorratsgefäße auf, die man in der älteren Jungsteinzeit noch nicht kannte, ein Hinweis auf erhebliche Nahrungsvorräte, die den Neid von Habenichtsen erregten.

Die durch die Anhäufung von Nahrungsressourcen begünstigte Überbevölkerung erzeugt einen Bedarf nach weiteren Ländereien, und zwischen den Gemeinschaften kommt es zu Kämpfen um den Besitz von Territorien. Plünderungen und Eroberungen werden zu einer verbreiteten Praxis.

Besonders seit der ausgehenden Jungsteinzeit und dem Zeitalter der Metalle hinterläßt der Krieg Spuren in den Massengräbern. Eindeutige Skelettverletzungen und in manchen Fällen mehrere mörderische Pfeile, die noch tief in den Knochen stecken, deuten ganz sicher auf leidenschaftliche Wut hin[62].

Der Krieg war zweifellos dem männlichen Geschlecht vorbehalten. Die mit Pfeilen durchbohrten Skelette gehörten Männern, während weibliche Skelette mit Kampfesspuren kaum erwähnt werden. Mit der Entwicklung des Ackerbaus werden die Jäger von den Kriegern abgelöst, die sich das Prestige und die Macht, welche die Männer im Zuge des Niedergangs der Jagd eingebüßt hatten, zurückerobern. Im Stadtstaat werden sie im Laufe der Zeit zu einer angesehenen Klasse, die sich auf diese gefährliche und rühmliche Aktivität spezialisiert.

Allerdings berichten Mythen[63] ebenso wie die Schilderungen von Reisenden[64] immer wieder von kriegerischen Frauen. Leider ist die Mehrzahl der angeführten Beispiele nicht nachprüfbar oder nicht stichhaltig. Es ist durchaus möglich, daß Frauen einer Armee angehören und Uniform tragen, ohne daß sie deshalb jemals in vorderster Linie mit dem Feind in Berührung kommen. Für zwei ganz unterschiedliche Kulturen ist jedoch die Beteiligung der Frauen am Krieg in einer weniger mythischen als historischen Form bekundet. Zum einen handelt es sich um die halbpatriarchalische keltische Kultur, in der die Frauen eine bedeutende Rolle spielen konnten[65]. A. Pelletier schildert die Verwunderung der Römer, als diese sich Stämmen gegenübersahen, die von Frauen geleitet wurden[66]. Er zitiert Plutarch, der die Schlacht beschreibt, in der Marius im Jahre 102 v. Chr. bei Aquae Sextiae den Ambronen gegenüberstand und sich darüber wunderte, daß Frauen daran teilnahmen: »An dieser Stelle kamen ihnen die Weiber der Feinde entgegen, Schwerter und Äxte in den Händen, und mit schrillem Wutgeschrei versuchten sie, Verfolgte und Verfolger – das will sagen – Verräter und Feinde zugleich zurückzujagen. Sie stürzten sich in das Gemenge der Kämpfer, mit bloßen Händen entrissen sie den Römern die Schilde oder griffen nach den Schwertern, ließen sich verwunden und in Stücke hauen, bis zum bitteren Ende unbezwinglich in ihrem Mut.«[66a]

Den zweiten Beleg für »amazonenhafte« Praktiken, zumindest für eine Beteiligung der Frauen an den Kämpfen, liefert eine indianische Kultur Brasiliens[67].

Doch selbst wenn Frauen in diesen beiden Fällen Krieg geführt haben, so waren doch Männer von dieser Praxis, die historisch ihre spezifische Domäne ist, nicht ausgeschlossen[68].

Der Krieg, der stets als die männliche Aktivität schlechthin wahrgenommen wurde, ist das symmetrische Gegenstück zur Mutterschaft, das dem Mann jene Besonderheit verleiht, die er so dringend nötig hat.

Der religiöse Dualismus

Ende des 4. und Anfang des 5. Jahrtausends setzt sich gegenüber der früheren Triade eindeutig die göttliche Dyade durch. Die Polyandrie wird immer mehr zugunsten der Monogamie aufgegeben. Auch bei den Göttern setzt sich die Idee des heterosexuellen Paares zuerst in den Gebieten hoher Kultur durch, während die göttliche Triade sich bei den weniger begünstigten Völkern als Relikt behauptet.

In Ägypten tritt das göttliche Paar im Laufe des 3. Jahrtausends in Erscheinung. Osiris wird zugleich zum Geist des Korns und zum Geist des Wassers[69]. Seine Hochzeit mit Isis, der großen Göttin der universalen Fruchtbarkeit, symbolisiert die Verbindung des Wassers (des Nils) mit der Erde. In ihrer liebenden Vereinigung befruchten Isis und Osiris die gesamte Natur. In der von A. Moret wiedergegebenen Legende werden den Frauen jedoch sogleich einige ihrer Fähigkeiten aberkannt. Nicht Isis, sondern Osiris soll den Menschen alle Nahrungs- und Textilpflanzen sowie die Kunst des Ackerbaus und der Bewässerung enthüllt haben.

In Babylon[70] haben zu dieser Zeit die Götter des Ackerbaus das Aussehen des Menschen angenommen. Von Mesopotamien bis nach Anatolien und Syrien findet man einen kurzgewandeten, bartlosen jungen Gott, der dem heiligen Paar zu Hilfe kommt und eigenständig die spezifische Rolle eines Ackergottes übernimmt. Bald wird der spezialisierte junge Gott von dem Großen Gott »geschluckt«. Er wird zum Liebhaber der Großen Göttin und wacht über die universelle Fruchtbarkeit.

In allen indo-europäischen Mythologien beobachtet man schon früh eine Tendenz, Paare[71] vom Typus Jupiter-Juno zu bilden, das heißt, monogame eheliche Verbindungen[72]. Zunächst die Geliebte der Tiere, ist die Göttin zur Gemahlin zweier Götter geworden, um dann mit einem einzigen Gatten ein Paar zu bilden. Das Paar der Göttinnen Demeter und Kore, eine gleichgeschlechtliche Dyade, die aus einer älteren und einer jungen Göttin besteht[73], weicht einem heterosexuellen Paar, Astarte und Adonis.

Das zweigeschlechtliche göttliche Paar ist der Beweis für den Wandel der Ansichten über die Fortpflanzung. Diese ist nicht mehr ausschließlich Sache des weiblichen Geschlechts, wie es noch die eingeschlechtliche Dyade zum Ausdruck brachte. Die Mutter kann ohne Mitwirkung eines Mannes nicht mehr gebären[74].

Das Machtgleichgewicht zwischen den beiden göttlichen Partnern scheint jedoch unsicher zu sein. War in den alten Triaden die Göttin ihren männlichen Begleitern eindeutig überlegen, so gewinnt in den Dyaden der männliche Gott zunehmend an Bedeutung, oft erscheint er mächtiger als seine Gefährtin. Diese Entwicklung in der Darstellung der Gottheiten verrät einiges über die Machtverhältnisse innerhalb des menschlichen Paares. Zwar werden bis ins Zeitalter der Metalle und in die historische Zeit hinein Frauengestalten dargestellt, doch muß man feststellen, daß die unauflöslich mit der Liebe verbundene Idee des Paares gleichzeitig einer Schmälerung der Machtbefugnisse der Frau zugrunde liegt.

Man kann annehmen, daß vor dem Niedergang des Ansehens der Frau relativ ebenbürtige Beziehungen zwischen Mann und Frau bestanden haben. Diese außergewöhnliche Periode in der Geschichte ihrer Beziehungen ist dadurch gekennzeichnet, daß sie sich in Himmel und Erde teilen. Als göttliches Paar zeugend und produzierend, scheinen Mann und Frau durch ein Einverständnis und eine Symmetrie miteinander verbunden zu sein, die man in der westlichen Welt lange nicht mehr antreffen wird – insbesondere weil man gern vergißt, daß das Weibliche ebenfalls das Göttliche verkörpern kann und die Transzendenz nicht nur im Maskulinum dekliniert werden kann.

Interferenz, Äquivalenz und Gleichheit der Geschlechter

Neuere Arbeiten über das archaische Griechenland[75] unterstreichen einhellig die Ambivalenz und Interferenz der Geschlechter, die noch an der Wende vom 5. zum 4. Jahrhundert v. Chr. in einigen religiösen und gesellschaftlichen Praktiken zu bemerken ist.

Jean-Pierre Vernant hat als einer der ersten auf die Ambivalenz der Geschlechter in der mythischen Schilderung der Beziehungen zwischen zwei komplementären Gottheiten, dem Gott Hermes und der Göttin Hestia, aufmerksam gemacht[76]. Hermes ist bekanntlich der Gott der Reisenden, Hestia, die Hüterin des Herdes, der Mittelpunkt des häuslichen Raumes, von dem her der menschliche Raum seine Orientierung und Struktur erhält. Sie ist das »Drinnen«, er ist das »Draußen«, unfaßbar und allgegenwärtig. Ihr ist das Haus als Bereich zugewiesen. Er streift in der Welt umher, um zu arbeiten, Krieg zu führen, Handel zu treiben, am öffentlichen Leben teilzunehmen. Es scheint, als seien sie in allem gegensätzlich, doch versucht Vernant zu zeigen, daß der Gegensatz mehr scheinbar als real ist, denn Eigenschaften der einen finden wir auch bei der anderen Gottheit. Hermes kann ebenfalls die Beständigkeit und Hestia die Beweglichkeit ausdrücken.

Man stößt auf diese Ambivalenz in den wichtigsten gesellschaftlichen Institutionen, bei der Ehe[77] ebenso wie bei den Mahlzeiten[78]. Die Polarität des Festen und des Beweglichen, des Drinnen und des Draußen usw. äußert sich Vernant zufolge nicht nur in den häuslichen Institutionen, sondern ist Bestandteil der Natur von Mann und Frau: »Man darf Hestia und Hermes nicht isoliert betrachten. Sie erfüllen ihre Funktion in Gestalt eines *Paares,* die Existenz des einen impliziert die des anderen, auf die sie als auf ihr notwendiges Gegenstück verweist. *Mehr noch: Diese Komplementarität der beiden Gottheiten setzt bei beiden* einen Gegensatz oder eine *innere Spannung voraus,* die ihrer Götterpersönlichkeit etwas grundlegend Zwiespältiges verleiht.«[79]

Hestia, die jungfräuliche Göttin, muß, um ihre Funktion des

Beharrens in der Zeit zu erfüllen, zugleich als die Mutter, als Quelle des Lebens und der Schöpfung, erscheinen. Hermes, der Gott des Raumes und der Bewegung, muß imstande sein, sich an ein Haus zu binden. Nicht nur, daß das eine die Ergänzung des anderen ist – etwas von dem einen findet sich notwendigerweise auch bei dem anderen. Insofern müssen Mann und Frau, wenn sie einen Gegensatz bilden, um einander besser zu ergänzen, sich zugleich ähnlich sein, um einander zu verstehen und sich verbünden zu können.

Die Interferenz der Geschlechter oder Fälle der Inversion begegnen uns nicht nur in Mythen; wir finden sie auch im griechischen Theater[80] und in bestimmten Erziehungspraktiken. Vidal-Naquet[81] weist darauf hin, daß die Epheben von Athen bei den Übergangsriten ein weibliches Kleidungsstück tragen mußten, die »schwarze Chlamys«, bevor sie nach der Ableistung des Eides wieder die Hoplitenuniform anlegten. Umgekehrt vollzog sich der Übergang vom Stand des jungen Mädchens zum Stand der Frau mit Hilfe einer männlichen Verkleidung. Der junge Mann und das junge Mädchen mußten für einen Augenblick »das andere « verkörpern, so als sollte der zweigeschlechtliche Dualismus der menschlichen Natur betont werden, bevor sie in ihre jeweilige Gruppe eingegliedert wurden.

Auch Sparta kannte Riten der Umkehrung: »Das junge Mädchen wurde einer Frau übergeben..., die ihr die Haare kurzschnitt, sie in das Gewand und die Schuhe eines Mannes steckte und sie allein und ohne Licht auf einem Strohsack schlafen ließ.«[82] In Sparta hängt die Interferenz der Geschlechter mit ihrer Äquivalenz zusammen. Nicole Loraux hat in einem sehr schönen Artikel[83] gezeigt, daß das Bett und der Krieg miteinander zusammenhängen, daß der Hoplit und die Wöchnerin gleiche Wertschätzung genießen. Beide werden zu sportlichen Übungen angehalten, um, wenn es darauf ankommt, ihr bestes zu geben. Für den künftigen Krieger versteht sich das von selbst, doch bleibt dieDarstellung von jungen Mädchen oder von schwangeren Frauen, die im *parthenos* trainieren, eine auf Sparta beschränkte Ausnahme.

Doch die gleiche Äquivalenz zwischen Krieg und Kindbett findet Nicole Loraux auf athenischen Einzelgräbern. »Auf den Grabreliefs der Athener Friedhöfe wird der Verstorbene als der dargestellt, der er im Leben war; es findet sich kein Hinweis auf seinen Tod, mit zwei Ausnahmen: Wenn es um einen Soldaten oder um eine Wöchnerin geht...«[84] Sie erinnert auch daran, daß »das Ehebett in den griechischen Stadtstaaten nicht zum Scherzen einlud«, um so weniger, als der Ort der Fortpflanzung, *lochos*, zugleich den Hinterhalt und später die bewaffnete Truppe bezeichnet[85].

Kann man die Äquivalenz und die Symmetrie noch besser zum Ausdruck bringen?

Auch Euripides hat die Äquivalenz zwischen Entbindung und Kampf bestätigt, denn er läßt Medea, die sich über das Leiden des Frauendaseins äußert, ausrufen:

> Man preist unsern Frieden,
> so fern von der Schlacht
> lieber dreimal am Feind
> als dreimal Geburt[86].

Neben diesen Zeugnissen könnte man die Bedeutungen der Wörter und Gebräuche der klassischen Periode anführen. So wird das Wort *ponos*, das den Schmerz bezeichnet, den man erträgt, ebenso auf den jungen Mann, der sich abzuhärten lernt, wie auf die Leiden der Niederkunft angewandt. Bei diesem Kampf verkehrt die Frau gewisse Anzeichen der Männlichkeit in ihr Gegenteil. »Der griechische Mann gürtet sich, wenn er in den Krieg zieht oder den Status eines Bürgers erlangt; die Frau legt dagegen zur Entbindung ihren Gürtel ab... Selbst in der Umkehrung ist das Zeichen da, das die Mutterschaft mit dem Kampf verbindet.«[87]

In beiden Fällen setzt sich der Mann bzw. die Frau dem Leiden und der Todesgefahr aus. Grund genug, ihnen gleichermaßen Transzendenz zuzuerkennen und die Ähnlichkeiten über die Unterschiede zu stellen. In zwei scheinbar gegensätzlichen Aktivitäten erleben Mann und Frau eine gemeinsame Erfahrung, die sie aus ihrer geschlechtlichen Besonderheit herauslöst und sie unter dem gemeinsamen Konzept des Menschlichen vereint.

Der orthodoxe griechische Diskurs hat die Frauen zwar auf die Fortpflanzung beschränkt und von den Männern getrennt, doch

»hat kein Volk besser als die Griechen durchschaut, daß die Verteilung des Männlichen und des Weiblichen keine ein für allemal feststehende Tatsache war: Haben sie sich nicht von Hesiod bis Hippokrates... darin gefallen, die Menschheit einzuteilen in weibliche Frauen, männliche Männer, frauenhafte Männer, männlich wirkende Frauen?«[88]

Wenn man von Interferenz oder Äquivalenz der Geschlechter spricht, so läuft das auf ihre Gleichheit hinaus. In jener archaischen Zeit, von der hier die Rede ist, dürfen wir einen institutionellen Gleichgewichtszustand zwischen Mann und Frau annehmen, der weder mit der Anarchie einer gesetzlosen Gesellschaft noch mit der Unterdrückung, die wir später antreffen, irgendetwas zu tun hat. Das Patriarchat hat, falls es bereits existiert, noch nicht die Phase der Unterdrückung erreicht. Der Verkehr zwischen den Ehegatten unterliegt sehr lockeren Regeln. In der Welt Homers und der heroischen Legende scheint zwischen der legitimen Ehefrau und der Konkubine kein so starker Gegensatz zu bestehen wie in der klassischen Zeit[89]. Die Normen und Verhaltensregeln lassen einen ziemlich großen Spielraum, so daß man noch nicht, wie dann am Ende des 6. Jahrhunderts im demokratischen Gemeinwesen Athen, von einem einzigen Modell der Ehe sprechen kann[90]. Der Status der Frau weist vielfältige Möglichkeiten auf, die eine so durchlässige Hierarchie bilden, daß die Frauen nicht einem verbindlichen, von den Männern entworfenen Modell unterworfen sind.

Das alles fördert den gegenseitigen Respekt zwischen den Geschlechtern, den man in der gleichen Zeit in anderen Gesellschaftsformen beobachtet. In der vedischen Literatur halten sich die Muttergöttin Aditi und die großen männlichen Götter in etwa die Waage[91]. Die schriftlichen Zeugnisse aus der Zeit von 2000 bis 400 v. Chr. (insbesondere der *Rigveda*) zeigen, daß die Arier Hochachtung vor ihren Frauen hatten. Sie haben zwar, als sie nach Indien eindrangen, das Patriarchat errichtet, doch waren ihre Ehefrauen keine Leibeigenen, und die Lage der Frauen sehr viel besser, als sie sich dann in der Folgezeit entwickelte. Die Geburt eines Mädchens wurde freudig begrüßt, Mädchen wurden ebenso sorgfältig erzogen wie Jungen, und intelligente Frauen wurden ermutigt und verehrt[92]. Zur Zeit des *Rigveda* wurden sie in der Kriegskunst unterwiesen. Einige zeichneten sich auf dem Schlachtfeld aus[93], andere sind als große Königinnen in Erinnerung geblieben. Vor allem wurden die Mädchen weder in der Familie noch in der Gesellschaft abgesondert. Sie besaßen die gleiche sexuelle Freiheit wie die Jungen, und uneheliche Kinder wurden, ohne daß man sich ihrer schämte, von der Familie wie von der Gesellschaft aufgenommen. Die vedische Frau besaß eine Stellung, die zwar auf dem patriarchalischen System beruhte, aber doch sehr viel beneidenswerter war als die der Französin im 17. Jahrhundert.

Das gilt auch für die Lage der keltischen Frau während der Eisenzeit bis zur Besetzung Galliens durch die Römer im Laufe des 1. Jahrhunderts nach Christus. Die Gesellschaft war zwar schon patriarchalisch verfaßt, doch nach dem keltischen Recht genossen die Frauen Vorrechte, angesichts derer die Römerinnen jener Zeit vor Neid vergangen wären; zwischen den Rollen von Mann und Frau bestand ein Gleichgewicht, das nicht auf der Vorherrschaft des einen über den anderen beruhte, sondern auf einer Ebenbürtigkeit, mit der jeder sich wohlfühlen konnte[94].

Die erste Phase der Geschichte von Mann und Frau schließt demnach mit einem egalitären Ausklang. Dieser lange, fast 30 000 Jahre umfassende Zeitraum zerfällt zwar in mehrere Etappen, weist aber dennoch eine Konstante auf. Die geschlechtliche Aufgaben- und Funktionsteilung bleibt wohl bestehen, doch ist nicht erkennbar, daß das eine Geschlecht erdrückt worden wäre, weil das andere alle Machtbefugnisse an sich gerissen hätte. In Einzelfällen hat es gewiß Tyrannei gegeben, doch ein ausgeprägtes ideologisches System der Unterdrückung haben wir nicht erkennen können. Männer und Frauen haben sich von der Altsteinzeit bis zur Eisenzeit mehr oder weniger gerecht die Aufgaben geteilt, ohne deshalb den Eindruck zu vermitteln, daß das eine Geschlecht nur der blasse Abklatsch des anderen oder, schlimmer noch, das Übel gewesen wäre, vor dem man sich in acht nehmen muß. Auch in der Zeit, in der die Frau hohes Ansehen genoß, haben die Männer aufgrund ihrer physischen Überlegenheit im Gemeinwesen weiterhin die maßgebende Rolle gespielt, anders als in der historischen Zeit, in der die Frauen von jeglicher Beteiligung ausgeschlossen wurden.

Von der ursprünglichen, die Altsteinzeit kennzeichnenden Trennung der Machtbefugnisse bis zu deren Aufteilung während der letzten Periode finden wir keinen Anhaltspunkt für den bald darauf ausbrechenden Krieg der Geschlechter. Die Trennung bedeutet nicht den Ausschluß des anderen, sondern wechselseitige Abhängigkeit; was die Teilung der Verantwortung betrifft, so kann man aus ihr auf Zusammenhalt und gegenseitige Achtung schließen.

Man muß allerdings annehmen, daß dies für die Beziehungen der Geschlechter nicht der »natürliche« Zustand ist. Das stets gefährdete Gleichgewicht der Protagonisten kann durch eine technische oder wissenschaftliche Entdeckung oder eine ideologische Umwälzung verlorengehen. Viele derartige Veränderungen werden in der Folgezeit eintreten, und die Geschichte von Mann und Frau wird von nun an durch Konflikte geprägt, ja sogar durch die Ausschaltung des einen Geschlechts durch das andere, die so weit gehen kann, daß ihr Komplementaritätsverhältnis ernsthaft in Gefahr gerät.

II. Teil

Das Eine *ohne* das Andere

»Die Welt der Männer und die der Frauen sind wie Sonne und Mond: Sie sehen sich vielleicht jeden Tag, aber sie kommen nicht zusammen.« M. Mammeri

Das nächste Kapitel der Geschichte umfaßt je nach Region nur drei bis vier Jahrtausende, und so lange dauert die absolute Herrschaft des Patriarchats, ehe sie in einem Teil der Welt dahinschwindet. Dieser Geschichtsabschnitt beginnt im Orient, der Wiege unserer Zivilisation, und endet im Abendland. Dem Einwand, das Patriarchat sei in weitesten Teilen der Welt noch recht lebendig und in den islamischen Ländern des Mittleren Ostens, wo alles begonnen hat, lebendiger als je zuvor, halten wir die Tatsache entgegen, daß die neolithische Revolution das Abendland erst mit einer Verspätung von 2000 Jahren erreicht hat. Vor allem weisen wir darauf hin, daß die Relativität und Zerbrechlichkeit eines Machtsystems schon dann deutlich wird, wenn es auch nur in einem begrenzten Gebiet der Erde den Todesstoß erhält.

Das »absolute«[1] Patriarchat kann sich nur durchsetzen und behaupten, wenn eine Reihe von ideologischen Voraussetzungen erfüllt sind. Diese haben allesamt nur einen Zweck, nämlich die männliche Vorherrschaft zu etablieren. Man sollte sogar besser von der unumschränkten Herrschaft der Männer sprechen, denn in manchen Gesellschaften wird die Macht ohnehin als eine männliche Angelegenheit betrachtet. Man hat sogar von einem »patriarchalischen Despotismus«[2] gesprochen, um das Gebiet, das sich von Gibraltar bis Japan erstreckt, zu kennzeichnen[3]. Spuren davon findet man aber, wie wir noch sehen werden, auch in vielen anderen Teilen der Welt.

Die Männer in diesen patriarchalischen Systemen begnügen sich nicht damit, daß sie die wichtigsten Machtbefugnisse besitzen, daß sie, ähnlich wie der allmächtige Gott die Welt regiert, die Familie und das Gemeinwesen beherrschen; sie möchten außerdem, daß ein solches Ungleichgewicht durch ein entsprechendes

System von Vorstellungen und Werten gerechtfertigt wird. So kommt es zu einer extrem hierarchischen Auffassung vom Verhältnis der Geschlechter. Seine Herrschaft über die Welt und über seine Frau verdankt der Mann dem Umstand, daß er der beste Repräsentant der Schöpfung und des Schöpfers ist. Die Härte seiner Machtausübung liegt darin begründet, daß aus seiner einstigen Gefährtin die Verkörperung einer ständigen Gefahr geworden ist, der er mißtrauen muß.

Wenn man einmal überzeugt ist, gegenüber dem Anderen, dem Bösen, das Gute zu verkörpern, ist jeder Machtübergriff von vornherein theologisch oder moralisch gerechtfertigt. Es wird dann zu einer heiligen Pflicht, das böse Andere so kurz wie möglich zu halten, damit es keinen Schaden anrichten kann.

Aber selbst, wenn sie aufs äußerste zurückgesetzt ist, stellt die Frau in der Phantasie des Mannes immer eine Gefahr dar. Sie verkörpert zwar nicht mehr das Göttliche, ihr Anteil an der Fortpflanzung ist auf das Minimum reduziert, sie entscheidet weder über ihr eigenes Leben noch über die Angelegenheiten der Welt, und dennoch wird sie als eine potentielle Quelle von Unordnung und Anarchie wahrgenommen. Das kann so weit gehen, daß sie mit Satan gleichgesetzt wird.

In der Härte, mit der eine patriarchalische Gesellschaft dem weiblichen Geschlecht gegenübertritt, äußert sich offenbar ihre Angst: Angst vor der Kastration, aber auch Angst vor einem Aufstand der Frauen, der das schöne Gebäude, das die Männer zu ihrem eigenen Vorteil geordnet haben, zerstören würde. Die Logik der Ausschließung bewahrt sie vor der Konkurrenz der Frauen. Sie sichert ihnen ihre Besonderheit und unterbindet den Vergleich mit dem anderen Geschlecht. Denn mit dem, was von Natur aus unähnlich, ja sogar radikal anders, heterogen ist, vergleicht man sich nicht.

Offenbar haben sich die Männer zu Unrecht gefürchtet. Gewiß hat es hier und da vereinzelte Rebellionen gegeben, die stets rechtzeitig niedergeschlagen wurden, doch vermeldet die Geschichte nirgendwo einen kollektiven Aufstand des weiblichen Geschlechts. 2500 Jahre lang haben die Frauen das ideologische System ihrer Herren zu ihrem eigenen gemacht. Vermutlich lag es daran, daß viele dabei, was Trägheit, Verantwortungslosigkeit und Sicherheitsgefühl betrifft, auf ihre Rechnung gekommen sind, auch wenn sie dafür häufig mit Tränen, Betrug und Haß bezahlen mußten. Anders, als die Männer befürchteten, sind sie der Knechtschaft nicht durch Gewalt und Aufruhr entronnen. Sie haben sich die Entwicklung ihres eigenen Wertesystems zunutze gemacht und es zu ihrem eigenen Vorteil gewendet. Mit einer gewissen Vereinfachung kann man sagen, daß die patriarchalische Logik der Ausschließung der Geschlechter im Westen mit der attischen Demokratie im 5. Jahrhundert v. Chr. beginnt und in der französischen Revolution mit der Forderung endet, daß die Demokratie für alle zu gelten habe.

Die Beerdigung fand übrigens nicht sogleich statt. Die Agonie des Patriarchats zog sich über 200 Jahre hin, in denen bescheidene Fortschritte des weiblichen Geschlechts und schwere Rückschläge einander ablösten. Doch das heftige Aufbäumen dieses totgeweihten Systems konnte sein Ende nicht verhindern. Gestern ist es eingetreten, und niemand ist auf die Straße gegangen, um dieses Ereignis zu feiern. Vielleicht, weil man befürchtete, durch allzuviel Lärm den Toten wieder aufzuwecken, vielleicht auch, weil die Verwirrung der Männer die Frauen mitleidig stimmt.

1. Das absolute Patriarchat oder alle Machtbefugnisse werden konfisziert

Unter dem Patriarchat verstehen wir nicht nur eine auf der männlichen Abstammung und der väterlichen Machtstellung beruhende Form der Familie; unter die Bezeichnung fällt außerdem jede soziale Struktur, die ihren Ursprung in der Macht des Vaters hat. Der Fürst eines Gemeinwesens oder der Häuptling eines Stammes besitzt in einer solchen Organisation die gleiche Macht über die Angehörigen des Kollektivs wie der Vater über die Mitglieder seiner Familie. Die Analogie ist so groß, daß die Regierenden sich gern »Vater des Volkes« nennen.

Die Machtbefugnisse des Vaters und entsprechend des Oberhauptes sind von einer Gesellschaft zur anderen verschieden. Bei den Massai in Afrika scheinen sie maßvoller zu sein als in Frankreich unter Ludwig XIV. Doch ob tyrannisch oder liberal, der Vater entscheidet, kontrolliert und bringt sein Gesetz zur Geltung. Die unterste Stufe des patriarchalischen Systems erkennt man daran, daß die Väter ihre Töchter gegen Schwiegertöchter[1] austauschen, ob die Betroffenen zustimmen oder nicht. Je stärker das System ausgeprägt ist, um so mehr nehmen die Frauen den Charakter eines Gutes an. Man kauft und verkauft sie, und sie werden Eigentum des Ehemannes. Die höchste Ausprägung der patriarchalischen Gesellschaft drückt sich in der lückenlosen Kontrolle der weiblichen Sexualität aus. Die Männer werden von der Zwangsvorstellung verfolgt, die Frau könnte die Ehe brechen. Die Vorstellung, man könnte dem Kind eines anderen Mannes seinen Namen und seinen Besitz hinterlassen, wird als derart grauenerregend empfunden, daß man die Frauen in übelster Weise behandelt, um nicht einen solchen Schimpf zu erleiden.

Historisch gesehen, ist das Patriarchat überall im Nahen Osten während der Bronzezeit erkennbar. Das schließt nicht aus, daß der Frauentausch im Orient wie im Abendland sehr viel früher begonnen hat[2]. Doch in voller Ausprägung, nämlich als absolute Macht[3], tritt das Machtsystem erst ein wenig später auf, nachdem in der Religion eine wahre Umwälzung stattgefunden hat und an die Stelle der einstigen Göttinnen der allmächtige Gott getreten ist. In weniger als einem Jahrtausend setzen sich Brahma, Jahwe, Zeus und Jupiter bei den Gläubigen als Väter der Menschheit durch und beschränken die Mütter auf den Status von Unmündigen. So als hätten die Männer Gott erfunden, um die Macht des Vaters besser zu begründen!

Die göttliche Macht: Gott der Vater

Gott vertreibt die Göttin

Innerhalb des Paares, das aus einem Gott und einer Göttin besteht, herrschte ein prekäres Gleichgewicht. Hatte man früher in gutem Einvernehmen gelebt, so war jetzt Zwietracht entstanden, und mit der Ebenbürtigkeit der göttlichen Machtbefugnisse war es vorbei.

Einen der schönsten Belege für das entstehende Ungleichgewicht liefert der mythische Konflikt zwischen Demeter, der Mutter Erde, und ihrem Gatten Hades, dem Gott der Hölle, um die gemeinsame Tochter Persephone[4].

Nach P. Chesler ist Demeter »die Mutter, die sich bemüht, ihr weibliches Kind bei sich zu behalten, weil die Heirat für sie ein Unglück ist, das der freien und glücklichen Kindheit des Mädchens ein Ende macht und es unter das Joch des Mannes geraten läßt«[5]. Die Überlieferung berichtet, daß Persephone an dem Tage, als sie Mohnblumen pflückte, um ihre erste Menstruation zu feiern, von Hades, ihrem Vater, in die Unterwelt entführt wurde, worüber die Mutter sehr erzürnte. Ein homerischer Hymnus beschreibt, wie Demeter ihre entführte Tochter beweinte, jegliche Tröstung ablehnte und sich weigerte, etwas zu essen oder zu trinken. Dies ist die erste Auflehnung der Großen Göttin gegen den Gott, der sie verdrängen wird.

F. d'Eaubonne meint, dieser Mythos symbolisiere auch die Ablehnung der entstehenden männlichen Herrschaft durch eine Gemeinschaft, in der die Frauen überwiegen. Einen Beweis sieht sie in den Drohungen, die Demter dem patriarchalischen Sonnengott entgegenschleudert, der die Entführung des jungen Mädchens rechtfertigt.

»Nun, wenn das die natürliche Bestimmung der Mädchen sein soll, dann möge die gesamte Menschheit zugrunde gehen. Wenn dieses junge Kind mir nicht zurückgegeben wird, dann soll es keine Ernte, kein Korn und keinen Weizen mehr geben.«[6]

F. d'Eaubonne bemerkt treffend, daß es ackerbauende Frauen gewesen sein könnten, die sich mit einem solchen Aufschrei gegen die androzentrische Anmaßung der Viehhirten wehrten, und daß er älteren Datums ist als das Auftreten des ersten Pfluges, da er voraussetzt, daß der Ackerbau ganz in den Händen der Frauen lag.

Auf jeden Fall muß die Große Göttin noch spürbare Macht besessen haben, denn »dank dieser agrarischen Erpressung«[7] erreichte sie, daß ihre Tochter für sechs Monate im Jahr zu ihr zurückkehrte. Der Streit wurde durch Zeus beigelegt, der Hades davon überzeugte, daß diese Teilung gerecht sei. Dieser Kompromiß zwischen dem Gott und der Göttin kann auch den »Vertrag« symbolisieren, der zwischen Mann und Frau über die Verwaltung des nährenden Bodens geschlossen wurde[8]. Damit beginnt nach F. d'Eaubonne das »Semipatriarchat«.

Demeters Sieg sollte von kurzer Dauer sein. Die Veränderungen, die sich in der menschlichen Gesellschaft vollziehen, begünstigen die Männer. Neben den Kult der Fruchtbarkeit und der nährenden Erde, den die frühen Kulturen der Jungsteinzeit pflegten, treten in der Bronzezeit andere religiöse Vorstellungen.

Die gesteigerte Bedeutung des Krieges verleiht dem Kriegshäuptling eine Vorrangstellung[9]. Der Dolch und das Schwert haben den Bogen des Jägers verdrängt. Man findet sie als »zeremonielle« Objekte in den Gräbern von hochgestellten Persönlichkeiten. In der Bronzezeit »tritt an mehreren Stellen Europas (aber auch im gesamten Orient) der Heldenkult auf. Die physische Kraft wird gerühmt. In vielen Gesellschaften dominiert eine Kriegeraristokratie«[10].

Nicht nur der Kriegshäuptling wird als Held verehrt. Die Bronzezeit feiert auch den Handwerker, »der das Feuer nach Belieben lenkte, die Steine verflüssigte, bevor er sie in Schwerter, Streitäxte verwandelte... Die Sonne, schöpferische Kraft par excellence, wird ebenfalls zum Gegenstand einer besonderen Verehrung.«[11]

Auf jeden Fall tritt der Kult des Helden, des Herrn der Welt und der Elemente, an die Stelle der Verehrung der Mutter Erde, die sich damit begnügt, passiv die Keime in sich aufzunehmen. Überall, wo die Bronzezeit sich durchgesetzt hat, wird die Göttin zur subalternen Gattin, bevor sie die Bühne der Götter verläßt. In der einen Kultur wird die Göttin nach und nach verdrängt, in der anderen vermännlicht oder von dem männlichen Gott aus dem Pantheon vertrieben.

So geht in Ägypten die Göttin Isis in der Person des Gottes Osiris auf, der nun allein regiert. Bei den Kelten kommen mit der Entstehung neuer Denkstrukturen neue mythische Legenden auf. Wenn ein alter weiblicher Mythos peinlich wird, macht man ihn lächerlich oder stellt ihn auf den Kopf und läßt die gleiche Rolle von einer männlichen Person spielen. J. Markale weist darauf hin, daß die Sonne bei den Kelten ursprünglich wenn nicht eine Göttin, so doch wenigstens eine weibliche Macht war[12]. Der Sonnenheld wird zum Sonnengott, anstelle der ursprünglichen Göttin, die auf den Rang eines kalten und sterilen Gestirns, des Mondes, verwiesen wird. Die Rollen sind verkehrt worden. Nicht anders ergeht es der Bache-Göttin oder der Wildschwein-Göttin der keltischen Legenden, die ursprünglich das Wohlergehen und die Liebe symbolisierten. Die Männer verdrängten das Bild von der gütigen Göttin und behielten nur »das Bild von der niedrigsten Sexualität zurück, die mit dem Gedanken an Blut und Verderbtheit verknüpft war. Tatsächlich ist die Bache-Göttin zur *Sau* geworden, mit allem, was dieses Wort im zeitgenössischen Wortschatz an realem oder übertragenem Sinn enthält.«[13] Ebenfalls bei den Kelten wird die Hirschkuh-Göttin, das Symbol der Fruchtbarkeit, zugunsten des Hirsch-Gottes entthront, und generell werden die meisten großen Göttinnen von den Göttern überrundet. So wurde die unglückliche Ischtar, eine babylonische oder assyrische Göttin, unter dem Namen Aschtar zu einer männlichen Gottheit. Auch in anderen Kulturen kommt es zu solchen Herabstufungen: In Indien wird der männliche Gott Agni zum Urheber der arischen Rasse befördert, und ihm wird die Entdeckung des Feuers zugeschrieben, während der *Rigveda* diese Privilegien noch der weiblichen Sippe Agira zuerkannte.

Die griechischen Tragiker haben diesen Kampf der Götter, bei dem die alten Götter gestürzt werden und die olympische Religion auf Kosten des Mutterkults triumphiert, in hervorragender Weise bekundet.

Ein Hymnus Homers[14] rühmt die Mutter Erde mit den folgenden Worten:

> »Die Erde will ich besingen,
> die fest gegründete Allmutter,
> die ehrwürdige Ahnin, die alles, was existiert,
> auf dem Boden ernährt...
> Dir steht es zu, den Sterblichen
> das Leben zu geben und wieder zu nehmen...«[15]

Aber schon für Sophokles[16] wird der Mann, das Männliche, zum ersten Weltwunder[17].

Die einstige Große Göttin ist besiegt, wie die Tragödien von Äschylos beweisen. Klytemnestra wird von ihrem Sohn Orest getötet, der den Mord an seinem Vater Agamemnon, den seine Mutter getötet hat, rächt. Bei dem Prozeß des Orest vor dem Tribunal der Athene stehen sich zwei Welten gegenüber: Was wiegt schwerer – seine Mutter oder seinen Gemahl zu töten?

Apollo, der neue Sonnengott, ist der Anwalt Orests. Er macht den Vorrang des Vaters gegenüber der Mutter geltend und erklärt die Rache für gerechtfertigt. Die Tötung einer Frau, die ihren Gemahl und Gebieter ermordet, ist in seinen Augen entschuldbar, wenn nicht sogar legitim.

Von der anderen Seite des Tribunals aus tragen die Eumeniden[18] die Anklage vor. Sie wollen den Tod Klytemnestras im Namen der alten mütterlichen Werte gerächt sehen. In ihren Augen hat Orest sich des schlimmsten Verbrechens schuldig gemacht. Nach dem Gesetz des Blutes (das sie verkörpern) wiegt der von Orest begangene Mord schwerer als der Klytemnestras, die lediglich ihren Gemahl ermordet hat, dessen Blut dem ihren nicht verwandt ist. Die Mutter ist wertvoller als der Vater.

Athene lehnt es ab, Orest zu verurteilen, und spricht ihn frei. Damit hat sie dem Gesetz des Vaters zum Durchbruch verholfen und gezeigt, daß es mit der Herrschaft der Mutter vorbei ist. Doch im Unterschied zu anderen Religionen bringt die neue Wahrheit den Respekt vor der alten nicht zum Verstummen. Athene beschwichtigt die Erinnyen und schlägt ihnen vor, sich in ihrer Stadt niederzulassen, um dort auf ewig verehrt zu werden.

Den arabischen Göttinnen erging es anders[19]. Als der Prophet Mohammed, der Bote Allahs, mit seiner Mission begann, war das arabische Pantheon von mehreren Göttern bewohnt, doch spielten die Göttinnen dort noch immer eine sehr bedeutende Rolle. Im »Buch der Idole« von Ibn Al Kalbi, einem wichtigen Dokument über die vorislamischen Religionen, wird den drei Göttinnen Al-Lat, Al-Uzza und Al-Manat eine große Macht im arabischen Pantheon des 7. Jahrhunderts zugeschrieben. Al-Uzza, die wichtigste, wurde von Arabien bis Mesopotamien verehrt. Sie ist die Mutter Erde, ähnlich wie Demeter, von der die Fruchtbarkeit abhing. Die beiden anderen Göttinnen waren ebenfalls in ganz Arabien verbreitet.

Für Mohammed stellte die Verehrung dieser Göttinnen ein dorniges Problem dar. Damit Allah und der Islam triumphieren konnten, mußte er sie ideologisch und konkret ausschalten. Die Namen dieser drei Göttinnen sollten zu nichtssagenden Wörtern werden. Die Araber machten aus ihnen zunächst »die Töchter Allahs«. Aber Allah protestierte (Gott soll Töchter haben, und ihr habt Söhne?), und so wurden sie gänzlich ausgeschaltet.

Parallel zur sprachlichen Verdrängung der Göttinnen ging man an die Zerstörung ihrer Heiligtümer. Das der Manat wurde im Jahre 8 der Hedschra zerstört: »Ali zerstörte sie und nahm ihr alles, was sie besaß.« Kurz darauf wurde den beiden anderen die gleiche Behandlung zuteil, und erst daraufhin war die Macht des Gottes Allah fest gegründet.

Die Göttin, im klassischen Griechenland ins Abseits gedrängt und vom Islam enteignet, wird bei den Juden gänzlich ihres Ranges beraubt. Zwischen der allmächtigen Lilith, die zur Hölle verdammt wurde, weil sie Adam nicht gehorchen wollte, und Eva, der entfremdeten Frau, die »nur das Ebenbild der kastrierten Form Adams und nicht das Ebenbild des weiblichen Anteils Gottes ist[20]«, ist für die Verehrung einer Göttin kein Raum mehr. Weibliche Macht ist vielmehr in jeglicher Form zu einem Synonym für Hexerei geworden[21].

Die Religion des Vaters

Die Genesis beginnt mit den berühmten Worten: »Am Anfang *schuf Gott* (Elohim) *Himmel und Erde.* Und *die Erde war wüst und leer,* und es war finster auf der Tiefe; und der Geist Gottes schwebte auf dem Wasser.«[22] Nicht nur, daß von einer Göttin keine Spur mehr geblieben ist, sondern der Gott der Juden schafft die Erde »wüst und leer«, ihrer fruchtbaren Eigenschaften beraubt. Das erste ist der »Geist«, der durch die Macht des Wortes erschafft. Er sagt: »Es werde Licht«, und es ward Licht[23].

Bei diesem neuen Schöpfungsvorgang ist die Sinnlichkeit der Mutter Erde überflüssig geworden. Sie dient allenfalls als »Lehm« in den Händen des göttlichen Handwerkers, der daraus Adam formt.

Das 12. Kapitel der Genesis führt uns in eine neue religiöse Welt ein. Die Geschichte der Religion Israels beginnt mit Abraham, der von Gott dazu auserwählt wurde, Ahnherr des Volkes Israel zu werden und von Kanaan Besitz zu ergreifen. Die ersten Worte, die der Ewige an ihn richtet, sind eine Aufforderung, den sozialen, leiblichen Vater durch den göttlichen Vater zu ersetzen: »Ziehe fort aus Deinem Land, aus Deiner Verwandtschaft und aus Deinem Vaterhaus ...« Dies weist darauf hin, daß in der Zeit, zu der Abraham lebte[24], in der Kultur von Chaldäa die väterliche Abstammung bereits die Abstammung von der Mutter abgelöst hatte (die Mutter wird nicht einmal erwähnt). Es ist im übrigen wahrscheinlich, daß die Ahnherrn der Hebräer die Bräuche der Patriarchen befolgten.

Die jüdische Religion ist aber schlechthin die Religion der Patriarchen. Sie ist geprägt vom Kult des »Vätergottes«, auf den in der Genesis immer wieder Bezug genommen wird. »Der ›Gott der Väter‹ ist ursprünglich der Gott des unmitttelbaren Vorfahren, den auch die Söhne anerkennen. Da er sich dem Vorfahren geoffenbart hat, hat er eine Art Verwandtschaft bekundet[25].«

Er ist ursprünglich ein Nomadengott, der nicht an ein Heiligtum oder an einen Ort, sondern an eine Gruppe von Menschen gebunden ist, die er begleitet und schützt. Die Männer der Bibel zogen von Wasserstelle zu Wasserstelle, schliefen im Zelt und lebten von den Produkten ihrer Herden.

Man hat darauf hingewiesen, daß die Geschichte des hebräischen Volkes der Lebensweise der Hirten ein hohes Prestige zuerkennt und die Erde als fluchbeladen betrachtet. Das Opfer Abels wird vom Herrn gnädig angenommen, das Opfer Kains nicht: Der Hirte wird höher geschätzt als der Ackerbauer[26].

Nun ist das Hirtenleben anders als die Seßhaftigkeit der Ackerbauern keine günstige Voraussetzung für eine hohe Wertschätzung des weiblichen Geschlechts. Die Frau der Bibel ist als »Herrin ihres Hauses und ihrer Kinder[27]« bezeichnet worden, und es gibt eine liebevolle Beschreibung der vier »Matriarchen« Israels[28]; als Gott die Opferung Isaaks fordert, wendet er sich an den Vater. Der Text der Genesis[29] erwähnt Sarah nicht ein einziges Mal. Und wenn man den Weisen glauben darf, ist Sarah aus Kummer darüber gestorben.

Die biblische Familie ist »endogam, patrilinear, patriarchalisch, patrilokal, Großfamilie und polygam ... Der Vater konnte wie der Gott, den er verehrte, über die Männer und die Frauen seines Hauses frei verfügen. Unter bestimmten Umständen kann er seine Kinder verkaufen oder sie zum Opfer bringen[30]«.

Das mosaische Gesetz ist zwar bestrebt, den väterlichen Absolutismus zu zügeln, und das Fünfte Gebot[31] zielt darauf ab, die Gleichheit von Vater und Mutter wiederherzustellen, doch erst mit dem Christentum wird die Mutter erneut zum Gegenstand eines Kultes.

J. Markale hat mit Recht hervorgehoben, daß der Kult der Jungfrau Maria im Grunde revolutionär sei: »Hatte die paternalistische Gesellschaft die Muttergöttin beseitigt und sie, bisweilen mit Gewalt, durch einen kriegerischen Vatergott ersetzt, der eifersüchtig auf seiner Überlegenheit besteht, so hat die volkstümliche Mentalität sie, die Muttergöttin, wiedererstehen lassen in Gestalt der Mutter Gottes und der Mutter der Menschen, die ständig angerufen wird, ständig gegenwärtig ist und stets triumphiert.«[37]

Der Marienkult stellt nicht nur eine Huldigung an die Mutter dar, er bedeutet auch, daß, wenn eine Frau (Eva) die Menschheit ins Verderben gestürzt hatte, eine andere (Maria) dazu beitrug, sie zu erretten. Dieser Kult verlieh damit der Frau erneut eine ehrenhafte Stellung und erbrachte den Beweis, daß diejenige, die als unheilbringend und gefährlich verworfen worden war, zum Gegenstand des Heils und der Verehrung werden konnte.

Es sei daran erinnert, daß Jesus keinen leiblichen Vater hat und seine einzige Verbindung mit dem Menschen auf einer matrilinearen Abstammung beruht: »Jesus ist das reinste Beispiel einer gyneokratischen Gesellschaft, in welcher der Vater keine Rolle spielt. Josef ist exakt der gleiche Vatertyp, den wir in den ozeanischen Gesellschaften finden, der fürsorgliche, liebevolle Vater, sonst aber nichts.«[33]

Die Heilige Jungfrau wird wie eine Muttergöttin befruchtet, durch einen Geist, der sich in ihr niederläßt. Sie ist eine freie Frau, die nicht nur, im Unterschied zu ihren Zeitgenossinnen, keine Sklavin des Mannes ist, sondern obendrein auch ohne ihn das Kind Gottes gebiert.

Der Marienkult stellt anfangs zwar eine Revolution innerhalb der paternalistischen Umgebung dar, einen Versuch, der Mutter ihre eigentliche Bedeutung zurückzugeben, doch wird sich die Amtskirche bemühen, die Vorstellung gänzlich ihrer Bedeutung zu entkleiden. Sie macht aus der Jungfrau ein Wesen, dessen Weiblichkeit nur noch durch den Aspekt der schmerzensreichen, sich aufopfernden Mutter deutlich wird, die eine Dulderin und »Sklavin des Sohnes« ist. Die Apostel und sonstige »Väter« der Kirche sondern Maria von all ihren Schwestern ab, um deren Wesensverwandtschaft mit Eva um so deutlicher hervorzuheben.

Auch Augustinus hat sich in diesem Sinne hervorgetan und von den schlechten Eigenschaften der Frau gesprochen: »Ein Tier, das weder fest noch beständig ist, haßerfüllt, Schlechtigkeit in ihrem Busen nährend ... ist sie die Quelle aller Diskussionen, Streitigkeiten und Ungerechtigkeiten ...«[34] Bis zum Ausgang des Mittelalters hat man solche endgültigen Verdammungsurteile unermüdlich wiederholt.

In Wirklichkeit wurde das, was Christus über die Frauen gesagt hatte, von seinen Aposteln entstellt, und die Revolution wurde im Keim erstickt. Die Väterreligion setzte sich in diesem Punkt durch, und zwar auf lange Zeit. Der Druck des patriarchalischen Milieus war zu stark, als daß sich an der Stellung der Frau auch nur das geringste hätte ändern oder auch nur ein günstigeres Bild der Frau hätte zugelassen werden können. Selbst bei jenen, die Christus folgten, triumphierte weiterhin der Gott der Patriarchen. Die Legende von Eva sollte noch auf lange Zeit hinaus das Bild der beispielhaften Maria trüben.

Die Zeugungsmacht: Der Gott-Vater

Im Laufe der Vorgeschichte zeichnen sich bis zum Anbruch der geschichtlichen Zeit zwei Vorstellungen von der Vaterschaft ab[35]. Auf die soziale Vaterschaft, die eher für matrilineare Gesellschaften kennzeichnend ist, folgte die Anerkennung der biologischen Vaterschaft. Der als Erzeuger anerkannte Vater führte die väterliche Abstammung ein. Aber der Übergang vom einen zum anderen ging mit einer wahren ideologischen Revolution einher. Die Allmacht des Vaters trat an die Stelle der Allmacht der Mutter. Die Zeugungsmacht liegt jetzt vor allem bei ihm.

Die Mythen von der Erschaffung der Welt, wie sie für patriarchalische Gesellschaften kennzeichnend sind, bauten die Vorzugsstellung des Vaters noch weiter aus. Er besaß nicht nur die einst der Mutter zustehende Macht über das Kind, sondern wurde auch zum Schöpfer der Frau. Auf dieses mythische Thema stößt man immer wieder, auch bei so unterschiedlichen patriarchalischen Gesellschaften wie den nomadischen Juden, der attischen Demokratie und den neuseeländischen Maori.

Für die gesamte jüdisch-christliche Zivilisation ist Adam von einem männlichen Gott erschaffen worden, ohne daß das weibliche Prinzip im geringsten beteiligt gewesen wäre. Als Adam sich dann langweilt, schläfert Jahwe ihn ein und formt aus einer seiner Rippen Eva. Dadurch wird Eva im doppelten Sinne zu einem Kind des Männlichen. Sie wird von einem »Gott« aus dem Körper des »Mannes« geschaffen. Symbolisch ist Adams Rippe das Äquivalent des Mutterleibes. Wenn Gott der Schöpfer Evas ist, so ist Adam ihre Mutter, oder genauer ihr Vater/Mutter. Die männliche »Parthenogenese« erklärt den qualitativen Unterschied zwischen Adam und Eva. Adam ist ein Sohn Gottes, nach seinem Bilde geformt, doch Eva ist nur die Tochter des Mannes[36] und als solche dem Göttlichen nicht so nah wie ihr Gefährte. Für sie wird die Fortpflanzung zum Fluch. Während Adam sie im Schlaf, wie einen Traum, geboren hat, wird Eva die Kinder Adams unter Schmerzen gebären, wie einen Albtraum. Adam wird nach dem Vorbilde Gottes die spirituelle Hauptrolle behalten, Eva fällt die materielle Nebenrolle zu. Er wird zum Mittelpunkt des Lebens, sie zur Mittlerin des Todes.

In der neuen olympischen Mythologie hat Zeus die ursprüngliche Göttin der Erde entthront. Er verleibt sich sogar ihre Zeugungsmacht ein. Erinnern wir uns des berühmten Mythos von der Geburt Athenes, wie der von Hesiod geschildert wird[37]. Metis, die Geliebte von Zeus, war mit Athene schwanger, als der allmächtige Gott Mutter und Kind verschlang, und das Kind wurde aus dem Haupt seines Vaters geboren. Das gleiche Abenteuer erlebt Dionysos, dessen Mutter vom Blitz getroffen wird; er wird aus ihrem Schoß gerissen und von Zeus in seinen Schenkeln eingenäht, um dort ausgetragen zu werden.

Athene ist die »Tochter des sehr mächtigen Vaters«. Bei Äschylos erklärt sie: »Des Vaters bin ich ganz«[38], und weiß von keiner Mutter. Auch bei Homer gehört sie allein Zeus und verdankt ihm alles; sie ist diejenige, »die nimmer eines Mutterschoßes Dunkel barg«, und sie sagt von sich: »Denn keine Mutter wurde mir, die mich gebar.«[39] Athene ist die einzige bedeutende Göttin des Pantheons und verkörpert alle männlichen Tugenden: Kühnheit, Willenskraft, Mut. Sie ist Schutzherrin des Kriegers im Kampf und wacht über alle heroischen Taten, doch die Liebe und die weiblichen Tugenden sind ihr fremd. Als Tochter eines allmächtigen Gottes ist Athene mehr ein Gott mit weiblichem Erscheinungsbild als eine Tochter Demeters. Sie zeugt nicht.

Polynesien liefert einen ganz ähnlichen und besonders faszinierenden mythischen Stoff. Die Maori von Neuseeland erzählen:

»In den fernen, nebelverhüllten Anfängen der Welt waren Himmel und Erde nicht getrennt, wie sie es heute sind. *Rangi,* der Himmelsvater, und *Papa,* die Erdmutter, waren in ihrer Liebesumarmung so eng miteinander vereint, daß alles dunkel war... In jener Zeit der Finsternis (wo nichts keimen konnte) schmiegten sich die Kinder des Paares in die Achseln der Erdmutter... Siebzig an der Zahl und *alle männlichen Geschlechts,* wurden sie dieses beengten und düsteren Daseins überdrüssig, und einer von ihnen, Tané, schlug vor, die Eltern zu trennen.«[40]

So beginnt die Erschaffung der Welt, bei der Tané die Hauptrolle spielt. Von ihm und seinen Brüdern heißt es, daß sie, von ihren Eltern befreit, auf die Suche nach dem weiblichen Element gingen, um den Menschen zu zeugen. Schließlich nahm Tané »einen Teil vom Körper der Erdmutter und verlieh ihm die Gestalt einer Frau, die er belebte, indem er ihr in Nase, Mund und Ohren den Lebenshauch einblies«.[41]

Von dieser Frau, Hiné, hatte Tané Töchter, und die älteste darunter, Hiné Titama, wurde seine Gattin. Mit ihr zeugte er wiederum mehrere Töchter. Eines Tages aber fragte Hiné Titama ihn, wer ihr Vater sei. Die Wirklichkeit erahnend, wurde sie so betrübt, daß sie beschloß, diese Welt zu verlassen, und sie wurde zur großen Frau der Nacht.

S. Dunis weist mit Recht darauf hin, daß der Mythos der Maori eine Geschichte von Männern sei, die sich die Verdienste der schöpferischen Erkundung der Welt anmaßen, um leichter die Frauen daraus vertreiben und dem Tod zuordnen zu können. Wie in den beiden zuvor erwähnten Mythen ist der männliche Gott der Schöpfer der Frau, die das zweite, um nicht zu sagen, das sekundäre Element der Schöpfung darstellt[42]. Athene zeugt nicht, Eva und Hiné Titama führen beide den Tod in die Welt ein: Die eine verübt das Böse (die Sünde des Fleisches?), die andere ist vom Inzest angewidert. Ein doppelter Beleg für die tödliche Gefahr, die von der Weiblichkeit ausgeht.

Vielen patriarchalischen Gesellschaften gilt die Frau als ein notwendiges Übel. Wenn die Männer schon nicht auf die Frau verzichten können, so sorgen sie zumindest dafür, daß ihrem Bereich möglichst enge Grenzen gezogen werden, daß ihre Machtbefugnisse auf ein Minimum beschränkt bleiben und daß ihr schließlich ein Bild von ihr selbst vermittelt wird, das das Gegenteil vom Bilde des Mannes ist.

In die komplementäre Darstellung der Geschlechter dringt nun die Negativität ein. Der Mann, ein Geschöpf Gottes, darf das Gute verkörpern, der Frau, dem dämonischen Geschöpf, fällt das Böse zu. In der griechischen Philosophie werden daraus die Form auf der einen, der Stoff auf der anderen Seite.

Philosophische Rechtfertigung der männlichen Überlegenheit in der Fortpflanzung

Lange bevor die Philosophie damit befaßt war, hatte die griechische Mythologie von einer rein väterlichen Vererbung geträumt. Nun gab es im griechischen Familiensystem eine ungewöhnliche Institution, das *Epiklerat*[43], in dem dieser Traum fast Wirklichkeit wurde. Jean-Pierre Vernant weist darauf hin, daß es ähnliche Praktiken in Indien gab. »In Griechenland wie in Indien hatte die Tochter eines Mannes, der ohne männliche Nachkommen geblieben war, ihrem Vater einen Sohn zu schenken, der den väterlichen Kleros erbte. Beim Tode des Vaters ist die Tochter ›epikler‹.«[44] Damit der Fortbestand des Hauses gesichert werde, muß der Mann, der mit dem Vater am engsten verwandt ist, sie heiraten.

Das aus dieser Ehe hervorgegangene Kind setzt die Abstammungsreihe des mütterlichen Großvaters und nicht die des Vaters fort. Der Großvater hat auf diese Weise symbolisch und institutionell den Traum verwirklicht, seinen Stamm zu verewigen, ohne auf eine fremde Ehefrau zurückgreifen zu müssen.

So aufschlußreich diese Institution auch ist, im griechischen Ehesystem war sie immer eine Ausnahme, und sie allein vermochte die väterliche Hybris nicht zufriedenzustellen. Äschylos[45] drückt das tiefe Verlangen des Mannes aus, sich ganz vom Einfluß des Weiblichen freizumachen und sich das Verdienst für die Nachkommenschaft selbst zuzuschreiben. In den *Eumeniden* läßt er Apollo die neuen Wahrheiten verkünden.

»Es ist *die Mutter* dessen, den ihr Kind sie nennt, *nicht Zeugerin,* nur Pfleg'rin eingesäten Keims; *es zeugt der Vater,* aber sie, wie eine Fremde, bewahrt das Pfand dem Freund die Freundin... Beweis ist die Göttin hier, ist die eigne Tochter des Olympiers Zeus.«[46]

In den Worten des Äschylos wurde jedoch eher die Wirklichkeit geleugnet und ein Wunschtraum beschworen, als daß etwas bewiesen worden wäre. Menschen, bei denen die Vernunft zunehmend an Ansehen gewann, waren durch mythische Beschwörungen nicht mehr zu überzeugen. Aristoteles[47] machte es sich ein Jahrhundert später zur Aufgabe, den von dem großen Tragiker verkündeten ideologischen Wandel zu »rationalisieren«.

Er bediente sich dazu des Rüstzeugs der Metaphysik und der von ihm begründeten Naturgeschichte. Er führte sowohl den Beweis, daß der Mann den wesentlichen Anteil an der Zeugung hat, daß er das Menschliche weitergibt, wie auch, daß er der Träger des göttlichen Prinzips ist. Bei der Zeugung gibt das Männchen die Gestalt, das Weibchen steuert nur den Stoff bei. Das Männchen ist der Ursprung und die Bewegungsquelle, »das Wesen, das seinen Samen in ein anderes senkt«[48]. Das Weibchen wartet passiv darauf, den Samen aufzunehmen. Das Männchen ist der Künstler, das Weibchen der vom Künstler bearbeitete Stoff.

Daraus wird deutlich, daß es der Mann ist, der die Seele weitergibt, das göttliche Prinzip, das aus dem Lebewesen einen Menschen macht.[49] Als solcher ist er natürlich der Frau überlegen, deren Stoff der Gestalt und der Vernunft entbehrt. Da der Mann dem Stoff die menschliche Gestalt aufprägt, versteht man die häufig von Aristoteles wiederholte Äußerung: »Ein Mensch erzeugt einen anderen Menschen.«[50] Gelegentlich fügt er, wie um den Vorrang des Männlichen noch deutlicher zu machen, hinzu: »Es stammt ja auch eine Frau von einem Manne ab.«[51]

Aristoteles[52] ergänzt die metaphysische Theorie durch biologische Erwägungen[53], die in die gleiche Richtung zielen. Der Samen ist in der Samenflüssigkeit enthalten. Das Weibchen scheidet aber keine Samenflüssigkeit aus, sondern begnügt sich damit, Ort der Zeugung zu sein. Des Samens entbehrend, trägt das Weibchen zur Zeugung nur einen Rohstoff bei (den Monatsfluß), dem es an der für die Entstehung des Lebens notwendigen Wärme gebricht.

Der Anteil der Mutter an der Zeugung wird auf zweifache Weise herabgesetzt. Man kann annehmen, daß Aristoteles wie seinen Zeitgenossen ständig daran gelegen war, zu beweisen, daß

»das Weibchen ... nichts aus sich allein hervorbringen kann«[54]; er wollte, anders gesagt, mit dem alten Glauben an die Parthenogenese aufräumen. Zum anderen erhebt sich die Frage, warum das Weibchen, wenn es die gleiche Seele besitzt wie das Männchen, nicht aus sich selber zeugt. Die Antwort ist einfach: Das Weibchen besitzt nicht die gleiche Seele wie das Männchen. Die Empfindungsseele wird allein vom Männchen beigesteuert.

Ungeachtet all dieser metaphysisch-biologischen Rechtfertigungen wäre es unzutreffend, würde man sagen, Aristoteles habe den altertümlichen Glauben an die weibliche Zeugung ganz einfach durch die Idee der männlichen »Parthenogenese« ersetzt. Zwar spielt er mit der Homonymie, um immer wieder daran zu erinnern, daß der Mensch (Mann) den Menschen (Mann) zeugt, doch ist dem Philosophen durchaus klar, daß ohne den weiblichen Aufnahmeraum eine Zeugung nicht möglich ist.

Da Aristoteles das weibliche Prinzip nicht gänzlich ausschalten kann, bemüht er sich, es auf andere Weise herabzusetzen. Abgesehen davon, daß das Prinzip des Stoffes die Verderbnis[55] und den Tod in die Welt bringt, ist es auch Ursache von Mißbildungen. Damit ist die Verantwortung der Mutter für eine Mißgeburt klar zum Ausdruck gebracht.

Die Mißbildung im eigentlichen Sinne bezieht sich auf den Fall, daß das Erzeugte nicht von der gleichen Art ist wie das Erzeugende.[56] Eine bloße Unähnlichkeit genügt, um im weiteren Sinne von einer Mißbildung sprechen zu können; so ist das Weibchen, das anstelle eines Männchens entstanden ist, eine Mißgeburt.[57] »Ein Weibchen ist wie ein verkrüppeltes Männchen«[58], das Ergebnis eines Mangels des männlichen Prinzips. So als sei der Samen nicht stark genug gewesen, um die weiblichen Ausscheidungen im richtigen Sinne »zu formen«.

Mag Aristoteles sich auch damit trösten, daß diese Mißgeburt, die das Weibchen darstellt, notwendig ist, damit der Geschlechtsunterschied erhalten bleibt – die Frau wird gleichwohl als ein mißlungener Mensch dargestellt.[59] Folgt man Aristoteles, so bleibt von der Schöpfungsmacht der Mutter und vom Ansehen der Frau nichts mehr übrig. Daraus ergibt sich zwangsläufig, welche Stellung man ihnen einräumt.

Den gleichen Vorgang beobachten wir in Indien, nachdem die

Gesetze Manus[60], die das Verhalten der Hindugesellschaft lange bestimmt haben, definitiv angenommen waren. Manu brachte die seit langem gesuchte Antwort auf den geistigen Konflikt, der aus der Theorie vom Samen und der Erde entstanden war. Die Frage, die man Manu vorlegte, lautete: »Wer besitzt die Überlegenheit? Die Erde, die den Samen aufnimmt, oder der Samen, der die Erde befruchtet?« Der weise Manu erwiderte darauf folgendes: »Die Frau wird vom Gesetz als das Feld und der Mann als der Samen betrachtet... Vergleicht man die männliche Zeugungsmacht mit der weiblichen, so wird die männliche für überlegen erklärt, denn die Nachkommenschaft aller Lebewesen wird nach den Anzeichen der männlichen Macht unterschieden...«[61]

Auch der Koran vergleicht die Frau mit einem Saatfeld[62]. Die Frau ist wie die Erde *nur* das aufnehmende Gefäß für den ihr anvertrauten Samen. Sie spielt bei der Empfängnis eine sekundäre Rolle, im Unterschied zum Mann, der schöpferisch ist, weil er seine Fähigkeit/Potenz von Gott empfängt. Deshalb erklärt der Prophet: Die Männer stehen über den Frauen[63]«, denn »die männliche Vorherrschaft ist unerläßlich dafür, daß die Männer sich das Produkt der weiblichen Fruchtbarkeit aneignen: Die Kinder männlichen Geschlechts«.[64] Lacoste-Dujardin schreibt, im moslemischen Gesetz werde die Frau »für einen regelrechten patrilinearen Zeugungsdienst in Anspruch genommen«, und es sei generell »eine Konstante der mediterranen patriarchalischen Gesellschaften, die Zeugungsmacht der Frauen zugunsten der Männer zu konfiszieren«.[65]

Die Aneignung der Zeugungsmacht durch den Vater ist ein Thema, das weit über den Mittelmeerraum hinaus verbreitet ist. Die Ethnologen haben noch vor kurzem in zahlreichen primitiven Gesellschaften patriarchalischen Typs Theorien hören und Praktiken beobachten können, die diesen tief bei den Männern verankerten Wunsch bezeugen. Manche vergleichen den Mutterleib mit einem Kahn, einem bloßen Ort des Übergangs für den Fetus[66]. Andere, wie etwa die Bewohner der Ross-Insel[67], glaubten, der Vater lege ein Ei in die Mutter hinein, die demnach, wie bei Aristoteles, nur ein rein passives Gefäß ist. Die Montenegriner gingen sogar so weit, daß sie jegliche Verwandtschaft zwischen der Mutter und dem Kind leugneten.

Allen gemeinsam ist, daß sie dem Vater die Hauptrolle zuweisen. Manchmal scheint es jedoch, als reichten die Theorien nicht aus, um die väterlichen Ängste zu beschwichtigen. In diesem Falle scheuen sich die Männer nicht, physisch die Rolle zu spielen, die von Natur aus den Frauen zugefallen ist.

Wenn der Vater sich an die Stelle der Mutter setzt

Jetzt geht es um den Mythos, der vielleicht der fantastischste ist. In der griechischen Mythologie wie bei den amerikanischen Indianern[68] finden sich zahlreiche Geschichten von dem schwangeren Mann, und ein anderes, literarisches Beispiel ist die französische Chantefable von Aucassin und Nicolette aus dem 13. Jahrhundert. Sowohl die Geschichtswissenschaften als auch die Ethnologie haben eine Fülle von Belegen für die rituelle Couvade[69] zusammengetragen.

Diodorus Siculus sagte bereits über die Korsen: »Der seltsamste Brauch bei ihnen ist der, den sie bei der Geburt eines Kindes pflegen. Denn wenn eine Frau niederkommt, kümmert sich niemand um sie. Der Mann dagegen legt sich für einige Tage ins Bett *so als ob er am ganzen Körper litt.*«[70]

F. Michel schrieb 1857 über das Baskenland: »Unmittelbar nach ihrer Entbindung stehen die Frauen wieder auf und kümmern sich um die Hausarbeit, während die Männer sich *mit den Neugeborenen ins Bett* legen und die Glückwünsche der Nachbarn entgegennehmen.«[71]

Die Ethno-Psychoanalytikerin G. Delaisi de Parseval hat die geographische Verbreitung des Phänomens unterstrichen und erklärt, Spuren davon fänden sich vom Mittelmeer bis zur Ostsee und vom Norden Japans bis zum gesamten amerikanischen Kontinent[72].

Dieses Phänomen hat vielfältige, einander teilweise widersprechende Deutungen erfahren. Zwei amerikanische Soziologen, die mehr als 100 Geburtsrituale untersucht haben, sehen in der Couvade »eine der Strategien, mit denen in Gesellschaften, die keine institutionelle Sicherung der väterlichen Rechte kennen, die Rechte des Vaters verteidigt und behauptet werden.«[73]

Nach Alfred Métraux, der die Couvade bei den südamerikanischen Indianern beobachtet hat, beruhen diese vielfältigen Rituale auf dem Glauben, zwischen dem Vater und seinem Kind gebe es stärkere Bande als zwischen der Mutter und dem Kind. Diese Hypothese wird von dem Anthropologen P. Rivière bekräftigt, der die Couvade bei den Trio-Indianern untersucht hat[74] und die These vertritt, der Vater nähre auf diese Weise spirituell sein Kind.

Lévi-Strauss weist die Analogie von Vater und Mutter zurück: »Der Vater spielt nicht die Rolle der Mutter: Er spielt die Rolle des Kindes«[75], ein Standpunkt, der heute von einigen Psychoanalytikern geteilt wird, die in diesen Riten für den Vater eine Möglichkeit sehen, seine eigene Geburt noch einmal zu erleben und archaische Emotionen »abzureagieren«.

Wenn für Lévi-Strauss, der die südamerikanischen Indianer beobachtet hat, die Identifikation des Vaters mit dem Kind offenkundig war, so erfaßt seine Behauptung vielleicht nicht die volle Bedeutung des Couvade-Rituals. Wird nicht seine Behauptung, der Vater spiele nicht die Rolle der Mutter, durch neuere Untersuchungen über nichtrituelle, Couvade-ähnliche Erscheinungen in den westlichen Industriegesellschaften in Frage gestellt?

Mehrere amerikanische, französische und englische Untersuchungen haben gezeigt, daß bei künftigen Vätern, vor allem bei solchen, die erstmals Vater werden, während der Schwangerschaft ihrer Frau Schlaflosigkeit, Verdauungsstörungen, erhebliche Gewichtszunahme, Zahnextraktionen (besonders in den letzten Monaten der Schwangerschaft), Hals-Nasen-Ohren-Beschwerden und Gerstenkörner auftreten.

Dr. Renoux[76] hat für seine Doktorarbeit über die Vaterschaft fünfzig »normale« Väter nach der Entbindung ihrer Frauen befragt. Davon hatten sich zweiundzwanzig an der Vorbereitung beteiligt und waren bei der Entbindung zugegen; die achtundzwanzig anderen hatten sich nicht daran beteiligt. In der Gruppe derer, die nicht an den Geburtsvorbereitungen teilgenommen hatten, traten alle somatischen Symptome (mit einer Ausnahme) auf. Es scheint, als habe die enge Beteiligung der Väter an den verschiedenen Stadien der Mutterschaft archaische Ängste beschwichtigt, die von dem Gefühl der Nutzlosigkeit über Aggressivität gegenüber dem erwarteten Kind bis zum Zweifel an der Vaterschaft reichen können, gemessen an der Gewißheit der Mutterschaft.

Wie dem auch sei, die bevorstehende Vaterschaft mobilisiert bei vielen Männern eine phantasmatische Abwehr, in der »man vor allem einen *Neid* des Mannes auf die Fähigkeiten der Frau findet, schwanger zu sein, zu gebären und zu stillen; eine Eifersucht auf ihre schöpferische Fähigkeit, ihre Lust, ihr Mysterium«.[77] Diese Schlußfolgerung einer Spezialistin für Probleme der Vaterschaft, die neben ethnologischen Kenntnissen analytische Erfahrung besitzt, bestärkt uns in der Überzeugung, daß die Couvade-Riten ein Verfahren darstellen, die Distanz zwischen dem Vater und der Mutter aufzuheben, den Männern das Gefühl zu geben, sie hätten mit den Frauen an der Zeugungsmacht teil.

Männer benutzen aber nicht nur Couvade-Riten, um sich im Gefühl väterlicher Macht zu bestärken. In einigen Gesellschaften sind die Riten der Initiation der männlichen Heranwachsenden durch die Männer eine andere »Methode..., sich für diese grundlegende Minderwertigkeit (des Vaters) einen Ausgleich zu schaffen«[78].

Bei einigen von Margaret Mead untersuchten Stämmen im Pazifik nehmen die Männer den Müttern die jungen Knaben fort, unter dem Vorwand, sie seien unvollständig. »Frauen«, meinen sie, »machen menschliche Wesen; aber nur Männer können Männer machen.«[79] Mead fügt hinzu, daß all diese Riten symbolische Nachahmungen der Geburt und sogar des Stillens seien.

Im *Goldenen Zweig* berichtet Frazer von einem Initiationsritus, der als repräsentativ gelten kann:

»Im Westen von Geram, einer der indonesischen Inseln, werden die Knaben zur Zeit der Geschlechtsreife in die Kakianvereinigung aufgenommen... Das Kakianhaus ist ein länglicher Holzschuppen, der unter dem schattigen Baume in der Tiefe des Waldes so errichtet ist, daß man unmöglich sehen kann, was darin vorgeht... dorthin werden die... Knaben mit verbundenen Augen geführt. Ihnen folgen ihre Eltern und Verwandten... Sobald ein Knabe in dem Raum verschwunden ist, hört man ein dumpfes schabendes Geräusch, ein furchtbarer Schrei ertönt, und ein bluttriefendes Schwert oder ein Speer wird durch das Dach des Schuppens hinausgesteckt. Dies ein Zeichen, daß der Kopf des Knaben abgeschnitten worden ist und der Teufel ihn in die andere Welt mitgenommen hat... Beim Anblick des blutigen Schwertes weinen und jammern daher die Mütter und rufen, der Teufel habe ihre Kinder ermordet... Während seines Aufenthaltes in dem Kakianhause... warnt... der Häuptling die Knaben bei Todesstrafe... niemals zu verraten, was in dem Kakianhause vorgegangen ist... Inzwischen sind die Mütter und Schwestern der Knaben nach Hause gegangen, um zu weinen und zu trauern. Nach ein bis zwei Tagen kehren jedoch die Männer, welche den Novizen als Paten und Vormünder dienten, mit der frohen Botschaft ins Dorf zurück, daß der Teufel durch Vermittlung der Priester die Knaben wieder zum Leben erweckt habe. Die Männer, welche diese Nachricht bringen, kommen halb ohnmächtig mit Schmutz bedeckt wie Boten aus der Unterwelt an...«[80]

Bettelheim fügt hinzu: »Wie Frauen, die nach der Entbindung völlig erschöpft sind.« Er weist darauf hin, daß die dunkle längliche Hütte den Mutterleib darstellen könnte, in den die Jungen zurückkehren, um wiedergeboren zu werden. Daß das Ritual wohl darauf abzielt, den Akt des Gebärens zu imitieren, wird auch durch das Verhalten der Jungen selbst nahegelegt, die danach vorgeben, orientierungslos wie neugeborene Säuglinge zu sein; wenn ihnen Nahrung gereicht wird, halten sie den Teller verkehrt.

In Wirklichkeit wissen die Jungen, daß sie nicht wiedergeboren wurden und daß der Priester die Rolle des Teufels spielte. Aber wesentlich ist auch »der Wunsch, die Frauen an der Nase herumzuführen,... ebenso wie der geheime Pakt der Männer, niemals den Frauen die Wahrheit zu offenbaren«. Bettelheim meint, das Geheimnis der Männer entspreche symmetrisch dem Geheimnis, das die Entbindungsrituale der Frauen umgibt.

In einem großartigen Buch[81] hat Maurice Godelier das Geheimnis der Initiationsriten bei den Baruya von Neuguinea geschildert. Auch in dieser ganz entschieden patriarchalischen Gesellschaft zielt das Eintauchen eines Knaben in eine ausschließlich männliche Welt (das Männerhaus) darauf ab, ihn als Mann »wiederzugebären«.

Für die Baruya ist das Kind vor allem ein Produkt des männlichen Samens. Der Samen vermischt sich jedoch, sobald er sich in der Frau befindet, mit ihren Flüssigkeiten. Wenn sich der männliche Samen gegenüber dem Wasser der Frau durchsetzt, wird das Kind ein Junge, sonst ein Mädchen[82]. Es genügt dem Mann übrigens nicht, mit seinem Samen das Kind zu erzeugen – anschließend nährt er es durch wiederholten Koitus und trägt so dazu bei, daß es im Mutterleib wächst.

Die Baruya haben Godelier zwei Geheimnisse enthüllt, die sie lange vor den Weißen verborgen hatten. Das eine besteht darin, daß das Sperma Nahrung ist, die das Leben kräftigt. Deshalb lassen sie Frauen, die durch die Menstruation oder die Entbindung geschwächt sind, Sperma trinken[83].

»Das zweite Geheimnis wird noch heiliger gehalten, denn keine Frau darf es kennen, und es besteht darin, daß das Sperma den Männern die Fähigkeit verleiht, die Knaben außerhalb des Leibes ihrer Mutter, außerhalb der weiblichen Welt, in der Welt der Männer und aus ihrer eigenen Kraft wiederzugebären. Dieses allerheiligste Geheimnis besteht darin, daß die frisch Initiierten, sobald sie das Männerhaus betreten, mit dem Sperma von älteren ernährt werden und daß diese Nahrungsaufnahme viele Jahre lang wiederholt wird, damit sie größer und stärker werden als die Frauen, ihnen überlegen, imstande sie zu beherrschen, sie zu leiten.«[84]

Es erhebt sich die Frage, wer unter den Männern anstelle des Vaters des Knaben seine Ernährung fortsetzen darf: »... ausgeschlossen sind alle verheirateten Männer... denn es wäre die schlimmste Demütigung..., den Mund des Jungen wie eine Vagina zu behandeln und den ganzen Schmutz des weiblichen Geschlechts hineinzubefördern. Nur unberührte junge Männer durften ihr Sperma den frisch Initiierten geben, die (bei Strafe schärfster Züchtigungen) gezwungen waren, den Penis, der ihnen hingehalten wurde, zu akzeptieren«.[85]

Im übrigen durften weder Verwandte der väterlichen noch solche der mütterlichen Linie den frisch Initiierten ihr Sperma geben. Man soll nicht glauben, diese Praktiken seien mit Homosexualität zu erklären. Godelier weist darauf hin, daß zum einen die Spender von Sperma in keinem Fall zugleich Empfänger sind, daß aber vor allem »der bloße Gedanke, sich in den Anus eines anderen zu ergießen, ihnen zugleich grotesk und abstoßend vorkommen würde«.[86]

All diese Praktiken zielen darauf ab, die Zeugungsfähigkeit der Frauen einzuschränken. Man gesteht ihnen noch zu, Mädchen zeugen zu können, doch die Fähigkeit, Jungen hervorzubringen, spricht man ihnen ab. Auch die Ansicht, der Fetus entwickle sich besser dank des männlichen Spermas, und die Milch, mit der die Frau das Kind später nährt, entstehe nur durch das Sperma, läuft auf eine Beschränkung der weiblichen Fähigkeiten hinaus.

Alle Vorstellungen der Baruya über den Fortpflanzungsprozeß offenbaren, wie besessen die Männer davon sind, die schöpferische Macht der Frauen auszuschalten, um die der Männer um so besser zu begründen[87]. Man muß diese Zwangsvorstellung im größeren Zusammenhang einer extremen Zurückhaltung sehen, den Frauen überhaupt auf irgendeinem Gebiet Kreativität zuzugestehen. Die Theorien und Verhaltensweisen der Baruya erscheinen uns deshalb frappierend, weil sie brutaler und schonungsloser eine Allmachtsphantasie zum Ausdruck bringen, die auch in anderen patriarchalischen Gesellschaften existiert.

Von den Maori Neuseelands bis zum *pater familias* der Römer, vom Ritter des Mittelalters bis zum Bauern des 18. Jahrhunderts beruhten zahlreiche Kulturen auf einer einfachen Idee: Den Männern stehen alle Machtbefugnisse gegenüber den Frauen zu, weil sie von Grund auf besser sind als diese.

Die absolute Macht

Margaret Mead hat 1948 im Hinblick auf die amerikanische Gesellschaft festgestellt, sie sei patrinominal, patrilokal und insgesamt patriarchalisch organisiert. Die amerikanischen Väter ähnelten zwar nicht mehr dem traditionellen Bild von dem allmächtigen Vater, doch »das Leben beruhte noch auf der Vorstellung, daß die minderjährige Frau von ihrem Vater und die erwachsene Frau von ihrem Ehemann abhängt[88]«.

Grundlage dieser Vorherrschaft ist die von der Exogamieregel und dem Inzestverbot bestimmte Institution der Ehe.

»Die Riten der Eheschließung sind dazu da, eine geordnete Verteilung der Frauen unter den Männern zu sichern, den männlichen Konkurrenzkampf um sie zu zügeln und die Fortpflanzung in einen offiziellen und sozialen Rahmen einzuspannen. Indem sie den Kindern Väter zuweisen, fügen sie der Abstammung von der Mutter, die allein evident ist, eine weitere Abstammungslinie hinzu. (...) Auf der Ehe basieren die Verwandtschaftsbeziehungen, auf ihr basiert die ganze Gesellschaft.«[89]

Dieser Definition von Georges Duby ist eine weitere Konsequenz der Heirat anzufügen: Sie verleiht der Frau einen doppelten Objektstatus. Die Frau ist Objekt für den Vater, der sie austauscht. Sie bleibt ein Objekt für den Ehemann, der sie bekommt.

Die Tochter ihres Vaters

Die ökonomischen Ausdrücke, mit denen Claude Lévi-Strauss die Stellung der Frauen in der patriarchalischen Gesellschaft beschreibt, lassen tief blicken. Die Frauen werden bald als »Tauschobjekte«, bald als »Leistungen« oder einfacher als »Güter« bezeichnet. Es ist davon die Rede, »die Frauen einzufrieren«, man spricht von ihrer »Äquivalenz« und ihrer »Knappheit«. Läßt sich noch besser ausdrücken, daß sie nur Objekte unter anderen Objekten sind, über die die Männer verfügen?

Der Tausch, Grundlage der sozialen Beziehungen, ist ein »totales Phänomen, (das) Nahrungsmittel, hergestellte Gegenstände sowie die Kategorie der kostbarsten Güter umfaßt, nämlich die Frauen«.[90] So gibt in den primitiven Gesellschaften Polynesiens ein Mann, der sein Boot nicht bezahlen kann, unterschiedslos eine Frau oder Land in Zahlung.

Wenn die Frauen unter allen Gütern den Vorzug genießen, am höchsten geschätzt zu werden, so aus dem doppelten Grund, daß sie sowohl »knapp« als auch wesentlich für das Leben der Gruppe sind. Lévi-Strauss erklärt die Knappheit mit der natürlichen Tendenz der Männer zur Polygamie. Monogamie scheint in den primitiven Gesellschaften dort vorzuherrschen, wo Wirtschaft und Technik auf einem sehr niedrigen Entwicklungsstand sind. In Wirklichkeit besteht in allen Gesellschaften, die unsere eingeschlossen, eine Tendenz zur Vermehrung der Gattinnen. Dies entspricht einfach einer natürlichen und universellen Notwendigkeit beim Mann[91].

Lévi-Strauss fügte hinzu, daß die Frauen, selbst wenn sie den Männern zahlenmäßig gleich sind, doch nicht alle gleichermaßen begehrenswert sind, und zwar sowohl in erotischer wie in wirtschaftlicher Hinsicht. Die Begehrenswertesten stellen eine Minderheit dar. »Die Nachfrage nach Frauen befindet sich also immer, aktuell oder potentiell, in einem Zustand des Ungleichgewichts und der Spannung«.[92]

Hierzu sei angemerkt, daß der Anthropologe mit keinem Wort auf die »natürliche« Polyandrie der Frau eingeht, die mit einer erstaunlichen Regelmäßigkeit kopulieren kann und von ihrer körperlichen Ausstattung her einen intensiveren Orgasmus erlebt als der Mann[93]. Anders als beim Mann steigt bei der Frau mit der Häufigkeit der Orgasmen deren Intensität. Dieses als »Sättigung in der Befriedigung« bezeichnete Phänomen läßt vermuten, daß ein einziger Mann eine Frau nur schwer zu befriedigen vermag. Könnte man nicht sagen, daß polyandrische Gesellschaften ebenso natürlich wären wie polygame Gesellschaften, wenn nicht die Kultur und die Verdrängung dazwischengekommen wären[94]?

Das Hauptproblem für die Menschen ist jedoch die Befriedigung weniger ihrer Begierden als vielmehr ihrer elementaren Bedürfnisse. Die Männer müssen, um sich zu ernähren, sich fortpflanzen und in Frieden leben zu können, zum Frauentausch übergehen. Lévi-Strauss war, wie er schreibt, sehr überrascht, als er in einem Eingeborenendorf Zentralbrasiliens einen jungen Mann bemerkte, »der mit düsterer Miene, ungepflegt, schrecklich abgemagert und, wie es schien, im Zustand völliger Verwahrlosung stundenlang in der Ecke einer Hütte kauerte ... Als ich, von diesem ungewöhnlichen Schicksal verwirrt, schließlich fragte, wer dieser Mensch sei, bei dem wir irgendeine schwere Krankheit vermuteten, lachte man mich aus und sagte: Das ist ein Junggeselle ...«[95]

Daran zeigte sich deutlich, daß in diesen primitiven Gesellschaften die Heirat für jedes Individuum lebenswichtig ist. Die

Funktion der Ehefrau beschränkt sich dort nicht auf sexuelle Gratifikationen. Ihr wirtschaftlicher Beitrag ist wesentlich, denn Mann und Frau produzieren verschiedene Arten von Nahrung. Nur das Paar kann für eine ausgeglichene und regelmäßige Ernährung sorgen[96].

Die Frauen besitzen für die Männer, die sie untereinander austauschen, nicht nur wirtschaftlichen Wert. Sie sind vor allem für den Frieden und für Bündnisse zwischen den Männern bedeutsam. Wenn der Inzest überall verboten ist und man die Frauen in der Familie »einfriert«, so sind dafür weniger moralische oder biologische als vielmehr soziale Gründe verantwortlich. Jeder verzichtet auf seine Tochter oder seine Schwester unter der Bedingung, daß sein Nachbar dasselbe tut und man sie untereinander austauschen kann. So werden aus der natürlichen Feindschaft zwischen den Gruppen Bündnisbeziehungen. Durch den Austausch der Schwestern kommen die Brüder zu Schwägern, mit denen sie gemeinsam jagen können; das Netz ihrer Freundschaften erweitert sich, und durch solche gegenseitigen Gaben gehen sie »von der Furcht zum Vertrauen« über[97].

Die Frauen stiften zwar Frieden zwischen den Männern, aber nur als Objekte. Sie haben auf keinen Fall den Status eines aktiven Subjekts. Daran knüpft Lévi-Strauss seine berühmt gewordene Aussage, die sich als ein universales Gesetz der menschlichen Gesellschaften darstellt:

»Die globale Tauschbeziehung, welche die Heirat bildet, stellt sich nicht zwischen einem Mann und einer Frau her, die beide etwas schulden und etwas erhalten, sondern zwischen zwei Gruppen von Männern, und die Frau spielt dabei die Rolle eines der Tauschobjekte, und nicht die eines der Partner, zwischen denen der Tausch stattfindet. Dies trifft auch dann zu, wenn die Gefühle des jungen Mädchens berücksichtigt werden... Indem sie der vorgeschlagenen Verbindung zustimmt, beschleunigt oder ermöglicht sie die Tauschaktion; deren Natur jedoch vermag sie nicht zu ändern. *Dieser Gesichtspunkt muß in all seiner Schärfe beibehalten werden, auch was unsere eigene Gesellschaft anbelangt, in der die Heirat die Form eines Vertrags zwischen Personen annimmt*... Das Band der Gegenseitigkeit, das die Heirat knüpft, besteht nicht zwischen Männern und Frauen, sondern zwischen Männern mittels Frauen, die lediglich den Hauptanlaß dieser Beziehung bilden.«[98]

Lévi-Strauss belegte seine Aussage bekanntlich mit zahlreichen Beispielen aus primitiven Gesellschaften. Doch das von ihm dargelegte Gesetz geht, wie er selbst sagt, über den Rahmen der Ethnologie weit hinaus. Der Historiker George Duby konnte feststellen, daß es auch für die Gesellschaft des Mittelalters zutrifft. Im 12. Jahrhundert gab es eine regelrechte *Heiratsstrategie* unter den Rittern, die alle verfügbaren Töchter zu verheiraten suchten, während die Söhne nur beschränkt heiraten durften:

»Indem er so das Blut seiner Ahnen verbreitete, knüpfte er Bündnisse, die in der nächsten Generation durch das privilegierte Verhältnis zwischen Knaben und ihrem Mutterbruder noch verstärkt wurden. Eben diese Politik (...) verfolgte auch ein sehr erfolgreicher Schwiegersohn, Hilduin von Ramerupt. Er hatte von dem Vater seiner Gattin die Grafschaft Roucy geerbt und, um den Besitz zu konsolidieren, seine verwitwete Schwiegermutter seinem eigenen Bruder zur Frau gegeben. Sieben Töchter wurden von ihm, z.T. mehrfach, vermählt. (...) Andererseits gebot ihm die Klugheit, nur einem einzigen Sohn eine rechtmäßige Ehe zu erlauben – es sei denn, daß für einen anderen eine Braut ohne Bruder, eine Erbtochter, aufgetrieben werden konnte.«[99]

Nicht anders handelte Guillaume le Maréchal[100], als er sich um 1189 neue Freunde zu machen wünschte. Er gab seine Töchter an die mächtigen Männer der Umgebung, um den Frieden mit ihnen zu festigen. Er äußerte sich befriedigt darüber, daß er seine drei ältesten Töchter *»gut eingesetzt«* habe; sie wurden, wie Duby schreibt, »drei Grafensöhnen ausgehändigt«.[101]

Was die Könige anging, so hatten sie nicht so lange gewartet, um sich dem Handel mit ihren Töchtern zu widmen. Karl der Große hatte die beiden Formen der Ehe, die es seinerzeit gab, zu nutzen gewußt: die dem Konkubinat gleichkommende »Friedelehe« und die rechtmäßige »Muntehe«[102]. Aus Furcht, die Zahl der Anwärter auf die Thronfolge zu vermehren, verheiratete der Kaiser seine Töchter nicht, sondern behielt sie in seinem Haus. Er lieh sie lediglich aus und erhielt so Enkelsöhne, deren Rechte gegenüber seinen Enkeln aus legitimen Ehen nicht zählten. So blieb der Friede erhalten und das Erbe ungeschmälert.

Im Mittelalter und auch im 18. Jahrhundert noch hat der Vater alle Vollmachten gegenüber seinen Kindern, die er nach Gutdünken verheiratet oder an der Eheschließung hindert. Seine Autorität ist jedoch für die Tochter ungleich drückender als für den Sohn. Das römische Recht, das im Mittelalter in weiten Teilen Frankreichs herrschte, machte die Frau auf Lebenszeit zu einer Unmündigen. Der Vater übertrug bei der Verheiratung der Tochter all seine Rechte auf ihren Ehemann, und wenn ihr auch nicht direkt ihr Anteil am väterlichen Erbe verweigert wurde, so wurde sie doch gehindert, darüber zu verfügen, da sie der Autorität ihres Ehemannes unterstellt war.

Zunächst Objekt des Vaters, wurde die Frau bei der Eheschließung zum Objekt des Ehemanns, und zwar – falls sie ihn überlebte – bis zu dessen Tod; er besaß von nun an alle Vollmachten über ihre Person und ihre Güter, sofern der Vater ihr ihren Erbanspruch beließ[103].

Die Gattin ihres Mannes

In den Augen ihres Ehemannes besitzt die Frau einen dreifachen Objektstatus: Sie ist ein Instrument des sozialen Aufstiegs, unter Umständen ein Gegenstand der Zerstreuung und ein Bauch, von dem man Besitz ergreift.

Seit dem 11. Jahrhundert verteilten der König und die großen Feudalfürsten Ehefrauen an ihre ergebensten Gefolgsleute. Die Ehe wurde zu einem Mittel der Bündnispolitik, vor allem aber zu einem Mittel des sozialen Aufstiegs für die ehrgeizigen jungen Ritter, die ihrem Herrn treu ergeben, aber ohne Geld waren: »Einigen Rittern gelang es, indem sie durch die Gunst ihres Herrn oder durch eigenen Zugriff eine Frau gewannen, aus dem Stand der Hausgenossenschaft auszubrechen, sich von einem Patron zu lösen und ihr eigenes Haus zu gründen.«[104]

So war es bei Guillaume le Maréchal[105]. »Er spürte in seinen Gliedern das Alter ... Es schien ihm dringend notwendig, solange noch Zeit war, solange Heinrich II. noch lebte, sich eine solide Belohnung zu verschaffen, die ihm (...) eine sichere Stellung und ein sicheres Einkommen gewährte. Er war arm geblieben ... Seine

Armut rührte (...) daher, daß er immer noch Junggeselle war. Eben das wollte der fast Fünfzigjährige nicht länger sein; endlich wollte er eine Gemahlin erlangen, die eine reiche Erbin war, und sich in ihrem Bett, in ihrem Haus und ihrem Lehnsgut zugleich einrichten. Wenn er vier Jahre zuvor das Mädchen, das ihm Robert de Béthune angeboten hatte, zurückgewiesen hatte, so vielleicht deshalb, weil sie nur Renten mit in die Ehe brachte und nicht die Bleibe, nicht die herrschaftlichen Machtvollkommenheiten, von denen er träumte.«[106]

So bot ihm der König die Tochter seines Seneschals an, der vor drei Jahren gestorben war, ohne einen männlichen Erben zu hinterlassen: das Fräulein von Lancaster, das aber noch nicht im heiratsfähigen Alter war; er mußte abwarten. Zwei Jahre später forderte er mehr und bekam es. Die Jungfrau von Striguil trug ihm als Hochzeitsgeschenk fünfundsechzigeinhalb Lehen ein. Das Vermögen brachte ihn auf die gute Seite, die der »Herren«.

Man könnte meinen, der Marschall habe zärtliche Gefühle für seine dreißig Jahre jüngere Ehefrau empfunden. Doch Georges Duby verweist nachdrücklich darauf, daß die Frauen im 12. Jahrhundert weniger Objekt der Wertschätzung als vielmehr der Zerstreuung sind.

In dieser Männerwelt, in der nur das männliche Geschlecht zählt, spielt die Gemahlin eine Nebenrolle. Sie darf nicht einmal das Wort ergreifen. Wenn die Damen bei der Eröffnung eines Turniers erscheinen, so nur, um die Krieger zu größerer Tapferkeit anzustacheln oder »die Ritter, die auf ihren Kampf warten, zu zerstreuen«.

Die höfische Liebe, die »der Ritter der erwählten Dame darbringt«, hat nach Duby – im Gegensatz zu dem, was vielfach über sie gesagt worden ist – vielleicht nur »den eigentlichen Kern« verdeckt, den »Austausch von Liebesbezeugungen zwischen Kriegern«.[107] Alle jungen Ritter belagern die Gemahlin des Herrn – um die Liebe des Herrn zu gewinnen. Die Liebe ist vor allem eine Angelegenheit zwischen Männern. Von dieser freundschaftlichen Liebe ist immer wieder die Rede in dieser mittelalterlichen Erzählung, in der Frauen so gut wie gar nicht vorkommen[108].

Mochten die Frauen Objekte der Begierde oder der Zerstreuung sein, so ist die Gemahlin in erster Linie ein Bauch, dessen

Hauptaufgabe darin besteht, seinem neuen Haus legitime Kinder zu schenken. Lord Raglan hat bei passender Gelegenheit daran erinnert, daß das Stammwort, aus dem der Ausdruck »Vater« abgeleitet ist, in allen arischen Sprachen nur eine Bedeutung zu haben scheint: »Besitzer«[109]. Folglich ergreift der Mann, der eine Frau heiratet, Besitz von ihrem Leib und von allen Kindern, die in seinem Schutz heranwachsen werden[110].

Wie aber kann man sich der Treue der Frau jemals sicher sein? Wie kann man verhindern, daß sie die Familie mit illegitimen Kindern bevölkert, die fremdes Blut in ihren Adern haben? Denn die Treue der Frau soll vor allem das Erbe des Mannes bewahren. Durch die männliche Deszendenz soll der Sohn auf den Vater folgen, soll er der Sohn des Vaters und nicht der Sohn der Mutter sein. Der Mann kann seine Abenteuer haben, ohne daß die Eindeutigkeit der Abstammung gefährdet wäre, nicht aber die Frau.

Die Zwangsvorstellung, daß die Frau die Ehe brechen könnte, macht sie verdächtig, macht aus ihr »eine Feindin. Die Männer betrachteten das Eheleben als einen rauhen Kampf, der unermüdliche Wachsamkeit verlangte ... Der Ehemann fürchtete, ihren Brand nicht löschen zu können ... So lebte er in Angst vor dem Tiefschlag, vor dem Verrat«.[111]

Diese schreckliche Angst vor der Untreue der Frauen kennt man in allen männlichen Gemeinschaften, doch die patriarchalischen Gesellschaften sind auf vielfältige Tricks verfallen, um Herr des Bauches der Ehefrau zu bleiben: Der Ehemann kann sie von allen anderen Männern fernhalten, und das ist der *Harem;* er kann ein mechanisches System ersinnen, das sexuelle Kontakte unterbindet, und das ist der *Keuschheitsgürtel;* er kann ihr, um ihre erotischen Triebe zu dämpfen, die Klitoris entfernen, und das ist die *Klitoridektomie*[112].

Wenn aber das alles sich als unzureichend erweist, bleibt noch die Repression. Der Ehebruch der Frau ist, im Gegensatz zum Ehebruch des Mannes, immer streng verurteilt worden. Je nach Kultur und Epoche wurden ehebrecherische Frauen gesteinigt, in einem Sack ertränkt, von ihrem Ehemann getötet, an den Pranger gestellt, in ein Kloster verbannt oder ins Gefängnis geworfen.

In Frankreich wurde die spezifische Strafandrohung für den Ehebruch der Frau erst 1974 aufgehoben[113].

Die Ehe, Fundament der patriarchalischen Gesellschaft

Die Ehe ist die universelle Antwort der menschlichen Gesellschaften auf das ebenso universelle Inzestverbot. Welchem Typus eine Gesellschaft auch angehören mag, es sind, wie Lévi-Strauss behauptet, immer die Männer, die die Frauen austauschen, und nicht umgekehrt. Bei einigen Stämmen Südostasiens scheint die Situation umgekehrt zu sein, aber »dennoch kann man nicht sagen, daß in solchen Gesellschaften die Frauen es sind, welche die Männer austauschen, sondern allenfalls, daß Männer andere Männer *mittels* Frauen austauschen«.[114]

Lévi-Strauss möchte mit Hilfe des universellen Phänomens, daß Männer Frauen austauschen, den Beweis führen, daß die patriarchalische Struktur selbst letzten Endes eine der Menschheit inhärente Gegebenheit sei. Deshalb bemüht er sich darzulegen, daß Systeme mit matrilinearer Deszendenz und matrilokalem Wohnsitz sehr seltene und irreführende Ausnahmen seien[115].

Es ist festgestellt worden, daß zwischen patrilinearen Institutionen und den höchsten Kulturstufen, ebenso wie zwischen der matrilinearen Deszendenz und den primitivsten Gesellschaften generell eine Korrelation[116] besteht. Dies bestärkt Lévi-Strauss nur in der Überzeugung, daß den patrilinearen gegenüber den matrilinearen Institutionen der absolute Vorrang gebührt.

»Gesellschaften, die dieses Stadium der politischen Organisation erreichen, haben demnach die Tendenz, das Vaterrecht zu verallgemeinern. *Aber das rührt daher, daß die politische oder einfach soziale Autorität stets bei den Männern liegt und daß diese männliche Priorität einen konstanten Charakter aufweist,* ob sie sich nun, in der Mehrzahl der primitivsten Gesellschaften, an einen bilinearen oder einen matrilinearen Deszendenzmodus anpaßt oder ob sie ihr Modell allen Aspekten des gesellschaftlichen Lebens aufzwingt, wie es in entwickelteren Gruppen der Fall ist.«[117]

Diese Äußerung von Lévi-Strauss macht einige Bemerkungen erforderlich. Einerseits scheint uns der Zusammenhang zwischen matrilinearer Deszendenz, primitivem Charakter der Gesellschaft und geringerem politischem Organisationsgrad zu zeigen, daß so die Struktur der frühen Gesellschaften in der Altsteinzeit und vielleicht noch während eines Großteils der Jungsteinzeit ausgesehen haben könnte. Andererseits läuft der umgekehrte Zusammenhang (entwickeltere Gesellschaften, Primat des Politischen und patrilineare Institutionen) darauf hinaus, daß das Patriarchat in Gesellschaften wie der unseren unzerstörbar ist.

Mit der Behauptung, daß die politische Macht stets bei den Männern liege und von patrilinearen Institutionen nicht zu trennen sei, macht Lévi-Strauss einen Sturz des patriarchalischen Systems völlig undenkbar. Denn wenn die Komplexität einer Gesellschaft an dieses System gebunden ist, macht jeder Schritt zu größerer Komplexität uns um so sicherer zu Gefangenen dieses Systems. Lévi-Strauss zieht daraus einen Schluß, der die Form eines Gesetzes aufweist:

»Hinter den Schwankungen des Deszendenzmodus zeugt die Beständigkeit des patrilokalen Wohnsitzes von der *grundlegenden asymmetrischen Beziehung zwischen den Geschlechtern, welche die menschliche Gesellschaft kennzeichnet.*«[118]

Diese »universelle« Asymmetrie zwischen den Geschlechtern, die zu Lasten der Frauen geht (sie können niemals den gleichen Platz oder den gleichen Rang einnehmen wie die Männer), beruht nach Ansicht des Anthropologen auf der »grundlegenden Tatsache, daß die Männer es sind, die die Frauen austauschen, und nicht umgekehrt«.[119] Diese Tatsache folgt ihrerseits aus dem Inzestverbot, welches das Grundgesetz jeglicher menschlicher Kultur ist.

Wir sind, wie es scheint, in einer ausweglosen Lage. Das universelle Inzestverbot hat »natürlich« einen diskriminierenden hierarchischen Charakter. Indem es den Frauen die Rolle von Gütern zuweist, »trägt das Inzestverbot dazu bei, die gesellschaftliche Gruppe nicht zu einen, sondern zu spalten, die Verwandtschaftsregeln in Koordinaten einer ›orientierten Differenz‹ zwischen Männern und Frauen zu verwandeln, statt sie in den Banden des Blutes aufgehen zu lassen ... Der Zusammenhalt der Männer beruht auf der Gefügigkeit der Frauen«.[120]

Allerdings kann ein solches System nur unter zwei Bedingungen Bestand haben: Die erste, daß die Heirat die Bedeutung behält, ein Austausch von Frauen zu sein; die zweite, ihrerseits Bedingung der ersten, besteht darin, daß die Asymmetrie zwischen den

Geschlechtern bestehen bleibt, daß, mit anderen Worten, die Frauen weiterhin Objekten gleichgesetzt werden. Geschichte und Ethnologie zeigen deutlich, daß alle patriarchalischen Gesellschaften sehr viel Energie und Einfallsreichtum darauf verwendet haben, diese Asymmetrie friedlich oder gewaltsam durchzusetzen. Einige Gesellschaften haben sich nicht einmal gescheut, diese Asymmetrie so sehr zu verschärfen, daß aus dem einen Geschlecht das Gegenteil des anderen wurde.

2. Die Logik der Gegensätze oder der Krieg der Geschlechter

Um sich am Leben zu erhalten, brachte das patriarchalische System eine neue, von der bisherigen völlig abweichende Logik des Verhältnisses zwischen den Geschlechtern hervor. Zwar hat es nie ausdrücklich die Komplementarität von Frau und Mann in Abrede gestellt, doch hat es das Anderssein so sehr betont, daß damit die Bedingungen der Möglichkeit eines Dualismus praktisch aufgehoben waren.

Erinnern wir an einige Selbstverständlichkeiten: Man kann die Geschlechter nur als komplementär betrachten, wenn man sie sich als die zwei Teile eines Ganzen vorstellt, mit anderen Worten: wenn sie an der Bildung einer homogenen Einheit – der Menschheit – gleichermaßen teilhaben.

Das Komplement, die Ergänzung, ist im ursprünglichen Wortsinne »das, was man einer Sache hinzufügen muß, damit sie vollständig ist«.

Ohne ein Mindestmaß an Ähnlichkeit ist es jedoch unmöglich, die beiden Elemente zusammenzufügen. Die Unterschiede dürfen ihrer gemeinsamen Natur keinen Abbruch tun, sonst kommen sie nie zueinander. Das hat Aristophanes im Mythos vom Androgynen so hübsch gezeigt: Ursprünglich bestand die vollständige Menschheit aus einem ineinander verschlungenen Paar, das die schönste Totalität bildete, die man sich denken kann. Sie war zu schön und zu stark, als daß die eifersüchtigen Götter sie ertragen hätten, und so durchtrennten sie sie in der Mitte in zwei gleiche Teile. Voneinander getrennt, hatten Mann und Frau nur einen Wunsch: sich wieder zu vereinigen, sich in dem anderen wiederzufinden.

Die Auftrennung in Geschlechter schloß die Idee der Gemeinschaft ebensowenig aus wie das Verlangen, die Liebe zur anderen Hälfte. Daß das eine andere Eigenschaften hat (und andere

Eigenschaften ihm zugeschrieben werden) als das andere, daß jedes etwas macht, was das andere nicht kann, muß nicht unter dem Aspekt des Gegensatzes gesehen werden, sondern als ein gegenseitiger Austausch, der nicht das eine herabsetzt, um das andere um so höher zu bewerten. Der mythische Androgyne erinnert die Menschen daran, daß sie nur in der Einheit beider Geschlechter vollständig sind und das eine, wenn es vom anderen getrennt ist, verstümmelt und nutzlos ist.

Die patriarchalische Ideologie hat sich diese Lehre offensichtlich nicht gemerkt und allzu häufig die »Symmetrie« der Geschlechter durch eine radikale Asymmetrie ersetzt. Sie war vielleicht dazu gezwungen, um ihre Vorherrschaft zu begründen, doch bemerkte sie nicht, daß sie damit zugleich den Keim zu ihrem eigenen Untergang legte.

Das absolute Patriarchat bedroht die Komplementarität

Von der mangelnden Symmetrie zur Ausschließung

F. Héritier bemerkt, keine Gesellschaft habe es fertiggebracht, daß Männer und Frauen absolut symmetrisch sind. Dies scheint exakt auf die patriarchalischen Gesellschaften zuzutreffen. Die Grundlage ihrer Ursprungsmythen und vielfältiger philosophischer Systeme ist ein System von binären Begriffen, die das Männliche dem Weiblichen als das Höherwertige dem Minderwertigen gegenüberstellen[1].

Im 18. Jahrhundert wird der Gesellschaft ein größerer Einfluß auf die menschliche Natur zuerkannt und von der Erziehung verlangt, unter dem Signum des Gegensatzes die Komplementarität aufrechtzuerhalten. Rousseau, der in Emil und Sophie das ideale Paar definieren möchte, »macht« Sophie bewußt zur Ergänzung Emils[2]. Man verläßt sich jedoch nicht mehr darauf, daß die Natur für die Komplementarität von Männern und Frauen (eine notwendige Bedingung ihres gegenseitigen Verstehens) sorgt. Damit die »natürlichen« oder »idealen« Eigenschaften des einen und des anderen nicht mißraten, bedarf es einer sorgfältigen restriktiven Erziehung. Um Sophie auf ihren »Beruf« als Ehefrau und Mutter vorzubereiten, ist es notwendig, ihr Sanftmut *anzuerziehen,* sie an den Zwang zu *gewöhnen*, ihr *beizubringen,* daß »die Abhängigkeit ein natürlicher Zustand der Frauen«[3] ist. Das ist nicht mühelos zu erreichen, so als ob die wahre Natur sich lange wehrte, ehe sie sich den Launen des Mannes fügt. Die »Dressur«, die Emil und Sophie – und besonders der letzteren – zugedacht wird, scheint darauf hinzudeuten, daß die Natur der Geschlechter nicht so komplementär ist, wie Rousseau es sich erträumte.

Zwar ist der eine das Gegenteil des anderen, doch bleiben Emil und Sophie lange durch gemeinsame Werte und eine gemeinsame Liebe verbunden. Ungeachtet der Gegensätze sind beide gleichermaßen Teil der Menschheit. Die Liebe, die sie über ihre Unterschiede hinaus oder wegen dieser Unterschiede eint, verbietet die Ausschließung des einen durch das andere. Trotz aller Krisen und Rückschläge, aus denen man schließen könnte, daß Sophie nicht die ist, für die man sie hielt, hatte das eine nur durch seinen Bezug auf das andere einen Sinn.

Doch während der letzten drei Jahrtausende, in denen die patriarchalischen Gesellschaften sich entfaltet haben, ist die Logik der Gegensätze oft in eine Logik der Ausschließung umgeschlagen. Der Dualismus wurde bis aufs äußerste in ein hierarchisches Verhältnis umgedeutet, und das eine, das Gute, wurde zum Feind des anderen, des Bösen. Der theologisch oder mythisch begründete Gegensatz wurde so radikal und spannungsgeladen, daß die Vorstellung von der Gemeinschaft, der Ähnlichkeit der Geschlechter dadurch ernsthaft bedroht wurde.

Von der indischen Kultur zur Zeit Manus über die moslemischen Gesellschaften bis zur Kultur des Mittelalters wurde immer wieder behauptet, Mann und Frau seien unversöhnliche Feinde. Zahllose Texte sprechen vom Krieg der Geschlechter und fordern den Mann auf, sich von der zu distanzieren, die er vielleicht bisweilen seine »Gefährtin« genannt hat.

Die androzentrischen Auffassungen Manus werden im *Mahabharata* auf eine bösartige Weise unterstützt.

»Es hat nie etwas gegeben, was schuldiger wäre als eine Frau. In Wirklichkeit sind die Frauen die Wurzeln aller Übel« (38, 12).

»Der Gott des Windes, der Tod, die Höllenregionen... die Schneide des Rasiermessers, die schrecklichen Gifte, die Schlangen und das Feuer. Alle wohnen einträchtig bei den Frauen« (38, 29)[4].

Die Genesis hatte, wie wir gezeigt haben, die Frau zur Untergebenen des Mannes gemacht. Die Kirchenväter gingen noch weiter und setzten sie mit der Schlange und mit Satan gleich. In den Predigten des Mittelalters (12. Jahrhundert) kehrt ein Thema ständig wieder und beherrscht den gesamten Diskurs: »Die Frau ist schlecht, schlüpfrig wie die Schlange, unbeständig wie der Aal, dazu neugierig, klatschsüchtig und zänkisch.«[5]

Solche Äußerungen sind eine Aufforderung an die Männer, sich vor den Frauen in acht zu nehmen und sie so zu behandeln, wie sie es verdienen. Diese Haltung wurde, wie George Duby bemerkt, von den Gelehrten obendrein durch fragwürdige etymologische Deutungen gerechtfertigt: »Das lateinische Wort für ›Mann‹, *vir*, wurde von *virtus* abgeleitet, also von Geradheit und Kraft, während das Femininum *mulier* auf *mollitia*, auf Weichheit, Unbeständigkeit, Feigheit hindeutete. Mißtrauen und Verachtung ließen es als unabdingbar erscheinen, die Frau zu unterwerfen und am kurzen Zügel zu halten«.[6]

Nach einhelliger Auffassung entsprang die böse Natur der Frau einer zügellosen Sinnlichkeit, die ein Mann allein unmöglich befriedigen konnte.

»Die Frauen sind Ungeheuer. Sie sind mit ungeheuren Kräften ausgestattet... Sie sind nie durch ein einziges Wesen des anderen Geschlechts zu befriedigen... Die Männer dürften sie überhaupt nicht lieben... Wer sich anders verhält, rennt in sein sicheres Verderben.«[7]

Die Männer und die Priester des Mittelalters denken nicht anders: Die Frauen sind von Natur aus Huren und unersättlich. Man hütet sich vor Witwen, die gefährlich, weil unbefriedigt sind, aber auch vor den Wohnungen der Frauen, in denen man die schlimmsten Dinge argwöhnt. Bischof Stephan von Fougères ermahnte die Männer im 12. Jahrhundert in einer Predigt, »sie an sehr kurzem Zügel zu halten; denn ohne die starke Hand eines Meisters geben sie ihrer verderbten Natur freien Lauf und suchen ihre Lust bei Knechten oder auch untereinander«.[8]

Äußerungen moslemischer Theologen zu Fragen der Erotik, die von der Hochschullehrerin Fatna Ait Sabbah[9] einer bewunderns-werten Analyse unterzogen wurden, lassen die Gründe des männlichen Mißtrauens noch deutlicher werden. Den unbewußten Ursprung der Furcht der Männer zeigt die Autorin anhand von zwei Texten aus dem 12.[10] und 15. Jahrhundert[11] auf, die noch heute sehr populär sind[12].

Die »omnisexuelle« Frau, die man zugleich fürchtet und begehrt, wird mit einer alles in sich einsaugenden Vagina gleichgesetzt, die nie befriedigt ist. Einhelligkeit besteht darüber, daß die Begierde der Frau die des Mannes bei weitem übersteigt:

»Einige haben behauptet, die sexuelle Begierde der Frau sei größer als die des Mannes ... Wenn man jahrelang Tag und Nacht mit der gleichen Frau kopuliert, erreicht sie, wie es scheint, nie den Punkt der Sättigung. Ihr Hunger nach der Kopulation ist unstillbar.«[13]

Die Kopulation wirkt sich somit gegensätzlich auf die beiden Geschlechter aus: Bei der Frau fördert sie die Entfaltung, den Mann schwächt sie. Es ist denn auch, wie Fatna Ait Sabbah konstatiert, nicht verwunderlich, wenn dieser Frau, die mit einer »alles verschlingenden Spalte« verglichen wird, nicht Männer, sondern allein Tiere gewachsen sind, insbesondere der Esel und der Bär, deren Penis den Begierden der Frau eher entspricht.

Angesichts dieser unersättlichen Frau muß der reale Mann sein Leben als ein totales Scheitern erfahren. Um die Angst vor der Impotenz und die Zwangsvorstellung von einer unzureichenden Größe des Penis zu bekämpfen, widmen Lehrbücher der klassischen Medizin ganze Kapitel der Darstellung von Rezepten, wie man den Penis verlängern kann[14].

Doch die Liebestränke, Arzneien und Ratschläge sind außerstande, wieder ein Gleichgewicht zwischen den Geschlechtern herzustellen. Die Unendlichkeit ihrer Begierde macht die Frauen entschieden zu einer Gefahr. Man ahnt, daß die Omnisexuelle, von der zwischen ihren Schenkeln konzentrierten animalischen

Kraft getrieben, kaum eine fromme Muselmanin sein kann, die das Gesetz dazu verpflichtet, sich mit einem Viertel eines Mannes zu begnügen[15]. Sie muß die moslemischen Verhaltensregeln, als da sind: Heterosexualität, Treue, Beachtung des gesellschaftlichen Ranges und Tugend, zwangsläufig übertreten.

Kurz, die Frau ist »von Natur aus« ein Quell der Unordnung, den der Mann mit allen Mitteln zu bezwingen hat. Sie setzt sich, von einem einzigen Ziel, dem Streben nach dem Orgasmus, getrieben, über die gesellschaftliche Rangordnung hinweg (indem sie das imposante Glied eines schwarzen Sklaven dem eines Mannes ihrer Stellung vorzieht!) und vermag sich kaum in die beiden Rollen zu fügen, welche die moslemische Gesellschaft ihr zudenkt: die Rollen der Ehefrau und Mutter.

Um die Ordnung wiederherzustellen, muß der Mann »sie einsperren, sie verstecken, sie soweit es möglich ist vom Männervolk trennen«.[16] Er muß sie, anders gesagt, beherrschen.

In den Texten des Mittelalters hat man sich darzulegen bemüht, daß Gleichheit zwischen Mann und Frau eine Ketzerei sei. Die Ehe, Schlußstein des gesellschaftlichen Gebäudes, sollte die Hierarchie des Universums widerspiegeln. Georges Duby weist auf einen in der Volkssprache abgefaßten Text hin, das »Adamsspiel«[17], das deutlich machen sollte, daß das Verhältnis zwischen den Ehegatten auf einer unteren Ebene das primäre Abhängigkeitsverhältnis zwischen Geschöpf und Schöpfer widerspiegelt. Der Satan hat sich eingeschlichen, um das hierarchische Verhältnis zwischen Gott und Adam, aber auch zwischen Adam und Eva, zu zerstören. Deshalb hat Adam Eva als seinesgleichen betrachtet, hat er ihr geglaubt und gesündigt.

In Wirklichkeit verlangt die Ordnung, daß nicht nur das hierarchische Verhältnis der Geschlechter respektiert wird, sondern sie setzt außerdem stillschweigend einen Wesensunterschied zwischen beiden Geschlechtern voraus. Besser als die Hierarchie allein erklärt dieser Unterschied die in den patriarchalischen Gesellschaften ständig betriebene Politik des »zweierlei Maß«.

Den besten Beleg dafür liefert, wie wir gesehen haben, die unterschiedliche Behandlung des Ehebruchs bei Mann und Frau. Bischof Burchard von Worms stellte im 11. Jahrhundert eine Sammlung zusammen, sein *Decretum*[18], das bis in die Mitte des

12. Jahrhunderts hinein in Frankreich und im Reich einen ungeheuren Erfolg hatte. Darin bemüht er sich, Mann und Frau als »zwei verschiedene Menschengattungen«[19] darzustellen, wobei das weibliche Geschlecht schwach und wankelmütig ist und nicht in derselben Weise beurteilt werden darf wie das männliche. Das *Dekret* ruft unablässig dazu auf, der weiblichen Treulosigkeit Rechnung zu tragen: »Wenn deine Gemahlin nach einem Jahr oder einem halben Jahr... behauptet, daß du sie nicht erkannt hättest..., und du hingegen versicherst, daß sie deine Gemahlin sei, soll man dir glauben, weil du das Haupt der Frau bist.«[20]

Die Frau ist die Frivolität in Person, schwatzhaft in der Kirche, saumselig in ihrer Pflicht, für die Verstorbenen zu beten, und leichtsinnig, und sie trägt allein die Verantwortung für die Abtreibung, die Kindestötung, die Prostitution. Der Beichtvater soll die Frau mit Fragen nach der Lust bedrängen, die sie an ihrem eigenen Körper oder mit jungen Kindern gewinnen kann. Genau wie die islamischen Theologen macht sich auch der christliche Inquisitor Gedanken über das Treiben der Frauen »in ihrer eigenen Welt, der Kemenate, dem Ammenzimmer, jenem fremden, beunruhigenden Universum, aus dem die Männer ausgeschlossen sind, das sie reizt und ihre Phantasie mit Bildern perverser Vergnügungen erfüllt, an denen sie keinen Anteil haben«.[21]

Gilt die Frau den einen als »omnisexuell«, den anderen als »unzüchtig«, so fügt Bischof Burchard dieser Bestialität eine »Schlechtigkeit« hinzu, die die Frau noch verdächtiger macht. Die ihr eigene Heimtücke verbietet es, daß man ihr mehr Glauben schenkt als ihrem Mann. Und tatsächlich, so fügt Duby an, »wo sieht man wirklich eine Frau vor den Bischof treten und verlangen, er möge ihr Gerechtigkeit widerfahren lassen und sie ihres Gemahls entledigen? Die Initiative kommt stets von den Männern«.[22]

Der unterschiedlichen Behandlung der Geschlechter liegt, wie man feststellen kann, stets eine zur Rechtfertigung herangezogene manichäische Vorstellung zugrunde.

Spuren davon findet man, wenn auch sehr abgeschwächt, noch in einer patriarchalischen Gesellschaft, die so todkrank ist, wie die unsere im Jahre 1964. Anne-Marie Rocheblave-Spenlé hat auf der Grundlage einer bemerkenswerten soziologischen Untersuchung[23] der damals gängigen männlichen und weiblichen Stereotype eine Liste aufgestellt, aus der man ersieht, daß die Logik der Gegensätze gestern noch nicht erloschen war (siehe Seite 122).

Bei genauerer Betrachtung dieser Stereotype, in denen sich die gängigen Ansichten der Männer und Frauen über sich selbst verdichten, springen einem die scheinbar unvergänglichen, mit einem Plus- oder Minuszeichen versehenen Gegensätze ins Auge.

Die Obszönität ist zwar zum alleinigen Merkmal des Männlichen geworden (und hat dabei zugleich den negativen Charakter verloren, den sie einst besaß, als sie mit der Frau asoziiert wurde!), doch alle übrigen positiven Merkmale finden sich bei den Männern: Emotionale Stabilität, Autonomie, Mut, Aktivität, Kreativität und Intelligenz. Die Frau der sechziger Jahre wurde dagegen immer noch als die Tochter Evas und gewiß nicht wie eine Göttin wahrgenommen: Hysterisch, leichtfertig, schwatzhaft, listig, kokett, passiv, intuitiv, zärtlich, Mutter... Sie ist in jeder Hinsicht die Urenkelin von Rousseaus Sophie.

Ein solches Porträt konnte die Behandlung, die sie erfuhr, nur rechtfertigen, und den »anderen« nur in der Überzeugung bestärken, er sei ihr in allen Punkten »natürlicherweise« überlegen.

Die üblichen Konsequenzen

An allen Formen des Patriarchats – mag es gemäßigt oder brutal sein – tritt – verhalten oder ausgeprägt – eine Reihe gemeinsamer Merkmale zutage.

Das erste ist, wie wir gezeigt haben, *die Trennung der Geschlechter.* Diese Trennung ist jedoch nicht mehr, wie man es für die Altsteinzeit vermutet hat, von gegenseitiger Achtung begleitet, die sich auf die feste Überzeugung stützt, daß der andere notwendig sei. In den absoluten Formen des Patriarchats stützt sich die Trennung von Mann und Frau auf eine so grundlegend verschiedene hierarchische Stellung, daß sie jede Möglichkeit der Begegnung und der Interferenz auszuschließen scheint. Wenn man die beiden Geschlechter immer nur unter dem gegensätzlichen Aspekt von gut und böse, stark und schwach usw. sieht, nimmt

Merkmale des maskulinen Stereotyps	Merkmale des femininen Stereotyps
Emotionale Stabilität	
Entschlossen, fest, beharrlich, gelassen.	Launenhaft, hysterisch, heikel, ängstlich, überempfindlich, kindisch, leichtsinnig.
Kontrollmechanismen	
Diszipliniert, methodisch, organisiert, streng, Hang zur Ordnung, unaufdringlich, freimütig.	Schwatzhaft, inkonsequent, affektiert, verschwiegen, unbesonnen, listig.
Autonomie, Abhängigkeit	
Patriotisch, risikobereit, unabhängig.	Mitteilungsbedürftig, gefallsüchtig, kokett, unterwürfig.
Dominanz, Selbstbehauptung	
Machtbedürfnis, Ruhmsucht, ehrgeizig, Hang zum Kommandieren, dominant, selbstgefällig, selbstsicher, um Ansehen bemüht, Streber, will sich behaupten.	Schwach.
Aggressivität	
Streitbar, zynisch, liebt den Kampf.	Verschlagen.
Aktivitätsniveau	
Schwungvoll.	Schlaff.
Erwerbsverhalten	
Egoistisch, materialistisch.	Neugierig.
Intellektuelle Qualitäten, Kreativität	
Schöpferisch, hellsichtig, objektiv, Vorliebe für theoretische Ideen. Eignung für die Naturwissenschaften, für die Mathematik. Skeptisch, argumentierfreudig.	Intuitiv.
Affektive Orientierung, Sexualität	
Obszön.	Zärtlich, mitfühlend, sanft, schamhaft, schaut aufs Äußere, will Kinder haben, ist liebesbedürftig.

man schließlich ihre Gemeinsamkeiten nicht mehr wahr. Kann es zwischen dem auserwählten und dem verdammten Geschlecht denn überhaupt noch Beziehungen geben? Wenn die Notwendigkeiten der Fortpflanzung (und der Produktion) sie trotz allem zusammenhalten, so entsprechen ihre Beziehungen denen zwischen zwei heterogenen, einander fremden, ja sogar feindlichen Welten. Die ihnen gemeinsame Menschlichkeit wird in die graue Vorzeit der Ursprungsmythen verbannt.

Von einigen patriarchalischen Gesellschaften Afrikas ausgehend, hat Georges Balandier die Beziehungen zwischen Mann und Frau unter dem doppelten Signum des Andersseins und des Gegensatzes beschrieben. »Von den am höchsten geschätzten Kenntnissen, Beziehungen und Praktiken ausgeschlossen und den Instrumenten oder Sachen, den weniger geschätzten Tätigkeiten und den Verhaltensweisen der Abhängigkeit zugeordnet ... ist die Frau für den Mann weniger der komplementäre Partner als vielmehr das *›andere‹*; dieses Anderssein wird durch Vorstellungssysteme, Symbole, imaginäre Projektionen und Verhaltensmuster ausgedrückt und verstärkt ...«[24]

Dieses radikale Anderssein schließt die Interferenz der Geschlechter, die man noch in der archaischen griechischen Gesellschaft beobachtete, aus. Damals tauschten junge Männer und junge Mädchen noch ihre Kleider aus, bevor sie in die Gesellschaft der Erwachsenen eintraten. Jetzt ist nichts so sehr verpönt, wie wenn ein Geschlecht sich wie das andere aufführt. Es ist noch nicht so lange her, daß den kleinen Jungen in unserer Gesellschaft verboten wurde, »wie ein Mädchen« zu weinen. Als ob die Tränen, ein Gefühlsausdruck, weiblich und nicht menschlich wären! Umgekehrt wurde jede Frau, die »wie ein Mann auftreten« wollte, scharf gebrandmarkt. Die Psychoanalytikerin Helene Deutsch fand keinen Ausdruck, der hart genug gewesen wäre, um die intellektuelle Frau zu beschreiben: steril, schöntuerisch, einfallslos und vor allem »an einem Männlichkeitskomplex leidend«![25] Wer also aus dem *aufgezwungenen Dualismus* ausbrechen will, läuft Gefahr, als unwürdig oder als verrückt zu gelten. Im einen wie im anderen Fall ist man für die auf Gegensätzen und Ausschließungen beruhende patriarchalische Ordnung eine Bedrohung.

Wenn man aber die Frau immer wieder als ein Element definiert, zu dem man sich im Gegensatz befindet, dann erscheint sie bald als ein gefährliches Element, als Feindin des Mannes. Die Ideologie der Lugbara in Afrika stellt sie geradezu als »das Gegenteil« des Mannes dar und »bringt sie in Zusammenhang mit der Gegengesellschaft, mit den Unternehmungen der aggressiven Magie und Hexerei, mit den Kräften des Wandels, welche die soziale Ordnung zersetzen«.[26]

Es dürfte klar geworden sein, daß das zweite gemeinsame Merkmal der patriarchalischen Gesellschaften ein Zustand des *heimlichen Krieges zwischen den Geschlechtern* ist. Allzuoft wird der Frau in den erotischen Abhandlungen der Moslems eine scharfe Intelligenz zuerkannt, deren Ziel es sei, »das soziale System auf kalkulierte, kaltschnäuzige Weise auf Dauer zu zerstören«.[27] Diese verheerende Feindseligkeit rechtfertigt von vornherein den Krieg, den der Mann ihr liefert. Sie erklärt vor allem das regelrechte Grauen, das manche Ehefrauen insgeheim ihrem Mann eingeflößt haben.

Aus den Chroniken des 11. Jahrhunderts liest Georges Duby heraus, daß die Männer befürchten, die Frauen könnten sich durch Ehebruch und Mord auf heimtückische Weise rächen: »Kaum zu zählen sind die Fürsten, von denen die Chronisten der Zeit berichten, daß sie von ihren Frauen vergiftet worden seien; kaum zu zählen auch die Anspielungen auf ›weibliche Intrigen‹, ›unheilvolle Ränke‹, auf Hexenwerk aller Art, das in der Kemenate ausgeheckt wurde. Der Ritter des 11. Jahrhunderts muß in Zittern und Argwohn neben jener Eva gelebt haben, die sich jede Nacht zu ihm gesellte, bei der er nie sicher war, ob er ihre unersättliche Lüsternheit stillen konnte, die ihn gewiß betrog und ihn vielleicht noch in dieser Nacht, während er schlief, unter dem Kissen ersticken würde.«[28]

Diese anschauliche Schilderung ist gewiß nicht repräsentativ für das gesamte Eheleben unter der patriarchalischen Ordnung. Sie ist nur die Karikatur eines extrem verzerrten Verhältnisses zwischen den Geschlechtern. Zwischen Beziehungen dieses Schlages und dem bürgerlichen Glück des 18. Jahrhunderts liegt eine Welt, was aber nicht heißt, daß Beziehungen jener Art schon überwunden waren – im Gegenteil: Zur gleichen Zeit, da der

Bürger vom Glück zu zweit träumt, setzt erst die lange Agonie des Patriarchats ein.

Das Interessante am Mittelalter und an der islamischen Gesellschaft ist gerade, daß das patriarchalische System hier schnörkellos und nackt hervortritt, ganz seinen Ursprüngen entsprechend. Am Anfang haben die Männer alle Machtbefugnisse der Frauen an sich gerissen, aber sie haben dabei die Gelassenheit und die Freundschaft der Frauen verloren. Das Vertrauen ist dem Argwohn gewichen. Je mehr die Männer sich vor den Frauen fürchten, um so stärker versuchen sie sie zu unterwerfen, und um so mehr fürchten sie deren Rache. Aus diesem Teufelskreis kommt man wohl nur heraus, wenn man mit dem patriarchalischen System Schluß macht.

Man wird einwenden, daß die soziale und religiöse Institution der Ehe im Mittelalter – wie heute in anderen patriarchalischen Gesellschaften – mit der Liebe kaum zu vereinbaren gewesen sei[29]. Weder mit der freundschaftlichen Liebe, die man seiner Verwandtschaft entgegenbringt (die Ehefrau, die in ihr neues Heim kommt, bleibt immer eine Fremde), noch mit der leidenschaftlichen Liebe, die außerhalb der Ehe ihren Ausdruck findet. Aber hat nicht die leidenschaftliche Liebe den Gegensatz der Geschlechter zur Voraussetzung? Ist sie nicht Ausdruck des Krieges, den sie einander liefern?

Begehren und Krieg vertragen sich gut miteinander; wie schon die Analogie zwischen den beiden Sprachen zeigt. Seit dem Altertum haben sich die Dichter zur Beschreibung der Folgen der leidenschaftlichen Liebe kriegerischer Metaphern bedient. Eros ist ein *Bogenschütze,* der *tödliche Pfeile* abschießt. Die Frau *ergibt sich* dem Mann, der *sie erobert.* Denis de Rougemont bemerkt, daß »vom zwölften und dreizehnten Jahrhundert an (...) die Sprache der Liebe durch Wendungen bereichert wird, die nicht nur mehr elementare Kriegergesten bezeichnen, sondern die in ganz präziser Weise der Sprache der Schlachtenkunst und der militärischen Taktik jener Zeit entlehnt sind«.[30]

Die gebräuchlichen Ausdrücke aufzählend, berichtet Denis de Rougemont, daß der Liebhaber nunmehr seine Dame »belagert«; er »läuft Sturm« auf ihre Tugend. Er »schließt sie ein«; er »verfolgt« sie, er sucht die letzten »Schutzwehren« ihrer Scham zu »erobern« und sie »überraschend zu umgehen«. Schließlich »ergibt sich« die Dame »auf Gnade«. Leider ist das gestillte Begehren aber das Ende der leidenschaftlichen Liebe. Das Begehren setzt nicht nur das Anderssein und den Krieg voraus, sondern es kann nur bestehen, wenn es nie befriedigt wird. Es ist die Antithese zum »süßen Eheglück« oder einfach die Kehrseite der Liebe, die durch Dauer, Einverständnis, Ähnlichkeit und Symbiose gekennzeichnet ist.

Die meisterhafte Analyse, die de Rougemont dem Mythos von Tristan und Isolde[31] widmet, legt die Vermutung nahe, daß das Paar, das für das abendländische Bewußtsein die leidenschaftliche Liebe verkörpert, mehr »Liebe zur Liebe« als Liebe zum anderen empfindet. Hindernisse, die die Befriedigung immer wieder verzögern, steigern ihre Leidenschaft. Stehen ihnen keine äußeren Hindernisse entgegen, so denken sie sich »wie zum Vergnügen« welche aus. Die Trennung der Liebenden »peinigt« ihr Verlangen und verklärt es.

Tristan gesteht: »Das Leiden, das mich befallen hat, unterscheidet sich von allen anderen Leiden; es gefällt mir; ich habe Freude daran; mein Leiden ist das, was ich will, und mein Schmerz ist mein Heil ... aber ich habe so viel Freude daran, so zu wollen, daß ich angenehm leide, und soviel Lust in meinem Schmerz, daß ich mit Wonne krank bin.«[32]

Gesteht er damit nicht ein, daß sein Begehren extrem egoistisch ist? Tristan zieht aus seinen Leiden, aus der Tatsache, daß er Isolde nicht besitzen kann, einen narzistischen Genuß, und die symmetrischen Leiden Isoldes scheinen ihm gleichgültig zu sein.

Denis de Rougemont verneint die Frage, ob Tristan Isolde liebt und von ihr geliebt wird. »Alles scheint dafür zu sprechen, daß sie aus freiem Willen niemals einander erwählt hätten.« Die Ursache ihrer Leidenschaft ist der Liebestrank. Als sie den Einsiedler Ogrin besuchen, um zu beichten, bemühen sie sich zu beweisen, daß sie nicht schuldig sind, daß sie keine Verantwortung dafür haben, da sie sich gar nicht lieben.

TRISTAN: Daß sie mich liebt, das macht das Gift.

ISOLDE: Nicht liebt er mich, noch lieb ich ihn.[33]

Was sie aneinander fesselt, kommt von einer fremden Gewalt. In dieser ungewollten Leidenschaft ist kein Platz für wahre

Freundschaft. »Mehr noch, erst als die Leidenschaft schwächer wird, bricht die sittliche Liebe durch. Und das erste Resultat dieser entstehenden Liebe ist nicht etwa, die Liebenden noch mehr zu vereinen, sondern im Gegenteil, ihnen zu zeigen, daß sie unbedingt voneinander scheiden müssen.«[34]

Man weiß, daß ihre Leidenschaft bis zum Tod geht und dieser der geheime Wunsch ist, der die Leidenschaft der Liebenden begründet. Das absolute Hindernis, das der Tod darstellt, ist zugleich die wichtigste Voraussetzung der Leidenschaft und ihre Vernichtung: Der »Stachel der Sinnlichkeit... verschärft das Begehren... verschärft es manchmal sogar bis hin zu dem Wunsch, den anderen zu töten, oder sich selbst zu töten, oder in einem gemeinsamen Schiffbruch unterzugehen.«[35]

Die Andersheit, der Antagonismus und das Begehren bilden die Triade, die das Verhältnis zwischen den Geschlechtern im Mittelalter wie in der islamischen Kultur, bei den Baruya von Neuguinea wie in zahlreichen afrikanischen Gesellschaften und generell in allen Gesellschaften unter männlicher Vorherrschaft kennzeichnet. Wenn man nur von der Ideologie und den Texten ausgeht, muß man feststellen, daß die Bedingungen der Möglichkeit der zärtlichen Liebe, die ein sicheres Band zwischen Mann und Frau stiftet, nicht gegeben sind. Für eine solche Liebe bedürfte es eines anderen Verständnisses von den Geschlechtern, einer anderen Umgebung, die auf Vertrauen, einem Minimum an Ähnlichkeit und zumindest auf gegenseitigem Respekt beruhen würde.

Die Vorstellung, die Frau sei »satanisch«[36] oder »eine Schlange« fördert solche Empfindungen nicht. Es gibt Einzelfälle, die die herrschende Ideologie widerlegen, aber erscheinen sie nicht wie Ausnahmen, die die Regel bestätigen und die Plastizität der menschlichen Natur beweisen?

Aber die Trennung und der Krieg der Geschlechter, die für die Männer vorteilhaft ausgehen, erzeugen eine dritte Konsequenz, die ihren Sieg unterhöhlt: *Das weibliche Andere taucht in der Phantasie des Mannes wieder auf.*

Über die gesellschaftliche Einordnung der Lugbara-Frau (die von der Ideologie als Umkehrung des Mannes dargestellt wird) schreibt Georges Balandier, sie werde gleichsam von der Gegenwart ausgeschlossen: »Sie wird zu den beiden Enden der Zeitskala projiziert; einerseits zur Zeit des Mythos, die die Zeit der Ursprünge, der Anfänge, der Geburten ist; andererseits zur Zeit dessen, was kommen soll (der Zeit der Wahrsagerei), des Wandels, der Unordnung und schließlich des Todes«.[37]

Geburt und Tod sind genau die zwei Ereignisse, die der menschlichen Phantasie keine Ruhe lassen und die vom Unbewußten und einer Vielzahl von Mythen mit der Frau assoziiert werden. So taucht sie als eine Bedrohung dort wieder auf, wo der Mann sich am wehrlosesten, am abhängigsten fühlt.

Viele Ursprungsmythen haben die Funktion, die Furcht der Männer zum Ausdruck zu bringen und sie zu mildern. Das gilt auch für das ideologische Denken der Baruya, das drei verschiedene Ebenen aufweist. Einerseits erkennt es die schöpferischen Fähigkeiten[38] der Frau an; andererseits setzt es sie herab, spielt es ihre Bedeutung herunter, macht es sie sogar verächtlich; schließlich macht es sie zu männlichen Fähigkeiten und wendet sie gegen die Frau an, deren Unterwerfung noch steigernd.

In einigen der zahlreichen Mythen, die Maurice Godelier schildert, wird ganz deutlich, daß die Frauen ursprünglich die Vorrangstellung besaßen und daß diese Mythen dazu dienen, die Zurücksetzung der Frauen zu rechtfertigen. Früher, so heißt es dort, besaßen die Frauen Fähigkeiten, die denen der Männer weit überlegen waren: Sie waren schöpferisch und nährend, sie erfanden die Flöten, denen sie herrliche Klänge entlockten, und sie erfanden die Voraussetzungen der Kultur: die materiellen Hilfsmittel der Jagd, des Austauschs. Doch der Mann stahl ihnen die Flöten[39]. Er bemächtigte sich des Bogens und der Pfeile, weil die Frauen blindlings drauflos töteten und den Bogen falsch herumhielten. Der Mann drehte den Bogen um, so wie es sich gehört, tötete von nun an das Wild, das man brauchte, und verbot den Frauen die Benutzung des Bogens. Diese Mythen erkennen den Frauen zwar, wie Godelier bemerkt, eine unersetzliche ursprüngliche Kreativität zu, doch weil diese »chaotisch, maßlos, gefährlich war, mußten die Männer einschreiten und die Dinge wieder in Ordnung bringen. Dieses Einschreiten und die damit verbundene Gewalt sind somit gerechtfertigt, denn sie erscheinen als das einzige Mittel, um in der Gesellschaft und im Universum Ordnung und Maß zu schaffen«.[40]

Doch all die zahlreichen ideologischen Rechtfertigungen der Gewalt, die den Frauen angetan wurde, vermögen die Befürchtungen der Männer nicht restlos zu beseitigen. Deren Überlegenheit ist nicht die einer Gruppe, die sämtliche Machtmittel gegenüber einer anderen, gänzlich wehrlosen Gruppe besitzt. Ihre Herrschaft ist um so bedrückender, als sie sich gegen Frauen richtet, die über reale Machtmittel verfügen. Es kommt zwar äußerst selten vor, daß die Frauen rebellieren, aber die Männer haben stets Anlaß, sich davor zu fürchten.

Godelier hat einige Fälle von individuellem Widerstand beobachtet[41]: Eine Baruya-Frau kann »vergessen«, ihrem Mann etwas zu essen zu machen, sie kann ihm den Beischlaf verweigern, einen Zauber gegen ihn anwenden, das Sperma, das aus ihrer Vagina fließt, auffangen, ins Feuer schleudern und dabei stumm eine Zauberformel sprechen. Wenn der Mann davon erfährt, weiß er, daß er zum Tode verurteilt ist, und es kommt tatsächlich vor, daß er stirbt, sei es aus Furcht, sei es, weil er sich dem Verfall überläßt.

Es hat zwar nach den Erkenntnissen Godeliers nie einen kollektiven Widerstand der Frauen, kein »weibliches Gegenmodell« zur bestehenden gesellschaftlichen Ordnung gegeben, und obwohl jede individuelle Rebellion streng bestraft wird, beschäftigt dennoch das Andere unablässig die Phantasie der Männer, insbesondere in Gestalt der Hexe, die die Unordnung, die Gegenkultur, den Teufel verkörpert.

Stärke und Ursprung des konfliktreichen Dualismus

Es gibt bei den Männern zwei scheinbar widersprüchliche Befürchtungen, zu denen es bei den Frauen offenbar kein mythisches oder psychologisches Äquivalent gibt. Jedes der Geschlechter fürchtet sich zwar vor dem anderen, doch scheint die Vagina mehr gefürchtet zu werden als der Phallus. Der Phallus kann durchbohren, verletzen, vergewaltigen, aber er ist kein Todesinstrument. Er besitzt zwar erstaunliche Eigenschaften, doch umgibt ihn kein grauenerregendes Geheimnis. Während die Symbolik des Unbewußten ihn bisweilen mit einem Schwert, einem Revolver oder einer Schlange vergleicht, identifizieren die Ursprungsmythen ihn zumeist mit der Kraft und dem Leben.

Anders verhält es sich mit der Vagina, über die viel Entsetzliches geschrieben wurde. Die Männer fürchten sie als das absolut Andere, als eine Gefahr, die um so bedrohlicher erscheint, als sie den Blicken entzogen ist und ihre Eigenschaften rätselhaft sind. Zu dieser Furcht vor dem Anderen, die die männliche Psychologie kennzeichnet, kommt eine weitere: die vor einer Vermischung der Geschlechter. Diese Furcht ist um so hartnäckiger und neurotischer, als sie sich unauflöslich mit einem heftigen Verlangen verbindet, die Attribute des Anderen zu besitzen[42]. Den Frauen wird dieser Wunsch ohne weiteres zugestanden, doch vom Unbewußten des westlichen Mannes wird er entschieden verdrängt.

Die Furcht vor dem Anderen

Im Unbewußten und in den Mythen wird die Vagina bald als eine verschlingende, verheerende[43], unersättliche Kraft, bald als eine »gezahnte«[44], albtraumhafte[45] und schließlich tödliche Höhle vorgestellt. Diese beinahe universelle Furcht hängt zusammen mit der Furcht vor dem Blut – vor all dem Menstruationsblut, das beunruhigend und gesundheitsschädlich[46] ist, denn es ist Gegenstand unzähliger Tabus, aber auch vor dem Blut der Defloration, das angeblich Unglück bringt.

Zur Illustration der durch das weibliche Geschlecht ausgelösten Ängste stützen wir uns auf die Mythologie und die Praktiken zweier primitiver Gesellschaften[47], denen die Überlieferungen ihrer Vorfahren noch eng vertraut sind: der Baruya von Neuguinea und der Maori von Neuseeland.

Die Einstellung der Baruya-Männer zum Menstruationsblut grenzt, wie Maurice Godelier beobachtet hat, »beinahe an Hysterie, vermischt mit Ekel, Abscheu und vor allem Furcht. Das Menstruationsblut ist für sie eine schmutzige Substanz, die sie in die Nähe der anderen verschmutzenden und ekelerregenden Substanzen rücken, des Urins und der Fäkalien. Vor allem ist es aber eine Substanz, welche die Frauen schwächt ... und die Kraft der Männer zerstören würde, wenn es mit ihrem Körper in Berührung käme«.[48]

Dies ist Anlaß für eine Reihe von Vorsichtsmaßnahmen und Tabus, die das Leben der Baruya rhythmisch gliedern. Wenn eine Frau ihre Periode hat, zieht sie sich in ein spezielles Haus unterhalb des Dorfes zurück. Es ist ihr untersagt, mit ihren (unreinen) Händen das Essen für ihren Mann und ihre Familie zuzubereiten. Wenn ihre Periode vorbei ist, muß sie sich vor der Wiederaufnahme des Ehelebens reinigen.

Abgesehen vom Menstruationsblut stellt die Frau, wie Godelier feststellt, für den Mann eine ständige Gefahr dar: »Schon durch die Beschaffenheit ihres Geschlechts, die unvermeidliche Tatsache, daß es sich um eine Spalte handelt, welche die Flüssigkeiten, die sie innerlich absondert, oder das vom Mann aufgenommene Sperma nie restlos zurückhalten kann«[49], fallen Tropfen auf die Erde, die den Würmern und Schlangen Nahrung geben. Diese Tiere bemächtigen sich dieser Ausscheidungen und tragen sie zu den »tiefen Schlünden, in denen die unheilbringenden chthonischen Mächte wohnen ... die diese Substanzen dann benützen, um den Menschen, den Kulturpflanzen und den Schweinen, die man aufzieht, Krankheiten oder den Tod zu schicken«.

Durch ihr Geschlecht zieht die Frau ständig die unheilbringenden Mächte an. Unbemerkt hilft sie ihnen, negativ auf die Gesellschaft Einfluß zu nehmen. Sie ist daher doppelt gefährlich, »direkt durch die Absonderung ihres Menstruationsblutes, das die Männlichkeit des Mannes und damit die Herrschaft der Männer über die Gesellschaft bedroht, und indirekt durch die Beschaffenheit ihres Geschlechts, die sie zur Komplizin von Unternehmungen macht, welche die Bemühungen der Menschen um die Schaffung ihrer materiellen Existenzbedingungen – schöne Gärten, fette Schweine – zunichte machen ...«.

Das weibliche Geschlecht ist schlechthin gefährlich. Der Mann nähert sich ihm nicht ohne Reinigungsrituale. Vielfältige Verbote lasten auf den Frauen. Sie müssen jeden Gegenstand, der auf dem Boden liegt, umgehen, und dürfen auf keinen Fall – bei Todesstrafe – über die Feuerstelle des Hauses hinweggehen, selbst wenn das Feuer erloschen ist: Ihr Geschlecht würde sich öffnen und den Ort verunreinigen, an dem sie die Nahrung kocht, die in den Mund des Mannes gelangt.

Der Geschlechtsverkehr ist mit vielerlei Vorsichtsmaßregeln und Verboten umgeben, die den von ihm hervorgerufenen Befürchtungen entsprechen: Er ist nicht erlaubt, wenn es an der Zeit ist, den Boden zu bestellen, zu pflanzen, das Zuckerrohr zu schneiden, das Schwein zu schlachten und zu essen, bevor der Mann auf die Jagd geht, wenn man beim Bau eines Hauses hilft, zur Zeit der Initiation der jungen Männer und der Mädchen usw.; auch nicht im Garten und in Sumpfgebieten, wo es von Würmern und Schnecken wimmelt. Völlige Enthaltsamkeit ist nach der Geburt eines Kindes geboten, »bis es seine ersten Zähne hat«[50].

Schließlich ist es der Frau während der Umarmung untersagt, auf ihrem Partner zu reiten, denn die Flüssigkeiten, die sich in ihrer Vagina befinden, könnten sich auf den Leib des Mannes ergießen. Und während es üblich ist, daß die Frau am Geschlecht des Mannes saugt (um sich an dem wohltuenden Sperma zu stärken), nähert der Mann seinen Mund auf keinen Fall dem Geschlecht der Frau, das schädliche Flüssigkeiten ausschwitzt.

Godelier schießt daraus, »daß der Geschlechtsverkehr für die Baruya offensichtlich die Reproduktion der Natur und der Gesellschaft gefährdet... Man verhält sich so, als bestünde zwischen den für die Reproduktion notwendigen sexuellen Aktivitäten und allen übrigen, für die Reproduktion der Gesellschaft notwendigen Aktivitäten ein grundlegender Widerspruch«[51].

Die Baruya kennen demnach mehrere Arten der Beziehung zu Frauen, abhängig von deren sexuellem Status. Zu den Frauen, die verboten sind – die Mutter, die Schwestern, die Tanten, die Cousinen, die Nichten – unterhalten die Männer positive Beziehungen der Hilfe und Zuneigung. Dagegen üben sie gegenüber den Ehefrauen – und sekundär gegenüber den Ehefrauen ihrer Brüder, die sie bei deren Tod erben – eine Autorität aus, die, was die Ehefrauen betrifft, mit Repression und Gewalttätigkeit unterschiedlichen Ausmaßes einhergeht. Über die Frau, mit der er sexuelle Beziehungen unterhält, übt der Mann die strengste Herrschaft aus. Gegenüber seinen Töchtern schließlich verhält sich der Vater zärtlich; sobald sie jedoch heranwachsen und damit sexuell anziehend werden[52], verhält er sich reserviert.

Die Baruya fürchten weniger den vaginalen Hohlraum als vielmehr die »Gifte«, die er ausscheidet. In anderen Gesellschaften hat man dagegen die größte Angst vor der Höhle, welche die Vagina darstellt. Die Mythen der Maori nennen die »Gründe« dafür.

Man wird sich erinnern, daß der Gott Tané den Inzest mit seiner Schwester Hiné-Titama begangen hatte und daß diese, als sie dessen gewahr wurde, darüber dermaßen bekümmert war, daß sie sich aus der Welt des Sonnenlichts in das Reich der Nacht zurückzog. Sie änderte ihren Namen und hieß jetzt Hiné Nui Te Po[53], Große Dame der Nacht. Dadurch machte sie den Tod möglich.

In dieser neuen Welt kam als Frühgeburt in einer Familie, die schon vier Jungen hatten, der Halbgott[54] Maui zur Welt. Da seine Mutter Taranga ihn in die Haare ihres Zopfes[55] *(tikitiki)* wickelte, wurde er Maui Tikitiki a Taranga genannt. Maui, der Neuseeland aus dem Pazifischen Ozean hervorgezogen haben soll, ist in ganz Polynesien für seine Heldentaten bekannt. Man sagt ihm nach, er sei schelmisch, neugierig und schöpferisch. Um den Menschen unsterblich zu machen, nahm er sich vor, Hiné Nui Te Po zu töten. Er begab sich also in die chtonische Welt, in der die Göttin der Toten wohnte. Während sie schlief, wollte er durch die Vagina in ihren Körper gelangen, ihr das Herz zerschneiden und dann durch den Mund wieder herauskommen. Vor der Abreise richtete er an die Vögel, die ihn begleiteten, den dringenden Rat, keinen Lärm zu machen, um die Göttin nicht zu wecken. Doch in dem Augenblick, als er seinen Kopf in die Vagina von Hiné Nui Te Po schob, fand einer der Vögel den Anblick so komisch, daß er von einem unwiderstehlichen Lachen gepackt wurde. Die Große Dame der Nacht erwachte, schloß vor Schreck die Schenkel, und Maui, der Schelm, erstickte. Seit diesem Unfall gibt es den Tod in dieser Welt.

Diese Geschichte, die zwischen der Frau und dem Tod einen Zusammenhang herstellt, steckt voller Symbole. Die weiblichen Geschlechtsorgane sind zerstörerisch. Bei der körperlichen Liebe wird, wie Dunis schreibt, das männliche Geschlechtsorgan »Tiki« von den Gefahren bezwungen, die in der Vagina lauern, die als »Haus des Todes und des Unglücks« bezeichnet wird. Die Maori fürchten zwar ebenfalls die unheilbringende Macht des Menstruationsblutes, doch wimmelt es nur so an Ausdrücken für »das zerstörerische Loch«. Durch die Analogie zwischen Mund und Vagina wird die Frau zu »einer Esserin des Lebensprinzips, zur bevorzugten Agentin des Todes«.

Dunis hat darauf hingewiesen, daß Tané, der Gott, die Menschheit geschaffen hatte, indem er den Inzest beging, ohne das unsterbliche Leben zu verlieren. Aber Maui und die Männer starben daran. »Der Mythos betont die Kluft zwischen der Geliebten, der Frau als Geschlechtswesen (Hiné-Titama), die Tané vorbehalten ist, und der Mutter, das heißt dem Tod (Hiné Nui Te Po), die den Männern vorbehalten ist.«[56]

Die Analogie zwischen Mutter und Tod, die in den Mythen und in unserem Unbewußten so geläufig ist, verweist indirekt auf die umgekehrte Analogie zwischen Mann und Leben. Die Vagina ist tödlich, weil sie zuvor das Leben geboren hat, doch diesen letzten Aspekt verschleiert man und erinnert sich nur an den ersteren.

Simone de Beauvoir hat sehr schön das Gefühl der Auflehnung beschrieben, das der Mensch gegenüber seiner, aus einem Mutterschoß hervorgegangenen leiblichen Existenz empfindet: »Er betrachtet sich als einen gefallenen Gott: sein Fluch ist es, daß er aus einem strahlenden und geordneten Himmel in das chaotische Dunkel des Mutterleibes hinabgestürzt ist ... Die Zufälligkeit des Fleischlichen ... bestimmt ihn auch für den Tod. Die wabernde, gallertartige Masse, die sich in der Gebärmutter bildet (die geheimnisvoll verschlossen ist wie ein Grab), erinnert zu sehr an die weiche Schlaffheit der Verwesung, als daß er sich nicht mit Schaudern abwenden müßte ... der schleimige Embryo öffnet den Kreis, der in der Verwesung des Todes sich schließt.«[57]

Sie merkt an, daß der Tod in den meisten volkstümlichen Darstellungen als Frau auftritt und daß es den Frauen zukommt, die Toten zu beweinen, denn der Tod ist ihr Werk. Die Mutter Erde ist das Chaos, aus dem alles hervorgegangen ist und in das alles eines Tages wieder zurückkehren muß. Aber in den Gesellschaften, in denen die Männer sich den wesentlichen und positiven Anteil an der Fortpflanzung angeeignet haben, bleibt den Frauen nichts anderes, als die negative Rolle der Zerstörerin zu spielen.

Einige Kulturen haben, indem sie dem Tod weibliche Züge verliehen, die Andersheit an eine äußerste Grenze verlegt. Es ist eine grauenhafte, schreckenerregende Andersheit, die wahrhaft hassenswert ist[58].

Die Furcht vor dem Gleichartigen

Die Vermischung der Geschlechter, die Aufhebung des Geschlechtsunterschieds, lastet als eine fürchterliche Drohung auf dem Identitätsgefühl. Die Ethnologen sind sich mit einigen Psychoanalytikern[59] darin einig, daß sich das Identitätsgefühl beim kleinen Jungen unter größeren Schwierigkeiten herausbildet als beim kleinen Mädchen.

Es ist allgemein bekannt, daß der Säugling anfangs keinen Unterschied zwischen dem Körper der Mutter und seinem eigenen erkennt. Im Gegensatz zu seiner Schwester, die sich sogleich mit der Weiblichkeit der Mutter identifiziert, muß das männliche Kind erhebliche Anstrengungen machen, um sich von seiner Mutter zu differenzieren, sich seines eigenen Körpers bewußt zu werden und in die Welt der Männer einzudringen.

Margaret Mead weist darauf hin, daß das kleine Mädchen nicht vor einer solchen Herausforderung steht. Hat es anfangs noch Zweifel über seine künftige Mutterrolle, so schwinden diese, wenn es Kinder kriegt: »So beginnt und endet das Leben der Frau mit Sicherheit. Zuerst durch die einfache Identifizierung mit der Mutter, zuletzt mit der Gewißheit, daß diese Identifizierung wahr ist und sie ein anderes menschliches Wesen hervorgebracht hat.«[60]

Doch beim Jungen läuft es umgekehrt ab. Er muß erkennen, daß er von seiner Mutter verschieden ist, daß er kein Wesen ist, dessen Körper Kinder hervorbringt. Er muß aus sich herausgehen, in die Außenwelt eindringen, etwas produzieren, einen eigenen Bereich finden, in dem er etwas leistet. Mit anderen Worten, er muß sich der Tatsache bewußt werden und zeigen, daß er ein von der Frau verschiedenes Wesen ist.

Das Ungewisse an der Männlichkeit wird noch dadurch gesteigert, daß es kein faßbares physiologisches Anzeichen des Fortpflanzungsvermögens gibt. In allen menschlichen Gesellschaften, so primitiv sie auch seien, weiß jeder, daß eine Frau nach dem Eintreten der Periode Kinder bekommen kann. Die diesbezügliche Fähigkeit des Mannes ist jedoch nicht ebenso offenkundig. Bruno Bettelheim meint, daß die Initiationswunden der jungen Männer zeigen sollen, daß diese ebenso fruchtbar sind wie die Frauen. Sie verletzten ihre Geschlechtsteile, um durch das austretende Blut zu betonen, daß sie über die gleiche Fähigkeit wie die Frauen verfügen.

Die Schwierigkeiten der männlichen Identität werden noch dadurch verschärft, daß der Knabe einen hartnäckigen Neid auf die weiblichen Funktionen hegt, einen Neid, der nicht weniger verbreitet ist als der Penisneid bei den Mädchen[61]. Doch anders als dieser wird der Neid des Knaben in den meisten menschlichen Gesellschaften gründlich verdrängt, weil die männliche Homosexualität (auf die er zu Recht oder zu Unrecht verweist) überall größeren Abscheu erregt als die weibliche Homosexualität.

Die Männer müssen also härter kämpfen als die Frauen, um sich von dem Anderen zu differenzieren und psychologisch das Gefühl ihrer Geschlechtsidentität zu erwerben. Hin- und hergerissen zwischen der Herausforderung, ein Mann zu sein, und dem verbotenen Verlangen, das Andere zu sein und seine Fähigkeiten zu besitzen, haben die Männer Riten ersonnen, die ihnen bei dieser Aufgabe helfen sollen: Die Zirkumzision, Gegenstück zur weiblichen Exzision, aber sehr viel verbreiteter als diese, ist eines der Mittel, um gegen das Entsetzen vor der ursprünglichen Bisexualität anzukämpfen.

Die Schöpfungsmythen unter anderem der Dogon (Mali)[62] berichten, daß jedes menschliche Wesen ursprünglich mit zwei Seelen von unterschiedlichem Geschlecht ausgestattet sei. Beim Mann sitzt die weibliche Seele in der Vorhaut; bei der Frau steckt die männliche Seele in der Klitoris. Diese Doppelseele ist jedoch eine Gefahr für die gesellschaftliche (und psychologische) Ordnung. Ein Mann muß männlich, eine Frau muß weiblich sein. Nur durch Beschneidung und Exzision sind die Dinge wieder in Ordnung zu bringen.

Nach Ansicht der Dogon wollen die »Unbeschnittenen« nur Durcheinander und Verwirrung anrichten. Sie stehen am Rande der Gruppe, weil »in ihnen nichts festgelegt ist«.[63] Solange ein Kind noch seine Vorhaut oder seine Klitoris hat, sind Männlichkeit und Weiblichkeit von gleicher Stärke, und wenn die Unentschiedenheit bezüglich seines Geschlechts andauern sollte, hätte der Mensch keine Neigung, sich fortzupflanzen. Zum anderen kann ein Mensch sich unter zweierlei Einfluß nicht »normal« verhalten. Man muß das Kind daher von einer bösen Kraft befreien und ihm helfen, definitiv einem Geschlecht anzugehören. Das Durchtrennen (die Sektion) einer Haut ist die Voraussetzung der psychologischen und körperlichen Geschlechtszuordnung (*Sexion*).

G. Groddeck, der sich ausgiebig mit der menschlichen Bisexualität befaßt hat, hat die Beschneidung der Juden nicht nur als einen Wunsch gedeutet, jede Spur von Weiblichkeit zu beseitigen (die Vorhaut wird mit der Vagina gleichgesetzt, in der die weibliche Eichel verborgen ist), sondern auch als ein Zeichen der Unterwerfung unter Gott, der allein die Bisexualität verkörpern darf. Nach Ansicht Groddecks wird der Plural *Elohim*, mit dem Gott bezeichnet wird, erklärlich, wenn man annimmt, daß Gott in der Legende als bisexuell aufgefaßt wurde[64].

Roger Lewinter betont in seinem Kommentar, daß »die Beschneidung tatsächlich das Wahrzeichen des menschlichen Projekts ist, durch das der Mensch ganz und gar seine Endlichkeit gegenüber dem Unendlichen manifestiert und akzeptiert: seine Geschlechtszuordnung *(Sexion)* gegenüber dem ungeteilten und unteilbaren Gott, der doppelte Geschlechtszuordnung *(Bisexion)* oder Elohim ist, einfache Vielheit, im Gegensatz zum Menschen, der duale Einheit ist«.[65]

Die Beschneidung, ein symbolischer Verzicht auf die Bisexualität, ist demnach das Wahrzeichen des eingeschlechtlichen Menschen. Die Juden haben dadurch, daß sie von der Exzision der Frauen nichts wissen wollten, gezeigt, daß diese für sie nicht den gleichen Status hatten wie die Männer. Allein die Männer schließen den Humanitätspakt mit Gott und stellen das auserwählte Volk dar.

Doch abgesehen vom metaphysisch-mystischen Aspekt der Beschneidung, haben zahlreiche Psychoanalytiker, darunter Theodor Reik[66], Geza Roheim[67] und Bruno Bettelheim, gezeigt, daß die Beschneidung den Jungen von seiner Mutter löst. Sie führt ihn (im jüdischen Ritus sehr viel früher als im islamischen) in die Gemeinschaft der Männer ein und verstärkt so seine Männlichkeit. Andere betonen die Vorstellung von einer durch die Beschneidung verursachten männlichen »Wiedergeburt«: »Durch die Beschneidung wird die Eichel des Penis befreit; sie tritt hervor wie ein Kind, das aus dem Mutterleib kommt; mit anderen Worten, nach der Beschneidung ist ein neuer Penis geboren, der einem zurückgezogenen Phallus ähnelt. Da im unbewußten System und im primitiven Denken ein Teil für das Ganze genommen wird, ist es hier der ganze Körper, der mit dem neuen Phallus identifiziert wird: Das Kind ist geboren; der initiierte, beschnittene Junge wird ohne Vorhaut wiedergeboren und ist somit ein Mann.«[68]

In den meisten Gesellschaften findet die Trennung der Geschlechter später statt als bei den Juden. Die Beschneidung kann bis zur Adoleszenz vorgenommen werden, und dort, wo man sie nicht kennt, unterwirft man sich Initiationsriten, die generell im Laufe der Adoleszenz stattfinden.

Die Initiationsriten der Knaben, von denen unter dem Aspekt des Vaters bereits die Rede war, haben nicht nur die Funktion, die Zeugungsfähigkeit der Frau für den Mann zu reklamieren; sie sollen auch den Knaben in seiner Männlichkeit festigen, das heißt, die psychologische Arbeit der männlichen Identifikation abschließen.

Maurice Godelier hat nachdrücklich darauf hingewiesen, daß die Anstrengungen, welche die »Herstellung« eines fertigen Erwachsenen erfordert, in der Baruya-Gesellschaft für Männer und Frauen ungleich sind. Nach Ansicht der Baruya sind zehn Jahre der Geschlechtertrennung und vier große Zeremonien, die sich über mehrere Wochen erstrecken, erforderlich, um den Knaben von der Welt der Frauen zu lösen und wirklich einen Mann aus ihm zu machen. Die Initiation der Mädchen erfordert dagegen weniger als vierzehn Tage, um aus ihnen Frauen zu machen. »Die wenigen Tage, welche die jungen Mädchen mit den Frauen verbringen, unterbrechen – aber ohne es abzubrechen – ihr Alltagsleben«[69], das in den üblichen Beschäftigungen besteht.

Die Weisheit der Baruya will dadurch hervorheben, daß der

Erwerb des männlichen Identitätsgefühls ungleich schwieriger ist als der des weiblichen. Die Bisexualität des männlichen Kindes wird von Geburt an durch die Weiblichkeit seiner Mutter gestärkt, und um es davon zu befreien, muß es nicht nur für die lange Zeit von jedem Kontakt mit Frauen ferngehalten werden, sondern es muß bis zu dem Tag, an dem es so weit ist, verheiratet zu werden, von den Männern wiedergeboren werden. Damit er seinerseits eine Frau nehmen kann, muß der junge Baruya seine ganze ursprüngliche Weiblichkeit zusammen mit seiner Kindheit aufgegeben haben, muß er von seiner offenkundigen Überlegenheit gegenüber den Frauen durchtränkt sein, die in den Anfängen seines Lebens nicht sichtbar werden kann.

Seine Mutter sieht ein Mann erst sehr viel später wieder. Wenn er selbst mehrere Kinder hat, darf er ihr zweimal Wild anbieten. »Durch die erste Gabe löst er sich von dem Verbot, das Wort an seine Mutter zu richten, mit dem er bei der Initiation belegt wurde; durch die zweite darf er endlich in ihrer Gegenwart essen und gefahrlos die Beziehungen der Tischgemeinschaft wieder aufnehmen ... Das Verhältnis zur Mutter ist demnach ungeheuer ambivalent. Sie ist die erste Frau in seinem Leben, Schutz, Sanftmut, Zärtlichkeit; gleichwohl mußte der Junge lernen, ohne sie und gegen sie zu leben, um ein Mann zu werden. Das Verhältnis zwischen einem verheirateten Mann und seiner alten Mutter ist von Reserviertheit und verhaltener Zuneigung bestimmt und von langen Perioden des Schweigens gekennzeichnet; die Beziehungen zwischen einer Mutter und ihren verheirateten Töchtern sind dagegen gekennzeichnet durch fröhliches Lachen, gegenseitige Hilfe, kleine Zwistigkeiten, Geschenke, kleine Aufmerksamkeiten.«[70]

Der Baruya-Mann wahrt, auch wenn er verheiratet und Familienvater ist, gegenüber seiner Mutter eine gewisse Distanz, so als wollte er auch nur die geringste (unbewußte) Versuchung meiden, in seinen ursprünglichen Kindheitszustand der Abhängigkeit, Passivität und Weiblichkeit zurückzufallen. Wie Groddeck zufolge bei den Juden ist es vor allem die Bisexualität, was die Baruya-Männer verdrängen. Dabei hilft ihnen, im Unterschied zu den ersteren, nicht die Beschneidung, sondern eine sehr, sehr lange Trennung, der Aufenthalt im Männerhaus.

Der kleine Junge ist, gleich welcher Kultur er auch angehören mag, stets drei Befürchtungen ausgesetzt: seine männlichen Attribute zu verlieren, kein vollständiger Mann zu sein und in die Passivität des Säuglings zurückzufallen. Beschneidung und Initiation haben den Zweck, diese Befürchtungen in die tiefsten Tiefen des Unbewußten zu verdrängen. Die Träume des erwachsenen Mannes verraten jedoch, daß diese Befürchtungen nie ganz erloschen sind, weil sie mit dem mächtigen Wunsch nach Bisexualität im Bunde stehen.

Die Furcht vor dem Anderen liefert zusammen mit der Furcht vor dem Gleichartigen die psychologische Erklärung für den konfliktreichen Dualismus der Geschlechter. Dieser verstärkt das Gefühl der Geschlechtsidentität und rechtfertigt die Unterdrükkung des Anderen – objektiv in den gesellschaftlichen Beziehungen und subjektiv in einem selbst. Die Angst, welche die Interferenz der Geschlechter vor allem bei den Männern auslöst, macht ihre Aggressivität gegenüber den Frauen und den Prozeß der geschlechtlichen Absonderung verständlich, der in den Konflikt mündet. Es ist, als zögen sie, selbst um den Preis des Kriegs, die hierarchische Ordnung dem Frieden vor, der von ihnen als Ursache von Chaos, Unordnung und Verwischung der Unterschiede wahrgenommen wird. Die Gleichheit der Geschlechter könnte einen Vergleich provozieren und aus den abhängigen, in ihrem Anderssein eingesperrten Frauen Konkurrentinnen machen.

Serge Dunis glaubt, daß »die Frauenfeindlichkeit keine Krankheit ist, sondern eine Taktik, die die Frauen systematisch in Mißkredit bringt, damit die schöpferischen Fähigkeiten der Männer besser zur Geltung kommen«[71]. Wir sind uns der psychischen Stärke der Männer nicht so sicher und neigen zu der Ansicht, daß sie zuerst eine Krankheit ist, die anschließend eine entsprechende Taktik nach sich zieht. Die große Frage ist, wann und wie diese Krankheit begonnen hat – oder ob sie untrennbar mit der menschlichen Existenz verbunden ist. Die Vorgeschichte scheint darauf hinzudeuten, daß komplementäre Beziehungen zwischen den Geschlechtern möglich waren und daß sie unter Umständen ausgeglichener waren, als wir sie seit 3000 bis 4000 Jahren kennen. Das beweist aber nicht, daß die Männer sich überhaupt nicht vor den Frauen gefürchtet hätten, und umgekehrt. Im übrigen bewahrte eine ausgeglichenere Verteilung der Machtbefugnisse und Fähigkeiten das eine Geschlecht vor der Unterdrükkung durch das andere und verringerte allein schon dadurch die Gefahr einer Revolte oder eines Konflikts. Sobald jedoch ein Geschlecht – und das kann wegen seiner ständigen körperlichen Überlegenheit nur das männliche Geschlecht sein – alle Machtbefugnisse und Fähigkeiten in Händen hält, regiert es in der panischen Furcht, sie könnten ihm von dem anderen entrissen werden und es könnte seinerseits der Unterdrückung zum Opfer fallen.

Vielleicht rührt daher die männliche Zwangsvorstellung, die Frauen besäßen unheilbringende Kräfte, die um so mehr gefürchtet werden, als sie offiziell geleugnet und insgeheim begehrt werden.

Die äußersten Konsequenzen

In einigen patriarchalischen Gesellschaften, die »kranker« sind als andere, wurde durch ständige Absonderung und Ausschließung die Idee, daß beide Geschlechter zusammen die Menschheit bilden, ad absurdum geführt. In solchen Systemen gibt es nicht eine Menschheit, sondern zwei heterogene Menschheiten. Die eine, die männliche, ist die gute, die andere, die weibliche, ist die schlechte, und beide stehen einander wie Natur und Kultur gegenüber. Die Frau wurde in verschiedenen Epochen und Zivilisationen bald mit der gefährlichen Natur, bald mit der schuldbeladenen Kultur gleichgesetzt. Doch welches System man auch betrachtet, das Ziel der Operation war stets, ihre Unterdrückung zu rechtfertigen.

Für den Islam verkörpert die omnisexuelle Frau das natürliche Chaos, das der hierarchisch geordneten patriarchalischen Kultur gegenübergestellt wird. »Indem sie den Muskeln gehorcht, die zwischen ihren Beinen zucken, zersetzt die Frau die gesellschaftliche Hierarchie, öffnet ihre Vagina dem großen Phallus der Männer von niederem Stand, der Armen, derer, die von der gesellschaftlichen Ordnung an das untere Ende der Stufenleiter verwiesen werden, und damit bewirkt sie eine Umkehrung der Werte.«[72]

Auch in den faschistischen Regimen des 20. Jahrhunderts wird die Frau mit der Natur gleichgesetzt, nun aber mit der Aufforderung, im Naturzustand zu bleiben.

In der Nazi-Ideologie ist die Frau ein Tier, das sich vermehrt und dessen Welt sich auf die Familie beschränkt, im Gegensatz zum Mann, der der Architekt des Makrokosmos ist. Rita Thalmann weist darauf hin, daß man in *Mein Kampf* im Inhaltsverzeichnis nirgendwo das Wort »Frau« findet, sondern den antiquierten, biologischen und pejorativen Ausdruck »Weib«[73].

Eine der Vestalinnen des Nationalsozialismus, Guida Diehl, sagt ausdrücklich, der Wirkungsbereich der Frau sei durch ihre Natur (die Mutterschaft) begrenzt, während sich der Wirkungsbereich des (vom Verstand geleiteten) Mannes auf die Nation erstreckt. Im Sinne dieser Konzeption verdrängen die Nazis die Frauen aus verantwortungsvollen Positionen in verschiedenen Bereichen des öffentlichen Lebens[74] und führen den Numerus clausus an den Hochschulen ein[75]. Die Frauen erfahren dadurch die gleiche Behandlung wie die Juden und die Gegner des Regimes. Doch im Unterschied zu den letztgenannten, die man sterilisieren und ausrotten will, fordert das Dritte Reich die deutschen Frauen auf, ihren Körper für die Erneuerung der germanischen Rasse zur Verfügung zu stellen. »Unter diesem Blickwinkel ist es nur logisch, Tierzüchter als Verantwortliche für die Rassenhygiene in Deutschland einzusetzen. Heinrich Himmler, Landwirtschaftsstudent der Technischen Hochschule München, überträgt seine Erfahrungen aus der Geflügelzucht auf die Aufzucht eines ›Wehrstandes‹.«[76]

Auf dem Nürnberger Parteitag ruft Hitler 1934 zu einer wahren Mobilmachung für den Mutterdienst auf, der unter rassischem Blickwinkel geleistet werden muß. Diejenigen, die nicht die gewünschten Eigenschaften aufweisen, werden sterilisiert, Beihilfe zur Abtreibung wird wieder mit Gefängnis bestraft, und die guten, kinderreichen Mütter, erfahren Zeichen der Dankbarkeit[77].

Die Nazis führen den Gedanken, daß die Frau ein animalisches Wesen sei, zu Ende und schaffen den berühmten »Lebensborn«, ein regelrechtes SS-Gestüt[78]. Die Ehefrauen, Verlobten und Freundinnen von SS-Angehörigen sollen sich in diesen »Heimen« so rasch wie möglich vermehren. Die deutschen Frauen werden zu Stuten herabgewürdigt. Je mörderischer der Krieg wird, um so mehr steigt die Besessenheit, die Geburtenrate zu erhöhen: Am 8. Mai 1942 befiehlt Himmler die Planung einer großen Zentrale für den »Lebensborn«, die 400 000 Frauen aufnehmen sollte. Da die verfügbaren Männer immer knapper werden, will die Naziführung ausgewählten Männern erlauben, zwei Frauen zu haben, und der Ausdruck »uneheliches Kind« soll unterbunden werden: »Jede deutsche Frau muß beliebig viele Kinder gebären dürfen, wenn nicht in zwanzig Jahren dem Reich Divisionen fehlen sollen, die wir zum Überleben brauchen, wenn unser Volk nicht untergehen soll«.[79]

Die Nazi-Ideologie macht sich im Gefolge frauenfeindlicher Denker von Schopenhauer bis zu Otto Weininger[80] die These von einer Bipolarität männlich-weiblich zu eigen, ähnlich der Bipolarität zwischen Geist und Materie, Vernunft und Instinkt, Licht und Finsternis.

Es braucht nicht eigens darauf hingewiesen zu werden, daß die männlichen Werte die Ordnung und die schöpferischen Kräfte verkörpern, während die weiblichen Werte gleichbedeutend sind mit Chaos und Degeneration. Die Frauen gehören eindeutig zur Natur, aber man muß ständig darüber wachen, daß sie dort bleiben und nicht Unordnung und Anarchie in die Kultur hineintragen. In diesem Land, das seit dem Anfang des Jahrhunderts machtvolle Vorstöße für die Frauenemanzipation erlebt hatte und in dem die Frauen dank der Verfassung der Weimarer Republik aktives und passives Wahlrecht besaßen, hatten die Männer des Dritten Reiches offenbar allen Anlaß zu der Befürchtung, daß die Frauen sich boshafterweise ihrer natürlichen Bestimmung entziehen wollten.

In anderen patriarchalischen Ideologien gilt das umgekehrte Schema. Hier ist der Mann der guten Natur näher als die Frau, der man die »kulturbedingten« Katastrophen in die Schuhe schiebt. Dies gilt für Eva, die als Strafe für ihre Sünde die Kultur hervorbringt. Es gilt in geringerem Maße auch für die Baruya-Frauen. Wie man sich erinnern wird, war in den Ursprungsmythen davon die Rede, daß die Frauen die Flöte, den Bogen usw. geschaffen, davon jedoch schlechten Gebrauch gemacht haben. Bei den Baruya beruht die Überlegenheit des Mannes auf seiner Vertrautheit mit der Welt des Urwalds, der Jagd[81], während die Frau in den »zivilisierten« Bereich der Gärten und des Dorfes verbannt ist. Die Unterlegenheit der jungen Frauen rührt nach Godelier daher, daß sie weit mehr der Kultur als der Natur angehören: »Daß sie den Ackerbau ermöglicht haben, läßt sie in den Augen der Baruya nicht größer erscheinen.«[82]

Wohin man auch schaut, die Frauen sind vom guten Teil der Menschheit ausgeschlossen und verdienen die ihnen zugefügte Behandlung. Es ist nicht mehr möglich, die Frauen in einem Verhältnis der Komplementarität zu sehen, wenn man sie – wegen ihrer Ähnlichkeit mit dem Tier – mit einem Untermenschentum oder – wegen ihrer heimlichen Freude an der Unordnung – mit dem diabolischen Teil der Menschheit gleichsetzt. Brüderliches Einverständnis und brüderliche Zärtlichkeit haben keinen Platz, wo der andere als eingeschworener Feind wahrgenommen wird, dem man mißtrauen muß. In der patriarchalischen Gesellschaft kennen die Männer eher die Begierde, die Furcht und die Leidenschaft als die freundschaftliche Liebe, die auf Gleichheit, Vertrauen und der Möglichkeit der Identifikation mit dem anderen beruht. Wenn sich in Indien, in islamischen Ländern, im Mittelalter oder bei den Baruya ein Paar in diesem Empfinden verbunden weiß, dann ist es nicht für den gesellschaftlichen Zustand repräsentativ, sondern stellt eine individuelle »Abweichung« dar. Im Hinblick auf die Werte, auf denen diese Gesellschaft beruht, ist es gleichsam eine Herausforderung[83]. Es macht zugleich deren Relativität und deren Allgemeingültigkeit deutlich. Es beweist aber auch, daß zwischen Mann und Frau Beziehungen anderer Art möglich sind.

Ehe ich dieses Kapitel schließe, muß ich noch auf eine Frage eingehen, die nicht leicht zu beantworten ist. Wenn die Frauen einmal Ansehen und gewisse Machtbefugnisse besessen haben, wie ist es dann dazu gekommen und woran lag es, daß sie sie sich nehmen ließen?

Gerade darin, daß es so gekommen ist, sehen einige den Beweis dafür, daß die Frauen nie die Männer dominiert oder eine bevorzugte Stellung genossen haben. Es sei nicht recht einzusehen, meint F. Héritier, daß die Frauen, »falls sie einmal politisch, ökonomisch und ideologisch maßgebend gewesen sind, außerstande gewesen sein sollen, sich dem gesellschaftlichen Wandel anzupassen... Auf alle Fälle hat sich die besagte Angleichung wahrscheinlich in der fortschreitenden Verschärfung eines bestehenden Zustands und nicht durch dessen Umkehrung geäußert«.[84]

Wenn es in der Tat wenig wahrscheinlich ist, daß die Frauen jemals – wie dann später die Männer – sämtliche Machtbefugnisse innehatten, so spricht doch vieles dafür, daß sie über lange Zeit hinweg ideologisch und wirtschaftlich maßgebend gewesen sind.

Gewiß ist diese herausgehobene Stellung, die sie zu anderen Zeiten in einigen Teilen der Welt genossen haben, keine universelle Tatsache. Es wäre absurd, wollte man annehmen, daß das Verhältnis zwischen Mann und Frau einem immer und überall geltenden Drei-Stadien-Gesetz gehorcht. Es wäre aber – besonders angesichts der gegenwärtigen Entwicklung in den westlichen Gesellschaften – nicht minder gewagt, anzunehmen, daß die männliche Überlegenheit nun ihrerseits ein universelles Gesetz der Kultur sei.

Es stimmt, daß die Frauen sich haben enteignen lassen und unter die Fuchtel geraten sind, ohne sonderlichen Aufruhr zu machen. Zumindest ist uns kein Zeugnis davon erhalten. Diese Veränderung, die sich langsamer vollzogen hat, als man es gemeinhin annimmt, ist unseres Erachtens nur mit der wesensmäßigen Bisexualität des Menschen zu erklären, die den Mann wie die Frau zugleich aktiv und passiv, aggressiv und unterwürfig, viril und feminin sein läßt. Die Frauen fanden sich, als sie zunehmend ihre Vormachtstellung aufgaben, von der mit ihren Pflichten verbundenen Verantwortung entlastet, und was sie dabei gewannen, waren die Freuden der Passivität und vielleicht sogar die Befriedigung geheimer masochistischer Wünsche.

Die Männer dagegen konnten ihren aggressiven Trieben und ihrer Neigung zu Dominanz und Aktivität freien Lauf lassen, bisweilen in einem Ausmaß, das den Bündnispakt mit ihren weiblichen Mitmenschen sprengte.

Es ist daher nicht erstaunlich, daß die Frauen eines Tages beschlossen haben, die Männer an die gemeinsame Zugehörigkeit zur Menschheit zu erinnern. An ihre inferiore Stellung gekettet, haben sie, als sie der Passivität und Abhängigkeit überdrüssig wurden, erkannt, daß sie einen großen Teil ihrer Wünsche und Ambitionen nicht länger verdrängen müssen.

Diese Bewußtwerdung der westlichen Frau war der Anfang eines weiteren Krieges, der sich über Jahrhunderte hinzog. Die Wunden sind bis heute noch nicht wieder geheilt.

3. Der Tod des Patriarchats

Das Patriarchat ist nicht bloß ein System sexueller Unterdrükkung. Es ist auch Ausdruck eines politischen Systems, das sich in unseren Gesellschaften auf eine Theologie gestützt hat. Wie sich das Patriarchat im Laufe der Geschichte dargestellt hat, ob es ganz schlimm oder ob es erträglich war, hing davon ab, ob diese Theologie autoritär oder tolerant war, ob sie das Individuum respektierte oder nicht. So haben etwa im 18. Jahrhundert die katholischen Monarchien zweifellos härter regiert als die großen protestantischen Länder. Bei den einen war das Schlüsselwort der Gehorsam, bei den anderen die Toleranz.

Das Verhältnis zwischen Mann und Frau ist Teil eines allgemeinen Machtsystems, welches die Beziehungen untereinander bestimmt. Deshalb waren es auch Männer und nicht Frauen, die dem Patriarchat die ersten Stöße versetzt haben. Bevor man daran denken konnte, die Vormachtstellung des Vaters in der Familie abzuschaffen, mußten zunächst die absolute politische Macht des Souveräns beseitigt und deren religiöse Fundamente untergraben werden. Auf diese Weise hat sich in Revolutionen und Reformen bis ins 20. Jahrhundert hinein die Entwicklung in allen westlichen Gesellschaften vollzogen. Doch die Errichtung einer neuen, auf Gleichheit und Freiheit gegründeten Gesellschaft, wie sie von den Männern zunächst nur im politischen, dann auch im wirtschaftlichen und sozialen Sinne betrieben wurde, betraf nur sie selbst, denn sie allein wollten davon profitieren.

Die Männer haben um die Erlangung von Rechten gekämpft und gleichzeitig darauf geachtet, daß die Frauen von diesen Rechten ausgeschlossen blieben. Wozu brauchten die Frauen auch das Stimmrecht, warum sollten sie die gleiche Bildung und am Arbeitsplatz den gleichen Schutz genießen wie die Männer? An den Grenzen des Geschlechts hörte die Gleichheit auf, denn die meisten Männer wollten zwar das politische Patriarchat abschaffen, doch am familialen Patriarchat wollten sie um jeden Preis festhalten. Daher die im 19. Jahrhundert ständig wiederholten Warnungen der Konservativen und der Kirche: Wenn ihr für mehr Freiheit und Gleichheit kämpft, schadet ihr der Machtstellung des Vaters, untergrabt ihr die Fundamente der Familie.

Der Kampf, den die Demokraten zwei Jahrhunderte lang geführt haben, war unbestreitbar die Hauptursache, die das patriarchalische System zu Fall brachte. Doch allein durch diesen Kampf war das System nicht zu stürzen. Es waren die Frauen, die, im Bunde mit den aufrichtigsten Demokraten, das Werk mühsam vollendeten. Sie brauchten fast zweihundert Jahre, bis ihre Väter und Ehemänner anerkannten, daß sie, die Frauen, »Menschen wie alle anderen waren«: Für ihre Gefährten und sie selbst sollten die gleichen Rechte gelten, und gemeinsam sollten sie sich die gleichen Pflichten teilen.

Die schließliche Anerkennung dieser Selbstverständlichkeit ist folgenschwer, nicht nur, weil sie ein Jahrtausende altes Herrschaftsverhältnis zwischen den Geschlechtern beendet, sondern vor allem, weil sie neue Fakten schafft, die dazu zwingen, das Spezifische beider Geschlechter zu überdenken. Der König, Gott der Vater und der Gott-Vater fielen den demokratischen Werten zum Opfer, die damit zugleich die herkömmlichen Definitionen der beiden Geschlechter hinfällig machten und noch immer bei einem Teil der Gesellschaft für Ratlosigkeit und Beunruhigung sorgen.

Die Agonie

Der allmähliche Niedergang von Ausschließung und Hierarchie begann, als sich in allen westlichen Ländern das neue Ideal von Freiheit, Gleichheit und Brüderlichkeit durchsetzte. Gewiß waren die Frauen erst an letzter Stelle die Nutznießer, doch die ideologische Umwälzung, welche die französische Revolution – die entscheidendste aller Revolutionen in der westlichen Welt – mit sich brachte, versetzte jeglicher Herrschaft von Gottes Gnaden und damit allen Vorstellungen von einer natürlichen Überlegenheit des einen gegenüber dem anderen einen tödlichen Stoß.

Die französische Revolution: Vatermord, Gottesmord

Die Theoretiker der absoluten Monarchie hatten Ende des 17. und Anfang des 18. Jahrhunderts versucht, die Autorität des Königs rechtlich zu begründen, und hatten sie mit der Autorität Gottes und der des Vaters in Zusammenhang gebracht. Bossuet[1] griff die Lehre des Paulus *(Nulla potestas nisi a Deo*[2]*)* auf und systematisierte sie, mit dem Ergebnis, daß die Macht des einen die Macht der beiden anderen verstärkte und umgekehrt. Er verglich den Souverän mit dem Familienvater und machte so die Monarchie zu einem Naturrecht. Um sie noch unanfechtbarer zu machen, begründete er die politische Autorität mit dem Gottesgnadentum. Gott, so sagte er, ist der vollkommene Inbegriff der Vaterschaft. Der König wiederum ist das Abbild Gottes auf Erden, der Vater seiner Untertanen. Der einfache Familienvater vertritt daher bei seinen Kindern das königliche Abbild Gottes. Bei dieser Aneinanderreihung von Analogien gewann jeder: der Familienvater an Glanz und Autorität, der König an Güte und Heiligkeit. Gott selbst wurde seinen Geschöpfen nähergebracht.

Bossuet riet dazu, den Mächtigen, die untereinander durch einen gemeinsamen Ursprung verbunden waren, zu gehorchen. Die geschickte Argumentation war allerdings nicht ungefährlich. Indem Gott, König und Vater so eng miteinander verbunden wurden, wurde das Schicksal des einen von dem der beiden anderen abhängig. So kam es, daß die französischen Revolutionäre, als sie den König töteten, zugleich der Macht Gottes und der des Vaters einen entscheidenden Schlag versetzten: »Die Tötung des Königs ist ein fiktiver Gottesmord, der seinerseits ein fiktiver Tod des Vaters ist«.[3]

Die Demokratie ist, wie der Philosoph Jean Lacroix sehr schön gezeigt hat, mit der einstigen väterlichen Machtstellung nicht zu vereinbaren. Jegliche Emanzipation ist zunächst eine Befreiung vom Vater. Die Volkssouveränität ist aus dem Vatermord entstanden. Durch die Tötung des König-Vaters gewinnt das Volk, das lange im Stand der Unmündigkeit gehalten wurde, die Autonomie des Erwachsenen. Damit es dazu kommen konnte, mußte der Souverän in aller Öffentlichkeit guillotiniert werden, so daß jedem die Zustandsveränderung deutlich wurde[4]. Erst danach wurde die Umkehrung der Werte wirksam. Freiheit, Gleichheit und Brüderlichkeit traten an die Stelle der alten Werte Gehorsam, Hierarchie und Väterlichkeit. In der Republik ersetzt die brüderliche Freundschaft zwischen Bürgern das Ehrfurchtsgefühl, bzw. Gefühl des Respekts, das die Söhne mit dem Vater verband. Die vertikalen Bindungen weichen den horizontalen Bindungen, die allein mit dem egalitären Ideal vereinbar sind.

Jean Lacroix hat mit Recht betont, daß die moderne Demokratie sich darstellt als »ein Streben nach Brüderlichkeit, begleitet von einer Ablehnung der Väterlichkeit«.[5] Die revolutionäre Brüderlichkeit, durch den am König begangenen Vatermord besiegelt, verleiht dem Begriff des Sakralen einen anderen Sinn. »Statt des Sakralen, das von der Teilhabe an einer höheren Realität herrührt, gibt es jetzt das Sakrale, das aus der Kommunion der Gleichen entsteht«.[6]

Die Ablehnung des Königs und des Vaters wird hier in einem tieferen Sinne zur Ablehnung jeglicher Transzendenz. Gott, der universale Vater des Menschengeschlechts, konnte von der Revolte nicht verschont bleiben. Die Revolutionäre von 1789, die leidenschaftlich die mit den Werten der Gleichheit, Freiheit und Brüderlichkeit verbundene Menschheitsidee zu fördern suchten, mußten dabei zwangsläufig auf Gott stoßen, der eng mit den alten Werten verknüpft war. Die Philosophen des 19. Jahrhunderts – ich nenne hier Feuerbach, Proudhon, Marx und Nietzsche –, die die Konsequenzen aus der französischen Revolution zogen, haben den Tod Gottes verkündet, der als notwendige Bedingung für die Befreiung der Menschheit erscheint[7].

Lacroix geht über die Philosophen des 19. Jahrhunderts hinaus und betont, daß die Menschheit sich vor allem deshalb von Gott freimachen wollte, weil sie in ihm das Symbol des Vaters erblickte. Der Mensch behauptet sich gegen den »Monarchen der Monarchen, den höchsten Verkünder der säkularen Verbote, an denen er sich unablässig gestoßen hat. Selbst wenn Gott Liebe wäre, würde er, der Mensch, ihn ablehnen, denn er scheint nur wie ein Vater lieben zu können... (der Mensch) lehnt es ab, ständig beurteilt zu werden, er will Ihm nicht seine Gnade und sein Heil verdanken, und er fürchtet auch nicht seine Strafen nach dem Ende der Geschichte«.[8]

An die Stelle der Theologie tritt nun die Anthropologie.

Doch die Ablehnung der göttlichen Transzendenz – oder vielmehr die Bejahung des Primats des Individuums – drückt sich am Ende des 18. Jahrhunderts noch nicht in dieser Weise aus. Man spricht nicht vom »Tod Gottes«, sondern errichtet geduldig einen Staat, der von allen religiösen Einflüssen frei ist. Seit der französischen Revolution greift in der westlichen Welt eine allmähliche, aber tiefgehende Tendenz zum Laizismus um sich, die mit einer über tausend Jahre alten Tradition bricht.

Alle europäischen Nationen waren, bevor die Christenheit im 16. Jahrhundert durch die Reformation gespalten wurde, durch drei Merkmale charakterisiert: die unangefochtene Stellung der katholischen Kirche, ein konfessionelles Staatswesen und eine von Theologen aufgestellte Theorie der gesellschaftlichen Ordnung.[9] Während aber die protestantische Reformation, ein erster Versuch, den Staat aus kirchlichen Bindungen zu lösen, lediglich ein Aufstand gegen die kirchlichen Zwänge war, erweist sich die französische Revolution als eine Ablehnung Gottes. Die protestantischen Länder (England und Holland) haben schon Ende des 17. Jahrhunderts die Entkonfessionalisierung des Staates eingeleitet. Die Protestanten gewährten dem Forschergeist freie Entfaltung, tolerierten die unterschiedlichen Bekenntnisse und Sekten und erkannten an, daß das staatliche Recht im individuellen Gewissen seine Grenze finde, und sie haben damit der Sache Gottes letzten Endes besser gedient als die katholischen Länder.

In diesen Ländern setzte die Entkirchlichung des öffentlichen Lebens später ein, aber sie war radikaler. Zwischen 1789 und 1799 macht die französische Revolution rücksichtslos mit der christlichen Ära Schluß und ersetzt die *Civitas Dei* durch die *Civitas Humana*. Die französische Republik verkündet die religiöse Neutralität des Staates, entzieht die öffentlichen Einrichtungen dem kirchlichen Einfluß, und später vollzieht sie die endgültige Trennung von Kirche und Staat; sie wird damit für die modernen christlichen Staaten zu einem Vorbild der Bekenntnisneutralität.

Italien und Deutschland[10] unternehmen im 19. Jahrhundert ebenfalls den Versuch, die Zivilehe einzuführen, aber erst im 20. Jahrhundert wird die Bekenntnisneutralität zu einem allgemeinen Prinzip der modernen Staaten. Alle internationalen Erklärungen sind zugleich auch laizistische Proklamationen[11]. Die Trennung von Kirche und Staat wird im ersten Amendment der amerikanischen Verfassung festgelegt (1787), und der Artikel 10 der französischen Erklärung der Menschenrechte proklamiert die Meinungsfreiheit, doch durch eine bewußte Unterlassung wird erst am 10. Dezember 1948 das Prinzip der Bekenntnisneutralität durch eine internationale Entschließung ratifiziert. Im 1. Artikel der universellen Erklärung der Menschenrechte heißt es nämlich, alle Menschen seien frei und gleichberechtigt; sie seien mit Vernunft begabt und sollten sich in einem Geist der Brüderlichkeit zueinander verhalten.

In den Debatten, die der Abstimmung vorausgingen, hatte eine Minderheit von Ländern[12] gefordert, der Name Gottes solle genannt werden, und einen Text vorgeschlagen, der die Menschen daran erinnerte, daß sie nach seinem Ebenbild geschaffen seien. Dieser Antrag wurde jedoch von den Vertretern der Sowjetunion und Frankreichs bekämpft. Schließlich »wurde Gott das Bürgerrecht bei den Vereinten Nationen verweigert, denen er als der größte gemeinsame Divisor erschien«.[13]

Die 1789 eingeführten neuen »Tafeln des Gesetzes«[14] verkünden die Transzendenz des Menschen und machen ihn zum Gott. Von nun an machen sich die Menschen ihre Gesetze selbst. Mit der Unterwerfung unter den allmächtigen Vater, der allein darüber entscheidet, was für seine Kinder gut oder schlecht ist, ist es vorbei. Die Ideologie der Menschenrechte, die zumindest in der Theorie zu einer regelrechten Religion geworden ist, sanktioniert die Republik der Brüder, in der die Ähnlichkeiten die Unterschiede überwiegen. Alle werden aufgrund der ihnen gemeinsamen Menschlichkeit zu Gleichen, unabhängig von ihrer religiösen, rassischen, wirtschaftlichen oder sozialen Besonderheit. Offen bleibt, ob nicht die geschlechtliche Besonderheit eine gewichtige Benachteiligung darstellt.

Die Männer der Revolution haben öffentlich nie darüber beraten, und so bleibt eine bedeutende Frage ungefragt: Sind die Frauen Menschen wie alle anderen, die in den Genuß der soeben verkündeten heiligen Rechte kommen sollen? Anders, brutaler gesagt: Hält die Natur die Frauen nicht von der Menschheit fern?

Das Problem wurde, wenn es schon nicht Gegenstand einer politischen Debatte war, von den »Intellektuellen« aufgeworfen, und zwar lange vor dem Beginn der Revolution. Der Vorläufer war Poulain de la Barre, der in einem Buch[15], das seinerzeit (1673) unbeachtet blieb, eine der revolutionärsten Thesen aufstellte: die These von der Gleichheit der Geschlechter. Für Poulain, einen Schüler Descartes', ist die Gleichheit total, weil Männer und Frauen, mit der gleichen Vernunft begabt, einander in fast allem ähneln. Die weibliche Natur stimmt so bruchlos mit der menschlichen Natur überein, daß Poulain wünscht, die Frauen hätten Zugang zu allen gesellschaftlichen Stellungen: als Professoren der Medizin oder der Theologie, als Geistliche, als General*innen (sic)* von Armeen oder als Präsidentinnen des Parlaments. Poulain sieht fast keine Unterschiede zwischen den Geschlechtern, webt Bande der Brüderlichkeit zwischen Männern und Frauen und holt die Frauen in den Schoß der Menschheit zurück.

Leider waren die Männer des 18. Jahrhunderts, die ihn nicht gelesen hatten, sehr viel gleichmütiger. Unter jenen, die sich über die Natur der Frauen äußerten, ging keiner so weit wie der große, verkannte Geist aus dem 17. Jahrhundert. Die Debatte über die Frauenfrage förderte drei Standpunkte zutage. Einige befürworteten im Geiste Poulain de la Barres die Ähnlichkeit der Geschlechter und kämpften für ihre Gleichheit. Andere, die mit diesem Prinzip übereinstimmten, betonten vor allem ihre notwendige Komplementarität. Eine Mehrheit schließlich betrachtete im Anschluß an Rousseau die Weiblichkeit weiterhin als einen irreduziblen Unterschied. Unter Betonung dieses Unterschieds rechtfertigte man von vornherein die Ungleichheit zwischen Emil und Sophie im Hinblick auf ihre Erziehung, ihr gesellschaftliches und auch ihr politisches Leben.

Wenn man den polemischen und politischen Aspekt der Gleichheit der Geschlechter außer acht läßt, besteht die philosophische Frage, die bei den Feministinnen von heute noch immer offen ist, darin, ob man der Identität oder der Differenz, dem Konzept der menschlichen Natur oder dem der weiblichen Natur den Vorzug geben soll.

Diderot, in dem sich viele Frauen von heute wiedererkennen könnten, vertrat die These der Gleichheit in der Differenz. Er nahm das Erscheinen einer kleinen Schrift von Thomas[16] über die Frauen zum Vorwand, um einen knappen Essay über dieses Thema zu schreiben[17]. Für Diderot zeichnet sich das schöne Geschlecht durch die Heftigkeit seiner Empfindungen aus: »Die Frau setzt uns vor allem durch die Leidenschaftlichkeit der Liebe, die Aufwallungen der Eifersucht, die Anfälle von mütterlicher Zärtlichkeit, den Aberglauben und die Art, in der sie die oberflächlichen und populären Emotionen empfindet, in Erstaunen. Bei Frauen habe ich die Liebe, die Eifersucht, den Aberglauben, den Zorn in einer Maßlosigkeit erlebt, die der Mann nicht empfinden wird.«[18]

Solche heftigen Aufwallungen, die nach Diderot dem Mann fremd sind, haben ihren Grund in der Anatomie und der Physiologie. Die Frau besitzt »in ihrem Inneren ein Organ, das zu schrecklichen Krämpfen fähig ist, dem sie ausgeliefert ist und das in ihrer Einbildung Phantome aller Art entstehen läßt«[19]. Danach ist es kein Wunder, daß sie von der Hysterie zur Ekstase, von der Offenbarung zur Prophetie übergehen kann. Die Frauen, Sklavinnen ihrer Gebärmutter und ihrer lebhaften Einbildung, »sind wirklich erstaunliche Kinder«[20], die bei Diderot Rührung und Mitleid wecken. Er bedauert sie, weil sie den Schmerzen und Gefahren der Geburt ausgeliefert sind, aber auch »langwieriger und gefährlicher Krankheiten«[21], wenn sie nicht mehr Mutter werden können.

Doch die natürlichen Unterschiede zwischen den Geschlechtern, so wie Diderot sie sieht, bewegen ihn dazu, sich für die Frauen einzusetzen, damit nicht zu der Grausamkeit der Natur noch »die Grausamkeit der in fast allen Ländern gegen sie erlassenen bürgerlichen Gesetze« hinzukomme. Diderot fordert, die Frauen nicht mehr wie »einfältige Kinder« zu behandeln, ihnen eine ordentliche Bildung[22] angedeihen zu lassen und ihnen schließlich ein gewisses Genie zuzuerkennen: »Wenn sie Genie besitzen ..., ist es bei ihnen urwüchsiger als bei uns«.[23]

Am Schluß dieses Essays von wenigen Seiten Umfang mag Diderot wohl geglaubt haben, er sei für die Frauen eingetreten, denn er versteigt sich zu den Worten: »Wär ich Gesetzgeber gewesen ... ich hätte euch befreit, ich hätte euch über das Gesetz gestellt; wo auch immer ihr aufgetreten wäret, ihr wäret heilig gehalten worden.«[24]

Was hätten sie, derart auf den Sockel gehoben, mehr verlangen können?

Madame d' Epinay, seine alte Freundin, sah die Dinge anders. Sie, der sich Condorcet bald anschließen sollte, maß der Ähnlichkeit der Geschlechter mehr Gewicht bei als dem, was sie trennt, und schlichte Gleichheit war in ihren Augen mehr wert als ein Denkmalssockel. Auch sie kritisierte den Essay des armen Thomas, und sie prangerte als eine der ersten diejenigen an, die »ständig der Natur zuschreiben, was wir offenkundig der Bildung und Erziehung verdanken«.[25] Männer und Frauen sind nach ihrer Ansicht von gleicher Natur und gleicher Konstitution. Mutter von drei Kindern, legte sie der Gebärmutter nicht die Bedeutung bei, die Diderot ihr beimaß. Sie trug vielmehr mit gelassener Kühnheit den sehr modernen Gedanken vor, daß »auch die Schwäche unserer Organe sicherlich eine Sache unserer Erziehung und eine Folge der Stellung ist, die man uns in der Gesellschaft zuweist«.[26]

Madame d' Epinay stellt fest, daß beide Geschlechter für die gleichen Fehler, die gleichen Tugenden und die gleichen Laster anfällig sind. Zwei Jahrhunderte vor Simone de Beauvoir dachte sie auf ihre Art, daß man nicht als Frau zur Welt kommt, sondern daß man es wird, und daß die weiblichen Eigenschaften nicht so »natürlich« sind, wie man es oft hört. Physische Kraft, moralischer Mut und intellektuelle Stärke wären bei Mann und Frau identisch, wenn die Gesellschaft und die Erziehung nicht dafür sorgten, daß sie sich unterschiedlich entwickeln. Im Hinblick auf die Revolution, die zu wahrer Gleichheit führen würde, ist Madame d' Epinay jedoch pessimistisch: »Es würde mehrere Generationen dauern, bis wir wieder so wären, wie uns die Natur geschaffen hat. Wir könnten dabei vielleicht etwas gewinnen, doch die Männer würden dabei allzuviel verlieren.«[27]

Condorcet war einer der wenigen Politiker[28], die mit den gleichen Argumenten wie Madame d' Epinay für die Gleichheit der Geschlechter kämpften, bei ihm kam hinzu, daß er die Ungleichheit als eine unerträgliche Ungerechtigkeit empfand[29]. »Die Rechte der Hälfte des *Menschengeschlechts«*, so forderte er, sollten nicht mehr »von allen Gesetzgebern übergangen werden«[30]; die Frauen sollten das aktive und passive Wahlrecht und Zugang zu allen Stellungen erhalten. Er blieb hinter dem kühnen Gedanken Poulains zurück und meinte, die Frauen würden nicht auf die lächerliche Idee kommen, einen Posten in der Armee oder den Vorsitz eines Gerichts zu beanspruchen. Er griff jedoch den üblichen Einwendungen, die auf das nicht zu umgehende Hindernis der Schwangerschaft, der Niederkunft und des Stillens Bezug nahmen, vor, und hielt ihnen entgegen, daß man Männern, die einen Schnupfen haben, auch nicht das Stimmrecht nehme oder öffentliche Ämter untersage. Auf den Einwand, die Frau sei nicht zu schöpferischem Handeln fähig, erwiderte er nicht ohne Humor, er glaube daran nicht, und wenn man Stellen nur an Männer vergeben dürfte, die erfinderisch sind, dann gäbe es viele freie Stellen, selbst in den Akademien.

Da es in seinen Augen außerdem »keinen Unterschied zwischen ihnen und den Männern gibt, der nicht das Werk der Erziehung ist«[31], legte Condorcet 1792 einen bemerkenswerten Gesetzentwurf vor, der radikale Änderungen in der Erziehung der Frauen vorsah. Er forderte eine gemeinsame Ausbildung für beide Geschlechter, deren Ziel es sein sollte, »die Individuen der *menschlichen Gattung* in dem zu unterweisen, was sie wissen müssen, um ihre Rechte zu genießen und ihre Pflichten zu erfüllen«.[32]

Im Gegensatz zur überwältigenden Mehrheit der Männer betrachtete Condorcet die Frauen als die legitimen *»Konkurrenten«*[33] der Männer in zahlreichen Ämtern und Berufen, einschließlich solcher, die mit den Wissenschaften zusammenhängen, und er hielt eine gleichartige Ausbildung für absolut notwendig. Als Talleyrand ein Jahr zuvor[34] darauf hingewiesen hatte, daß der Ausschluß der Frauen von öffentlichen Ämtern für beide Geschlechter ein Mittel sei, »das Glück des Ehepaars« zu mehren, und seine Zuhörer ermahnte, »aus ihren Lebensgefährtinnen keine *Rivalinnen*« zu machen, vertrat Condorcet das Gegenteil. »Der Bildungsmangel der Frauen würde eine Ungleichheit in die Familien bringen, die ihrem Glück abträglich wäre... denn die Gleichheit ist überall, vor allem aber in Familien das wichtigste Element der Glückseligkeit, des Friedens und der Tugenden.«[35]

Das Argument, daß Gleichheit der Geschlechter zum Glück beitrage, fand bei den Männern der Nationalversammlung kein Gehör; sie waren für den an Rousseau orientierten Gedanken Talleyrands empfänglicher als für die revolutionären Ideen eines Condorcet. Sein Plan wurde nicht aufgegriffen. Wohl kamen seine Ideen 1880 bei den Republikanern zum Tragen, doch bis zu diesem Zeitpunkt wurde der Unterricht für Mädchen von gegenteiligen Auffassungen bestimmt. Indem sie das Problem der weiblichen Erziehung auf diese Weise regelten, hatten die Männer der Revolution die von Poulain de la Barre ausgelöste Debatte auf lange Zeit beendet. Die Frauen waren nicht Individuen wie die anderen auch. Ihre Weiblichkeit blieb ein nicht zu umgehendes Hindernis, das ihrer Aufnahme in die Menschheit entgegenstand.

Die Frauen waren unbestreitbar die Stiefkinder der Revolution. Das revolutionäre Ideal stellte zwar die formale Gleichheit über die natürlichen Unterschiede, doch blieb das Geschlecht das letzte Unterscheidungsmerkmal. Die Juden wurden durch das Dekret vom 27. September 1791 emanzipiert, die Sklaverei der Neger am 4. Februar 1794 abgeschafft, doch an der Stellung der Frauen änderte sich trotz der Bemühungen einiger Vorkämpfer nichts. Die Menschenrechte, an die menschliche Person gebundene natürliche Rechte, wurden ihnen nicht zuerkannt.

Die *Déclaration des droits de la femme et de la citoyenne*[36] von Olympe de Gouges blieb ebenso toter Buchstabe wie der von Cambarcérès vorgelegte erste Entwurf des Code civil[37], der die uneingeschränkte Rechtsfähigkeit der jungvermählten Frau, die völlige Gleichberechtigung der Ehegatten und bei umfassender Gütergemeinschaft für beide absolut gleiche Rechte vorsah. Der Konvent sprach sich gegen das Stimmrecht der Frauen aus, untersagte ihnen die Bildung von Vereinigungen und verwies sie an den Herd, unter dem Vorwand, daß »jedes Geschlecht zu einer ihm wesensgemäßen Beschäftigung berufen (sei); sein Handeln ist auf jenen Wirkungskreis beschränkt, den es nicht überschreiten darf, denn die Natur, die dem Menschen seine Grenzen setzt, herrscht gebieterisch und erkennt kein Gesetz an«.[38]

Napoleons Code civil bestätigte die Ungleichheit der Geschlechter im Namen ihrer notwendigen Komplementarität. Den Männern die Rechte, den Frauen die Pflichten. Der Kaiser griff persönlich ein, um die volle Autorität des Ehemannes, die am Ende des 18. Jahrhunderts ein wenig ins Wanken geraten war, wiederherzustellen[39]. Er bestand darauf, daß die Ehefrau am Hochzeitstag ausdrücklich anerkennen müsse, daß sie ihrem Mann Gehorsam schuldet. Françoise Picq hat das sehr schön ausgedrückt: »Der Code civil ist der Kodex der Rechte des Stärksten, der die Rechte des Ehemanns und des Vaters garantiert... Er organisiert die Angleichung der Stellung der Frauen nach unten...«[40]

Der lange Marsch der Frauen...

Es dauerte über anderthalb Jahrhunderte[41], ehe allen Frauen in den westlichen Ländern die ihnen als menschlichen Wesen zustehenden Rechte zuerkannt wurden: die bürgerlichen Ehrenrechte und das Recht auf Bildung, dem man noch das Recht auf freie Mutterschaft hinzufügen muß.

In der Gewährung der bürgerlichen Ehrenrechte an die Frauen waren die protestantischen Länder den katholischen wieder einmal voraus. Die Vereinigten Staaten gaben der westlichen Welt das Beispiel. Die Amerikanerinnen mußten sich zwar über hundert Jahre gedulden, ehe sie einen Verfassungszusatz erwirkten, doch begannen die Frauen der »Pilgerväter«, die größere Autorität besaßen als die Europäerinnen, gleich nach dem Ende des Unabhängigkeitskrieges für das Stimmrecht zu kämpfen. Der Bundeskongreß von Philadelphia, auf dem dreizehn Staaten vertreten waren, beschloß, es jedem Einzelstaat zu überlassen, ob er das Frauenwahlrecht in seine Verfassung aufnahm oder nicht. Keiner tat es. Nachdem sie ein halbes Jahrhundert lang geschwiegen hatten, nahmen die Frauen im Jahre 1840 – im Zusammenhang mit der Bewegung für die Abschaffung der Sklaverei – den

Kampf wieder auf. 1848 organisierten sie die »Woman's Rights Convention«, 1850 dann die »National Woman Suffrage Convention«, doch erst nach dem Bürgerkrieg (1862–1865) sollten sie die Früchte ihrer Anstrengungen ernten. Drei Jahre nach der Abschaffung der Sklaverei (1866) ist Wyoming der erste Staat, der den Frauen das Stimmrecht gewährt, ein Jahr später gefolgt von Utah (1870). Ende des 19. Jahrhunderts gibt es in sechsunddreißig Staaten Vereinigungen für das Frauenwahlrecht[42], doch erst 1919 wird ein Verfassungszusatz angenommen, der allen Frauen das Stimmrecht zuerkennt; er wird 1920 ratifiziert.

Deutschland[43] und England[44] folgten zur gleichen Zeit. In beiden Ländern hatte es allerdings seit dem Anfang des Jahrhunderts eine unablässige Agitation gegeben, und die Vertreterinnen des Frauenstimmrechts standen in ständigem Kontakt miteinander. In England war ihnen der Abgeordnete und Philosoph John Stuart Mill[45], in Deutschland August Bebel[46] eine wertvolle Hilfe. Es war aber vor allem dem Wirken von Clara Zetkin und ihrer 1892 gegründeten Zeitschrift *Gleichheit* zu verdanken, daß die sozialdemokratische Partei die politische, wirtschaftliche und bürgerliche Gleichstellung der Frauen in ihr Programm aufnahm.

Die Französinnen waren, wie man weiß, am schlechtesten dran. Sie mußten bis zum Ende des Zweiten Weltkrieges warten, ehe eine Verordnung der provisorischen Regierung von General de Gaulle ihnen am 21. April 1944 das uneingeschränkte aktive und passive Wahlrecht zuerkannte[47].

Man muß zugeben, daß die französische Bewegung für das Frauenstimmrecht im 19. Jahrhundert nicht sehr beständig war und daß die Frauen, die diesen Kampf führten, ziemlich isoliert waren. Abgesehen von der Pionierin Jeanne Deroin[48] wurde erst in den Jahren 1870–1880 erneut für dieses Recht gekämpft. Hubertine Auclert, berühmt geworden durch einen Brief an den Präfekten: »Ich wähle nicht, ich zahle nicht (meine Steuern)«[49], bringt die Diskussion wieder in Gang, bleibt aber in der feministischen Bewegung isoliert. Diese Bewegung, allzu stark vom Sozialismus beeinflußt, hat die Forderungen der Frauen nicht deutlich genug vom allgemeinen politischen Kontext abgehoben. Die Feministinnen haben, von einigen Aktivistinnen wie Marguerite Durand, Madeleine Pelletier und Nelly Roussel abgesehen, ihr

Heil vom Kampf der männlichen Freiheitsverfechter abhängig gemacht. Das war falsch. Die Regierung Léon Blum ernennt 1936 drei Frauen[50] zu Unter-Staatssekretären, versäumt es aber, die Frage des Frauenstimmrechts wiederaufzugreifen. Als ihnen dieses Recht schließlich durch General de Gaulle gewährt wurde, hatten die Frauen letzten Endes nichts Besonderes dafür tun müssen. Eine Abgeordnete ging sogar so weit zu sagen: »Die Französinnen haben das Stimmrecht brav abgewartet«.[51]

Generell sind die großen Kämpfe, die die Geschichte der Frauenemanzipation markieren, in Frankreich, einem lateinischen Land, und in den großen angelsächsischen Ländern nicht in der gleichen Weise geführt worden. In dem Land, das sich erst über die Preziösen, dann über die gelehrten Frauen, über die Blaustrümpfe und über die »*cervelines*«[52] lustig gemacht hat, sind die Feministinnen sehr unbeliebt. Die Mentalität der Lateiner findet sich nur schwer mit Frauen ab, die etwas für sich fordern, statt abzuwarten, was man ihnen gnädig zu gewähren geruht. Anders als in den Vereinigten Staaten, wo die Frauen der »Pilger« an der Begründung der Demokratie einen großen Anteil hatten, ist in Frankreich die Republik ohne die Frauen, beinahe gegen sie errichtet worden. Die lärmenden Kundgebungen der englischen Suffragetten[53] zu Beginn des Jahrhunderts sind dem Temperament der Franzosen zuwider; die machtvollen Frauenverbände von Schweden, Norwegen oder Finnland haben in Frankreich kein Pendant[54]. Rainer Maria Rilke faßt das in die Worte: »Vom Norden kommt das Licht.« Man kann es wie Tocqueville mit dem Einfluß des Protestantismus erklären[55].

Tocqueville ist 1840 erstaunt darüber, daß die Amerikanerinnen, anders erzogen als die Französinnen, weder Schüchternheit noch falsche Scham kennen. Das junge Mädchen lernt früh, seine Gedanken und Worte zu steuern[56], denn die Amerikaner »haben erkannt, daß der einzelne in einer Demokratie sehr große Unabhängigkeit haben muß... Die väterliche Autorität ist schwach, und die Machtstellung des Ehemannes angefochten«.[57]

Schon seit 1826 gibt es in allen amerikanischen Staaten Grundschulen für Mädchen, wie es sie auch für Jungen gibt. Dank der feministischen Agitation und der Tatsache, daß die Frauen Zugang zum Lehrberuf haben, können die jungen Mädchen an den

Universitäten, die von privaten Stiftungen gegründet wurden, eine Hochschulbildung anstreben. 1848 wird in Neuengland die erste medizinische Fakultät für Frauen eröffnet; zwischen 1865 und 1885 entstehen die großen Universitätscolleges für Frauen: Vassar College (1865), Smith and Wellesley (1875), Radcliffe (1882) und Bryn Maur (1885). Am Ende des 19. Jahrhunderts stehen den Frauen alle Berufe offen[58].

Bei den Französinnen sind es auch in dieser Hinsicht weniger die Forderungen der Frauen, sondern es ist das Wirken der laizistischen Republikaner, das über die alten konservativen Einstellungen siegt. Weil der Mädchenunterricht generell den Nonnen überlassen wurde, haben Männer wie Victor Duruy[59], Camille Sée[60] und Jules Ferry dafür gekämpft, die Mädchen dem antirepublikanischen klerikalen Einfluß zu entziehen. Jules Ferry hat sich 1870 deutlich dazu geäußert: »Zwischen der Frau und dem Mann gibt es eine Schranke... Ein heimlicher Kampf zwischen der Gesellschaft von einst, dem Ancien Régime (das die Frau fortsetzt) und der Gesellschaft, die aus der französischen Revolution hervorgegangen ist... Wer die Frau hat, hat das ganze, zunächst, weil er das Kind hat, und dann, weil er den Ehemann hat...«[61]

Dem religiösen Einfluß erst einmal entzogen, mußten die Französinnen bis 1924 warten, ehe ein Dekret[62] die höheren Schulen für Mädchen endlich denen für Jungen gleichstellte und die Gleichwertigkeit der Schulabschlüsse sicherte. Zwar hatten die Frauen seit dem Zweiten Kaiserreich grundsätzlich Zugang zu den medizinischen, philosophischen und naturwissenschaftlichen Fakultäten gehabt, doch besuchten in den 1880er Jahren nur einige hundert die höhere Schule[63].

Für die Gleichstellung mit den Männern mußten die Frauen noch ein letztes Recht erlangen, das Recht, über ihren Körper zu verfügen, genauer gesagt, die Möglichkeit der freien Mutterschaft zu erlangen. Ende des 19. Jahrhunderts sprachen sich Frauen in Frankreich[64], in England[65], in den Niederlanden[66] und in Deutschland[67] sowohl gegen »die doppelte Sexualmoral« als auch für »die bewußte Mutterschaft« aus. Mit Unterstützung der Neomalthusianer, die für alle Mittel eintreten, mit denen sich die Risiken sexueller Beziehungen ausschalten lassen, kämpfen die

Frauen nicht so sehr für die sexuelle Freiheit, der man in diesem Jahrhundert der sittlichen Restauration nicht wohlgesonnen ist, als vielmehr dafür, der vielfachen Mutterschaft zu entgehen, die für ihr Leben und ihre Gesundheit ein Handicap darstellt und aus der Kinder hervorgehen, denen man nicht ein Minimum an günstigen Lebensbedingungen sichern kann.

Um 1920[68] werden erstmals einige dieser Forderungen in die Tat umgesetzt. In den Vereinigten Staaten entsteht 1917 das erste amerikanische Ambulatorium für Geburtenkontrolle, gegründet von der Krankenschwester Margaret Sanger, die, vom Tod ihrer Mutter während der Geburt ihres elften Kindes schockiert, mit den neomalthusianischen Vereinigungen Europas in Kontakt gekommen war. 1921 eröffnet Mary Stopes (1880–1958) die erste derartige Klinik in Großbritannien. 1924 wird in Frankfurt am Main eine solche Klinik eröffnet.

Frankreich, das sich insofern als ein gutes lateinisches Land erweist, schließt sich dieser Entwicklung leider nicht an. Der Kampf für die freie Mutterschaft findet in der Öffentlichkeit keine richtige Unterstützung, und so sehen sich die Neomalthusianer, die von den Verfechtern der sittlichen Ordnung und der Geburtenförderung immer stärkeren Angriffen ausgesetzt sind, zunehmen isoliert. Die Spitzen von Ärzteschaft und Kirche weisen nachdrücklich darauf hin, daß die Frau, die sich der Mutterschaft verweigert, »der Rechte, die sie genießt, nicht mehr würdig ist, sie ist nichtswürdig geworden... Wenn sie bewußt unfruchtbar bleibt, sinkt sie zu einer Prostituierten herab...«[69]

Nach dem Ersten Weltkrieg gelingt es den Gegnern der freien Mutterschaft, ein regelrechtes Zwangssystem von Gesetzen zu schaffen. Es entsteht in zwei Stufen: Das Gesetz von 1920 setzt die Propaganda für die Geburtenverhütung mit der Anstiftung zur Abtreibung gleich und unterdrückt jegliche Information über die Geburtenverhütung sowie deren Anwendung; das Gesetz von 1923 macht die Abtreibung zu einem Vergehen und setzt der Nachsichtigkeit einiger Geschworenengerichte ein Ende. Dank der wachsamen Polizei verschwinden die Mittel zur Empfängnisverhütung über Nacht aus den Apotheken; die Vorkämpfer des Neomalthusianismus werden verfolgt[70].

Während in den dreißiger Jahren die Anhänger der Geburtenkontrolle in den skandinavischen Ländern, den Vereinigten Staaten und England[71] toleriert und sogar gefördert werden, verurteilt Frankreich, das zutiefst von der katholischen Weltanschauung geprägt ist, weiterhin alle Methoden der Empfängnisverhütung. Für die Französinnen ergibt sich bis in die 60er Jahre in dieser Hinsicht keine merkliche Änderung.

Die Agonie des Patriarchats, die in den Ländern, welche sich der Demokratie zuwandten, im 18. Jahrhundert eingesetzt hatte, dauerte beinahe zweihundert Jahre, während derer es allerdings in einigen Ländern vorübergehend wiederauflebte. Die Diktaturen, denen Europa in der Zwischenkriegszeit zum Opfer fiel und die sich im Franco-Spanien noch darüberhinaus behaupteten, waren allesamt bemüht, bewußt das Patriarchat zu stärken. Wir haben gesehen, wie es damit unter dem Hitler-Regime bestellt war, doch auch die Italienerinnen unter Mussolini und die Spanierinnen unter Franco befanden sich kaum in einer besseren Lage[72]. Die Ideologie von der fruchtbaren Mutter, deren Pflicht es ist, sich zu vermehren und zu gehorchen, ist in Berlin, Rom und Madrid in etwa die gleiche. Je nach den wirtschaftlichen und ideologischen Erfordernissen benutzt man sie bald als unterbezahlte Hilfskräfte, um sie dann wieder an den Herd zurückzuschicken, damit sie ihrer Berufung als Mütter und als Frauen nachkommen. Ob als Zuchtstuten oder als Lumpenproletariat, auf sehr viel Respekt können sie nicht rechnen.

Auch im Osten erfreute sich das Patriarchat während der dreißiger und vierziger Jahre neuerlicher Gunst. Die Sowjetunion hat anfangs Gesetze erlassen, um die Frau zu befreien[73] und den Männern alle Vorrechte gegenüber ihren Familienangehörigen zu nehmen[74], doch das Experiment scheiterte. Die russische Gesellschaft erfuhr eine sexuelle Konterrevolution, die sie den übrigen Ländern Europas immer ähnlicher werden ließ. Unter Stalin wurde die traditionelle Familie ebenso eifrig gepriesen wie im Nazi-Deutschland. Alle befreienden Gesetze Lenins wurden zu Gunsten von repressiven Bestimmungen aufgegeben[75].

Nach dem Zweiten Weltkrieg, als Westeuropa zur Demokratie zurückkehrte, ist dem Kampf für die Gleichheit der Geschlechter noch immer nicht mehr als ein halber Erfolg beschieden. Im Prinzip genießen die Frauen die gleichen Rechte wie die Männer, doch in der Praxis des Alltagslebens erfahren sie weiterhin eine besondere Behandlung. Das Patriarchat existiert noch, weil die Ideologie der Komplementarität noch immer recht lebendig ist. Auf dem Umweg über die Mutterschaft ist das Schicksal der Frau weiterhin an die Familie gebunden. Eine »ehrbare«, »vollendete« oder »vollentfaltete« Frau ist sie nur als Mutter und Hausfrau[76].

In den 60er Jahren bricht über die westliche Welt eine andere Revolution herein, die jene des 18. Jahrhunderts vollendet. Wieder ist die Fortpflanzung der zentrale Punkt in den Auseinandersetzungen. Jetzt geht es nicht mehr darum, wer am Werk der Zeugung den wesentlichen Anteil hat[77], sondern vielmehr darum, die eigene Fruchtbarkeit zu kontrollieren, um nur noch dann Mutter zu werden, wenn man es will.

Der Todesstoß

In den meisten westlichen Demokratien ist dem patriarchalischen System während der beiden letzten Jahrzehnte der Todesstoß versetzt worden. Die Jahre zwischen 1960 und 1980, innerhalb der menschlichen Evolution ein winziger Bruchteil, haben im Verhältnis zwischen Männern und Frauen in weiten Teilen der Welt einen Wandel gebracht, dessen man sich bis heute nicht völlig bewußt geworden ist.

Edgar Morin konnte 1973 über die Anfänge des *Homo sapiens* noch schreiben, daß »die Klasse der Männer die Regierung und Kontrolle der Gesellschaft an sich zieht« und »den Frauen wie den Jungen eine politische Herrschaft aufzwingt, die bis heute nicht beendet ist«[78]. Diese Ansicht ist heute, da wir uns dem Ende des 20. Jahrhunderts nähern, nicht mehr evident. Die Macht des Vaters und des Ehemannes ist im Schwinden begriffen. Die ideologische, gesellschaftliche und politische Vormachtstellung des Mannes ist ernstlich unterhöhlt.

Der Tod das Patriarchats ist die Folge zweier Umwälzungen: Der Vater hat sein Prestige eingebüßt, und Eva hat die Ausgangssituation verändert. Das 18. und 19. Jahrhundert hatten dem

Vater die Schirmherrschaft Gottes genommen, das 20. Jahrhundert wird ihm die moralische Autorität und die ausschließliche wirtschaftliche Macht entziehen. Hat man das Patriarchat einmal durch die Kontrolle über die Fruchtbarkeit der Frauen und die geschlechtliche Arbeitsteilung definiert[79], so sind die letzten zwanzig Jahre durch zwei Errungenschaften der Frauen gekennzeichnet: Sie bestimmen selbst über ihre Fruchtbarkeit, und sie teilen sich mit den Männern in das Wirtschaftsleben.

Seitdem sind sie keine *Objekte* mehr.

Die moralische Niederlage des abendländischen Mannes

Für die männlichen Werte hat im abendländischen Raum im 20. Jahrhundert die letzte Stunde geschlagen. Zunächst schien es, als sei die Infragestellung unserer herkömmlichen Wertvorstellungen auf die besonderen Erscheinungen des Zweiten Weltkrieges zurückzuführen. Die Tatsache, daß eines der zivilisiertesten Völker der Welt einem derart verheerenden Wahn verfallen konnte, hat viele Fragen aufgeworfen. Man hat die Nazi-Ideologie als »den freien Ausdruck des mütterlichen Verdrängten (Bild der bösen Mutter)«, als »einen Versuch der Abwehr gegen einen Vater, der als allmächtig und sadistisch erlebt wird«[80], gedeutet; in Wirklichkeit hatte die von den Nazis betriebene Politik die männlichen Wertvorstellungen verherrlicht und bis zu den tragischsten Konsequenzen verwirklicht. Aus Gewalt wurde Recht, und Aggressivität, Gewalttätigkeit und Sadismus wurden zur offiziellen Norm. Seit sehr langer Zeit ist die Vorherrschaft des (weißen und arischen) Mannes nicht mit solcher Leidenschaft geltend gemacht worden.

Während dieses Krieges, der in der Geschichte des Westens einen Wendepunkt darstellt, hat die Männlichkeit ihr fratzenhaftestes, das heißt das mörderischste Bild von sich geboten. Anders als in den vorhergehenden Kriegen wurde nicht nur auf den Schlachtfeldern getötet. Für Zivilisten[81], die nicht den Normen der Nazis entsprachen, wurde der Tod systematisch und rational organisiert. Keiner der positiven Aspekte der Männlichkeit konnte sich in dieser Zeit des Wahnsinns äußern. Das Mitleid, die

Achtung vor den Konventionen und vor allem der Schutz der Frauen und Kinder waren aus diesem völkermörderischen Krieg verbannt. Es mag zwar sein, daß die Menschenrechte während eines Krieges immer nur eingeschränkt Beachtung finden, doch hat Europa noch nie einen solchen Verrat an den Idealen erlebt, die es seit zwei Jahrhunderten errichtet hatte. Der Krieg der Nazis, der den Menschheitsbegriff in Stücke schlug, hat einen regelrechten Horror vor allen Werten ausgelöst, in deren Namen er geführt worden ist. Als die Überlebenden das Ausmaß des menschlichen Desasters erkannten, verbannten sie jeden Gedanken an Rassismus oder Diskriminierung aus ihrem »Bewußtsein«. Brutalität und Gewaltanwendung wurden als das absolut Böse gebrandmarkt. Es waren, ob man es will oder nicht, die uralten männlichen Werte, die auf der Anklagebank saßen. Der faschistische Ausruf »Viva la Muerte!« und die Faszination, die vom Tode ausgeht, fanden in den Nachkriegsdemokratien keinen Anklang mehr. Der Krieger war suspekt geworden, und die Achtung vor dem anderen wurde wieder zu einem heiligen Wert.

Eine der Folgen der Wiederherstellung der humanistischen Werte war die Entkolonialisierung in den 50er und 60er Jahren. Da man ständig alle Formen der Unterdrückung anprangerte, wurde es immer schwieriger, die Bevormundung einiger Völker durch andere zu rechtfertigen. Die Entkolonialisierung bildete den Abschluß des Demokratisierungsprozesses, der mit der französischen Revolution in Gang gekommen war. Die Völker des 20. Jahrhunderts, gleichgültig, welcher Rasse oder Kultur sie angehörten, wollten – teilweise um den Preis entsetzlicher Befreiungskriege, denen Bruderkriege folgten – an den Idealen, welche die westlichen Völker für sich selbst aufgestellt hatten, teilhaben. Wenn es ihnen auch nur selten gelang, freiheitliche Staaten zu errichten, die die Gleichheit der Bürger achteten, so waren sie doch zumindest nicht mehr den Gesetzen des weißen Mannes unterworfen.

Man muß die Bewegungen für die Emanzipation der Frau, die Ende der 60er Jahre in allen westlichen Ländern in Erscheinung traten, in diesem Zusammenhang sehen. Die jungen Frauen, in ihrer Adoleszenz immer wieder mit dem Problem des Selbstbestimmungsrechts der Völker konfrontiert, begaben sich nun ebenfalls auf die Suche nach ihrer Identität. Die Radikalsten unter ihnen entwickelten das Thema der inneren Kolonisation. In Frankreich behaupteten sie, vom weißen Mann ebenso ausgebeutet zu werden wie die vormals Kolonisierten. In den USA verglichen sie ihr Schicksal mit dem der Neger. Die aktiven Feministinnen, die in Amerika von Betty Friedan[82] angeführt wurden, während sie in Frankreich lieber anonym und unorganisiert blieben[83], zählten die verschiedenen Formen auf, in denen sie ausgebeutet wurden: die sexuelle Ausbeutung, die Ausbeutung als Hausfrau, die wirtschaftliche, gesellschaftliche und politische Ausbeutung. Unermüdlich trugen sie ihre Beschwerden gegen die Männer vor, so als hätten sie das unwiderstehliche Bedürfnis, eine Aussage, die seit grauer Vorzeit unterdrückt worden war, zu befreien.

Im Jahre 1972 organisierte die Bewegung zur Befreiung der Frauen (MLF) in der Mutualité die »Tage der Anprangerung der Verbrechen gegen die Frauen«, zu denen von überallher eine Flut von anonymen Zeugnissen einging. Die einen beklagten ihr Eingesperrtsein und die vielfältigen Diskriminierungen, denen sie ausgesetzt waren; andere berichteten von einer Vergewaltigung oder einer Abtreibung. Alle sprachen von ihrer Unterdrückung und ihrer Verbitterung. Anfangs begegnete man diesen Klagen mit Hohn und Schmähungen. Doch die Männer, die für die Entkolonialisierung gekämpft hatten, gehörten zu den ersten, die sich vom Protest der Frauen betroffen fühlten. Sie empfanden das gleiche Schuldgefühl, das sie zuvor gegenüber den Kolonisierten empfunden hatten. Jetzt war der Mann als solcher die Zielscheibe, und er konnte sich dem Ankläger nicht mehr entziehen. Einige schlossen sich dem feministischen Kampf an, doch die meisten empfanden ein Unbehagen, das sie nicht genau zu benennen vermochten. Sie begriffen beziehungsweise wollten nicht begreifen, daß der Kampf der Frauen über kurz oder lang die »totale Umkehrung ihrer Wertvorstellungen, ihrer Gesetze, kurz, ihrer gesamten Zivilisation«[84] bedeutete.

Die Männer wurden nicht nur von den Frauen, auch die Väter wurden von den Söhnen in Frage gestellt. Ende der 60er Jahre entstand zwischen den Frauen und der Jugend, die gleichzeitig den Ehemann und den Vater in Frage stellten, objektiv »ein neues

Bündnis«. Die westliche Jugend wollte sich nicht mehr mit den Vätern identifizieren. Diese hatten zwar kein Blut an den Händen, doch die Werte, die sie verkörperten, kamen den Jungen sowohl lächerlich als auch tödlich vor. Das ständige Streben nach Konsum, Besitz und technischen Spielereien, der Wirtschaftskrieg, der Rüstungswettlauf und die beispiellose Ausbeutung der Natur stellten in den Augen der Söhne ein Leitbild dar, dem sie nichts abgewinnen konnten, das für sie seinen Nimbus und seine moralische Rechtfertigung verloren hatte. Die Jugend lehnte die herkömmlichen männlichen Werte in Bausch und Bogen ab und gab weiblicheren Werten den Vorzug. Jeder Gedanke an Autorität oder natürliche Überlegenheit wurde verworfen, und die Gewaltlosigkeit in allen Erscheinungsformen wurde gefeiert. Der Vietnam-Krieg, in dem sie, zu Recht oder zu Unrecht, eine erneute Manifestation des alten westlichen Imperialismus – und damit des patriarchalischen Autoritarismus – sah, wurde von der neuen Generation der 60er und 70er Jahre allgemein verabscheut. Die westliche Jugend, die vom Krieg nichts mehr hören wollte[85] und dem Überleben um jeden Preis den Vorzug gab[86], setzte sich für die Achtung vor der Natur ein und mißtraute dem technischen und wissenschaftlichen Fortschritt[87], soweit er für die Umwelt zu einer Gefahr wurde.

Indem sie alle väterlichen Werte in Frage stellten, näherten sich die Söhne unbewußt den Wertvorstellungen der Mütter, die seit jeher den Krieg ablehnten, von der Konkurrenz nichts wissen wollten und mit Macht[88] und Unterdrückung nichts zu schaffen hatten. Es kam zu jener Umkehrung der Bündnisse, die der Jahrtausende alten Autorität und dem Ansehen des Vaters und Ehemanns ein Ende machte. Doch in Wirklichkeit beruhte dieses neue Bündnis auf einem Mißverständnis. Während die jungen Männer sich von den Stereotypen der Männlichkeit abwandten und weiblichere Verhaltensweisen übernahmen, gaben die Frauen ihrerseits einen Teil ihrer Jahrtausende alten Einstellungen auf und drangen in Bereiche ein, die einst den Männern vorbehalten waren. Die Generation der Söhne, die sich vielfach mit dem Kampf der Frauen solidarisiert hatten, bemerkte zu spät, daß sie hereingelegt worden war. Nachdem sie sich den traditionellen mütterlichen Wertvorstellungen angenähert hatten, konnten sie nur schwer begreifen, daß die Frauen sich von eben diesen Werten distanzierten. Während die einen eine sanftere Gesellschaft anstrebten, in der die Konkurrenz nicht mehr so hart sein sollte, traten die anderen plötzlich als gefährliche Konkurrentinnen auf. Sie verkörpern nun nicht mehr nur Zärtlichkeit und Hingabe, sondern auch Ehrgeiz und Egoismus. Die Verwirrung ging von den Vätern auf die Söhne über. Sie hat sich bis heute nicht gelegt.

Eva verändert die Ausgangssituation

Innerhalb von zwanzig Jahren haben sich die Beziehungen zwischen Männern und Frauen grundlegend gewandelt. Eva ist zur Eroberung der Außenwelt aufgebrochen und hat mit der geschlechtlichen Arbeitsteilung Schluß gemacht. Sie hat für das Recht auf Empfängnisverhütung und Abtreibung gekämpft und sich die alleinige Kontrolle über die Fortpflanzung zurückerobert. Mit der Befreiung ihres Körpers und der Selbstbestimmung über ihr Leben ist sie endlich nicht mehr Tauschobjekt zwischen Männern. Damit sind im überwiegenden Teil der westlichen Welt in weniger als zwei Jahrzehnten die drei Pfeiler des Patriarchats zusammengebrochen.

Im Jahre 1906 stellten die französischen Frauen 39 Prozent der Erwerbstätigen[89]. Ihr Anteil nahm dann vierzig Jahre lang stetig ab. Erst 1975 wurde in Frankreich und in den meisten Industrieländern[90] mit Ausnahme Japans wieder ein ähnlicher Stand erreicht. Der Aufschwung ist somit relativ jungen Datums, doch er leitet, wie es scheint, eine Entwicklung ein, der man sich nicht entziehen kann. Trotz der in allen westlichen Ländern herrschenden Wirtschaftskrise steigt die Zahl der berufstätigen Frauen von Jahr zu Jahr. Nach einer Schätzung gehen 1985 fast 10 Millionen Französinnen einer Berufstätigkeit nach[91].

Doch was noch wichtiger ist: Die Zahl der berufstätigen Mütter ist erheblich gestiegen. In den USA hat sie sich seit 1940 verzehnfacht[92]. Die Entwicklung ist in allen westlichen Ländern die gleiche, auch wenn sie in den Ländern mit starkem katholischem Einfluß[93] und einem Mangel an Kinderkrippen ein wenig nachhinkt.

Französische Untersuchungen zeigen, daß immer mehr Frauen arbeiten gehen[94], wenn sie zwei Kinder[95] oder ein Kind im Säuglingsalter haben[96]. Insgesamt haben über 50 Prozent der Kinder bis zu 16 Jahren eine berufstätige Mutter, gegenüber 36,8 Prozent im Jahre 1975.

All diese Zahlen lassen eine erhebliche Umwälzung erkennen. Indem sie von der Außenwelt Besitz ergreifen, ziehen die Frauen einen Schlußstrich unter die Jahrtausende alte geschlechtliche Aufgabenverteilung und unter den ebenso alten Gegensatz zwischen dem häuslichen Dasein, das ihnen früher einmal zugewiesen war, und dem Berufsleben, das fraglos die Domäne der Männer war. War die Frau in der patriarchalischen Gesellschaft vor allem Mutter, verantwortlich für die Aufgaben des Fortbestands der Familie und die Leitung des Haushalts, so bringt die neue Gesellschaft die Rollen der Frau durcheinander und gefährdet dadurch eines der ältesten Merkmale des Mannes.

Die meisten Tätigkeiten büßen zusehends ihren geschlechtsspezifischen Charakter ein. Hatte das Maschinenwesen die Kraft des Mannes im 19. Jahrhundert zu entwerten begonnen, so macht es sie im 20. Jahrhundert vollends überflüssig, so wie es auch die Geschicklichkeit, die Sorgfalt und das Können der Frau bedeutungslos werden läßt. Im Zeitalter des Computers ist die Unterscheidung von weiblichen und männlichen Aufgaben uninteressant geworden.

Der andere Faktor der »Entsexualisierung« der Arbeit besteht darin, daß die westlichen Gesellschaften sich bemühen, den Kindern beiderlei Geschlechts eine gemeinsame und gleichartige Erziehung zu geben. Seit 1972[97] gilt vom Kindergarten bis zu den elitären technischen Hochschulen (grandes écoles) die Koedukation. Die Resultate mögen in den Augen derer, denen alles nicht schnell genug geht, unzureichend sein[98], doch hat sich die Zahl der Frauen in leitender Funktion innerhalb von zwanzig Jahren vervierfacht, und gegenwärtig werden 56 Prozent aller offenen Stellen mit einer Frau besetzt[99]. In den Vereinigten Staaten sind die Frauen, die dem Großunternehmen den Rücken kehren und sich selbständig machen, noch eine Minderheit, doch tun Frauen diesen Schritt fünfmal so häufig wie Männer. B. Ouvry-Vial bemerkt zu diesen Zahlen: »Der Unternehmungsgeist ist in der

Geschichte des Landes eine Konstante, doch daß die Frauen auf diesem Gebiet jetzt eindeutig im Vormarsch sind, ist etwas Neues. Die Zahl der Selbständigen ist zwischen 1970 und 1979 um 56 Prozent gestiegen; gegenwärtig sind es annähernd zweieinhalb Millionen«[100]. Die privilegiertesten Frauen rücken allmählich in beruflicher Hinsicht zu den privilegiertesten Männern auf. Die Arbeit hat für sie eine ganz andere Bedeutung bekommen als noch für die Frauen zu Anfang des Jahrhunderts. Damals waren nur anstrengende und repetitive Tätigkeiten den Frauen zugänglich. Noch stärker ausgebeutet und schlechter bezahlt als die Männer[101] stellten die Frauen eine besonders flexible Arbeitskraftreserve dar. Die uninteressanten und verachteten Tätigkeiten[102] warfen allenfalls dürftigen Lohn ab, der die Haushaltskasse aufbessern half, und sie setzten die Arbeiterinnen einem zweifelhaften Ruf aus. Frauenarbeit, besonders solche, zu der die Frau aus dem Hause gehen muß, wird von der bürgerlichen Gesellschaft praktisch bis zum Ersten Weltkrieg mit Argwohn betrachtet. Eine arbeitende Frau wird als sozial und wirtschaftlich gescheitert angesehen. Jede verheiratete Frau, die außer Hause arbeiten geht, offenbart ja die Unfähigkeit ihres Mannes, für den Unterhalt der Familie aufzukommen und, was noch schlimmer ist, seinen Kindern eine gute Mutter zu geben.

Heute hat die Frauenarbeit eine ganz andere Bedeutung. Viele Frauen haben allerdings ausschließlich wirtschaftliche Motive und sind bereit, jede Arbeit zu machen, auch wenn sie nicht die geringste Befriedigung gewährt, nur um das Haushaltseinkommen aufzubessern[103] – sie sind damit in keiner besseren Lage als die am meisten benachteiligten Männer. Dies ist indes nicht das einzige Motiv. Am anderen Ende der gesellschaftlichen Stufenleiter wird die Ausübung eines Berufs von den Frauen aus zwei Gründen, von denen man zu Beginn des Jahrhunderts nicht wußte, für notwendig gehalten: Die Arbeit ist die Voraussetzung ihrer Unabhängigkeit, und sie ermöglicht ihnen eine persönliche Entfaltung, die sie im Haushalt nicht mehr finden können. Auch hierin den privilegiertesten Männern ähnlich, haben sie entdeckt, daß nur die Außenwelt den geeigneten Schauplatz für die Verwirklichung ihrer Ambitionen bietet. Für sie ist die Arbeit nicht mehr Symbol eines Scheiterns, sondern im Gegenteil das sichtbarste Anzeichen ihres gesellschaftlichen, wirtschaftlichen und auch persönlichen Erfolges.

Zwischen den Best- und Schlechtestgestellten gibt es eine breite Schicht von Arbeiterinnen, die einen bescheidenen Lohn für eine Tätigkeit erhalten, die sie nicht unbedingt hinreißend finden; nach Berechnungen von Fachleuten arbeiten sie fast umsonst[104]. Auf diese Frauen zielt vor allem die Propaganda der Geburtenförderung ab[105], die ihnen nahelegt, aufzuhören und Kinder zu kriegen; sie machen zugleich deutlicher als andere, wie entnervend das Hausfrauendasein sein kann. Die Eintönigkeit und die Strapazen einer Arbeit außer Hause ist für sie zwar nicht weniger mühselig als die häuslichen Pflichten, doch finden sie darin eine Entschädigung, die sie hier nicht finden: freundschaftliche Beziehungen, gesellschaftliche Anregung, kurz, die Gelegenheit, einer unerträglichen Einsamkeit zu entfliehen. Die Begegnung mit der Außenwelt läßt die Frau aus dem Bereich der Natur heraustreten.

Edgar Morin hat vor nicht allzu langer Zeit bedauert, daß die weibliche Kultur unvollständig sei, weil sie keinen Zugang zu der der Männer habe[106]. Er kann heute zufrieden sein, denn die Frauen teilen mit den Männern die männliche Erwachsenenkultur. Die Frauen werden zu Konkurrentinnen in einem Bereich, der den Männern vorbehalten bleibt, und der Ruhm, der an die Kontrolle über die Welt geknüpft ist, gehört nicht mehr diesen allein. Die Frauen haben, worüber sich einige schon beklagen[107], die »Härte des Jägers« erworben.

Auf der zweiten Stufe der Emanzipation der Frau geht es um die Kontrolle ihrer Fruchtbarkeit und damit um ihre sexuelle Freiheit. Die Erlangung dieses Rechts war das Ergebnis eines langwierigen Krieges[108], den Frauen zusammen mit allen Männern der Freiheit[109] geführt haben. Der Kampf um die Trennung von Sexualität und Fortpflanzung hatte in den westlichen Ländern schon Ende des 19. Jahrhunderts eingesetzt. Da aber nach jedem Krieg erst einmal eine Politik der Geburtenförderung betrieben wird, konnte diese wesentliche Forderung erst in den 60er bis 70er Jahren erfüllt werden. Ermöglicht wurde das durch ein glückliches Zusammentreffen von biochemischen Entdeckungen mit einem tiefgehenden Mentalitätswandel in allen westlichen Ländern.

In den Vereinigten Staaten hatte sich die Pionierin der Geburtenkontrolle, Margaret Sanger, für die Verbreitung des Diaphragmas eingesetzt, das lange eines der wirksamsten Mittel der Empfängnisverhütung blieb. Das Diaphragma verletzte jedoch gewisse körperliche Tabus und fand deshalb nur zögernd Aufnahme. Margaret Sanger legte das Problem 1951 dem angesehenen Biochemiker Dr. Pincus[110] vor, und er erklärte sich bereit[111], die Möglichkeit eines oralen Antikontrazeptivums zu untersuchen. Dank der Forschungen des Chemikers Russel Marker, der in den 40er Jahren entdeckt hatte, daß man das Progesteron aus einer Pflanze gewinnen kann, und dank einer besseren Kenntnis der Phänomene der Befruchtung und des weiblichen Zyklus konnte Pincus zusammen mit Chang und Rock[112] 1955 einen Ovulationshemmer herstellen. Die erste Pille wurde zunächst als Mittel gegen die Unfruchtbarkeit und dann 1956 auf Puerto Rico als empfängnisverhütendes Mittel getestet. 1960 gelangte das erste orale Kontrazeptivum in den USA zum Verkauf, ohne daß es Anlaß zu endlosen Streitigkeiten zwischen den Feministinnen und den Behörden gegeben hätte.

Anders in Frankreich. Zwischen dem ersten Artikel von Frau Weill-Hallé über die Pille (1961) und dem von Dr. Neuwirth initiierten Gesetz[113], mit dem die Pille zugelassen wurde, lagen sechs Jahre eines erbitterten Kampfes, den die französische Bewegung für Familienplanung führte, gegen das Gesetz von 1920, das den Französinnen alle Formen der Empfängnisverhütung einschließlich des Diaphragmas untersagte. Die Rechte, der Vorstand der Ärztekammer und die katholische Kirche waren dagegen, während die Linke, die Intellektuellen und eine Mehrheit der Frauen die Aufhebung des Gesetzes von 1920 wünschten. Die Traditionalisten gaben sich entsetzt über die weibliche Zügellosigkeit[114], denn sie fürchteten, die Sexualität ihrer Töchter und Ehefrauen nicht mehr kontrollieren zu können; die Gegenseite sprach von unerwünschten Mutterschaften und dem daraus erwachsenden Leiden. Schließlich verabschiedete man das Gesetz, das die Empfängnisverhütung zuließ, mit dem Hintergedanken, so den heimlichen Abtreibungen, die für die Gesundheit der Frauen so verheerende Folgen hatten, einen Riegel vorzuschieben.

Doch zu der Zeit, als die französische Regierung grünes Licht für die Empfängnisverhütung gab, wurde in England die Abtreibung freigegeben (1967)[115]. Die amerikanischen Feministinnen hatten bereits den Kampf eröffnet. Trotz der seit langem bestehenden Möglichkeit der Empfängnisverhütung starben Jahr für Jahr Hunderte von Frauen an den Folgen heimlicher, illegaler Abtreibungen. Die Feministinnen trugen Unterlagen zusammen, aus denen das Ausmaß der Tragödie hervorging. Es war die Rede von einer Million legaler und illegaler Abtreibungen pro Jahr und von 350000 Frauen, die an den Folgen des Eingriffs litten[116], wobei die Ärmsten am stärksten betroffen waren. Die Situation war in ganz Westeuropa in etwa die gleiche, und die feministischen Bewegungen[117] griffen in all diesen Ländern in etwa zu den gleichen Aktionen: Kundgebungen, Petitionen, exemplarische Prozesse von Frauen, die abgetrieben hatten, usw.

Nach leidenschaftlichen Auseinandersetzungen wurde der Schwangerschaftsabbruch 1973 in den USA, 1974 in der Bundesrepublik Deutschland und 1975 in Frankreich freigegeben[118]. In den folgenden Jahren wurden auch in der Mehrheit der übrigen westlichen Länder ähnliche Gesetze beschlossen[119]. In einigen Ländern, in denen die Abtreibung weiterhin offiziell verboten ist, so in Belgien, Kanada und der Schweiz, betreibt man eine Politik der Nachsicht. Andere Länder wie Spanien und Griechenland haben restriktive Gesetze, die nur unter bestimmten Bedingungen einen Schwangerschaftsabbruch erlauben. Nur zwei hochkatholische Länder, Portugal[120] und vor allem Irland[121], lehnen den Schwangerschaftsabbruch auch heute noch grundsätzlich ab.

Die Folgen dieser Entwicklung sind erheblich und bis zum heutigen Zeitpunkt noch nicht zu übersehen. Als die Frauen das Recht erlangten, nicht mehr gegen ihren Willen Mutter zu werden, haben sie diese neue Freiheit in dem Gefühl genossen, das Erreichte sei etwas ganz Persönliches. Man machte sich keine Gedanken darüber, daß die Empfängnisverhütung zusammen mit dem Recht auf Abtreibung das Verhältnis der Geschlechter und sogar die gesamte Gesellschaft grundlegend verändern könnte. Mit der Befreiung der Frau von der Pflicht zum Kinderkriegen zerplatzte die Jahrtausende alte Gleichung »Frau = Mutter«, die man für unabänderlich hielt, weil sie zutiefst in der biologischen Natur verankert ist. Was wie ein nur der Frau zustehendes Recht und ein entscheidender Schritt zur Gleichheit der Geschlechter erschien, war in Wirklichkeit der Anfang einer neuen Ära, deren Implikationen weit über den Lebensbereich der Frau hinausreichen.

Dadurch, daß die Frauen das Recht zur Empfängnisverhütung bekamen, büßten die Männer jede Möglichkeit der Kontrolle über ihre Sexualität ein. Die Gesellschaften, »die sich unter anderem die gewaltsame Unterdrückung der ungeregelten Sexualität der Frau zur Grundlage gemacht hatten«[122], sahen sich einer ihrer wesentlichsten Daseinsgründe beraubt. Der Ehemann konnte jetzt nicht mehr so sicher sein, daß seine Frau ihm treu war, doch brauchten die Männer weniger zu befürchten, daß ihnen ein außereheliches Kind untergeschoben würde. War der Seitensprung jetzt für die Frau ebenso leicht geworden wie für den Mann, so hat er doch wenigstens keinerlei Folgen für die Nachkommenschaft. Was jetzt allein noch der Untreue im Wege stand, waren der Respekt und die Liebe. An die Stelle von Kontrolle und Repression trat das gegenseitige Vertrauen. In dieser Hinsicht war endlich die Gleichheit zwischen beiden Geschlechtern wiederhergestellt worden.

Die Empfängnisverhütung durch die Frau versetzte jedoch der patriarchalischen Familie einen tödlichen Schlag, indem sie die Kontrolle über die Fortpflanzung dem anderen Lager überließ. Von nun an entscheidet nicht mehr der Mann darüber, indem er den Koitus unterbricht, sondern die Frau entscheidet, ob sie mit diesem Mann ein Kind haben will. Das Kräfteverhältnis hat sich völlig umgekehrt zu Lasten des Vaters, der einer wesentlichen Macht beraubt ist. Nun ist es sie, von der alles abhängt, und nichts kann gegen ihren Willen geschehen. Sie kann sich sowohl weigern, das Kind zu bekommen, das er sich wünscht, wie sie auch gegen seinen Willen ein Kind bekommen kann, ja, sie kann ihn auf die biologische Rolle des Samenspenders reduzieren, ohne daß er jemals erfährt, daß er Vater ist.

So gesehen, ist an die Stelle einer Ungleichheit eine andere getreten, auch wenn die Ungleichheit, die heute die Männer trifft, ungleich leichter zu ertragen ist als jene, unter der Frauen früher gelitten haben.

Die Abtreibungsgesetze haben nachträglich das alleinige Recht der Frau, über die Fortpflanzung zu entscheiden, bestätigt. Auch das Recht, über Leben oder Tod des Kindes zu entscheiden, ist auf die andere Seite übergegangen. Es ist noch nicht so lange her, daß der Arzt bei einer schwierigen Entbindung den Vater aufforderte zu entscheiden, ob das Kind oder die Mutter leben sollte. Normalerweise entschied sich der Vater für die Mutter, doch das patriarchalische Recht bot ihm die Möglichkeit, auch anders zu entscheiden. Heute ist die Situation umgekehrt, denn die Frau hat den Vorrang vor dem ungeborenen Kind und dem Vater. Insofern hat das Recht auf Abtreibung – mehr noch als die Empfängnisverhütung – eine grundlegend neue Ethik entstehen lassen: Die Rechte der Mutter gehen denen des Feten und den Pflichten der Mutter vor. Zwischen dem potentiellen Menschenwesen und dem tatsächlich existierenden Individuum hat das 20. Jahrhundert zugunsten des letzteren entschieden. Die Mutterschaft ist nicht mehr heilig, und die Frau ist endlich zu einem Individuum wie die anderen auch geworden.

Es ist klar, daß allein schon diese Umwälzung das Patriarchat grundlegend in Frage stellt. Nicht nur ist die Frau nicht länger identisch mit der Mutter, einer Rolle, zu der sie von der Natur und von der Gesellschaft verurteilt wurde, sondern die absolute Macht, die sie jetzt über die Fortpflanzung besitzt, kehrt das seit Jahrtausenden vorgegebene Machtverhältnis zwischen ihr und ihm um. Jetzt ist er nur noch Vater von Gnaden der Frau: Wenn er ein Kind möchte, muß er darum bitten. Früher hatten die Männer die Kontrolle über die Fruchtbarkeit der Frauen. Jetzt entscheiden die Frauen über die Vaterschaft der Männer.

Zusammen mit der Tatsache, daß die traditionellen Geschlechtsrollen sich verwischen, weil die Frauen die wirtschaftliche Macht mit den Männern teilen wollen, setzt diese Revolution dem patriarchalischen System, das man noch vor kurzem für universell und unvergänglich hielt, ein Ende. Wenn es für diesen Wandel noch eines Beweises bedarf, so besteht er in der Tatsache, daß es an der Schwelle zum 3. Jahrtausend unter den westlichen Männern den Frauentausch nicht mehr gibt.

Noch vor wenigen Jahrzehnten war die Ehe gleichbedeutend mit Sicherheit, Ehrbarkeit und Fruchtbarkeit. Heute hat sie diese drei Wesensmerkmale verloren.

In armen Gesellschaften bedeutet die Ehe nach wie vor in erster Linie wirtschaftliche Sicherheit, ist sie »eine Lebensversicherung«[123]. Evelyne Sullerot weist zutreffend darauf hin, daß die Ablehnung der Ehe sich in den reichsten Ländern der Welt entwickelt hat: Schweden, Schweiz, USA, Dänemark, England und Frankreich. In einigen Ländern wie etwa der Sowjetunion, wo es theoretisch einen freien Lebensstil geben könnte, wird das Zusammenleben von jungen Menschen durch den Wohnungsmangel praktisch unmöglich gemacht[124].

Früher war es in unseren Gesellschaften vor allem die Frau, die die wirtschaftliche Sicherheit durch die Ehe anstrebte. Die Suche nach einem Ehemann wurde mitunter zur Obsession[125]. Die jungen Mädchen im heiratsfähigen Alter blieben brav bei ihren Eltern, abgesehen von den Privilegiertesten, die auf die Universität gingen, um »sich zu bilden«, und von anderen, die eine kleine Arbeit aufnahmen, in der Hoffnung, bald zu heiraten. Doch die ungewöhnliche Ausweitung der Frauenarbeit[126] hat innerhalb weniger Jahre erheblich zu einer anderen Mentalität bei den Frauen beigetragen. Nicht nur, daß es für sie das Normale geworden ist, außer Hause zu arbeiten – »vielfach haben sie die Unabhängigkeit ihres Einkommens erreicht oder erheblich erweitert. Vielen verschafft die Arbeit ein stabiles Einkommen. Ebensoviel wie die Ehe oder mehr...«[127] Für die Frauen, die für ihre wirtschaftlichen Bedürfnisse immer besser aufzukommen vermögen, ist die materielle Sicherheit daher nicht mehr das Ziel der Ehe.

Ebensowenig wird die Ehe für eine Frau als Bedingung der Ehrbarkeit betrachtet. Der ungewöhnliche Aufstieg der unverheirateten Frau ist der beste Beweis dafür. Wie hat sich das innerhalb eines Jahrhunderts geändert! Man braucht nur zurückzudenken an das junge Ding, das ständig von Minderwertigkeitsgefühlen geplagt wurde, ängstlich bestrebt war, einen Ehemann zu finden, vielleicht noch geängstigt durch die Aussicht, falls sie keinen fände, als »alte Jungfer« verachtet zu werden! Der alte Junggeselle löste demgegenüber ein spöttisches Lächeln aus. So ist es heute nicht mehr, weil die Ehe offiziell den heiligen und göttlichen Charakter, der sie unauflöslich machte, verloren hat. Weil der Einfluß der Religion erheblich zurückgegangen ist, konnten sich zwei neue, früher unbekannte Praktiken entwickeln: die Scheidung und das Zusammenleben unverheirateter Partner.

Die Zahl der Scheidungen ist in Frankreich bis etwa 1965 relativ stabil geblieben – sie schwankte um 30 000 bis 35 000 pro Jahr[128]. Seit 1967 ist diese Zahl stetig angestiegen und erreichte 1984 die Rekordziffer von 130 000. Diesem Phänomen begegnet man in ganz Westeuropa[129], besonders ausgeprägt in den nordischen Ländern (Schweden und Dänemark) und in den Vereinigten Staaten. 1979 kam in drei so unterschiedlichen Industrieländern wie den USA, der Sowjetunion[130] und Schweden auf 2,6 Eheschließungen eine Scheidung.

Nicht nur, daß die Scheidung sich ungewöhnlich rasch verbreitet hat, auch die Tatsache, daß sie überwiegend von Frauen beantragt wird, spricht dafür, daß die Ehrbarkeit einer Frau nicht länger an die Ehe gebunden ist. In Frankreich gehen 64 Prozent der Scheidungsbegehren von Frauen aus[131], ein Hinweis darauf, daß der Ehestand oft genug nicht so begehrenswert erscheint wie das Unverheiratetsein.

Parallel zu dieser wachsenden Scheidungsziffer beobachtet man seit über 10 Jahren eine ständig nachlassende Eheneigung. Die Heirat ist nicht mehr der obligatorische Umweg zum Zusammenleben eines Paares, ja nicht einmal zur Institution der Familie. In Frankreich wurden 1972 noch 417 000 Ehen geschlossen, 1985 nur noch 273 000[132]. Berücksichtigt man die Bevölkerungszunahme zwischen diesen beiden Daten, so ist die Heiratsziffer auf den tiefsten Stand seit dem letzten Krieg gesunken. Einerseits hat die Ehe noch nie ein so geringes Ansehen genossen, andererseits brauchen junge Paare nicht mehr unbedingt zu heiraten, um regelmäßigen Geschlechtsverkehr zu haben, denn es wird von der Gesellschaft in wachsendem Maße akzeptiert, wenn sie unverheiratet zusammenleben. Für viele ist die Eheschließung nicht länger ein moralisches, gesellschaftliches oder wirtschaftliches Gebot, und manche betrachten die Ehe sogar voll Mißtrauen als »eine Konvention, die geeignet ist, die Gefühlsbindungen, die zur Gründung einer Familie führen, zu verfälschen«[133]. Die Nach-68er-Generationen könnten daher mit Georges Brassens singen: »J'ai l'honneur de ne pas te demander ta main« (»Ich habe die Ehre, dich nicht um deine Hand zu bitten«).

Die beträchtliche Ausweitung des unverheirateten Zusammenlebens (früher als Konkubinat bezeichnet) in allen westlichen Ländern bildet zusammen mit der Scheidung den zweiten Faktor der Abwertung der Ehe. Sie ist nicht länger unauflöslich und trägt den Stempel der Beliebigkeit. Man kann die Heirat beliebig hinausschieben, ja, man kann auch ohne Eheschließung eine Familie gründen. Innerhalb von 10 Jahren hat sich der Anteil der unverheirateten Paare mehr als verdoppelt, von 411 000 in 1975 auf 1 000 000 bei der Volkszählung von 1985[134]. Besonders deutlich ist der Anstieg bei den jüngeren Leuten: Die Zahl der in wilder Ehe lebenden Paare, bei denen der Mann jünger ist als 35 Jahre, hat sich mehr als verdreifacht und ist von 165 000 auf 589 000 gestiegen.

In den Großstädten ist das Phänomen besonders verbreitet. Paris bricht den nationalen Rekord: Von 100 Paaren sind 30,3 Prozent unverheiratet, gegenüber nur 7,4 Prozent in ländlichen Gemeinden. Die Volkszählung hat 1985 bestätigt, daß im Großraum Paris unter den kinderlosen Paaren, bei denen der Mann jünger ist als 35 Jahre, die Unverheirateten die Mehrheit bilden[135].

Eine größere Heiratsneigung besteht bei jungen Paaren, die sich ein Kind wünschen oder bei denen bereits ein Kind unterwegs ist[136], doch werden andererseits immer mehr unehelich geboren, ohne daß die Eltern sich deshalb entschließen würden, die »bloße Formalität« zu vollziehen, zu der die Eheschließung geworden ist. Sie ist nicht länger die obligatorische Vorbedingung der Fruchtbarkeit. Der exemplarische Fall[137] ist jetzt der, daß die Eltern eines Kindes zusammenleben, daß beide das Kind anerkennen, aber nicht heiraten. Die Zahl der unehelich geborenen Kinder hat sich zwischen 1976[138] (36 400) und 1982 (113 400) beinahe verdoppelt. Sie machten 1985 16 Prozent der Geburten aus, gegenüber 6 Prozent in 1966 und 8,6 Prozent in 1976. Der einzige Unterschied zwischen den verheirateten und unverheirateten Paaren besteht nach Ansicht des Bevölkerungswissenschaftlers Michel L. Lévy, vom moralischen Aspekt abgesehen, in rechtlichen und administrativen Dingen[139]. Man hat im Grunde erkannt[140], daß ein unverheiratetes Zusammenleben mehr Vorteile hat als die Ehe.

Vor noch nicht allzulanger Zeit veränderte sich mit der Ehe die zivilrechtliche und gesellschaftliche Stellung des jungen Mädchens. Sie wurde nun als »Madame« angesprochen, und sie bekam einen anderen Namen und Vornamen. Aus Rose Dupont wurde Madame Yves Durand. Eines der Merkmale der patriarchalischen Familie bestand darin, daß sie eine Gruppe von Individuen darstellte, die auf den gleichen Namen hörten. Für ein Kind war es eine Schande, wenn es nicht den Namen seines Vaters trug, und es war eine Schande für seine Mutter, wenn sie das Kind unter ihrem »Mädchen«namen anmelden mußte. In dieser Hinsicht hat sich das allgemeine Empfinden innerhalb weniger Jahre völlig gewandelt. Nach dem Gesetz darf jeder Ehegatte seinen alten Namen beibehalten, und die Frauen schlagen sich nicht mehr darum, den Namen ihres Mannes zu tragen. Da der Name ein integrierender Bestandteil der Persönlichkeit des Individuums ist, wird seine Änderung als eine Entfremdung, ein Identitätsverlust erlebt. Die Änderung signalisiert die Ablösung, die Trennung von der Herkunftsfamilie; die Annahme eines neuen Familiennamens drückt symbolisch aus, daß die Frauen die Familie wechseln, daß sie zu einem anderen Vater »gehören«, anders gesagt, daß sie genau die »Objekte« sind, die Lévi-Strauss beschreibt. Diesen Zustand lehnt die gegenwärtige Generation ab.

Die neuen Einstellungen zur Ehe zeigen, daß diese nicht mehr in erster Linie eine religiöse, gesellschaftliche oder wirtschaftliche Angelegenheit ist, sondern vor allem eine Privatangelegenheit zwischen zwei Individuen und nicht mehr zwischen zwei Familien. Seit dem Ende des 18. Jahrhunderts hat die Neigungsehe[141] ständig an Boden gewonnen, bis im 20. Jahrhundert die Zuneigung zum einzigen Ehemotiv wird[142]. Nach und nach sind die Eltern von der Gattenwahl ausgeschlossen worden. »Das neue Leitbild der Ehe hat die Eigenständigkeit des Partners zum Dogma erhoben. Jeder Einmischungsversuch der Eltern wird nun als eine Beeinträchtigung der individuellen Freiheit verstanden. Bei der eheähnlichen Gemeinschaft verhält es sich nicht anders, nur treibt sie die Entwicklung auf die Spitze: die Ausschließung der Eltern erstreckt sich jetzt bis auf die Wahl des Zivilstands. Die Eltern haben keine Möglichkeiten mehr, zur Heirat zu drängen. Sie müssen sich einfach damit abfinden.«[143]

Die unverheiratet zusammenlebenden Paare halten die Beziehungen zur Verwandtschaft (vor allem mütterlicherseits) des Kindes aufrecht, doch Beziehungen im Sinne der Verschwägerung, wie sie durch die herkömmliche Ehe entstehen, werden selten[144]: »Die Eltern der beiden Partner lernen einander kaum noch kennen... Andererseits sind die Bindungen zwischen den Eltern und ›Pseudo-Schwiegersohn bzw. -tochter‹ spürbar abgeschwächt.«[145]

Man geht nur noch freiwillige Beziehungen zum anderen ein und fühlt sich dabei freier. Bei den verheirateten Paaren ist die Situation nicht sehr viel anders. Vielfach lernen die beiden Herkunftsfamilien einander erst kurz vor der Hochzeit oder gar am Hochzeitstag selbst kennen und verkehren anschließend nicht mehr miteinander. »Das Paar bewirkt heute keine Verschwägerung von Familie zu Familie. Es führt nicht mehr zwei Verwandtschaftsgruppen zusammen.«[146]

Die Institution der Ehe hat somit die meisten ihrer traditionellen Bedeutungen verloren. Die neuartigen Bindungen zwischen Männern und Frauen lassen die obengenannten Bedingungen[147] hinfällig werden: Die Asymmetrie der Geschlechter bestimmt nicht mehr den Charakter der heutigen Gesellschaft, und die Männer tauschen keine Frauen untereinander aus, um dadurch Schwäger zu gewinnen. Das von Lévi-Strauss beschriebene System, das den patriarchalischen Gesellschaften vollkommen angepaßt war, ist auf die westlichen Gesellschaften des ausgehenden 20. Jahrhunderts nicht mehr anwendbar.

Lévi-Strauss hatte ja behauptet: »In der menschlichen Gesellschaft nehmen sie (die Frauen) weder denselben Platz noch denselben Rang ein«[148] wie die Männer, weil es die Männer sind, die die Frauen austauschen, und nicht umgekehrt. Die Frauen sind heute keine »Tauschobjekte« mehr. Sie sind zu Subjekten geworden, die frei entscheiden können, ob sie heiraten wollen oder nicht. Außerdem ist die Ehe nicht länger ein Austausch zwischen Familien, hat sie den Charakter von »Transaktionen zwischen den Männern«[149] verloren. Schließlich war Lévi-Strauss der Ansicht, daß »die Beständigkeit des patrilokalen Wohnsitzes von der grundlegenden asymmetrischen Beziehung zwischen den Geschlechtern zeugt, welche die menschliche Gesellschaft kennzeichnet«.[150] Die steigende Zahl von ledigen und geschiedenen Müttern[151] verändert jedoch sowohl den Abstammungsmodus als auch die Bestimmung des Wohnsitzes.

Nach alledem darf man annehmen, daß »die menschliche Gesellschaft« nicht notwendigerweise mit der patriarchalischen Organisationsweise identisch ist. Die westliche Gesellschaft hat sämtliche Fundamente des Patriarchats unterhöhlt und es damit in räumlicher wie zeitlicher Hinsicht relativiert – es kann nicht mehr beanspruchen, ein universelles Gesellschafts- und Familiensystem zu sein.

Auf der anderen Seite wird durch die neuartigen Bindungen zwischen Männern und Frauen die berühmte »Gegenseitigkeit zwischen Männern mittels Frauen«[152] ihres Sinnes entleert. Das umfassende gesellschaftliche Austauschsystem, das der Exogamieregel, anders gesagt, dem Inzestverbot, seinen positiven Charakter verlieh, ist kaum noch zu erkennen. Wenn die Frauen keinen Tauschwert mehr haben und auch nicht mehr als friedenstiftende Objekte gelten können, büßt die Notwendigkeit des Inzestverbots eine ihrer wertvollsten Begründungen ein. Nach den biologischen Erklärungen des Inzestverbots[153] – man weiß heute, daß endogame Verbindungen nicht schädlicher sind als andere – bricht nun auch der gesellschaftliche Vorteil der notwendigen Bündnisse in sich zusammen. Doch die Menschheit ist nicht um Argumente verlegen, wenn es gilt, etwas zu verhindern, wovor sie sich graust – die Aufrechterhaltung des Tabus wird dann eben anders gerechtfertigt. Man beruft sich nicht mehr auf die Biologie oder die Anthropologie, sondern auf die Psychoanalyse. Das bisher letzte Bollwerk gegen den Inzest ist der Wahnsinn. Sexuelle Beziehungen zwischen Geschwistern und vor allem zwischen Eltern und Kindern werden für pathologisch und zu Unglücksursachen erklärt.

Nun haben aber einige zum ersten Mal gewagt, offen das Recht auf den Inzest zu fordern[154], und andere bemühen sich, ihn zu entdramatisieren. Wardell Pomeroy, Mitverfasser des berühmten *Kinsey-Report* über das sexuelle Verhalten der Amerikaner, behauptet zum Beispiel mit aller Gelassenheit, es sei »an der Zeit, anzuerkennen, daß der Inzest nicht notwendigerweise eine Perversion oder eine Form von Geisteskrankheit ist, sondern daß er auch positive Aspekte haben kann«. Der amerikanische Sexualwissenschaftler James W. Ramey meint wiederum, »unsere heutige Haltung zum Inzest (sei) identisch mit den Furchtreaktionen, die vor einem Jahrhundert von der Masturbation ausgelöst wurden«.[155]

Es ist jedem unbenommen, die Handlungsweise der einen und die Theorien der anderen für pervers und damit »anormal« zu halten. Gleichwohl ist es ein schwindelerregender Gedanke, daß nun auch das Argument des Wahnsinns widerlegt ist. Wenn die Verbote immer weniger durchschlagen und die Verlockung, sich über sie hinwegzusetzen, immer größer wird, könnte das universale Inzesttabu irgendwann überholt sein. Zu welchen Konsequenzen der höchste Triumph des Individualismus, die Vermengung der Generationen und das Ende der Exogamie führen könnten, vermag man sich kaum auszumalen.

Das 20. Jahrhundert hat dem Prinzip der Ungleichheit, das die Beziehungen zwischen Männern und Frauen bestimmte, ein Ende gemacht. Es hat eine lange Etappe der Menschheitsgeschichte, die vor über 4000 Jahren begann, zum Abschluß gebracht. Mit der Gleichheit in der Verschiedenheit, das heißt, mit der Rückkehr zur authentischen Komplementarität der Rollen und Funktionen, würden die Männer wahrscheinlich besser fahren. Zu ihrem Nachteil ist die Komplementarität, wie die Erfahrung unserer Gesellschaft zeigt, selten gleichbedeutend mit Gleichheit, und die Verschiedenheit schlägt sehr schnell in Asymmetrie um. Doch es gibt kein Zurück mehr zur ursprünglichen Trennung der Geschlechter, es gibt jetzt nur noch eins: daß sie und er sich in alles teilen.

Der Kampf für die Gleichberechtigung hat die Unterschiede so sehr verwischt, daß das Charakteristische beider Geschlechter fraglich geworden ist. Das Schema der Komplementarität tritt zurück zugunsten der von den Männern so lange gefürchteten Ähnlichkeit. Manche empfinden diesen Wandel als »weltgeschichtliche Niederlage des männlichen Geschlechts«[156], so als fürchteten sie die Errichtung einer Frauenherrschaft ähnlich der, die sie selbst lange ausgeübt haben.

In Wirklichkeit kann keine Rede davon sein, das Patriarchat von gestern durch ein Pseudo-Matriarchat zu ersetzen. Alles spricht dagegen: zum einen die egalitäre Ideologie, die im Westen noch immer maßgebend ist, zum anderen die Weigerung der Frauen, ihre Macht auf dem Umweg über die Mutterschaft geltend zu machen.

Die Ähnlichkeit ist keine günstige Voraussetzung für die Herrschaft des einen Geschlechts über das andere. Sie verleitet vielmehr zum Frieden zwischen den Geschlechtern.

III. Teil

Das Eine *ist* das Andere

Mein Kind, meine Schwester,
Welch ein berückender Gedanke,
In jenes Land zu gehen,
Das Dir gleicht,
Und dort miteinander zu leben!

Baudelaire

Jetzt bricht die Zeit des Androgynen an ...

Apollinaire

Läßt sich, wer erklärt, das Eine sei das Andere, nicht zu einer überflüssigen Provokation hinreißen? Die mit dem Siegel der Allgemeingültigkeit versehene Anatomie spricht uns Hohn. Mögen sie sich auch noch so sehr in Richtung auf größere Ähnlichkeit entwickeln, Mann und Frau unterscheiden sich grundlegend durch ihren Geschlechtsapparat. Die Natur hat sie so geschaffen, daß sie einander ergänzen und nicht miteinander verwechselt werden können.

Wir brauchen nicht auf die subtilen Feinheiten der platonischen Dialektik[1] zurückgreifen, denn man weiß ja, daß das Verb »sein« nicht nur eine Identitätsbeziehung ausdrückt. »Das eine ist das andere«, das bedeutet hier nicht, daß das eine dasselbe sei wie das andere, sondern es bedeutet, daß das eine am anderen teilhat und beide einander sowohl ähnlich als auch unähnlich sind.

An der Anatomie hat sich im Laufe der Jahrhunderte und Jahrtausende kaum etwas geändert, aber die Bedeutung, die ihr von der Gesellschaft zugeschrieben wird, unterliegt, wie Geschichtswissenschaft und Ethnologie zeigen, einem starken Wandel. Manchmal werden – so etwa bei den Mundugumor – die Konsequenzen des Unterschieds heruntergespielt, manchmal werden sie betont. Es ist von Zeit und Ort abhängig, ob Männer und Frauen mehr die Unterschiede oder mehr die Ähnlichkeiten zwischen sich wahrnehmen. Über diese neuere Erkenntnis hat man bislang noch nicht genügend nachgedacht.

In den westlichen Gesellschaften lehnt man es heute ab, der Anatomie entscheidenden Einfluß auf das Schicksal des Menschen einzuräumen, und man betont wie nie zuvor die Ähnlichkeit zwischen den Geschlechtern. Man hat die Phänomene des Lebens immer besser im Griff, man trennt die sozialen Rollen und Funktionen von ihren physiologischen Wurzeln, man wird sich schließlich einer physischen und psychischen Bisexualität bewußt und reduziert die Andersheit der Geschlechter auf das Allernötigste. Der einzige Unterschied, der übrigbleibt, besteht zur Zeit darin, daß es die Frauen sind, die die Kinder der Männer austragen und nicht umgekehrt. Während die Mutterschaft das irreduzible Merkmal des spezifisch Weiblichen bleibt, beginnen sich die Männer zu fragen, was sie spezifisch auszeichnet[2]. Was haben sie noch an Besonderem, was die Frauen nicht haben?

Ohne diese Frage beantworten zu können, neigen Männer und Frauen immer stärker zu einem einheitlichen Modell. Die Frauen haben ihre Fruchtbarkeit unter Kontrolle gebracht und verfügen fast ausschließlich über die Zeugungsmacht, geben aber gleichzeitig durch vielfältige Zeichen zu verstehen, daß sie ihr Schicksal nicht mehr von der Mutterschaft her zu definieren und die neugewonnene Macht nicht zur Erpressung oder Einschüchterung der Männer zu nutzen gedenken. Indem sie sich gegenüber der Mutterschaft distanziert verhalten, machen die Frauen erneut implizit einen Schritt auf ihre Gefährten zu. Der Einfluß der Natur geht zurück, und damit wird der Unterschied, der die Geschlechter voneinander trennt, geringer.

Die Beziehung, die sie eint, wandelt sich erneut. In frühester Vorzeit, soviel glaubte man zu erkennen, gab es eine Periode des restriktiven Gleichgewichts, das auf der Trennung der Rollen und der Machtbefugnisse beruhte. Die Frau brachte das Wunder des Lebens hervor, der Mann wagte es, dem Tod die Stirn zu bieten. Beide waren sie, wie es die Zeugnisse der paläolithischen und prähistorischen Kunst belegen, von einem spezifischen Prestige umgeben. Das Gleichgewicht, das auf einer komplementären Auffassung der sexuellen Funktionen beruhte, wurde durch ökologische, ökonomische und ideologische Umwälzungen zerstört. Was zuvor den Ruhm und die Besonderheit der Frauen ausgemacht hatte, wurde nun den Männern zugute gehalten: Sie, die absoluten Herren der Außenwelt, beseitigten die Göttinnen zugunsten der Götter und hefteten das mit der menschlichen Fortpflanzung verbundene Prestige an ihre eigene Fahne. Die Frau, auf den marginalen Status eines Bauches und einer Hausfrau reduziert, blieb lange von jeder Form von Transzendenz ausgeschlossen. Die Komplementarität war nichts anderes als eine

Illusion, wenn man das eine Geschlecht zum Gegenteil des anderen erklärte, so als ob sie nicht beide zur gleichen Art gehörten.

Diese negative Komplementarität war Anlaß für eine Art Krieg der Geschlechter. Er ließ die bisherigen Verliererinnen dazu neigen, allen derartigen Schemata zu mißtrauen. Sie wußten aus Erfahrung, daß die Komplementarität den Keim der Ungleichheit und der Unterdrückung enthält, und so haben sie sich hartnäckig an die Aufgabe gemacht, deren Fundamente zu untergraben.

Die Gleichberechtigung, deren Verwirklichung absehbar ist, erzeugt die Ähnlichkeit, die dem Krieg ein Ende macht. Beide Protagonisten verstehen sich nun als das »Ganze« der Menschheit, und jeder vermag den anderen, der zu seinem Doppelgänger geworden ist, besser zu begreifen. Es sind notwendigerweise andere Gefühle, die dieses Paar von Mutanten miteinander verbindet. Die Fremdheit weicht und läßt Raum für die »Vertrautheit«. Wir mögen dabei ein wenig an Leidenschaftlichkeit und Heftigkeit des Begehrens einbüßen, doch was man dabei gewinnen wird, sind Zärtlichkeit und gegenseitiges Verständnis, Empfindungen, wie sie zwischen Familienangehörigen möglich sind: zwischen Mutter und Kind, zwischen Bruder und Schwester ... und schließlich zwischen allen, die die Waffen niedergelegt haben.

1. Die Ähnlichkeit der Geschlechter

Das neue Leitbild, das vor unseren Augen entsteht, ist aus mehr als einem Grund beängstigend. Akteure einer Revolution, die sich gerade erst abzeichnet, haben wir unsere alten Anhaltspunkte verloren, ohne neuer Anhaltspunkte sicher zu sein. Von unseren Wurzeln, die noch zur alten Welt gehören, getrennt, werden wir rasch von dem ungeheuren Kulturwechsel, den wir selbst angestoßen haben, erfaßt. Er löst widersprüchliche Empfindungen aus, die uns unbehaglich sind. Er geht uns zu schnell und gleichzeitig zu langsam; wir möchten mit der alten Kultur brechen und fürchten doch die neue; schließlich wissen wir nicht mehr, wer wir sind, und wir erkennen nicht deutlich, wer wir sein wollen.

Jeder versteht, daß man in das Verhältnis zwischen Mann und Frau nicht ungestraft eingreift. In ihm begegnen sich Natur und Kultur, es ist nicht nur »das Paradigma«[1] von Gesellschaft schlechthin, es beeinflußt auch unser innerstes Wesen. Wir haben die Machtverhältnisse innerhalb unserer Gesellschaft verändern wollen und nun sehen wir, daß unsere »Natur« sich ändert, zumindest nehmen wir Aspekte dieser Natur wahr, die uns bisher unbekannt waren. Mit der Erschütterung unserer grundlegenden Gewißheiten werden Selbstverständlichkeiten zu Problemen.

Die gesellschaftlichen Fixpunkte verflüchtigen sich, die Geschlechtsrollen sind nicht mehr starr vorgegeben, die Frauen können sich dafür entscheiden, nicht Mutter zu werden, und so wird es immer schwieriger, klar zu erfassen, worin der spezifische Unterschied zwischen dem einen und dem anderen besteht. Die immer mehr zunehmenden Hinweise auf unsere bisexuelle Natur machen uns vollends ratlos. Wenn man von dem nicht zu beseitigenden Unterschied in den Chromosomen[2] absieht, bleiben nur noch Unterscheidungen im Sinne von mehr oder weniger. Gewiß gibt es beim einen mehr männliche und beim anderen mehr weibliche Hormone[3], doch werden weibliche und männliche Hormone von beiden Geschlechtern produziert[4]. Die Männer besitzen größere Muskelkraft[5] und mehr Aggressivität als die Frauen[6], doch diese Unterschiede weisen von einem Individuum zum anderen große Schwankungen auf.

Wenn die Unterschiede zwischen uns letzten Endes auf unser Erbmaterial zurückgehen, von dem das Geschlecht der Keimzellen[7] abhängt, so müssen wir aufgrund der Pathologie der geistigen und körperlichen Krankheiten sowie verschiedener Fälle von Intersexualität anerkennen, daß es außer den beiden Geschlechtern, die das Gesetz kennt, eine schwankende Zahl von Zwischenformen zwischen dem eindeutig weiblichen und dem eindeutig männlichen Typ gibt.[8] Prof. Baulieu nimmt deshalb an, daß es »eine große anfängliche Ähnlichkeit und eine gewisse Plastizität in der Differenzierung der beiden Geschlechter«[9] gibt, mit anderen Worten, daß »es keine unüberschreitbare Grenze zwischen dem Männlichen und dem Weiblichen gibt«[10].

Zu der von uns durchgesetzten Ähnlichkeit der Rollen kommt eine physiologische Plastizität hinzu, von der wir gestern noch nichts ahnen konnten. Diese Ähnlichkeiten und Interferenzen lassen die Geschlechter sicherlich nicht identisch werden, aber sie geben doch Anlaß, erneut über die Geschlechter nachzudenken. Das ist um so schwieriger und gewagter, als man sich dabei an keinerlei Modell halten kann.

Eine schwindelerregende Mutation

Die Ähnlichkeit der Geschlechter ist eine solche Neuerung, daß man durchaus von einer Mutation sprechen kann. Bislang wurden die Rollen und Aufgaben in allen Gesellschaften, die wir kennen, zwischen Mann und Frau aufgeteilt. Es gab dabei zwar keine einheitliche Regel, was nun welchem Geschlecht zuzuweisen sei, »doch erschien die binäre Konzeption der Rollenverteilung so universell, daß man sie als ein *Gattungsphänomen* betrachten konnte«.[11]

Unsere Kultur, die mit diesem universellen Schema der Komplementarität Schluß macht, ist vielleicht gerade dabei, einige »Wesens«merkmale der menschlichen Gattung zu modifizieren. Wenn es auch noch zu früh ist, um sämtliche Konsequenzen[12] eines Wandels zu ermessen, der mehrere Generationen, ja sogar Jahrhunderte in Anspruch nehmen kann, so ist doch gleichwohl zu erkennen, daß mit dem 20. Jahrhundert in unserem Teil der Welt etwas begonnen hat, was nach einer neuen Ära aussieht.

Mancher helle Kopf wird uns mit Nietzsche darauf aufmerksam machen, daß die großen Ereignisse taubenfüßig daherkommen und daß die wahren Mutationen für den einzelnen unerkennbar sind; andere sind pessimistischer gestimmt und malen sich aus, daß ein Krieg oder eine besonders harte Krise die von uns angedeutete Entwicklung der Lebensweise gänzlich unterbinden könnte. Wieder andere, die Moralisten, werden in diesem Wandel, der der natürlichen Ordnung so sehr zuwiderläuft, nichts als eine Äußerung der Dekadenz erkennen, wie es sie in der Geschichte schon häufig gegeben hat. Sie werden darauf vertrauen, daß die Natur wieder auf den rechten Weg zurückfindet, den sie nie hätte verlassen sollen.

Wer vermöchte heute ganz und gar über diese Einwände hinwegzugehen? Ein gewisses Gewicht und eine gewisse Wahrheit kommt allen zu. Der erste Einwand, der uns zur Vorsicht mahnt und daran erinnert, daß man ja nur eine bereits vollzogene Mutation beobachten kann, betrifft uns stärker als die beiden anderen, die von einer Veränderung im Grunde nichts wissen wollen und die Vergangenheit weiterhin als Modell für die Gegenwart betrachten. Der zweite Einwand führt eine vielfach von der Geschichte belegte Wahrheit an, die aber heute mehr auf die kurz- als auf die langfristige Betrachtung zutrifft. So haben zwar die Experimente des Nationalsozialismus und des Faschismus mit der Demokratie, den Menschenrechten und der Befreiung der Frau rücksichtslos Schluß gemacht, doch sind diese drei Bestrebungen der westlichen Menschheit nach dem Verschwinden dieser kläglichen Regime um so stärker wieder aufgelebt, so als seien sie irreversibel.

Wir halten es lieber mit der Möglichkeit, daß die Evolution zeitweilig zum Stillstand kommen kann, als mit der Vorstellung, daß auf jede Verletzung der Natur, die manchmal auch als Verstoß gegen die Moral aufgefaßt wird, eine transzendente Strafe wartet. Die Paläontologie, die Evolutionslehre und die Geschichte erinnern uns daran, daß die Natur und die Menschheit in ihrer Entwicklung nie stehengeblieben sind und daß auch die Moral einem Wandel unterliegt.

Daß die Behauptung gewagt und nicht hinreichend begründet ist – manche werden sie sicher als Einbildung bezeichnen –, ist uns sehr wohl bewußt, aber dennoch wagen wir es und sprechen von einer Mutation. Dazu veranlassen uns zwei Gründe: einmal die Tatsache, daß die menschlichen Bestrebungen und Verhaltensweisen, um die es hier geht, etwas ganz Neues sind, aber auch der hartnäckige Eindruck, daß die Zuweisung der Rollen und Stellungen heute nicht mehr unantastbar ist.

Eine große Premiere in der Menschheitsgeschichte

Um das Ausmaß des Wandels, den wir gegenwärtig durchmachen, klarer zu erfassen, wenden wir uns für einen Augenblick wieder den Feststellungen der Anthropologen zu. Sie bezeichnen ausnahmslos die Arbeitsteilung als charakteristisches Merkmal der Menschheit. Die technisch-wirtschaftlichen Beziehungen zwischen Mann und Frau sind allerorten und zu allen Zeiten stark komplementär, ganz anders als in der Tierwelt, die keine geschlechtliche Spezialisierung bei der Nahrungssuche kennt.

Gleichgültig, wie weit man in die Vergangenheit zurückgeht, die Fossilien der Hominiden liefern den Beweis für die geschlechtliche Teilung der Aufgaben: Die Frau ist durch ihre Mutterschaften an einen festen Ort gebunden, während der Mann als Jäger, Nomade und Kundschafter umherstreift. »Das Männliche und das Weibliche«, ist mit Recht behauptet worden, »entwickeln ihre je eigene Soziabilität, Kultur, Psychologie«[13], und das geht so weit, daß Männer und Frauen zwei verschiedene Gesellschaften bilden, die einander bald mehr, bald weniger ergänzen. Es ist auch richtig, daß dieses Verhältnis sich in seinen Grundzügen bis heute immer wieder reproduziert hat, so daß es als ein universales Phänomen, als ein Wesenszug der Menschheit erscheint.

Während sich der Gegensatz zwischen den Geschlechtern verwischt, sei noch einmal an die entscheidende Feststellung von Margaret Mead erinnert:

»*Immer* finden wir die Verteilung (der Geschlechtsrollen). Wir kennen keine Kultur, die ausdrücklich behauptet, der Unterschied zwischen Mann und Frau bestehe lediglich in der Form, in der beide Geschlechter zur Erzeugung der Nachkommenschaft beitragen.«[14] Behaupten wir etwas anderes, als daß Mann und Frau – abgesehen vom Bereich der Fortpflanzung – einander ähnlich sind?

Die kluge Margaret Mead hat ebenfalls darauf hingewiesen, daß eines der Wesensmerkmale menschlicher Gesellschaften in einer gewissen Mitwirkung der Männer bei der Erziehung der Kinder besteht. Der spezifisch menschliche Aspekt der Familie liege nicht im Schutz, den der Mann den Frauen und Kindern angedeihen läßt (das findet man auch bei den Primaten), sondern in dem nährenden Verhalten des Mannes, »der überall bei menschlichen Wesen Nahrung für Frauen und Kinder herbeischaffen hilft ... Trotz dieser Ausnahmen[15] beruht jede bekannte menschliche Gesellschaft fest auf dem erlernten Ernährungsverhalten der Männer«.[16]

Gleichgültig, für welche Bedürfnisse der Mann zu sorgen hat, dieses Verhalten, das, wie Margaret Mead selbst sagt, »erlernt« und »gefährdet« ist, hat sich dennoch überall bis gestern erhalten. Heute hat es seinen allgemeinen Charakter verloren, der es zu einer der Grundlagen der menschlichen Gesellschaft machte. Wohl haben die Frauen stets in unterschiedlichem Ausmaß für ihren Unterhalt und den ihrer Kinder gesorgt, doch war auch der Beitrag des Mannes unabweisbar notwendig, und wenn er fehlte, spürte man das empfindlich. Das ist im abendländischen Raum heute nicht mehr der Fall. Die Frauen können nicht nur immer besser ohne Hilfe der Männer für ihren Unterhalt aufkommen, sondern die neuen Familienformen, die es seit zwanzig Jahren gibt, zeigen auch, daß die Frauen ebenfalls imstande sind, für die Bedürfnisse ihrer Kinder zu sorgen. Ein Beweis sind die ledigen Mütter, die den Vater gar nicht kennen wollen, und – noch zahlreicher – die geschiedenen Frauen, die einen lächerlichen Unterhalt bekommen, wenn sie nicht gar vergeblich darum kämpfen.

In allen Gesellschaften ist es bei der Pflicht des Vaters geblieben, sich am Unterhalt der Kinder zu beteiligen. Sein Beitrag unterscheidet sich jedoch nicht mehr »qualitativ« von dem der Mutter – beide gehen arbeiten und verdienen Geld –, und die ihm auferlegte Pflicht ist mindestens ebensosehr moralisch wie durch die wirtschaftliche Notwendigkeit begründet[17]. Es scheint, als müßte die Gesellschaft den Vater an seine Verantwortung als »Versorger« erinnern, die er sonst vielleicht vergessen könnte.

F. Héritier hat schließlich festgestellt, daß in allen Gesellschaften, die wir kennen, »die Männer sich einen Sonderbereich geschaffen haben, zu dem Frauen keinen Zugang haben, in Symmetrie zu der den Männern verwehrten biologischen Fortpflanzung: ein ausschließlich den Vertretern des männlichen Geschlechts vorbehaltenes technisches Fachwissen, das auf einem wirklich oder scheinbar komplizierten Wege erlernt werden muß, ohne daß sich aber die Ausschließung der Frau durch irgendein Merkmal des weiblichen Körperbaus rechtfertigen ließe.«[18] Auch hier verschwinden die alten Gewißheiten. Es gibt praktisch keinen den Männern vorbehaltenen Bereich mehr, und es fällt schwer, auch nur eine spezifisch männliche Tätigkeit zu nennen, die nicht auch von Frauen ausgeübt wird.

Unsere Gesellschaft ist im Gegenteil sehr energisch darum bemüht, auch in solchen Bereichen, von denen man meinte, sie seien eine unverrückbare Besonderheit des einen oder anderen Geschlechts, den Zugang für beide Geschlechter zu sichern.

Krieg und Bemutterung

Seit dem Auftreten des *homo sapiens* sind zwei Aktivitäten bis heute das ausschließliche Vorrecht des einen oder des anderen Geschlechts geblieben: die Jagd und der Krieg sind männlich, die Bemutterung ist weiblich. Jetzt treten neue Verhaltensweisen auf, die sich auf unsere Vorstellungswelt auswirken, die dann ihrerseits, indem sie die Ähnlichkeiten stärker betont als die Unterschiede, unsere Verhaltensweisen beeinflußt. Das gilt für den Krieg wie für die Kinderpflege. Im einen Fall werden die Frauen männlicher, im anderen die Männer weiblicher.

Einerseits hat die ausdrückliche Absage an das Leitbild des Kriegers zu einem veränderten männlichen Identitätsgefühl sicherlich ebenso beigetragen wie zu einer anderen Einschätzung der Männer durch die Frauen[19]. Andererseits hat sich aber unsere Wahrnehmung des Krieges innerhalb weniger Jahrzehnte stark geändert. Unsere neue Sicht, in der die Frauen nicht mehr von dieser tödlichen Aktivität ausgeschlossen sind, hat mehr mit unserer Vorstellungswelt als mit unserer Alltagserfahrung zu tun. Frauen gibt es heute in jeder Armee der Welt. Man sagt zwar, sie würden nicht direkt mit dem Feind in Berührung kommen, aber in unseren Köpfen haben wir die Vorstellung von Frauen in Uniform, die mit geschulterter Waffe im Gleichschritt mit den Männern vorbeidefilieren. Das Weibliche ist bei ihnen zurückgenommen, und sie erscheinen uns kaum verschieden von ihren Kollegen.

Es gibt andere Bilder, die uns die Möglichkeit der Frau als Kriegerin glaubhaft erscheinen lassen. Da waren zunächst die nationalen Befreiungskriege der Länder der Dritten Welt. Die »Untergrundarmeen« haben oft genug Frauen dazu benutzt, Bomben zu legen oder sonstige tödliche Aufgaben auszuführen. Selbst in islamischen Ländern hat man sich nicht gescheut, Frauen für den Kampf an der Seite der Männer anzuwerben, wobei das »gute Motiv« für einen Augenblick die jahrtausendealten Vorurteile zum Schweigen brachte. Über den hohen Frauenanteil an den terroristischen Bewegungen Italiens und Deutschlands während der 70er Jahre hat man sich allerdings sehr gewundert. Frauen stellten über fünfzig Prozent der Rote Armee Fraktion[20] und annähernd den gleichen Anteil bei den Roten Brigaden. Man hat diese Frauen in noch stärkerem Maße als ihre politischen Freunde für pervers und inhuman erklärt, aber in die kollektiven Vorstellungen haben sie sich eingegraben. Das Bild und die Persönlichkeit dieser überwiegend aus gutsituierten Kreisen stammenden jungen Frauen[21] wird allgemein verabscheut, aber sie haben den absurden Beweis geliefert, daß Todessehnsucht und Brutalität keine spezifisch männlichen Charakterzüge sind. Die Frauen sind zu den schändlichsten Handlungen imstande, können hemmungslos und ohne Mitgefühl foltern und töten, und diesmal aus »schlechten Motiven«. Man wird vielleicht sagen, die abwegigen

Verhaltensweisen seien genau das Gegenteil von der Norm und es sei völlig verkehrt, diese durch jene zu erklären. Aber aus welchen Motiven auch immer die Frauen zu den Waffen greifen, wir sind jetzt überzeugt, daß auch sie ein Potential an Aggressivität in sich bergen, das die traditionelle Vorstellung von der Frau sprengt. Mörderinnen hat es zu allen Zeiten gegeben, aber wir wissen jetzt, daß Frauen ebenfalls imstande sind, an einem organisierten Krieg teilzunehmen und Handgranaten mit der gleichen Entschlossenheit zu werfen wie Männer. Wir mögen versuchen, das Grauen zu verdrängen, das solche Vorstellungen in uns wecken, auslöschen können wir sie nicht mehr.

Unsere Auffassung, daß die Geschlechtsrollenunterschiede bedeutungslos werden, wird noch durch die drohende Gefahr eines weltweiten Atomkriegs verstärkt. Für den kämpfenden Soldaten ist in einem solchen Krieg kein Platz mehr. Ob Männer oder Frauen, wir sehen uns als unmittelbare, absolut wehrlose Opfer. Mut, Kraft, Ausdauer – das nützt nichts mehr. Angesichts der Atombombe wird der Unterschied zwischen den Geschlechtern bedeutungslos: Wir sind alle Opfer, aber wir können auch alle Henker sein. Auf einen Knopf zu drücken und einen Atomkrieg auszulösen, ist keine Frage des Geschlechts, sondern der Moral und des Charakters eines Staatsoberhauptes, dessen Geschlechtszugehörigkeit von geringer Bedeutung ist.

Manche mögen sich durch solche Phantasmen nicht beirren lassen und stellen sich den Krieg weiterhin im traditionellen Sinne als eine spezifisch männliche Aktivität vor. Dennoch bleibt der andere Krieg eine reale Möglichkeit, die unsere Vorstellung von der jahrtausendealten männlichen Kultur tiefgreifend verändert.

Diese Kultur wird nicht minder durch eine neue Auffassung der Vaterschaft erschüttert, eine Auffassung, die darauf hinausläuft, daß die Bemutterung nicht mehr allein Sache der Frauen ist. Es ist schon viel darüber geschrieben worden, und manche sprechen ironisch von einer »neuen Mode«, doch scheint uns die allmähliche Evolution der väterlichen Verhaltensweisen der entscheidende Faktor für die Verwischung der Rollen und damit für die Angleichung der Geschlechter zu sein.

Seit rund 15 Jahren verwischt sich in den meisten westlichen

Gesellschaften nach und nach die Grenze zwischen dem Bereich der Mütterlichkeit und dem der Väterlichkeit. Die Männer beginnen unmittelbar zu erfahren, was es heißt, ein Kind zu haben und für das Kind all das zu tun, was die Frauen seit jeher getan haben. Mit der neuen Väterlichkeit bekunden sie ihr »nährendes Selbst« und eine Weiblichkeit, von der sie vielfach nicht einmal wußten, daß sie in ihnen steckte.

James Levine hat die neue Väterlichkeit in den Vereinigten Staaten erforscht und kommt zu dem Schluß, daß die fortschreitende Verwischung der Grenze zwischen Mütterlichkeit und Väterlichkeit sich in verschiedenen Bereichen äußert[22]. Im Rechtswesen haben die Jahre zwischen 1960 und 1980 bedeutende Veränderungen gebracht. In mehreren amerikanischen Staaten[23] ist es im Falle einer Scheidung zulässig, daß die Eltern das Sorgerecht für die Kinder gemeinsam wahrnehmen, und man kann feststellen, daß der Anteil der Väter, dic das Sorgerecht für ihre Kinder haben, in den letzten zehn Jahren ständig gestiegen ist. In Frankreich wird in neun bis elf Prozent aller Fälle das Sorgerecht für die Kinder dem Vater übertragen. Seit einigen Jahren wächst dieser Anteil nicht mehr, vor allem wegen hartnäkkiger Vorurteile und der Mentalität der Richter. Die Väter haben jedoch ihre Forderungen mit hinreichender Lautstärke vorgetragen, so daß die Gerichte jetzt allmählich zur Kenntnis nehmen, daß Väter wie Mütter gleichermaßen geeignet sind, die elterlichen Aufgaben zu erfüllen[24].

Die Wissenschaft interessiert sich immer mehr für die »neuen Väter«. Noch vor zwanzig Jahren waren die Väter für die Verhaltensforscher eine praktisch nicht existierende Gattung; heute hat die Forschung über die Vaterschaft in den USA und in anderen westlichen Ländern gute Aussichten, zu einem führenden Sektor zu werden[25]. Die meisten Untersuchungen ziehen die Behauptung in Zweifel, daß es im Hinblick auf die Fähigkeit, die Kleinen zu versorgen, Unterschiede zwischen Müttern und Vätern gebe.

Diese Behauptung verschwindet allmählich aus den für das allgemeine Publikum bestimmten Handbüchern der Säuglings- und Kinderpflege, die sich in den letzten zehn Jahren bemerkenswert entwickelt haben. In der Bibel der amerikanischen Mutter, dem Buch *Säuglings- und Kinderpflege* von Dr. Benjamin Spock[26], und in der französischen Bibel der werdenden Mutter, dem Buch *J'attends un enfant* von Laurence Pernoud[27], wurden die Väter 1974 noch so dargestellt, als hätten sie wenig Interesse, wenig Talent und wenig Verantwortung für die Erziehung der Kinder. Den Müttern wurde nahegelegt, den Vätern nichts aufzuzwingen und »einen angeblich typisch männlichen Widerwillen«[28] zu respektieren.

Um 1975–77 hatten die neuen Väter die Handbücher der Säuglings- und Kinderpflege schon überholt und zwangen die Ratgeber zu einer Revision ihrer Empfehlungen. »Dr. Spock legt ein Neues Testament mit völlig überarbeiteten Kapiteln und Versen vor. Seine Empfehlung für die neue Väterlichkeit lautet folgendermaßen: Der Vater sollte sich mit der Mutter schon von Geburt an in die tägliche Pflege des Kindes teilen ... So lernt er auf natürliche Weise, ebenso wie die Mutter.«[29]

Zu den neuen Verhaltensweisen gehört etwa, daß in mehr als der Hälfte der amerikanischen Bundesstaaten alleinstehende Männer Kinder adoptieren; in Filmen und Zeitschriften wird die Wichtigkeit des Körperkontakts zwischen dem Vater und seinem Kind betont, aber die neue Väterlichkeit bleibt Sache einer Minderheit. Wir sollten sie jedoch nicht als eine flüchtige Mode betrachten, zumal sie einer Forderung der jungen Mutter entspricht und neue Aspekte des männlichen Unbewußten aufdeckt. Im übrigen zieht sich eine solche Umwälzung der Lebensformen über mehrere Generationen hin.

Es gibt mittlerweile zahlreiche Untersuchungen über die neuen Väter, und daraus geht hervor, daß sie jung sind, daß sie an der Schwangerschaft und der Entbindung ihrer Frau teilnehmen und daß sie ihr Baby mit aller notwendigen Liebe füttern, trockenlegen und baden. Diese Männer zeigen gegenüber ihrem Nachwuchs komplexe und ambivalente Reaktionen, die man bislang allein der Mutter vorbehalten glaubte.

Erstmals interessiert man sich für die Empfindungen von Männern, die ein Kind erwarten. Man spricht ohne Ironie vom »schwangeren Mann« und von einem »Erstvater«[30], und man bemerkt, daß auch der Vater körperlich auf die bevorstehende Ankunft des Babys reagiert. G. Delaisi de Parseval hat wahrscheinlich recht mit ihrer Vorhersage, daß die Couvade in einigen Jahren etwas Alltägliches und Normales sein wird.

Ohne noch einmal im einzelnen auf das Syndrom der väterlichen Couvade einzugehen, seien hier die Schlußfolgerungen festgehalten[31], die sich aus der Tiefenstudie ergeben, welche die Ethno-Psychoanalytikerin an zwölf normalen Erstvätern durchgeführt hat. Sie stellt vor allem eine »außerordentliche Ähnlichkeit der Phantasmen im Hinblick auf die Fortpflanzung bei Männern und Frauen« fest, denn beide reagieren auf die Geburt des ersten Kindes mit der gleichen libidinösen Umorganisation. Der einzige Unterschied besteht darin, daß das »Mutterwerden die Frau vielleicht eher auf ihre – reale oder phantasmatische – Beziehung zu ihrer eigenen Mutter verweist, während das Vaterwerden sich eher zwischen dem Mann und seinem Vater abspielt.«[32]

Im Hinblick auf die Fortpflanzung weisen demnach Mann und Frau eine ähnliche psychische Funktionsweise auf, weil sie die beiden Quellen der Elternschaft – ihre biologische Bisexualität und ihre Abhängigkeit von der Mutter – gemein haben. G. Delaisi de Parseval übernimmt die Theorie der amerikanischen Psychoanalytikerin Therese Benedek[33] und meint, daß man, um die Quellen der Elternschaft zu begreifen, statt der klassisch betonten ödipalen Elemente stärker die Bedeutung der prägenitalen Elemente hervorkehren sollte. Das Mutterwerden läßt die Frau ebenso wie das Vaterwerden den Mann auf die Stufe oraler Abhängigkeit regredieren. Anders gesagt, »Männer und Frauen beginnen mit dem gleichen (bewußten und unbewußten) psychologischen Gepäck und sind insofern menschliche Wesen, noch ehe sie geschlechtlich differenzierte Wesen sind«.[34] Diese Auffassung bestätigt der Kinderarzt M. Yogman, Nachfolger von Dr. Brazelton an der Harvard Medical School; er erklärt, daß »zwischen Vätern und Müttern eine auffällige psychologische Ähnlichkeit besteht, was das Erleben der Schwangerschaft und die Pflege des Neugeborenen angeht.«[34a]

Der neue Vater zeigt sich, sobald der Fetus sich durch seine Bewegungen bemerkbar macht. Er legt seine Hand auf den Leib der Mutter, streichelt das Kind, das dafür empfänglich ist und mit Bewegungen reagiert[35], die die Entstehung des väterlichen Gefühls beschleunigen. Mit acht Monaten nimmt der Fetus Geräusche der Außenwelt wahr, und es bereitet dem neuen Vater weniger Verlegenheit als seinem eigenen Vater, mit dem Ungeborenen zu sprechen. Aber nicht nur mit dem Tastsinn und der Stimme, auch mit dem Auge (Ultraschall) und dem Ohr (Wahrnehmung des Herzschlags) nimmt der künftige Vater Kontakt mit dem Kind auf, so daß die Vaterschaft tatsächlich vor der Geburt begründet wird.

Ist er bei der Entbindung zugegen, kann der Vater die Nabelschnur durchtrennen (die Mutter vom Kind trennen), es auf den Bauch der Mutter legen und es dann zum ersten Mal baden. In solchen Augenblicken hat der Vater Empfindungen und erlebt ein sinnliches Glück, das bisher der Mutter vorbehalten war. Wenn man beobachet, wie er das Neugeborene versorgt, bemerkt man eine Gewandtheit, eine Sanftheit und eine Zärtlichkeit, die man bei dem traditionellen Vater nicht geahnt hätte. Die Gestik des Mannes wird weiblicher während dieses zärtlichen Umgangs mit dem Kind, von dem man in unseren Kulturen glaubte, nur Frauen seien dazu fähig. Dies ist sicherlich jener Abschnitt im Leben eines Mannes, in dem sich seine psychische Bisexualität am stärksten äußern kann, eine Art Rückkehr in seine eigene Kindheit, bei der er sich gleichzeitig mit dem Kind, das er einmal war, und mit seiner Mutter identifiziert.

Die neuen Väter bilden gewiß noch keine Mehrheit, aber auch sie sind schon Bestandteil unserer kollektiven Vorstellungskraft geworden. Die Werbung, die ja die gesellschaftliche Realität beziehungsweise unsere Phantasien eher widerspiegelt, als daß sie ihnen vorgreift, hat zum Beispiel schon vor fünfzehn Jahren von unseren neuen elterlichen Wünschen Kenntnis genommen. Die Agentur Publicis hat 1971 für die Firma Prénatal (Konfektion für werdende Mütter) eine Werbekampagne gestartet, die ganz auf den künftigen Vater ausgerichtet war, illustriert durch ganzseitige Fotos von lächelnden, männlich wirkenden jungen Männern. Die Kampagne »pré-papa«, für die man den Werbespruch gewählt hatte »ein Kind erwartet man zu zweit«, war ein Fehlschlag[36], denn bei den einen löste sie Heiterkeit, bei den anderen Rührung aus. Diese Art der Werbung war damals überraschend, aber sie hat niemanden schockiert. Sie entsprach einer sich herausbildenden Sensibilität. Man könnte sogar sagen, daß sich ein gewisser Konsens abzeichnete; man war sich einig darin, daß der Mann endlich seine Rolle in diesen Frauenangelegenheiten übernehmen sollte, daß endlich der Vater geboren werden sollte.

Ideologie und Politik der Ähnlichkeit

Bis in die 60er Jahre hinein kam es uns so vor, als sei der Unterschied so tief in der Natur verankert, daß wir es gerechtfertigt fanden, wenn Männer und Frauen nicht die gleichen Aufgaben erfüllten und nicht die gleichen Rechte besaßen. Jungen und Mädchen wurden unterschiedlich erzogen, damit sie besser auf ihr künftiges Schicksal vorbereitet waren. Überall, von der Schule bis zur Fabrik, von der Küche bis zum Salon, von den Toiletten bis zu den Clubs, waren jedem der Geschlechter bestimmte Orte zugewiesen, welche die Trennung und die Differenz verstärkten.

Die feministischen Bewegungen der 70er Jahre wollten dieser Teilung der Welt ein Ende machen. Ihr Kampf um die Sprache war ebenso wichtig wie ihre organisierten Aktionen. Sie brachten zwei neue Ausdrücke in Umlauf, die, ohne den Geschlechtsunterschied direkt in Frage zu stellen, den Bannstrahl gegen all jene richteten, die ihn bejahten und befürworteten. »Sexismus«[37] und »Diskriminierung der Frau« sind zu ebenso schwerwiegenden moralischen Vorwürfen geworden wie »Rassismus« und »Rassendiskriminierung«.[38]

Allerdings hatten sich – vor allem in Frankreich[39] – einige talentierte Feministinnen gegen das Leitbild der Ähnlichkeit gewandt, weil sie darin eine Gefahr für das spezifisch Weibliche sahen. Sie befürchteten, die Frauen könnten sich dem männlichen Leitbild anpassen und ihre eigenen Reichtümer verkennen, und wollten auf die Gefahr hinweisen, daß diese Entwicklung (zur Ähnlichkeit) mit einem Triumph des Mannes enden könne. Sie bemühten sich daher um eine Klärung und Aufwertung der weiblichen Charakterzüge: Man entdeckte die Existenz einer weiblichen Schrift, eines weiblichen Denkens, eines weiblichen Unbewußten. Kurz, man brachte den Gedanken einer eigenen Natur und einer eigenen Kultur der Frauen wieder zu Ehren, und es galt zu erreichen, daß auch die Männer deren Authentizität und Wert anerkannten. Diese Feministinnen waren mit den Forderungen nach Gleichberechtigung durchaus einverstanden, wollten aber um jeden Preis die Unterschiede, die Differenzen erhalten wissen, wie damals übrigens auch die Vertreter anderer Minderheitskulturen (Juden, Schwarze, Emigranten oder Regionalisten), deren Parole lautete: »Gleichheit in der Verschiedenheit«.

Diese Forderung, die schwer zu verwirklichen und nicht ohne Fußangeln war, wagte niemand anzuzweifeln, doch war man sich einig, daß es zunächst gelte, für die Freiheit zu kämpfen, bevor man an die Unterschiede denken konnte, aus denen in der Vergangenheit so viel Unglück erwachsen war. Seit den 70er Jahren hat sich unter dem ständigen Druck der Feministinnen ein regelrechter politischer Konsens hergestellt, die Spuren der Diskriminierung der Frau in den verschiedenen Bereichen des privaten und öffentlichen Lebens zu beseitigen. Von 1974 bis heute hat sich jede Regierung – ob sie von der Rechten oder der Linken gestellt wurde – um eine Politik der Öffnung und Gleichstellung bemüht. Das Familiengesetzbuch wurde geändert, in den Oberschulen und den Elitehochschulen wurde die Koedukation eingeführt, und nach und nach wurden alle Berufe jedem unabhängig von seiner Geschlechtszugehörigkeit zugänglich[40]. Das Gesetz vom Juli 1983 stärkte die berufliche Gleichstellung und verbot bei Meidung einer Geldstrafe die Veröffentlichung von diskriminierenden Stellenanzeigen[41]. Die Schulbücher wurden entstaubt und von stereotypen Vorstellungen über die Geschlechter gereinigt[42], die im Unbewußten der Kinder die Keime zum Sexismus legen könnten. Schließlich haben es sich die Politiker in allen der Gesetzgebung unterliegenden Bereichen zur Aufgabe gemacht, für eine gemischte Besetzung offener Stellen und gleiche Besoldung zu sorgen. Sie haben dadurch ganz bewußt zur Stärkung des Leitbildes der Ähnlichkeit der Geschlechter beigetragen, doch um private Verhaltensweisen zu ändern, reichen Gesetze natürlich nicht aus[43].

Daß viele konservative Politiker sich gegen diese Entwicklung zu stemmen versuchten, hat nicht verhindern können, daß der Gedanke der Ähnlichkeit und die Entschlossenheit, das egalitäre Programm der französischen Revolution zu vollenden, sich ausbreiteten. Die politische Klasse[44] hat dabei durchaus ein gewisses Widerstreben an den Tag gelegt, aber die anklagenden Reden der Feministinnen klangen in den Ohren der Demokraten wie eine unerträgliche Mahnung zur Gerechtigkeit. Die politische Willensbildung ist vielfach der allgemeinen Willensbildung vorausgeeilt, die sich nicht so leicht den Anforderungen des neuen Leitbildes anpaßt. Wenn sich die Verhaltensweisen auch nur zögernd den Absichten des Gesetzgebers anpassen, so kann man doch feststellen, daß dieses Leitbild von einer Minderheit bejaht wird. Mögen Theorie und Praxis auch noch auseinanderklaffen, die neue Generation fordert Gleichberechtigung und Beseitigung aller Zulassungsbeschränkungen.

Verschiedene Umfragen über die Aufgabenverteilung zwischen Mann und Frau zeigen, daß die Ansichten darüber sich sehr rasch gewandelt haben, aber auch, daß das neue Leitbild nicht nur von Männern abgelehnt wurde. Nicole Tabard hat 1971 eine bedeutende Untersuchung über die Bedürfnisse und Wünsche der Familien[45] durchgeführt, die ein getreues Abbild der damaligen öffentlichen Meinung Frankreichs bietet[46]. Die Meinungen von Mann und Frau gingen nach dieser Untersuchung vor allem im Hinblick auf die Frauenarbeit auseinander. Die Befragten wurden gebeten, unter drei Familienmodellen dasjenige auszuwählen, das ihnen ideal erschien, und ihre Antworten verteilen sich wie folgt[47]:

	Männer	Frauen
Beide Ehegatten sind beruflich in gleichem Maße beansprucht und teilen sich die Hausarbeit	7,4%	14,5%
Die Frau wird von ihrem Beruf weniger in Anspruch genommen und erledigt die meisten häuslichen Aufgaben	24,8%	30,7%
Nur der Mann übt eine berufliche Tätigkeit aus, während die Frau zuhause bleibt	67,8%	54,8%

1971 lehnten die Männer – und zwar in allen sozialen Schichten – die Frauenarbeit stärker ab als ihre Ehefrau, doch die Mehrheit der Frauen hing noch immer an der traditionellen Aufgabenverteilung. Einige Jahre später zeigten Untersuchungen über die Rollenverteilung, daß sich die Ansichten besonders bei der jüngeren Generation erheblich gewandelt hatten. Louis Roussel und Odile Bourguignon[48] stellten 1977 jungen Menschen zwischen 18 und 30 Jahren die folgende Frage: »Oft hört man, die Rollen, die Mann und Frau bei der Kindererziehung und im Familienleben spielen, würden immer austauschbarer. Was meinen Sie: Stimmt das oder stimmt das nicht?«[49]

	Verheiratete		Unverheiratete		Unverh. Zus. lebde.		Insgesamt	
	M	F	M	F	M	F	M	F
Stimmt	71	72	70	71	75	78	71	74
Stimmt nicht	21	18	17	16	12	15	18	17
Weiß nicht	8	10	13	8	13	7	11	9

Befragten, die diese Ansicht als zutreffend bezeichneten, wurde eine weitere Frage gestellt, die ihrer persönlichen Meinung galt: »Diese Veränderung: Ist sie wirklich positiv? Oder ist sie zwar grundsätzlich positiv, geht aber zu weit? Oder ist sie im Grunde gefährlich?« (Siehe Tabelle S. 206)

Die unverheiratet zusammenlebenden Paare im Ballungsraum Paris antworteten in höherem Maße als die anderen mit »wirklich positiv«, und zwar 88 Prozent der Männer und 82 Prozent der Frauen. Insgesamt fanden 55 Prozent der Befragten, daß sich etwas geändert hatte, und sie beurteilten die Veränderungen positiv. Der Meinungsunterschied zwischen den Geschlechtern ist übrigens so geringfügig, daß man im Hinblick auf die Gleichheit der Geschlechter und die Austauschbarkeit der Rollen durchaus von einem ideologischen Konsensus[50] sprechen kann. Das hielt aber Louis Roussel nicht von der spitzfindigen Anmerkung ab: »In unserer Gesellschaft ist es gegenwärtig schwierig, sich nicht für eine Lockerung der starren Aufgabentrennung auszusprechen. Das beweist aber nicht, daß all die Männer auch imstande sind, die Babys zu wickeln.«[51]

	Verheiratete		Unverheiratete		Unverh. Zus. lebde.		Insgesamt	
	M	F	M	F	M	F	M	F
wirklich positiv	74	81	72	77	70	85	73	80
grundsätzlich positiv, aber geht zu weit	16	15	15	14	18	6	16	14
im Grunde gefährlich	4	2	7	4	7	1	5	3
keine Meinung	6	2	6	5	5	8	6	3

Man wird noch sehen, wie schwierig es ist, den Worten auch Taten folgen zu lassen. Nehmen wir aber einstweilen zur Kenntnis, daß Männer wie Frauen dem neuen Leitbild der nichtverschiedenen Geschlechtsrollen überwiegend wohlgesonnen sind. Das Leitbild der Ähnlichkeit hat zwar noch nicht recht Fuß gefaßt, entspricht aber zumindest dem Wunsch der Gesellschaft, die sich offenbar nach anderen Gesichtspunkten als dem Geschlecht aufteilen möchte. In diesem Zusammenhang sei an Evelyne Sullerot erinnert, die schon 1965, lange vor den erwähnten Umwälzungen, erkannte, daß die Ähnlichkeit das künftige Leitbild sein würde und daß die Entwicklung unserer Gesellschaften hinführen würde »zur Differenzierung der Individuen und Gruppen nach subtileren Unterscheidungsmerkmalen als dem Geschlecht«.[52]

Die Heraufkunft des Androgynen

Die ursprüngliche Bedeutung von »androgyn« ist »mann-weiblich«. Das Wörterbuch spezifiziert jedoch genauer. Es erklärt den Androgynen zunächst als ein Individuum, das Geschlechtsmerkmale des anderen Geschlechts aufweist, schränkt diese Bedeutung aber dadurch ein, daß sie auf die äußere Gestalt[53] bezogen bleibt und durch den Hinweis auf den legendären Hermaphroditen, der eine menschliche Gestalt mit zwei Geschlechtsapparaten besessen haben soll. Biologisch und medizinisch gesehen ist der Hermaphrodit ein anormales Individuum, eine Mißgeburt. Das ist wohl einer der Gründe, warum man sich davor scheut, vom Androgynen zu sprechen.

In Wirklichkeit sind wir alle Androgyne, weil die Menschen in mehrfacher Hinsicht und in unterschiedlichem Ausmaß zweigeschlechtig sind. In jedem von uns sind Männliches und Weibliches ineinander verflochten, auch wenn die meisten Kulturen uns lieber als ausschließlich einem Geschlecht zugehörig beschrieben haben. Als Norm galt der Unterschied und der Gegensatz. Die Erziehung hat dafür zu sorgen, daß Zweifel zum Schweigen gebracht werden und daß man lernt, den anderen Teil seines Selbst zu verneinen. Das Ideal ist, von einem eingeschlechtigen Menschen entbunden zu werden: einem »virilen« Mann, einer »femininen« Frau. Doch die Adjektive enthüllen gerade, was man verbergen möchte: daß es nämlich eine ganze Reihe von möglichen Zwischenformen zwischen den beiden Idealtypen gibt. In der Wirklichkeit kommt die Dressur ihrem Ziel mehr oder weniger nahe, und der Erwachsene behält immer einen unzerstörbaren Teil des Anderen in sich.

Die Anerkennung unserer androgynen Natur wird durch das Leitbild der Ähnlichkeit erleichtert. Man gibt heute bereitwillig zu, daß das Individuum sich erst entfalten kann, wenn es seine Bisexualität anerkennt[54]. Aber bedeutet »Anerkennung« nicht, daß man sich eine zuvor verkannte Wahrheit eingesteht? Wir verzeichnen daher weniger »die Heraufkunft« einer androgynen Natur als vielmehr deren »Rückkehr« in dem Sinne, wie die Psychoanalytiker von der »Rückkehr des Verdrängten« sprechen.

Das duale Geschöpf

Das Weltbild des komplementären Modells beruhte auf dem Dualismus der Geschöpfe. Um der Harmonie des Ganzen willen mußte das Eine vom Anderen verschieden, aber auch ohne das Andere ohnmächtig sein. Ähnlichkeit oder Unterschiedslosigkeit wäre den Wünschen des Schöpfers zuwidergelaufen. Wozu zweierlei Geschöpfe, wenn sie einander beinahe gleich sind?

Wenn Gott (oder die Natur), der (oder die) nichts umsonst tut, zweierlei verschiedene Wesen geschaffen hat, so nicht nur, um sein (ihr) Werk reicher und mannigfaltiger zu machen, sondern auch, um jedem das Bewußtsein der Endlichkeit zu geben, das ihn unerbittlich von seinem Schöpfer trennt. Allein ist der Mensch unfruchtbar, mangelhaft. Glück und Vollständigkeit erreicht er erst durch die Verbindung mit dem anderen. Der Dualismus der Geschlechter wird in dieser oder ähnlicher Weise in der gesamten Theologie gerechtfertigt. Zwei Geschöpfe sind nötig, um einen Schöpfer zu machen, sonst sind die Stellung und die Macht Gottes bedroht.

Werden aber der Mann und die Frau, wenn sie einander mehr ähneln als sich voneinander zu unterscheiden, wenn sie beide anerkennen, einen wesentlichen Teil vom anderen zu besitzen – werden sich dann Mann und Frau nicht von dem Bedürfnis, daß sie zwei sein müssen, entbunden fühlen? Werden sie nicht versucht sein, sich der Wahnvorstellung der Allmacht zu überlassen?

Diese Fragen lösen ein Unbehagen aus. Man denkt an den Größenwahn, an den pathologischen Solipsismus, an die Auflösung der familiären und gesellschaftlichen Bande und schließlich an den Tod der Menschheit. Muß man sich da nicht in die Notwendigkeit des Dualismus fügen? Es sind nun einmal zwei, und zwei sollen es bleiben, mit ihren Unterschieden und ihren gegenseitigen Abhängigkeiten, die allein den Fortbestand der Art, die gesellschaftliche Ordnung und das Glück sicherstellen.

Die anschaulichste Illustration des Dualismus der Geschöpfe ist und bleibt der Mythos vom Androgynen, wie ihn Aristophanes in Platons »Gastmahl« schildert[55]. Einst waren wir, so heißt es dort, von ganz anderer Natur als heute. Jedes Menschenwesen war rund wie eine in sich geschlossene Kugel, es besaß vier Hände, vier Beine, zwei Gesichter, zwei Fortpflanzungsorgane, und mit allem anderen verhielt es sich entsprechend. Es gab drei Arten von Menschen und nicht zwei wie heute: die männliche, die weibliche und eine aus den beiden anderen zusammengesetzte dritte Art. Dies war die inzwischen untergegangene androgyne Art, von der nur der Name als Schimpfname geblieben ist.

Die Androgynen besaßen sehr viel Kraft und Mut und griffen die Götter an, die sie zur Strafe in zwei Teile zerschnitten. Seitdem suchte jeder verzweifelt nach seiner anderen Hälfte. Wenn sie einander trafen, wurden sie von ungeheuren Aufwallungen der Zärtlichkeit, des Zutrauens und der Liebe erfaßt. Ziel ihrer Wünsche war es, einander nie mehr zu verlassen, »vereinigt und verschmolzen mit dem Geliebten aus zweien eins zu werden«.[56] Aus dem Mangel erwächst das Verlangen, das zur Liebe, zum Gefühl der Vollständigkeit führt. Und wenn dieses Gefühl eingetreten ist, hat das Verlangen seine Daseinsberechtigung verloren.

Sind wir, wenn man die drei mythischen Arten, die Aristophanes beschreibt, betrachtet, etwas anderes als einer der zwei Teile des Androgynen[57]? Und woraus besteht nun ein Teil des Androgynen? Dieser setzte sich aus zwei heterogenen Hälften zusammen, einer ganz und gar weiblichen und einer ganz und gar männlichen, die in der Mitte zusammengewachsen waren. Als Zeus sie trennte, ließ er zwei verschiedene und komplementäre Wesen entstehen, die aber ihre Doppelnatur gänzlich verloren hatten. Mit dem Verschwinden des Androgynen waren das weibliche Geschöpf und sein einstiger Gefährte einander natürlich fremd geworden.

Man kann den Mythos, ausgehend vom Leitbild der Ähnlichkeit, auch anders deuten. Man könnte annehmen, daß die beiden Teile, die voneinander getrennt wurden, nicht heterogen waren, sondern beide das Ergebnis der Verschmelzung von Männlichem und Weiblichem, wie bei einer alchemistischen »Mischung«. Aufgrund ihrer gegenseitigen Durchdringung bildeten sie eine so innige Verbindung, daß bei der Durchtrennung des Androgynen nicht zwei Menschen entstanden, die sich in spezifischer Weise voneinander unterschieden, sondern zwei neue androgyne Geschöpfe, die geradezu ein Spiegelbild des ersten waren. Dieses hatte, in sich geschlossen, wie es war, eines anderen gewiß nicht bedurft. Die Abhängigkeit war die von den Göttern verhängte Strafe. Die beiden neu entstandenen Androgynen wurden mit komplementären Geschlechtsmerkmalen ausgestattet, so daß sie nach ihrer erneuten Verschmelzung strebten.

Allerdings sind diese alten Komplizen einander nicht so fremd, wie man es vielfach hört. Sie haben eine gemeinsame Urerinnerung, die älter ist als ihre Trennung und das Erlernen der Unterschiede. Der Dualismus der Geschöpfe ist zwar unbestreitbar, doch ist es jetzt an der Zeit, daß man jedes Geschöpf als ein duales Wesen begreift, das mit sämtlichen Merkmalen der Menschheit ausgestattet ist. Es ist durchaus möglich, daß wir den als Tatsache unbestrittenen Unterschied zwischen den Geschlechtern alle verinnerlicht haben. Zwar sind wir zwei sichtlich verschiedene Wesen, doch kennen wir das andere aufs innigste.

Wir haben die Gleichheit der Geschlechter gewollt und dabei nicht gewußt, daß sie unsere aus mythischer Vorzeit stammende androgyne Struktur aufdecken würde. Wir haben eine neue Vorstellung von uns selbst gewonnen, die wiederum nach einem radikal anderen philosophischen Ansatz verlangt. Das »Klare und Distinkte« (Descartes) ist heute weniger gefragt als eine »Philosophie der vermischten Körper«, an der Michel Serres so sehr hängt. Die Logik der Trennung weicht einer Logik der Interferenz, der Mischung und der Komplizität, die für alle, die im Geiste des Cartesianismus erzogen wurden, schwer verständlich ist[58]. Das Problem wird noch durch die gebieterische Notwendigkeit verschärft, den Unterschied nicht zu übersehen.

Die Ähnlichkeit ist weniger die Folge einer Ausschaltung des Sexuellen als vielmehr der beiden Geschlechtern gemeinsamen Bisexualität[59]. Diese wird an der physischen und psychologischen Entwicklung des Individuums deutlich. Zum Zeitpunkt der Geburt und in den ersten Lebensjahren ist das Geschlecht des Kindes allein an den äußeren Geschlechtsteilen zu erkennen. »Das bedeutet, daß der ganze Körper noch unentschieden ist, daß er nicht in die eine oder in die andere Richtung neigt. Er ist potentiell zweigeschlechtig, nicht nur, weil er die Merkmale des einen oder anderen Geschlechts annehmen kann, sondern auch, weil bei jedem Geschlecht die Merkmale, die beim anderen ausgeprägt sind, in rudimentärer Form vorliegen.«[60]

Erst in der Pubertät wird die morphologische Bisexualität teilweise verdrängt durch einen neuen Sexualisierungsschub (Unterschiede der Behaarung, Unterschiede der körperlichen Gestalt). Im Alter treten dagegen die Unterschiede zwischen Mann und Frau immer mehr zurück; die alten Leute gehen einen Weg, der dem der Säuglinge entgegengesetzt ist, um schließlich so zu enden, wie diese beginnen: scheinbar geschlechtslos.

Das Verhältnis zwischen Geschlecht und Bisexualität ändert sich im Laufe des Lebens ständig und wird noch problematischer durch unsere hormonale Doppelstruktur. Die Hormone, die ja, wie wir gesehen haben, die Möglichkeiten beider Geschlechter enthalten, sorgen für »ein gewisses Hin und Her, ein Schwanken zwischen den Geschlechtern. Die von den Hormonen determinierten Geschlechtsmerkmale sind unbeständig, labil, können sich ändern, und das ermutigt uns, das Geschlecht als ein zeitweiliges Gleichgewicht aufzufassen, das jederzeit revidiert werden kann«.[61]

S. Lilar wirft die Frage auf, was bei diesem Hin und Her, bei dem die Bisexualität dem Geschlecht nur weicht, um erneut an seine Stelle zu treten, festgehalten werden könne: »Mit Sicherheit nicht die traditionelle Vorstellung von einer klaren und eindeutigen *Sektion* der Art in zwei Hälften, sondern im Gegenteil die Vorstellung von einer Teilung, die niemals so radikal und so endgültig ist, als daß sie nicht von einer Tendenz begleitet wäre, die Einheit wiederherzustellen«.[62]

Psychisch ist die sexuelle Differenzierung (»*Sexion*«) noch weniger eindeutig, als sie physisch zu sein scheint. Es war Freuds großes Verdienst, auf die »unbewußte Bisexualität« aufmerksam gemacht zu haben, auch wenn sie ihm selbst Unbehagen bereitete[63]. Die psychische Bisexualität kommt in seinen Arbeiten zwischen 1899 und 1938 immer wieder vor, aber ihr Status ist unklar, ja sogar widersprüchlich. Freud zögert, die Bisexualität zu »entnaturalisieren«, und während er gelegentlich[64] einen engen Zusammenhang zwischen der Konstitution und dem Seelischen behauptet, kann er andererseits betonen, daß die psychische Bisexualität von der biologischen relativ unabhängig sei[65].

Es gibt unterschiedliche Auffassungen darüber, welche Bedeutung dieser Unentschiedenheit zukommt. Theoretiker wie Jung,

Groddeck und Ferenczi erkennen ihr eine »fundamentale« und positive Bedeutung bei allen Menschen zu, während Freud immer wieder zwischen zwei gegensätzlichen Auffassungen schwankte:

»Oft sieht er in der Bisexualität eine ursprüngliche und universelle Anlage, die, wenn sie ausgeprägt ist, eindeutig als krankhaft aufgefaßt wird und deren natürliches Schicksal es ist, im Laufe der libidinösen Entwicklung allmählich zurückzugehen. Am Ende dieser Entwicklung besteht die Bisexualität ›normalerweise‹ nur noch in unauffälligen persönlichen Merkmalen, in Wünschen, die im Hinblick auf ihre Ziele gehemmt sind, oder in Sozialisations- und Sublimationsfähigkeit... In den allermeisten Fällen stimmt die psychosexuelle Identität letzten Endes mit dem eigenen Geschlecht überein, was die gelungene Verdrängung der ursprünglichen Bisexualität voraussetzt... Freud läßt gelegentlich erkennen, daß die unterschiedliche Integration der Sexualität eine aktive psychische Bisexualität durchaus nicht ausschließt und ganz und gar nicht deren völlige Verdrängung erfordert, sondern mit einer authentischen bisexuellen Erfüllung[66] Hand in Hand gehen kann, wenn nicht bezüglich der Objektwahl und der erotischen Verwirklichung, so doch wenigstens im Hinblick auf die persönlichen psychischen Merkmale und Funktionsweisen«[67].

Leider hat der letztere Aspekt der Freudschen Theorie in seinem Werk nicht den Platz eingenommen, den er verdient hätte, vielmehr ist der erste Aspekt bevorzugt worden. In einem seiner letzten Artikel über die endliche und die unendliche Analyse[68] faßt Freud die Bisexualität wieder als krankhaft auf; letzten Endes wird nur ihretwegen die Analyse in Anspruch genommen, weil der Mann das Feminine an sich selbst und die Frau ihren Penismangel nicht ertragen kann.

Die Psychoanalytiker haben unter den verschiedenen Texten Freuds lange nur den Aspekt seiner Lehre festgehalten, demzufolge die ursprüngliche, für die prägenitale Phase charakteristische Bisexualität über den ödipalen Konflikt und seine Lösung immer stärker einer psychologisch eindeutigen Geschlechtszuordnung weichen muß. Der kleine Junge identifiziert sich mit seinem Vater, das Mädchen mit seiner Mutter, und nach einer Phase, in der der Heranwachsende nach seiner geschlechtlichen

Identität sucht, kommt die psychosexuelle Differenzierung zum Abschluß. Eine zufriedenstellende psychische Entwicklung verlangt demnach, daß die Bisexualität wirksam verdrängt wird und damit jede positive Bedeutung einbüßt[69].

Daß die Psychoanalytiker die Bisexualität über lange Zeit furchtsam von der Normalität ausgeschlossen haben, liegt weitgehend daran, daß sie sich dem vorherrschenden gesellschaftlichen Leitbild nicht entziehen konnten. Solange dieses Leitbild in der Komplementarität bestand, haben sie diese mit der »Normalität«[70] gleichgesetzt und es als ihre Aufgabe betrachtet, gelegentlich vorkommende bisexuelle Abweichungen zu bekämpfen. Niemand denkt daran, den »Fachleuten für das Unbewußte« einen Vorwurf daraus zu machen, daß sie wie jedermann für die herrschende Ideologie empfänglich sind. Daß sie sich so heftig dagegen sträuben, es zuzugeben, ist allerdings erstaunlich. Sie haben wohl doch in allzu vielen Fällen angenommen, das Unbewußte sei eine Hypostase, die für Einflüsse der Umwelt und kulturelle Umwälzungen unempfänglich ist.

Seit etwa fünfzehn Jahren hat sich bei vielen Psychoanalytikern etwas getan. Dazu gehören beispielsweise R. Stoller in den USA und L. Kreiler und Christian David in Frankreich; sie haben sich intensiv mit der Bisexualität auseinandergesetzt und räumen der Umwelt einen gewissen Einfluß auf das menschliche Unbewußte und auf die Psychoanalyse generell ein. C. David gehört unseres Wissens zu den ersten, die zu schreiben wagten: »Wenn sich bei einigen Analytikern ein erneutes theoretisches Interesse an der Bisexualität äußert, so muß man zweifellos *die unmittelbare Ursache dafür in den jüngsten soziokulturellen Veränderungen* (...) sehen. Die rasche und aufsehenerregende Entwicklung... rückt sie heute immer stärker ins Blickfeld, nicht nur, weil man der Bisexualität in der Öffentlichkeit und überall begegnet, weil man über die Frauen, das Paar, die Homosexualität erneut nachdenken muß, sondern anscheinend auch, weil das ganze dialektische Gleichgewicht zwischen dem Männlichen und dem Weiblichen gefährdet ist. Nun *ist das Unbewußte zwar zeitlos, aber es ist* – zumindest unter gewissen Aspekten – *für Veränderungen der Umwelt nicht unempfänglich* und reagiert sicherlich auf neue Herausforderungen der Außenwelt.«[71]

Die veränderten Leitbilder, schreibt David weiter, zögen zwar keine entsprechende Veränderung der psychischen Dispositionen nach sich, doch gibt er zu, daß man sich hier im Grenzbereich des Individuellen und des Gesellschaftlichen befindet, daß die Art und Weise, in der die Psychoanalytiker die Probleme formulieren, vom Wandel der Gesellschaft abhängt und daß die Psychoanalyse keinen Staat im Staate darstellt. Er nimmt die unbestreitbare »soziokulturelle Krise der geschlechtlichen Identität«[72] zur Kenntnis, lehnt die Tendenz gewisser Analytiker, Bisexualität mit Krankhaftigkeit oder Unreife gleichzusetzen, ab und bemüht sich um eine Neubewertung der Bisexualität, insbesondere im Lichte des zweiten Aspekts der Freudschen Theorie.

Er erkennt wohl an, daß »die disharmonische Entwicklung der psychischen Bisexualität vielfach ein Anzeichen des Verfalls, der Zerrüttung ist«[73], doch meint er, daß es nicht nur monströse und zerstörerische Formen der Bisexualität gibt, sondern daß die Herausarbeitung der Bisexualität in einer Analyse sich belebend, wohltuend und schöpferisch auswirken kann. Die bisexuelle Dynamik führe zu psychosexuellen Positionen, die vom »*neutraquisme*« (dem Wunsch, weder dem einen noch dem anderen Geschlecht anzugehören) ebenso weit entfernt sind wie vom »*ultraquisme*« (dem Wunsch, beiden Geschlechtern zugleich anzugehören). Im übrigen scheint der Begriff der psychischen Bisexualität die einzige Möglichkeit zu bieten, um die Schwierigkeiten zu überwinden, die mit einem absoluten Primat des Phallus und des Kastrationskomplexes zusammenhängen[74]. Schließlich »steht die Tatsache, daß man eine Nachbildung des anderen Geschlechts als psychische Potentialität in sich trägt, der Anerkennung der Geschlechter keineswegs entgegen ... *Die Bisexualität ist – und dies ist eine ihrer Paradoxien – eine Quelle von Fremdheit, aber sie vermittelt auch Zugang zum Fremden.* Daß es für jeden von uns ein sexuelles Anderssein geben kann, ein Anderssein, das nicht unbedingt den eigentlichen Gegensatz bedeutet, vermag man nur aufgrund einer hinreichenden bisexuellen Integration, einer durchgearbeiteten Bisexualisierung zu begreifen.«[75]

C. David ruft dazu auf, im Hinblick auf die Aufhebung des Trennenden dem Gedanken einer »geschlechtlichen Vermittlung«

näherzutreten, sich nicht länger von der Logik des Zählens gefangennehmen zu lassen und die Erkennungsmerkmale der ausgearbeiteten geschlechtlichen Identität nicht mehr zwanghaft zu fixieren. Mann und Frau gleichen einander darin, daß beide »das Zusammentreffen der Andersheiten«[76] sind.

Nach dieser Analyse muß das bisher gültige psychologische Schema modifiziert werden. Auf die ursprüngliche Bisexualität folgt stets die Ausbildung des Gefühls der geschlechtlichen Identität, doch ist die seelische Entwicklung damit nicht beendet. Wenn die Geschlechtsidentität fest verankert ist, kann der Mensch im Sinne einer zusätzlichen Entfaltungsmöglichkeit seine Bisexualität wiederentdecken. So kann etwa der Mann, ohne einen Komplex empfinden zu müssen, »bemuttern«, und die Frau kann ihre männlichen Antriebe positiv nutzen. Die Bisexualität verstärkt außerdem das Leitbild der Ähnlichkeit, das seinerseits stark zu ihrer Anerkennung und ihrem Wiederaufleben beigetragen hat.

Um das neue Verhältnis von Mann und Frau zu veranschaulichen, möchten wir bei Georges Balandier[77] ein Bild entlehnen, das für bestimmte afrikanische Mythen charakteristisch ist: Sie und er sind »*Zwillinge von unterschiedlichem Geschlecht*« ...

Die Schwierigkeiten der männlichen Identität

Allem Anschein nach kommen die Frauen mit ihrer Bisexualität besser zurecht als die Männer. Da sie ihrer Weiblichkeit sicher sind, nutzen und manifestieren sie ihren männlichen Anteil ohne zu zögern. Während sie in verschiedenen Lebensabschnitten und zu verschiedenen Tageszeiten männliche und weibliche Rollen zwanglos aufeinander folgen lassen, haben sie nicht das Gefühl, daß ihre Bisexualität eine Gefahr für ihre weibliche Identität darstellt, im Gegenteil, sie empfinden die Andersheit als Bedingung eines erfüllteren Daseins, das weniger von vornherein determiniert ist. Alles in allem scheinen die Frauen mit ihrer neuen Situation zufrieden zu sein, und ihnen gefällt die Vorstellung, »Zwillingsschwestern« der Männer zu sein. Sie beklagen sich nicht etwa, weil sie dem alten Leitbild nachtrauern, sondern weil sie feststellen müssen, daß ihre Gefährten in der Entwicklung nachhinken, daß sie sich dagegen sträuben, ja, daß sie sogar regredieren. Frauen, die darüber klagen, daß alles an ihnen hängt, wollen nicht zurück zur alten geschlechtlichen Rollenverteilung, sondern sie möchten dahin kommen, daß der Mann sich mit ihnen sämtliche Aufgaben teilt. Die Frauen erwarten von den Männern, daß diese mit ihrer eigenen Andersheit ebenso gut zurechtkommen und bereit sind, ihre Zwillingsbrüder zu sein.

Offenbar hat in den letzten Jahren nur eine Minderheit von Männern positiv auf das neue Leitbild reagiert. Im allgemeinen geben sie – in diesem ersten Stadium einer Entwicklung, die gerade erst begonnen hat – auf unterschiedliche Weise zu verstehen, daß es sie nicht danach gelüstet, die Zwillingsbrüder der Frauen zu sein. Wenn man die Zurückhaltung der Männer begreifen will, muß man über den feministischen Ansatz, der den bösen Willen der Männer betont, hinausgehen. Ob die Männer Zurückhaltung oder guten Willen zeigen, darauf kommt es nicht an, sondern auf ihr Unbewußtes. Daß es selbst den wohlmeinendsten so schwer fällt, Theorie und Praxis in Einklang zu bringen, deutet auf einen Widerstand hin, dem mit Worten allein nicht beizukommen ist.

Wir haben oben gesehen, daß man mit der Bisexualität um so leichter fertig wird, je sicherer man sich seiner geschlechtlichen Identität ist. Nun fällt aber der Erwerb dieses Identitätsgefühls dem Jungen in der Regel schwerer als dem Mädchen[78], und obendrein wird er noch durch das Leitbild der Ähnlichkeit, wie es in unseren Gesellschaften besteht, erschwert. Das Problem der Männer ist demnach mehr psychologischer und gesellschaftlicher als moralischer und politischer Natur.

Margaret Mead war eine der ersten, die dieses Problem im Lichte ihrer Erfahrungen als Anthropologin dargelegt hat. Ihre Analyse deckt sich mit der des amerikanischen Psychoanalytikers R. Stoller, der sich mit seiner Arbeit über die Transsexuellen einen Namen gemacht hat. Mead leitet aus ihrer Untersuchung von sieben Inselvölkern der Südsee[79] die Überzeugung ab, daß das Stillen, durch das eine Bindung zwischen dem Kind und der weiblichen Brust entsteht, die psychologische Entwicklung des Menschen entscheidend bestimmt. Beim Mädchen ist es die Grundlage für eine Identifikation mit seinem eigenen Geschlecht, die einfach und unkompliziert ist und ohne weiteres akzeptiert werden kann. Für den Knaben bedeutet das Stillen dagegen eine Umkehrung der späteren Rollen: »Die Mutter dringt ein und er empfängt. Um ein Mann zu werden, muß er diese Passivität aufgeben.«[80] So ist das erste Erlebnis des kleinen Mädchens ein Erlebnis der Nähe zu seiner eigenen Natur, Mutter und Kind gehören zum gleichen Typ. Der kleine Junge lernt dagegen, daß er beginnen muß, sich von der ihm nächsten Person zu unterscheiden, daß er niemals ganz er sein wird, wenn er das nicht tut. Während also das kleine Mädchen sich vom Beginn des Lebens an so akzeptieren kann, wie es ist, wird dem Jungen für den Erwerb seiner geschlechtlichen Identität eine Anstrengung abverlangt[81]. Das Mädchen lernt, zu *sein*, der Junge lernt, daß er etwas *tun* muß, um ein Teil der Erwachsenenwelt zu werden. Das Mädchen weiß, daß seine Weiblichkeit in der Geburt von Kindern ihren Höhepunkt erreicht, für den Jungen dagegen wird es nie eine so handgreifliche Gewißheit geben. Die Rolle des Mannes innerhalb der Fortpflanzung beschränkt sich auf einen einzigen Begattungsakt. Und einen sicheren Beweis der Vaterschaft gibt es ungeachtet all unserer biologischen Kenntnisse nicht.

Deshalb ist es, wie Margaret Mead schreibt, »das immer wiederkehrende Problem der Kultur, die Rolle des Mannes ... so zufriedenstellend festzulegen, daß der Mann im Laufe seines Lebens jenes sichere Gefühl von unwiderruflicher sicherer Leistung erreichen kann«[82]. Die meisten Gesellschaften haben dazu bestimmte, den Frauen untersagte Aktivitäten geschaffen[83], die den Männern erlauben, auf ihre Männlichkeit stolz zu sein, und die ihnen die Ruhe geben, welche aus dem Gefühl erwächst, etwas Bleibendes geleistet zu haben.

In unseren Gesellschaften können sich die Männer nicht auf differenzierte Leitbilder für die Geschlechter stützen, was ihnen die Erlangung des Identitätsgefühls noch zusätzlich erschwert. Da sie sich in ihrem eigenen Geschlecht nicht genügend sicher verankert fühlen, fürchten die Männer, in ihnen könnten homosexuelle Triebe wiedererwachen, wenn sie traditionelle Frauenaufgaben erfüllen. R. Stoller hat für diese Befürchtung, die sich beim Mann sehr viel hartnäckiger hält als bei der Frau, eine sehr gute Erklärung gegeben.

Stoller[84] ist anders als Freud nicht der Auffassung, das männliche Kind habe von Anfang an eine heterosexuelle Beziehung zu seiner Mutter. Vielmehr bildet sich die Heterosexualität erst durch eine intensive Arbeit heraus, die mit Schmerzen und Mühen verbunden ist. Seit den Untersuchungen von Money[85] weiß man, daß der kleine Junge hart zu kämpfen hat, um sich aus der ursprünglichen Symbiose zu lösen, die ihn mit seiner Mutter eins sein läßt. »Er muß die Identifikation mit seiner Mutter lösen, um den von ihr übernommenen weiblichen und femininen Anteil zu überwinden.«[86]

An den Transsexuellen zeigt sich, daß eine zu enge Symbiose zu extremer Weiblichkeit führt. Je länger eine Mutter diese Symbiose andauern läßt, um so stärker dringt die Weiblichkeit in den Kern der Geschlechtsidentität ein. Am Ende dieser kontinuierlichen Entwicklung steht der Transsexualismus. Nur wenn der Junge sich von seiner Mutter, von seiner Weiblichkeit lösen kann, kann er seine spätere Geschlechtsidentität, die Männlichkeit, entwikkeln. Nur dann sieht er seine Mutter als ein getrenntes, heterosexuelles Objekt, das er begehren kann. Nach Stoller ist die Männlichkeit nicht schon bei der Geburt gegeben, und auch später ist sie durch das bei der Mutter erfahrene Glück latent bedroht.

Die Entwicklung des Kerns der Geschlechtsidentität verläuft daher bei Jungen und Mädchen unterschiedlich. Der Konflikt, den Jungen durchmachen, bleibt den Mädchen erspart. Da »der Mann ständig das dringende Bedürfnis in sich trägt, in den Urzustand der Einheit mit der Mutter zu regredieren«[87], nimmt er ständig eine Abwehrhaltung gegen das Weibliche ein. Deshalb werden homosexuelle Antriebe vom Mann anders erlebt als von der Frau. Nach Stollers Ansatz sind die Frauen »das starke Geschlecht, das erste Geschlecht«, und es ist nicht ausgeschlossen, daß Homosexualität ihnen einen Vorteil verschafft. In einer normalen Symbiose steigert die Entwicklung der Mutter-Tochter-Beziehung während der ersten Monate nur das Identitätsgefühl beim Kind[88]. Die Frauen verarbeiten besser als die Männer eine homosexuelle Erfahrung, die von Stoller als »ein Ausagieren im Zuge der Reifung«[89] bezeichnet wird.

Da das Gefühl der Männlichkeit bei den Männern nicht so fest verankert ist, wird Homosexualität von ihnen als eine tödliche Gefahr für ihre Identität empfunden: »Das Verlockende einer Vereinigung mit der mütterlichen Weiblichkeit macht den Männern im Grunde Angst und fesselt sie zugleich.«[90]

Schließlich behauptet Stoller das Gegenteil von Freud: Nicht die Männlichkeit, sondern die Weiblichkeit ist das Ursprüngliche. Anders und mit den Worten Simone de Beauvoirs gesagt: »Man kommt nicht als Mann zur Welt, man wird es.«

Konnten sich die Jungen früher in der Entwicklung von Männlichkeit an gesellschaftlichen Vorbildern orientieren, so haben wir ihnen diese Orientierung genommen und dadurch eine naturgegebene Schwierigkeit für viele zu einem echten Problem werden lassen. Es ist aber klar, daß nicht eines der beiden Geschlechter leiden kann, ohne daß das andere ebenfalls leidet. Die Schwierigkeiten der Männer mit ihrer Identität und ihrer Bisexualität schlagen sich auch in ihren Beziehungen zu den Frauen nieder. Zwar beschweren sich die Frauen offener über die Männer, als die Männer es wagen, sich über die Frauen zu beschweren, aber dennoch sind die Männer die Opfer einer Entwicklung, zu der sie nicht den Anstoß gegeben haben. Die Gleichheitsforderungen der Frauen werden von vielen bereitwillig als berechtigt anerkannt, aber zugleich als eine unerträgliche Bedrohung ihrer Männlichkeit empfunden. Die Angleichung der Geschlechter bereitet ihnen insgeheim Angst, sie glauben, dabei ihre Besonderheit einzubüßen[91], zugunsten einer dadurch übertriebenen Verweiblichung der Menschheit. Diese Phantasievorstellung hängt sicherlich mit dem so sehr gefürchteten Verlangen nach der ursprünglichen mütterlichen Allmacht zusammen, von dem R. Stoller sprach.

Manche sehen in diesem männlichen Unbehagen nur eine vorübergehende Begleiterscheinung unserer Mutation und meinen, das Problem werde schließlich durch eine verstärkte Gleichbehandlung von Jungen und Mädchen und mit ein wenig gutem Willen im Sinne der Frauen gelöst werden. Wir teilen diese Ansicht nicht ganz. Das sich äußernde Unbehagen kommt aus den Tiefen des Unbewußten und wird sich nur dann legen, wenn man anerkennt, daß das Leitbild der Ähnlichkeit, das den erwachsenen Mann und die erwachsene Frau einander angleicht, den Kindern beiderlei Geschlechts völlige Freiheit lassen muß, sich ungestört in ihrer geschlechtlichen Verschiedenheit zu verankern. Die unabdingbare gemeinsame schulische Erziehung und die gemeinsame Erledigung der Hausarbeit schließt das Verlangen nach Identität nicht aus, und man täte auch nicht recht daran, es unterdrücken zu wollen. Die Lehrer wissen ungeachtet aller ideologischen Vorurteile genau, daß die Kinder einer Schulklasse in einem bestimmten Alter in zwei Gruppen, nämlich Jungen und Mädchen, zerfallen, die sich gegenseitig beobachten, Gleichgültigkeit für einander vortäuschen oder einander bekämpfen, bis sie schließlich wieder zu einer Gruppe werden. Für die Verbindungen, die die Jugendlichen jetzt eingehen, sind persönliche Sympathien bedeutsamer als der Geschlechtsunterschied. Die Mütter mögen noch so feministisch, die Väter noch so sehr mit ihrer Bisexualität versöhnt sein, sie können nicht verhindern, daß ihre Kinder eine Phase durchlaufen, in der sie – manchmal auf schroffe Art – ihre Geschlechtsidentität zur Geltung bringen. Der gleichgeschlechtliche Elternteil sollte das respektieren und fördern. Der Vater hat demnach eine große Bedeutung für seinen Sohn, und er kann seiner Aufgabe nur gerecht werden, wenn er mit seinen eigenen Identitätsproblemen ins Reine gekommen ist. Um es noch einmal zu sagen: Das androgyne Modell, auf das wir zusteuern, erspart es uns nicht, daß jeder von uns – und besonders die Männer – ein sicheres Gefühl seiner geschlechtlichen Eigenart entwickeln muß. Erst wenn sie dieses Gefühl entwickelt haben, können Männer und Frauen gemeinsam weitergehen.

Ansichten zur Ähnlichkeit der Geschlechter

Es gibt drei gängige Haltungen angesichts dieser Situation: Skepsis, Pessimismus und Optimismus. Der Skepsis begegnet man häufiger bei Männern als bei Frauen, und zwar aus den soeben erörterten Gründen. Es ist eine mit Ablehnung vermischte Skepsis, die sich so zusammenfassen läßt: Es steht euch Frauen frei, uns nachzuahmen, doch rechnet nicht damit, daß wir dasselbe tun oder daß wir euch helfen, unser Gebiet zu besetzen; wir werden Widerstand leisten in der Hoffnung, daß ihr es schließlich leid sein werdet, allein für alles zu sorgen. Nicht ganz so abwehrend ist die

Skepsis zahlreicher Anthropologen, die sich auf die Beobachtung von Gesellschaften stützen, von denen das neue abendländische Leitbild sowohl in seiner Realität wie in seiner Begründung abgelehnt wird. Wenn man überall und immer auf ein komplementäres und asymmetrisches Verhältnis zwischen den Geschlechtern stößt, dann sprechen sehr wahrscheinlich Gründe, die jenseits jeder Kultur liegen, für dieses Modell. Die Ähnlichkeit ist eine ideologische Täuschung, eine feministische Illusion, die zu nichts führen wird. In den Zweifel mischt sich ein bedingter Pessimismus. Man räumt zwar ein, daß dieses Modell, das allen anderen Modellen zuwiderläuft, möglich ist, fürchtet aber, daß ein solcher Verstoß gegen die Natur Anzeichen einer pathologischen Entwicklung oder einer Degeneration ist, eine weitere Gefahr für die Verwirklichung des menschlichen Glücks. Die Ähnlichkeit der Geschlechter erscheint als eine Überschreitung sowohl des (väterlichen) Gesetzes als auch der (menschlichen) Natur, was für alle jene, die mit den Prinzipien von Lévi-Strauss groß geworden sind, absolut undenkbar ist.

Diesen pessimistischen Theoretikern muß man die bereits erwähnten Feministinnen hinzurechnen, nach deren Auffassung bei der Angleichung der Geschlechter das Weibliche durch das Männliche zurückgedrängt wird[92]; hinzu kommen ganz allgemein all jene, für die der Unterschied nur Vielfalt, die Ähnlichkeit dagegen nur öde Gleichförmigkeit bedeutet. Für Georges Balandier ist das komplementäre und spannungsgeladene Verhältnis zwischen Männern und Frauen »der Rohstoff, aus dem – und nach dessen Vorbild – die gesellschaftlichen Beziehungen gedacht und gebildet werden ...« Deshalb erscheint »die Verbindung des Gleichartigen wie ein Nichtbestehen von gesellschaftlichen Beziehungen, wie eine Unbeziehung, gewissermaßen als das Gegenteil der Vereinigung der Differenzen, die im exemplarischen Charakter, der dem Verhältnis zwischen Männlichem und Weiblichem zugeschrieben wird, seine Fruchtbarkeit beweist«[93].

Schließlich sind da noch die Optimisten, die mit Marcel Mauss der Ansicht sind, daß »die Aufteilung nach Geschlechtern eine fundamentale Aufteilung ist, die alle Gesellschaften in einem kaum zu erahnenden Ausmaß belastet hat«[94]; sie befürchten, daß ein wichtiger Teil des menschlichen Wesens verdunkelt wird, wenn man die Unterschiede betont. Für Edgar Morin ist es ein Fortschritt auf dem Wege zur Humanisierung, wenn die Männer weiblicher und die Frauen männlicher werden, weil dadurch beide den vollständigen Bildungsprozeß der Menschheit kennenlernen. Der Mann hat Morin zufolge lange seine weibliche und jugendliche Kultur verdrängt; in den modernen Gesellschaften sieht man aber »beim Mann weibliche (...) Züge auftauchen... Ein Wesen von schwankender Komplexität, das von der gnadenlosen Härte des Jägers und Kriegers zur Sanftheit, zur Güte, zum Mitleid des weiblich-mütterlichen Teils übergehen kann, den es in sich bewahrt hat (...) Nach unserer Ansicht wird der Mann zweifellos ›humaner‹, wenn er seine genetische und kulturelle Weiblichkeit... entfaltet.«[95]

Optimistisch sind schließlich auch jene, nach deren Ansicht die Aufopferung der Bisexualität »der Zerstörung des Individuums«[96] gleichkommt und dadurch zur Ursache eines grundlegenden Unverständnisses zwischen den Geschlechtern wird. Serge Dunis hat ein solches Unverständnis bei den Maori in Neuseeland beobachtet und daraus ganz zwanglos hergeleitet, daß »das Paar nur dann wirklich existieren kann, wenn es zuvor in jedem der beiden Individuen, aus denen es sich zusammensetzt, existiert«[97].

Ob realistisch oder optimistisch, diese Aussage sollte zum Leitbild der künftigen Gesellschaften werden.

Das Zurückweichen der »Natur«

Wir brauchen hier nicht auf den endlosen Streit zwischen Vererbungs- und Milieutheorie einzugehen, denn seit dem 19. Jahrhundert ist man einhellig der Ansicht, daß die Arten sich infolge von ökologischen Veränderungen (Lamarck) und von Änderungen der Umwelt (Darwin) entwickeln. Ungeachtet dieser theoretischen Auffassung wehren sich viele dagegen zuzugeben, daß »sämtliche angeborenen Merkmale des Menschen« ebenfalls dem Wandel unterliegen. Man spricht von der menschlichen »Natur«, so als sei sie etwas Universales und Ewiges, etwas Feststehendes und Unwandelbares. Das hat seinen Grund darin, daß die körperlichen Veränderungen sich in Zeiträumen vollziehen, die weit über ein Menschenleben, ja selbst über mehrere Generationen hinausgehen. Der Übergang vom Primaten zum *homo sapiens*[98] wird auf Millionen von Jahren geschätzt und erscheint uns so fern, daß er uns nicht mehr betrifft. Obendrein geht von der Annahme, die Mutationen lägen hinter uns und die Menschheit befände sich in ihrem gegenwärtigen Zustand im Stadium ihrer höchsten Vollendung, eine unwiderstehliche Versuchung aus. Sollte es künftig noch irgendeine Veränderung geben, so kann sie nur in einer Entartung, einer fatalen Störung des schönen Gleichgewichts bestehen, das wir angeblich erreicht haben.

In den meisten Humanwissenschaften ist der Naturbegriff seit mehreren Jahrzehnten fragwürdig geworden, insbesondere der Begriff der menschlichen Natur, aber dennoch wird er für bestimmte Merkmale weiterhin benutzt: Als natürlich gelten die Anatomie, die uns unterscheidet, die Bedürfnisse[99], die uns einen, und obendrein noch einige Empfindungen wie der Mutterinstinkt bei den Frauen oder die allgemeine Abneigung gegen den Inzest. Von all diesen realen oder vermeintlichen Determinismen erscheint uns unser Körper als die solideste Verankerung. Der Körper des Mannes *ist dazu bestimmt, einzudringen*, seine Kraft anzuwenden usw., der Körper der Frau dazu, *zu empfangen*, Kinder zu gebären. Hat unser psychologisches und gesellschaftliches Schicksal hier nicht zwangsläufig seinen Ursprung?

Seit einiger Zeit hat es jedoch den Anschein, als verändere sich unsere Wahrnehmung des Körpers. Die Bedeutung, die man ihm zuschreibt, ist nicht mehr dieselbe. Die Gründe unseres Interesses für ihn haben sich verlagert.

Die angefochtene Vorherrschaft des Biologischen

Alles begann vor etwa dreißig Jahren[100] in den USA mit den Untersuchungen der Psychiater J. Money und J. Hampson an intersexuellen Kindern[101]. Sie bestätigten eine wesentliche Tatsache: Das somatische Geschlecht muß nicht mit dem psychologischen Geschlecht übereinstimmen. Diese Arbeiten haben maßgebende Bedeutung gewonnen durch die Fülle des Untersuchungsmaterials (76 Fälle), ihre wissenschaftliche Strenge und eine genauere Bestimmung der psychischen Sexualität.

Und das war das entscheidende Experiment[102]: Zwei Kinder werden mit dem Nebennierenrinden-Syndrom geboren; in genetischer Hinsicht, bezüglich der Keimzellen und endokrinologisch sind beide weiblichen Geschlechts; und ihre inneren sexuellen Strukturen sind normal, obwohl ihre äußeren Geschlechtsorgane maskulinisiert sind. Bezeichnet man nun bei der Geburt das eine dieser Kinder korrekt als Mädchen und das andere wegen seiner scheinbar männlichen Geschlechtsorgane fälschlich als Jungen, so wird das Kind, das man eindeutig für ein Mädchen hielt, im Alter von fünf Jahren nicht daran zweifeln, wirklich ein Mädchen *zu sein*, während das Kind, das man für einen Jungen hielt, *weiß*, daß es ein Junge ist. Was das Identitätsgefühl bestimmte, war also nicht ihr (biologisches) Geschlecht, sondern es waren ihre Erlebnisse nach der Geburt, ein Prozeß, der schon damit beginnt, daß das kleine Kind von der Gesellschaft autoritär und willkürlich als männlich oder weiblich etikettiert wird.

Daher muß unterschieden werden zwischen dem biologischen Geschlecht (»Sexus«) und dem psychologischen Geschlecht (»Genus«[103]), dem das Subjekt sich zugehörig fühlt und von dem es veranlaßt wird, eine weibliche oder männliche Rolle zu spielen. Die Ausdrücke »Sexus« und »Genus« deuten an, daß es insofern sinnvoll ist, zwischen der somatisch-biologischen und der psychologischen Sexualität zu unterscheiden, als beide sich auseinanderentwickeln können. »Während *Sexus* und *Genus* für den Hausverstand praktisch synonym sind und im Alltagsleben praktisch zusammenfallen«, bestätigt die Arbeit Stollers über den Hermaphroditismus, das Transvestitentum und den Transsexualismus »die Tatsache, daß die beiden Bereiche sich nicht symmetrisch zueinander verhalten, sondern ganz verschiedene Wege einschlagen können«[104].

Stoller meint im übrigen, daß die »*gender identitiy*« sehr früh entsteht, mit Sicherheit vor dem Ende des zweiten Lebensjahres und wahrscheinlich schon gegen Ende des ersten, also vor der phallischen Phase, und daß sie, wenn sie einmal feststeht, unauslöschlich ist und bestehen bleibt, was auch immer dem Individuum widerfahren mag.

Drittens bestätigen die Arbeiten von Money und Stoller den Vorrang des psychologischen Faktors bei der Bestimmung der sexuellen Orientierung. Sie leugnen, mit anderen Worten, daß die Anatomie Schicksal ist. Das Gefühl der geschlechtlichen Identität wird wesentlich von der Kultur bestimmt, das heißt, es wird nach der Geburt erlernt. »Dieser Lernprozeß geht auf die gesellschaftliche Umgebung zurück... Das Wissen wird jedoch über die Mutter erworben, und so ist das, was beim Kind wirklich ankommt, ihre Interpretation der gesellschaftlichen Einstellungen. Später beeinflussen der Vater, die Brüder und Schwestern... die Entwicklung seiner Identität.«[105]

Alles beginnt bei der Geburt, wenn der Arzt das Geschlecht des Kindes bestimmt und dieses standesamtlich registriert wird. Von nun an betrachten die Eltern und die Gesellschaft das Kind als einen Jungen oder als ein Mädchen. Daß das Kleinkind weiß, daß es männlichen Geschlechts ist und daß es zu einem Mann werden wird, liegt nicht an einer angeborenen Kraft, sondern die Eltern bringen es ihm bei, und sie könnten ihm ebenso gut etwas anderes beibringen. Von dem Augenblick an, da sie wissen, daß sie einen Jungen haben, beginnt bei ihnen ein Prozeß, der sie veranlaßt, bestimmte Verhaltensweisen, die sie als männlich betrachten, zu ermutigen, und das Kind von anderen Verhaltensweisen, die unmännlich sind, abzubringen. In der Wahl des Namens, dem Stil der Kleidung, der Art, wie es getragen wird, dem Charakter der Spiele usw. besteht ein wesentlicher Teil der »Bildung«[106] des kleinen Kindes, der es die Entwicklung seiner geschlechtlichen Identität verdankt. In den meisten Fällen wird das, was in unserer Gesellschaft als männlich gilt, ermutigt, und gegen Ende des ersten Lebensjahres hat das Verhalten des kleinen Jungen einen deutlich maskulinen Charakter.

Im Falle des transsexuellen Jungen bleiben Mutter und Kind aneinander gebunden: Die Mutter lebt mit ihm in einer so engen Symbiose, daß sie es wie einen Teil ihres Körpers behandelt und das Kind sich als einen solchen empfindet. Die Mütter von transsexuellen Söhnen[107] haben das Gefühl, eine totale Einheit mit ihrem Kind zu bilden, das permanent in körperlicher Berührung mit ihr ist; es hat Zugang zu ihrer Nacktheit und zu ihrer Intimität, es schläft in ihrem Bett, »so als gäbe es zwischen ihren Körpern keine Grenzen«. Dieser Kontakt entspricht einem Bedürfnis der Mutter, er verschafft ihr eine intensive, nie gestillte Lust[108]. Sie ist bemüht, jede unangenehme Spannung beim Kind zu vermeiden, und von Versagungen weiß sie nichts.

Bei den Müttern, die man untersuchte, lag ein beinahe depressives Gefühl der Unvollständigkeit vor, ferner eine starke homosexuelle Komponente und eine Unklarheit, eine Verwischung zwischen ihrer eigenen Identität und der des Kindes. Sie sind im übrigen mit Männern verheiratet, die völlig abwesend sind und für die sie regelrechte Verachtung empfinden. Der kleine Junge weiß nichts von der Existenz seines Vaters, und wenn der Vater zufällig anwesend ist, tut er nichts, um einen Kontakt mit seinem Sohn aufzubauen. Daß der Vater in die fortgesetzte Feminisierung des Kinder verwickelt ist, liegt auf der Hand: Er schreitet nicht ein, um das Transvestitentum zu unterbinden usw. Durch die Eigentümlichkeit dieser Familien bleibt dem kleinen Jungen das notwendige Trauma, das der ödipale Konflikt[109] darstellt, versagt: Da er seine Mutter nicht hinreichend als begehrtes Sexualobjekt erkannt hat, hat er keine Schlacht gegen einen stärkeren männlichen Rivalen zu verlieren. Auf diese Weise der ödipalen Unbefriedigtheit beraubt, wird er kein Bedürfnis empfinden, jene Spannung, die der Konflikt bei dem Jungen auslösen müßte, später bei einer anderen Frau abzubauen.

Die Ergebnisse Stollers werfen einige Prinzipien der Freudschen Lehre über den Haufen. Die Auffassung, das Biologische sei die Grundlage des Psychologischen, ist durch die Untersuchung der intersexuellen Kinder[110] widerlegt. Die hermaphroditische Identität ist durch die Umwelt bedingt, insbesondere durch die Unsicherheit der Eltern im Hinblick auf das Geschlecht ihres Kindes, eine Unsicherheit, die dann in die Organisation seines Ich eingeht. Nehmen die Eltern dagegen eine entgegengesetzte Haltung ein, so bekommt das Kind ein starkes, psychisch unauslöschliches Gefühl der geschlechtlichen Identität. Männlichkeit oder Weiblichkeit wird durch das Verhalten der Eltern festgelegt und ist nicht Ausdruck irgendeines Instinkts.

Ist Stoller einerseits mit K. Horney, E. Jones und G. Zilboorg der Meinung, die weibliche Psychosexualität sei primär und mache sich vor der phallischen Phase geltend, so behauptet er andererseits im Gegensatz zu ihnen, daß bei der Frau das Gefühl, eine Frau zu sein, unabhängig von der Wahrnehmung der Geschlechtsorgane entsteht. Von Diskussionen, ob denn die Vagina oder die Klitoris primär die psychische Sexualität der Frau bestimmen, will er überhaupt nichts wissen[111]. Weder das Fehlen einer Vagina oder innerer Geschlechtsorgane noch das Vorhandensein einer penisähnlichen genitalen Knospe noch das Fehlen einer Klitoris verhindern die Ausbildung einer weiblichen psychischen Sexualität, sofern die Umgebung keinen Zweifel am weiblichen Charakter des Kindes hat.

Im Hinblick auf den kleinen Jungen trägt Stoller zwei neue Thesen vor, die sich auf die klinische Beobachtung stützen[112]. Zum einen wird das Gefühl, männlich zu sein, lange vor der klassischen phallischen Phase (zwischen drei und fünf Jahren) definitiv fixiert. Zum anderen mag der Penis zwar zu diesem Gefühl beitragen, aber er ist nicht unersetzlich, wie die Beobachtung von zwei Jungen beweist, die trotz einer angeborenen Penis-Aplasie eine männliche Identität entwickeln konnten. Beide konnten sich einen phantasierten Penis schaffen. Stoller meint, daß diese Phantasiebildung mehr auf äußeren Druck als auf eine innere, triebhafte Kraft zurückgeht. Er leugnet nicht, daß biologische Kräfte beteiligt sind, glaubt aber aufgrund seiner zahlreichen klinischen Untersuchungen zu erkennen, daß postnatale psychologische Beziehungsfaktoren deren Wirkung soweit überlagern, daß sie die Ausrichtung der Identität bestimmen.

Das gesamte Werk von Money und Stoller kann demnach als ein Beweis dafür verstanden werden, daß nicht das Biologische den Ausschlag gibt, sondern die Umwelt. Ihre Thesen haben den Widerspruch der Anhänger der »Natur« hervorgerufen, die in ihnen die jüngste Wendung des allgegenwärtigen Glaubens an die prägende Kraft der Kultur sehen. Zwei Dinge hat man vor allem an ihnen gerügt[113]. Zum einen geht es darum, daß Fälle von Hermaphroditismus oder unklarer Geschlechtszugehörigkeit derart außergewöhnlich sind, daß man aus ihnen keine Schlüsse auf die gesamte menschliche Population ziehen kann. Zum anderen wird, was die Hermaphroditen angeht, die Analyse in

Zweifel gezogen. Ohne eine systematische Trennung der Auswirkungen von anatomischen und hormonalen Faktoren von den Auswirkungen verhaltensmäßiger Faktoren, die im Augenblick nicht möglich sei, könne man nicht behaupten, daß die Umwelt den Ausschlag gibt.

Diese Einwände fordern ihrerseits zwei Bemerkungen heraus. Stoller geht es nicht darum, das Normale und das Pathologische[114] zu identifizieren, sondern er benutzt – genau wie der Begründer der Psychoanalyse – das eine, um das andere besser zu verstehen. Andererseits tut der Umstand, daß Stoller keine »systematische Trennung« zwischen dem Biologischen und der Umwelt vornimmt, der Bedeutung seiner Experimente keinen Abbruch, selbst wenn sie eines Tages verbessert und verfeinert werden sollten. Bis heute hat niemand beweisen können, daß Stoller sich geirrt hat, ob das einigen Soziobiologen nun gefällt oder nicht. Im übrigen gibt es, falls die Untersuchung von so außergewöhnlichen Fällen wie Hermaphroditismus oder Transsexualismus zur Skepsis Anlaß geben sollte, andere Aspekte des Lebens, die allen vertraut sind und ebenfalls darauf hinzudeuten scheinen, daß die Anatomie und die Biologie bei der menschlichen Gattung nicht unbedingt das Ausschlaggebende sind.

Trennung von Weiblichkeit und Mütterlichkeit

Man kann sie auf verschiedenen Ebenen beobachten, der psychologischen, der gesellschaftlichen und sogar der körperlichen. Die physiologischen Vorgänge beherrschen nicht mehr das Leben der Frau. Die Empfängnisverhütung hat dem Diktat der Natur ein Ende gesetzt und eine Wahrheit enthüllt, die noch vor kurzem undenkbar war: Die Bestimmung und das Schicksal der Frau wird nicht mehr von der Mutterschaft umgrenzt. Manche entschließen sich sogar, sie (die Mutterschaft) bewußt aus ihrem Leben auszuschließen. Diese Frauen, die zwischen Weiblichkeit und Mutterschaft radikal trennen, stellen sicherlich nur einen winzigen Bruchteil der Bevölkerung dar[115]. Ist das ein Grund, sie wie Kranke zu behandeln? Bis heute haben sich in Frankreich mehr die Psychoanalytiker[116] als die Historiker und Soziologen für sie interessiert. Das Nachdenken über ihr Unbewußtes sollte jedoch nicht davon entbinden, daß man sich Gedanken macht über ihren Entwurf eines Lebens zu zweit und nicht zu dritt...

Zu diesem Thema gibt es bislang nur in den USA und in Kanada Untersuchungen[117]. Befragt wurden Ehepaare, die seit mindestens fünf Jahren verheiratet waren und behaupteten, keine Kinder zu wollen. Aus diesen Tiefeninterviews geht hervor, daß die kinderlosen Paare nicht nur der Ansicht sind, der Sorgen ledig zu sein, die sich mit einem Kind zwangsläufig einstellen, sondern daß sie glauben, mehr für die Qualität und Intensität der Paarbeziehung zu tun: »Mann und Frau oder Liebhaber und Geliebte sind bessere Freunde für einander und können sich gegenseitig die meisten, wenn nicht alle Geselligkeits- und Zärtlichkeitsbedürfnisse erfüllen.«[118] Es heißt, diese dyadischen Paare seien sehr glücklich, und sie glaubten, die Geburt eines Kindes könne ihr Gleichgewicht stören. Die befragten Frauen betrachten sich ihrem Mann gegenüber als »frei« und glauben, das gleiche Maß an Autorität und Kompetenz zu besitzen wie er.

Wie diese gemeinsame Ablehnung eines Kindes psychologisch auch immer begründet sein mag, diese Eheleute liefern den Beweis, daß Menschen auch ohne ein Kind glücklich sein können. Vor allem beweisen sie, daß die Frauen ihr Gleichgewicht außerhalb der Mutterschaft, außerhalb der Fortpflanzung finden können. Es kommt zwar vor, daß die beiden Partner väterliche beziehungsweise mütterliche Gefühle füreinander empfinden, und von Zeit zu Zeit meldet sich der Kinderwunsch, doch die Abwägung der Vor- und Nachteile der Elternschaft führt zu deren Ablehnung.

Man kann gegen dieses Lebensmodell die Interessen der Arterhaltung geltend machen, aber sicherlich nicht Gründe der seelischen Gesundheit. Das hieße, den Kindeswunsch zum Maßstab der psychischen Normalität zu machen, obwohl man genau weiß, wie ambivalent er sein kann. Frauen, die die Kinderlosigkeit wählen, müssen nicht unbedingt weniger ausgeglichen sein als die anderen.

Die große Mehrheit der Frauen hat nicht diese ablehnende Haltung. Trotzdem ist die Einstellung zur Mutterschaft eindeutig zurückhaltender geworden. Die Frauen der westlichen Welt gebären immer weniger Kinder, und sie lehnen es auch ab, die Interessen der Arterhaltung zu berücksichtigen. Die Fruchtbarkeitsziffer ist überall kleiner als zwei Kinder je Frau[119], ein Hinweis darauf, daß sie die Mutterschaft nicht mehr als Lebenserfüllung empfinden. Die Zeit der Mutterschaft hat sich aus zwei Gründen erheblich verkürzt. Zum einen erreicht die Lebenserwartung der Frauen beinahe 80 Jahre, und das Aufziehen von zwei Kindern bedeutet nicht mehr als 15 Jahre der aktiven Mutterschaft; das ist weniger als ein Fünftel ihres Lebens. Es ist daher nicht länger gerechtfertigt, die Mutterschaft als Hauptachse im Leben der Frau zu betrachten – diese Achse hat sich in andere Bereiche verlagert. Früher galt das Interesse der Frau vor allem ihren Kindern, heute gilt es ihr selbst, ihrem Gefühls- und Berufsleben. Sie versteht ihre Existenz nicht mehr als eine Funktion ihrer Nachkommen, sondern sie zwingt diese, sich ihrem persönlichen Lebensentwurf anzupassen.

Auch im Alltag der Frauen nimmt die Mutterschaft eine kürzere Zeit ein. Die meisten von ihnen arbeiten weiter, wenn sie Kinder haben, auch wenn es manchmal ans Wunderbare grenzt, wie sie die konträren Ansprüche in Einklang bringen. Das hat natürlich zur Folge, daß die Zeit, die sie mit dem Kind verbringen, sich erheblich verkürzt. Die Krippe, die Schule und das Fernsehen ersetzen die Mütter von einst. Was heute noch bleibt, sind die erste und letzte Mahlzeit des Tages, die Zeit des Anziehens, der Schulaufgaben, der Einkäufe und die Wochenenden. Alles in allem ist man knapp ein Drittel seiner Zeit Mutter. Die Qualität zählt mehr als die Quantität, und vom Vater wird erwartet, daß er die Mutter ablöst.

Tatsächlich bringt die Mutterschaft im gesellschaftlichen Leben der Frauen keinen grundlegenden Wandel, ebenso wenig wie die übrigen biologischen Etappen ihres Lebens. Die Tatsache, daß das Alter der ersten Menstruation gesunken und das Alter der Menopause gestiegen ist[120], trägt im Gegenteil zu einer Vereinheitlichung der verschiedenen Lebensabschnitte einer Frau bei. Ein früher einsetzendes und länger anhaltendes Sexualleben[121] gibt den Frauen das Gefühl, länger am aktiven Leben teilzuhaben. Die Menopause bedeutet nicht mehr, daß ihre Stellung sich ändert[122]. Früher war sie gleichbedeutend mit dem sexuellen

Ruhestand; heute ist sie kein Einschnitt mehr, weder im Berufs- noch im Gefühls- oder im Sexualleben. Kaum daß die Mütter sich als Großmütter sehen.

Die Naturbeherrschung beziehungsweise die Loslösung von den physiologischen Funktionen wird noch deutlicher an den neuen Fortpflanzungstechniken. Die Entdeckungen Pasteurs hatten im 19. Jahrhundert die Flaschenernährung ermöglicht und den Brüsten ihren nährenden Endzweck genommen. Heute kann man schwanger sein, ohne sich geliebt zu haben[123], sich von X eine Eizelle, von Y Sperma ausleihen, das Ganze *in vitro* befruchten, sich den Embryo einpflanzen oder von einer anderen Frau austragen lassen. Vielleicht ist die Zeit nicht mehr fern, in der eine Frau aus Fleisch und Blut sich von einer künstlichen Mutter vertreten lassen kann. Nach den Brüsten wäre es dann der Bauch der Frau, der unwichtig würde – eine Option, die ins freie Ermessen jeder Frau gestellt wäre!

Das alles mündet in eine neue Auffassung der Mutterschaft. Die wahre Mutter wäre danach nicht so sehr die, welche ihr Erbmaterial weitergibt, das Kind trägt und zur Welt bringt, als vielmehr diejenige, die das Kind aufzieht und ihm ihre Liebe schenkt. Je mehr die »gebieterischen Gesetze der Natur« zurücktreten, um so mehr nähern sich die Begriffe der Mutterschaft und der Vaterschaft einander an.

Nach der gemischtgeschlechtlichen Rollenverteilung ist die Loslösung von den physiologischen Funktionen der mächtigste Faktor der Angleichung der Geschlechter. Nun ist es unbestreitbar, daß all unsere Bemühungen langfristig darauf hinauslaufen, den körperlichen Organen ihren imperialistischen Charakter zu nehmen. Wenn man schon den Tod nicht aufheben kann, so verlängert man doch das Leben, macht man Frauen, die noch vor wenigen Jahren nicht daran hätten denken können, fruchtbar. Kurz, man tut alles, um den Körper unseren Wünschen zu unterwerfen und nicht länger aus der Not eine Tugend zu machen. Wir nehmen ihn deshalb nicht weniger wichtig, aber seine Bedeutung hat sich völlig geändert. Er ist aus einem »technischen« zu einem »ästhetischen« Gegenstand geworden[124]. Wir wollen ihn nicht länger benutzen, sondern vielmehr bewundern und bewundert sehen. In unserer Zivilisation nimmt niemand

Anstoß an einer Mutter, die ihr Kind nicht stillt, aber einen Körper, der sich gehen läßt, finden wir anstößig. Es muß alles getan werden, um sein Alter hinauszuschieben, seine Schwächen zu kaschieren und ihn um jeden Preis in einem reizvollen Zustand zu erhalten. Manche behaupten, das sei eine Frage der Ethik.

Vielleicht ist unsere Abhängigkeit vom Körper nicht geringer geworden, aber sie ist eine andere als früher. Nach und nach bringen wir das Biologische unter unsere Kontrolle, und wir finden Waffen gegen das Unästhetische. Die sakrosankte Natur wird nach unseren Wünschen manipuliert, modifiziert und herausgefordert.

Mag es uns auch manchmal schwerfallen, seelisch mit dieser Entwicklung Schritt zu halten, so wäre es doch naiv, wollten wir annehmen, daß sie irgendwann ein Ende hat.

Der individuelle Unterschied kommt vor dem Geschlechtsunterschied

Die stereotypen Vorstellungen vom männlichen Mann und der weiblichen Frau sind völlig haltlos geworden. Es gibt kein obligatorisches Leitbild mehr, sondern eine unendliche Zahl von möglichen Modellen. Jeder legt Wert auf seine Besonderheit, auf sein eigenes Maß an Weiblichkeit und Männlichkeit. »Die Differenzen, derer es für die Verführung bedarf, stellen sich in der Intimität des Paares her und immer weniger auf dem Umweg über die Gemeinschaft.«[125]

Die Vermengung der Rollen und Empfindungen macht uns die Unterscheidung nach dem Geschlecht immer schwerer. Sie ist nicht länger das Ursprüngliche und Grundlegende, und oft genug erscheint sie uns nebensächlich. Die Differenzierung zwischen Individuen und Gruppen erfolgt nach subtileren Merkmalen als dem des Geschlechts, zum Beispiel nach dem Alter, dem Bildungsgrad oder der Sensibilität. Die letztere hat übrigens etwas damit zu tun, wie wir das Männliche und das Weibliche in uns selbst wahrnehmen.

Was in einigen Gesellschaften den Mann von der Frau unterscheidet, ist weniger das Geschlecht als vielmehr die Befruchtungsfähigkeit. Die sterile Frau hat einen eigentümlichen Status. Bei den Samo von Obervolta wird sie mit einem Kind gleichgesetzt: »Was einem jungen Mädchen den Rang einer Frau verleiht, ist weder der Verlust der Jungfräulichkeit noch die Ehe, ... es ist die Empfängnis. Es genügt eine Schwangerschaft, gleichgültig ob sie nur zu einer Fehlgeburt oder einer echten Geburt führt. Die sterile Frau wird nicht als Frau betrachtet, sie stirbt vielmehr als junges, nicht reifes Mädchen und wird auf dem Kinderfriedhof beerdigt.«[126]

Bei den Nuer in Ostafrika werden die unfruchtbaren Frauen dagegen als Männer behandelt und haben Anspruch auf deren Privilegien. »War ein Mädchen verheiratet und hat es keine Kinder bekommen, kehrt es nach ein paar Jahren wieder in die Familie des Vaters zurück, und zwar diesmal mit dem Rang eines Mannes. Es wird dann von seinen Neffen und Nichten ›Onkel‹ genannt. Die kinderlos gebliebene Frau, der ›Mann‹, bekommt einen Teil des Viehs, hat allmählich selber eine Herde und kann dann die notwendige Mitgift bezahlen, um sich eine fruchtbare Frau zu nehmen. Ihre Frauen nennen sie ›mein Mann‹. Sie besorgt sich einen zeugungsfähigen Mann, der zugleich ihr Diener ist. Ihre Frauen haben dann Kinder, die zu ihr ›Vater‹ sagen.«[127]

In unseren Gesellschaften können unfruchtbare Frauen nicht mit jungen Mädchen oder mit Männern gleichgesetzt werden. Man könnte zwar denken, daß die Schwangerschaft einen Unterschied weniger zwischen den Frauen und Männern als vielmehr zwischen jenen, die empfangen haben, und allen anderen (den Männern sowie den Frauen, die diese Erfahrung nicht kennen) begründet, doch verliert die Schwangerschaft durch die Empfängnisverhütung sowie durch die Gruppe der Frauen, die freiwillig kinderlos blieben, den Charakter eines einschneidenden Ereignisses, einer notwendigen Etappe auf dem Wege zur Weiblichkeit. Diejenigen, die keine Kinder wollen, fühlen sich deshalb nicht weniger als Frauen. Sie verlegen ihre Weiblichkeit halt nicht in die Eierstöcke und empfinden mütterliche Gefühle für andere als ihre eigenen Kinder. Im übrigen bringen die neuen Fortpflanzungstechniken unsere alten Fruchtbarkeitskriterien durcheinander. Wie bestimmt man denn, welche Frau »fruchtbar« ist, wenn mehrere Frauen am mütterlichen Prozeß beteiligt sind? Ist es im

Falle der »aufgespaltenen Mutterschaft« diejenige, die die Eizelle zur Verfügung stellt, oder jene, deren Bauch den Embryo aufnimmt? Solange darüber keine Klarheit herrscht, sollte man dem Biologischen weniger Bedeutung beimessen als den Wünschen. Wenn es eine genetische Mutter, eine tragende Mutter und eine erziehende Mutter gibt, dann steht nach unserer Meinung der letzteren die Bezeichnung Mutter zu. In diesem Fall, der möglicherweise die Ausnahme bleibt, unterscheidet nichts mehr die Mutterschaft von der Vaterschaft.

Viele Gesellschaften unterscheiden zwischen dem Erzeuger, dem Samenspender, und dem Vater, der einem Kind seine Pflege angedeihen läßt. Jetzt müssen wir bei einigen Frauen ebenso verfahren, nämlich unterscheiden zwischen der Erzeugerin und der Mutter als der Spenderin von Liebe. Die Unterschiede zwischen Vater und Mutter sind jetzt nicht länger eine Frage der Physiologie als vielmehr ihrer psychischen Geschlechtsidentität; sie sind mehr individuell als sexuell bedingt. Mag das herrschende Leitbild auch einen männlichen Vater und eine weibliche Mutter fordern, so erkennen wir doch immer deutlicher, daß jeder eine einzigartige Mischung aus beiden Bestandteilen ist und daß die vorgegebenen Leitfiguren allenthalben ins Wanken geraten.

Die bisexuelle Menschheit betreibt die Angleichung der Geschlechter bis hin zur größtmöglichen Ähnlichkeit und läßt dabei alle persönlichen Differenzen hervortreten. Sie ist nicht mehr in zwei heterogene Gruppen aufgespalten, sondern setzt sich aus einer Vielzahl von Individuen zusammen, die einander ähneln und sich zugleich in allen erdenklichen Nuancen unterscheiden.

2. Das Paar oder die Wandlungen des Herzens

Die Angleichung der Geschlechter wirkt sich auf unsere Wünsche aus. Die Dialektik des Einen und des Anderen büßt etwas von ihrer ursprünglichen Spannung ein, weil die Fremdheit fehlt, der Gegensatz, ja, sogar die Kampffiguren.

Das traditionelle Bild des Paares ist ins Wanken geraten. Die Dauerhaftigkeit der Paarbeziehung wird nur noch als wünschenswert und nicht mehr als zwingend empfunden, denn den Zwängen, die früher den dauerhaften Bestand ermöglichten, will man sich heute nicht mehr unterwerfen.

Philemon und Baucis, das ist das romantische Ideal, dem sich die Realität unbedingt zu fügen hat. Nur keine Halbheiten – vom Ideal werden keine Abstriche gemacht! Das Paar läßt sich von einer Politik des Alles oder Nichts leiten: Lieber versucht man es immer wieder von neuem, in der Hoffnung, irgendwann die vollkommene Einheit zu erreichen, statt Kompromisse einzugehen, wie sie für jede langlebige Beziehung charakteristisch sind. Da die gesellschaftlichen, wirtschaftlichen und religiösen Notwendigkeiten, die früher einmal für den dauerhaften Bestand von Bedeutung waren, zumeist entfallen sind, entscheidet allein das Herz über unser Leben zu zweit. War man sich in der klassischen Zeit völlig über die Bedingtheit der Liebe im klaren, und wollte man die Ehe nicht auf einer so brüchigen Grundlage errichten, so geben wir heute dem Irrationalsten und Unbeständigsten in uns den absoluten Vorrang. Auch in dieser (wie in anderer) Hinsicht sind es weniger unsere »Leidenschaften« als vielmehr unsere »Neurosen«, was letzten Endes über unser Schicksal entscheidet. Man liebt sich, man entwickelt sich weiter, man liebt sich nicht mehr, und dann fängt man wieder von vorne an.

Die Unbeständigkeit des Herzens bedeutet nicht, daß wir die Liebe leichtnehmen. Was sie gefährdet, ist unsere Vorstellung, sie müsse etwas Vollkommenes sein. Wir erwarten von der Einheit, nach der wir streben, soviel mehr als früher, daß es uns schwerfällt, sie zu verwirklichen und dauerhaft aufrechtzuerhalten. Wenn von der Qualität und Intensität der Beziehung alles erwartet wird, dann können Gleichgültigkeit, Schwächen und Konflikte die Einheit sprengen und den Fortbestand der Ehe gefährden. Weshalb noch zusammenbleiben, wenn man sich nicht mehr einig ist? Wenn die Herzen sich nicht mehr verstehen und Schweigen sich ausbreitet, löst das Paar sich auf, denn es hat keine Daseinsberechtigung mehr. Man kann es nicht verzeihen, daß statt der Vertrautheit, nach der man strebte, Fremdheit eingetreten ist.

Schließlich wird die symbiotische Einheit, von der wir träumen, durch unsere androgyne Mutation noch zusätzlich erschwert. Unsere gestiegenen Erwartungen widersprechen sich teilweise. Wir möchten, unvollkommene Androgyne, die wir sind, auf niemanden angewiesen sein, und zugleich möchten wir mit dem anderen so verschmelzen, daß unserer beider Doppelnaturen restlos ineinander aufgehen.

Wir stehen daher vor einer dreifachen Herausforderung: die Eigenliebe mit der Liebe zum anderen in Einklang zu bringen, einen Ausgleich zu finden zwischen dem Verlangen nach Freiheit und dem nach Symbiose und schließlich unsere Doppelnatur an die unseres Partners anzupassen und dabei ständig auf den jeweiligen Entwicklungsstand beider Rücksicht zu nehmen.

Sich darauf einzulassen, ist um so riskanter, als das Ich noch nie so stark und das Bedürfnis nach Liebe noch nie so groß gewesen ist.

Das Individuum ist wichtiger als das Paar

Das Paar war einmal die grundlegende Einheit der Gesellschaft. Aus zwei Hälften bestehend, die jeweils bestrebt waren, ihre »Partitur« zu spielen, stellte es für beide Teile ein transzendentes Gebilde dar. Es war eine soziale und sogar eine psychologische Banalität, daß der eine ohne den anderen unvollständig war. Der

Junggeselle wurde, gleichgültig, ob man ihn verachtete oder bedauerte, als ein unfertiges Wesen aufgefaßt. In der üblichen Verwendung eines einzigen Familiennamens für zwei Ehepartner spiegelt sich noch immer die Vorstellung vom Paar als einer umfassenden Einheit, in der die Individualitäten aufgehen. Diese geistige und gesellschaftliche Operation ist nicht mehr so leicht möglich, wenn jeder seinen eigenen Namen und seine Unabhängigkeit behält.

Die gegenwärtige Tendenz geht dahin, das Paar nicht mehr als eine transzendente Einheit zu sehen, sondern als Verbindung zweier Menschen, die sich weniger als Hälften einer größeren Einheit denn als eigenständige Wesenheiten begreifen. Man ist kaum noch bereit, um der Gemeinsamkeit willen etwas von sich aufzugeben. Die Übersteigerung des Ichs und der streitbare Individualismus stehen dem Leben zu zweit, wie wir es uns ersehnen, im Wege. Allerdings haben sich unsere Zielvorstellungen geändert, und wir sind nicht mehr bereit, jeden Preis dafür zu zahlen, daß der andere an unserer Seite bleibt.

Der absolute Wert des Ichs

Das Hervortreten unserer androgynen Natur steigert unsere Ansprüche und Wünsche. Wir wollen alles, weil wir uns selbst als eine Totalität an sich empfinden, wir haben das mehr oder weniger deutliche Gefühl, ein exemplarischer Vertreter der gesamten Menschheit zu sein, ein Surrogat der göttlichen Totalität. Wir möchten vollständige und sich selbst genügende Wesen sein, doch indem wir die Andersheit verinnerlichen, verliert die Suche nach dem Anderen etwas von ihrer Dringlichkeit und ihrem Reiz. Der Preis, den wir für das Andere zu zahlen bereit sind, ist jetzt begrenzt. Wir begehren es, wenn es unser Dasein bereichert, wir lehnen es ab, wenn es Opfer von uns fordert.

Das beispiellose Streben nach Totalität läßt uns das Bewußtsein des Mangels nur noch schmerzlicher empfinden. Deshalb sind die meisten kinderlosen Ehepaare zu allem bereit, wenn sie damit einen unbefriedigenden Zustand beenden können, der ihnen etwas vorenthält, was als gemeinsames Merkmal aller Menschen gilt. Der Stoizismus ist nicht mehr Mode, und man macht nicht länger aus der Not eine Tugend. Wenn die Natur uns einen üblen Streich spielt und uns um einen Teil unserer selbst beschneidet, uns eine Erfahrung versagt, die sie anderen erlaubt, dann mucken wir auf und suchen nach Abkürzungen.

Wenn der andere der Anlaß unserer Unzufriedenheit ist, verlassen wir ihn. Besser sein Ich kultivieren als auch nur einen Aspekt der Persönlichkeit unterdrücken. Wenn wir andere nicht dazu bringen können, uns so zu lieben, wie wir sind, so sind wir selber doch stets bereit, uns voller Leidenschaft zu lieben.

Das Ich ist zu unserem kostbarsten Gut geworden, denn es besitzt zugleich ästhetischen, wirtschaftlichen und moralischen Wert. Einst galt es als »ungezogen«, von ihm zu sprechen, und als verwerflich, es zur Grundlage seiner Existenz zu machen. Man mußte, koste es, was es wolle, den Eindruck erwecken, daß der andere wichtiger sei als das Ich. Die neue Generation kann mit dieser Moral – oder mit diesen Heucheleien – nichts anfangen. Ihre Zwangsvorstellung besteht weniger darin, den anderen, als vielmehr darin, sich selbst auszubeuten. Die Ziele haben sich grundlegend geändert: Man denkt nur noch daran, seine Lebenszeit optimal auszunutzen und alle Fähigkeiten ins Spiel zu bringen. Wer einige seiner Möglichkeiten brachliegen läßt, begeht ein unverzeihliches Verbrechen gegen den neuen Kapitalismus des Ichs. Die Eltern, die sich ihrer Verantwortung bewußt sind, bemühen sich beinahe zwanghaft um Erfahrungen für ihre Kinder. Man läßt sie alles probieren, in der Hoffnung, einige Talente bei ihnen zutage zu fördern, die sich als »Pluspunkte« für ihr Ich erweisen könnte. So eilen manche Kinder von der Judoveranstaltung zum Tanzkurs, von der Töpferwerkstatt zum Musikunterricht, obwohl sie lieber zuhause blieben und nichts täten. Doch ungenutzte Mußezeit ruft bei den Eltern Angst und Gewissensbisse wach, und manche investieren in das Ich ihrer Kinder mehr als in das eigene.

Die Ausbeutung des Ichs erfordert eine neue Methodologie: den Narzißmus. »Erkenne dich selbst« und »liebe dich selbst« sind die beiden Vorbedingungen einer jeden Aufwertung des Ichs. Falsche Scham und falsche Bescheidenheit sind nicht mehr angebracht. Mangelnde Fähigkeiten und Neigungen werden einem unglücklichen, einem »blockierten« Ich angerechnet, und deshalb muß man auf das Ich hören, es eingehend betrachten, es auseinandernehmen, damit man imstande ist, es zu befreien.

Das Ich ist Gegenstand des Kultus und der Kultur, weil man völlig auf das Ich gesetzt hat. Von ihm erwartet man, daß es Freude, Glück, Ruhm und vielleicht sogar Unsterblichkeit bringe, und man erwartet das mit größerer Selbstverständlichkeit als von irgendwem oder irgendetwas sonst. Es ist deshalb unser größter Ehrgeiz, unser Ich zu einem Meisterwerk zu machen, das von allen beneidet und bewundert wird. G. Lipovetsky betont zu Recht, daß »das Überich gegenwärtig in Gestalt von Berühmtheits- und Erfolgsgeboten auftritt, deren Nichterfüllung eine unnachsichtige Kritik am Ich nach sich zieht«[1].

Es gibt heute kein größeres Unglück als das Scheitern und die Abwertung des Ichs. Die verzweifelte Reaktion ist der Selbstmord oder die Flucht in die Drogen. Sich nicht selber zu lieben ist letzten Endes tödlich, und von der Psychoanalyse verlangt man nicht mehr, als daß sie einem beibringt, sich selbst zu ertragen.

Das Ich hat sittlichen Wert angenommen, denn die Eigenliebe ist zu einer Ethik geworden. Der kategorische Imperativ spricht nicht mehr von den Bedingungen des Verhältnisses zwischen mir und dem anderen, sondern von den Bedingungen meines Verhältnisses zu mir selbst. Er fordert von mir, mich zu lieben, mich zu »entfalten« und zu »genießen«. Der Endzweck der Moral hat sich vom anderen auf das Selbst verlagert. »Wichtiger als die Gegenseitigkeit ist die Authentizität, wichtiger als die Anerkennung die Selbsterkenntnis.«[2]

Wenn das Ich zu unserer Hauptbeschäftigung wird und wenn es vor allem darauf ankommt, »sich unabhängig davon, wie der andere uns beurteilt, zu entfalten«, dann büßt die intersubjektive Beziehung zwangsläufig an Wert ein: »Die zwischenmenschliche Rivalität weicht allmählich einer neutralen öffentlichen Beziehung, in der der andere jeglicher Tiefe entbehrt, in der er nicht mehr als Feind oder Konkurrent empfunden wird, sondern zu etwas Indifferentem, *Substanzlosem* wird wie die Personen von Peter Handke und Wim Wenders.«[3]

Während dem Ich ein absoluter Wert zugeschrieben wird, erkennt man dem anderen nur relativen Wert zu. Die großen

Leidenschaften sind nicht mehr Mode. Man verurteilt den Haß und die Eifersucht[4], hingegen schätzt man die Uninteressiertheit, die ein Zeichen der Selbstkontrolle und ein Gegengift gegen das Leiden ist. Bei der Scheidung legt man Wert darauf, »in Freundschaft auseinanderzugehen«, so als sei übertriebene Anhänglichkeit ein Ausdruck der Dürftigkeit und Unvollständigkeit des Ichs. Es gehört zum guten Ton, daß man sich – wie schwer es auch fallen mag – den Anschein gibt, auf niemanden angewiesen zu sein.

Diese egozentrische Moral wird zu einer Gefahr für die christlich-kantianische Ethik. Der ihr zugrundeliegende Altruismus ist mit unserem streitbaren Individualismus kaum zu vereinbaren. Wenn die persönliche Entfaltung (das Ich vor allem, das Ich auf der ganzen Linie) zu einem Muß erklärt wird, kann der Gedanke des Opfers nur noch unter dem negativen Aspekt der Selbstverstümmelung erscheinen. Wir können den Altruismus nur gutheißen, wenn er den Zielen des Ichs dient: seiner Ästhetik und seiner Größe. Zwischen dieser Haltung und dem Zurücknehmen des eigenen Ichs gegenüber dem anderen liegt eine Kluft, die wir immer seltener überwinden.

Das alles wirkt sich unmittelbar darauf aus, wie wir lieben. Die aufopfernde Liebe[5], die lange als Inbegriff der Liebe galt, weist gewichtige Einschränkungen auf, die man im Verhältnis zwischen den Ehegatten und sogar am mütterlichen Verhalten beobachten kann. Früher war die Mutterschaft durch Hingabe und Opfer bestimmt. Man brachte Kinder zur Welt, um Gott zu gehorchen (»wachset und mehret euch«), um seinem Ehemann Nachkommen zu schenken und seiner fraulichen Bestimmung zu genügen. Das Symbol der guten Mutter war der Pelikan, der seine Eingeweide aufreißt, um seine Jungen zu nähren. Es verstand sich von selbst, daß das Wohl des Kindes von der Mutter die Aufgabe ihrer Persönlichkeit, wenn nicht gar ihres Lebens verlangte. So versteht man die Mutterschaft in unserer Gesellschaft heute nicht mehr. Wenn man ein Kind bekommt, so vor allem, um sich einen persönlichen Wunsch zu erfüllen, und man sträubt sich dagegen, ein Kind zu zeugen, auf das man keine Lust hat, nur um dem anderen eine Freude zu machen, oder gar, um die Erhaltung der Art zu sichern oder aus sonstigen sozioökonomischen Gründen.

Man zeugt in erster Linie für sich selbst, um das eigene Ich zu befriedigen und zu bereichern. Man muß, wenn man ehrlich ist, zugeben, daß der Kinderwunsch zutiefst egoistisch und narzißtisch ist, und das sind zwei Empfindungen, die besser als alle anderen die Arterhaltung gewährleisten. Wir zeugen Kinder, um uns selbst zu reproduzieren, um uns in diesem anderen, der ein Teil unserer selbst ist, zu sehen und zu bewundern. Wenn die Zahl der Geburten in der westlichen Welt um zwei Kinder pro Frau schwankt, so könnte einer der Gründe auch sein, daß wir uns in männlicher *und* weiblicher Form zu reproduzieren wünschen, wobei es als Ideal gilt, wenn man die Erfahrung machen darf, einen Jungen und ein Mädchen aufzuziehen; was darüber hinausgeht, wäre bloße Wiederholung. Und wenn uns das Glück nicht hold ist, hören die meisten von uns lieber auf und schreiben ihren Wunsch, sich in beiden Geschlechtern fortzupflanzen, in den Schornstein. Bei mehr als zwei Kindern scheint die Bürde für die Eltern allzu schwer, scheint das Opfer des Ichs allzu groß zu sein.

Wir müssen zugeben, daß die Kinder, von denen wir träumen, sowohl als Meisterwerke des Ichs empfunden werden – als jene vollendeten Gestaltungen, die wir nicht sind, die wir aber durch sie verwirklichen zu können glauben – als auch als unerschöpfliche Quellen der Liebe gesehen werden. Kurz, wir zeugen mehr aus Narzißmus, aus dem Antrieb, unser eigenes Überleben zu sichern und unser eigenes Vergnügen zu verlängern, und weniger aus dem Wunsch heraus, einem menschlichen Wesen, das wir von vornherein mit all seinen Schwächen und seinen unvermeidlichen Haßgefühlen akzeptieren, zum Leben zu verhelfen. Der mütterliche Altruismus ist zwar zu großen Opfern bereit, aber er stößt an Grenzen, die Grenzen des Ichs der Mutter. Man kann alles geben, solange man darin seine Erfüllung findet. Ist das aber nicht mehr der Fall, so hört man auf, in den anderen zu »investieren«, um sich vor Ängsten, Gewissensbissen und Enttäuschungen zu bewahren und die eigene Integrität zu retten. Die meisten Eltern sind zu großzügigen Opfern für das Wohl ihres Kindes bereit, ohne sich davon einen unmittelbaren Vorteil zu erhoffen; doch gänzlich selbstlos sind sie dabei nicht, und ihre narzißtischen Wünsche geben sie darum nicht auf. Man hofft weiterhin, Wunschbild und Realität des Kindes möchten zusammentreffen. Wenn diese Hoffnung zerrinnt und der Haß die Liebe überwiegt, erscheint einem die Selbstaufopferung sinnlos, ja sogar gefährlich.

Ob man will oder nicht, es sind nicht mehr nur die Kinder, die mit den Eltern »abrechnen«, sondern auch die Eltern rechnen ab, wenn auch nicht so brutal und fordernd. Auch die Mutterliebe ist nicht mehr, was sie einmal war oder genauer: was sie einmal gewesen sein soll. Die Mütter machen ebenfalls ihre »Rechnung« auf, und sie wollen sie beglichen sehen. Sie haben verstanden, daß es einem nicht unbedingt vergolten wird, wenn man sich die Eingeweide herausreißt. Dabei bleibt das Ich auf der Strecke, ohne daß man die Sicherheit hätte, daß das Opfer zu etwas nütze war.

Die Vorstellung von der sich aufopfernden Mutter hat sich bislang als Leitbild behaupten können. Wenn Frauen dagegen aufmuckten, dann taten sie es mit gesenkter Stimme, wenn sie unter sich, unter Freundinnen waren, aus Furcht, nicht verstanden oder abgelehnt zu werden. Heute kann man seinen Kindern öffentlich erklären, daß sie zu weit gehen und die Liebe der Mutter ausnützen. Christiane Collange hat mit ihrem Buch *Moi, ta mère*[6] zur Erleichterung der einen und zum Verdruß der anderen daran erinnert, daß auch Mütter ein Ich besitzen, das ein Mindestmaß an Achtung verlangt. Dieses mutige Werk ist deshalb so erfolgreich, weil es laut ausspricht, was man seit einiger Zeit im stillen denkt: Wir schenken euch gern unsere ganze Liebe[7], wenn ihr uns davon einen ausreichenden Teil zurückgebt. In Ermangelung handgreiflicher Beweise für eure Anhänglichkeit ziehen wir uns aus der Leidenschaft, die wir für euch empfinden, zurück, um weniger unter eurer offenkundigen Gleichgültigkeit zu leiden.

Noch eingeschränkter ist die aufopfernde Liebe zwischen den Ehegatten, zumal der andere nicht im gleichen Maße wie das Kind ein Teil des Selbst ist. Der Altruismus wird durch das Verlangen nach Gegenseitigkeit aufgewogen. Bewußt oder unbewußt rechnet man Gewinn und Verlust für das Ich genau gegeneinander auf. Geben und Nehmen müssen sich die Waage halten, wenn eine Paarbeziehung Bestand haben soll.

Die ideale Liebe, deren Hauptvorzug es ist, uns vor der Einsamkeit zu bewahren, wird allgemein als ein ständiger Dialog aufgefaßt, der aus der Achtung vor dem anderen und der zärtlichen Zuneigung zu ihm erwächst und sich in einer besonderen Aufmerksamkeit ihm gegenüber äußert. Achtung und Dialog setzen voraus, daß die Partner der Liebesbeziehung gleichberechtigt sind, und die eheliche Liebe ist nicht denkbar ohne die absolute Regel der Gegenseitigkeit. *Ich liebe dich genauso wie mich selbst, vorausgesetzt, du liebst mich genauso wie dich selbst und du beweist es mir.* Die Gegenseitigkeit des Opfers hebt auf diese Weise das Gefühl auf, ein Opfer zu bringen.

Diese Regel bedeutet, daß es nichts umsonst gibt und daß es kaum eine einseitige Liebe geben kann. In der Ehe hat sie seit jeher gegolten, mögen die Einzelheiten des Potlatch auch in unterschiedlichen Epochen und verschiedenen sozialen Schichten andere gewesen sein. Wenn nicht ein gleiches Maß an Liebe ausgetauscht wurde, so brachte jeder etwas ein, das der Gabe des anderen gleichwertig war: einen Titel oder sozialen Status gegen eine Mitgift, oder prosaischer: den Unterhalt gegen die Besorgung des Haushalts und der Kinder.

Diese Regel muß sich heute stärker als je zuvor im Privatleben des Paares bewähren. Da immer häufiger beide, Mann und Frau, ein Einkommen zur Gemeinschaft der Familie beisteuern, bezieht sich die Gegenseitigkeitsregel nur noch auf die Liebesbeweise. Sie bestehen in scheinbar völlig banalen Dingen, aus denen sich aber das Leben des Paares im wesentlichen zusammensetzt[8]. Wenn er ihr eine bestimmte Aufmerksamkeit erweist, muß sie sich bald dafür durch eine ähnliche Geste erkenntlich zeigen und umgekehrt. Man tut zwar so, als würde nicht gerechnet, aber dennoch wird Buch geführt. Das sei unwürdig, werden einige sagen. Durchaus nicht! Die Liebe äußert sich nun einmal nur in Beweisen, und sie erhält sich durch Gegenseitigkeit. Wenn sie nicht verkümmern soll, muß man immer wieder zwischen seinen egoistischen Antrieben und dem Wunsch, die Beziehung lebendig zu erhalten, Kompromisse machen.

Ein fortgesetzter Verstoß gegen die Gegenseitigkeitsregel wird letztlich immer als eine Ungerechtigkeit, als ein Beweis der Gleichgültigkeit oder als ein Mangel an Achtung empfunden. Dadurch wird unweigerlich das gute Einvernehmen zwischen den Partnern und somit die Existenzgrundlage der Beziehung untergraben. Kommen weitere Unstimmigkeiten hinzu, so erstirbt der Dialog und weicht dem schlimmsten Zwang, der feindseligen Konfrontation.

Lieber Einsamkeit als Zwang!

Seit rund fünfzehn Jahren beobachtet man in allen Industrieländern – im Osten wie im Westen – einen stetigen Anstieg der Scheidungsziffern. In Schweden, in den Vereinigten Staaten und in der Sowjetunion[9] kommt beinahe eine Scheidung auf zwei Eheschließungen. Auch Frankreich folgt dieser Tendenz, denn 1984 verzeichnete man 130 000 Scheidungen gegenüber 284 000 Eheschließungen. Die Zahl der Eheschließungen liegt nicht mehr über der Zahl der Ehepaare, die sich durch Scheidung oder durch den Tod eines Ehepartners auflösen[10]. Die Scheidung betrifft in erster Linie junge Paare nach drei oder vier Ehejahren und sie betrifft verstädterte Gebiete, die weniger den sozialen, wirtschaftlichen oder religiösen Zwängen unterliegen, die in einigen Regionen noch eine Rolle spielen[11]. Was aber noch interessanter ist: Überall dort, wo es die Möglichkeit der Scheidung gibt, sind überwiegend die Frauen die Klägerinnen. Seit sie 1884 in Frankreich eingeführt wurde, haben Frauen durchweg häufiger als Männer die Scheidung beantragt[12], mit Ausnahme der unmittelbaren Nachkriegszeit nach dem Ersten und Zweiten Weltkrieg. Man kann aus den Statistiken herauslesen, daß die Frauen die Nachteile des Ehelebens schmerzlicher empfinden als die Männer.

In den Ehen von heute wird die Gegenseitigkeitsregel ständig verhöhnt, und zwar zu Lasten der Frauen. Untersuchungen über das tägliche Zeitbudget von Männern und Frauen zeigen übereinstimmend, daß die Hausarbeit am wenigsten gerecht zwischen den Geschlechtern aufgeteilt ist. (Siehe Tabelle S. 245)

Es stimmt zwar, daß der Beruf die Frauen zeitlich nicht so stark belastet wie die Männer (statistisch gesehen), doch muß man feststellen, daß sie wöchentlich achteinhalb Stunden weniger Freizeit haben.

Durchschnittliches tägliches Zeitbudget von verheirateten Stadtbewohnern mit einem oder zwei Kindern (Frankreich 1974–75)[1]

	Berufstätige Männer	Berufstätige Frauen	Frauen ohne Berufstätigkeit
	Stdn:Min	Stdn:Min	Stdn:Min
Kinderpflege	0:17	1:05	1:59
Sonstige häusl. Tätigkeiten	1:13	3:53	5:53
Zeitaufwand für die berufl. Tätigkeit inkl. Fahrzeit	6:48	4:52	–:–
Persönliche Zeit[2]	11:06	10:50	11:19
Freizeit[3]	3:52	2:39	3:52
Nichtberufliche Fahrzeit	0:43	0:41	0:52
Summe	24 Stunden	24 Stunden	24 Stunden

1 Marie-Thérèse Huet, Yannick Lemel, Caroline Roy, *Les Emplois du temps des citadins,* document »Rectangle«, INSEE, Dezember 1978.

2 Schlaf, Mahlzeiten zuhause und auswärts, persönliche Pflege und ärztliche Behandlung.

3 Bildung, Religion, Vereine, Theaterbesuche, Einladungen, Sport, Ausflüge, Lesen, Fernsehen, Musik, Basteln, Handarbeiten und alle übrigen Freizeitbeschäftigungen.

In den Vereinigten Staaten[13] und in der Sowjetunion[14] besteht in etwa das gleiche Ungleichgewicht. James Morgan hat in einer großen Befragung von 2.214 repräsentativ ausgewählten amerikanischen Ehepaaren festgestellt, daß die Männer nach der Heirat nur noch halb soviel Zeit für Hausarbeit aufwenden wie während ihres Junggesellendaseins (vier Stunden wöchentlich statt acht), die Frauen dagegen doppelt soviel (40 Stunden pro Woche statt vorher 20). Das ist sicherlich nichts Neues, denn schon vor neunzig Jahren schrieb Emile Durkheim: »Man muß zugeben, daß die für die Frau so unheilbringende eheliche Gemeinschaft, selbst wenn Kinder fehlen, für den Mann wohltuend ist.«[15] Allerdings wird diese Ungleichheit von den Frauen zunehmend als

Übel empfunden. Die daraus erwachsenen Strapazen erzeugen eine latente Unzufriedenheit, die ganz deutlich wird, wenn die Frauen wirtschaftliche Unabhängigkeit erreichen. Alle Untersuchungen zeigen, daß die Frauen mit ihrem Eheleben um so weniger zufrieden sind, je höher ihr Bildungsgrad und ihre berufliche Stellung sind[16].

Im Beruf mit ihren männlichen Kollegen gleichgestellt, wollen die Frauen auch zuhause bei ihrem Lebenspartner gleichberechtigt sein. Sie begreifen, daß sie ebenso wenig einen Mutterinstinkt wie einen Hausfraueninstinkt haben, daß sie nicht durch ihre Natur dafür prädisponiert sind, Windeln zu waschen oder nachts aufzustehen, und es wird ihnen immer klarer, welcher Zwang diesen Aufgaben anhaftet, solange sie nicht gemeinsam wahrgenommen werden. Die Männer, die sich der Aufgabenteilung widersetzen, brechen damit den Vertrag der Solidarität und Gegenseitigkeit, der die Grundlage des Ehelebens bildet.

Die Abgespanntheit der Frauen, die einer Arbeit außer Hause nachgehen, erzeugt einen Groll gegen den Ehegatten. Die Zeit des Dialogs ist bald zuende und weicht einer Einsamkeit, gegen die man sich durch die Heirat oder das Zusammenleben zu sichern glaubte, einer Einsamkeit, die aus Feindseligkeit gegen den anderen erwächst, den man als Ausbeuter wahrnimmt.

Warum soll man unter diesen Bedingungen zusammenbleiben?

Die Frauen haben, wenn sie wirtschaftlich einigermaßen unabhängig sind, alles Interesse an einer Scheidung. Die Trennung ist für sie eine physische und psychische Erleichterung und zugleich ein Anlaß zur Hoffnung. Sie werden weiterhin ihre Aufgaben in Beruf und Familie wahrnehmen, aber sie sind jetzt die Bürde eines Ehemannes los, der ihnen fremd geworden ist. Im übrigen ist es beinahe sicher, daß sie bei der Scheidung das Sorgerecht für die Kinder bekommen[17], ein unbezahlbares Mittel gegen die Einsamkeit[18].

Ob mit oder ohne Kind, die Trennung bedeutet zugleich die Hoffnung, mit einem anderen Mann glücklichere Beziehungen aufnehmen zu können[19]. Lieber eine Zeitlang (relativ) einsam sein, als sein Leben mit einem Menschen zu teilen, den man nicht mehr als Freund betrachtet. Die neue Ehemoral verwirft entschieden die Aufrechterhaltung einer Ehe »unter dem Zwang der

Verhältnisse«. Wer zusammen bleibt, ohne mit dem Herzen dabei zu sein, betreibt Heuchelei. Eine Beziehung, die künstlich aufrechterhalten wird, ist ein Zeichen moralischer Feigheit und zugleich eine schwere gefühlsmäßige Belastung.

Alles in allem nehmen die jungen Leute immer bedenkenloser die Risiken der Einsamkeit in Kauf, statt einer angespannten Beziehung, die sie immer weniger ertragen. Drei Stichworte erhellen diesen Einstellungswandel mit seinen positiven und negativen Begleiterscheinungen: Freiheit, Vollständigkeit und Apathie.

In den siebziger Jahren haben viele Feministinnen die Einsamkeit gerühmt. An Virginia Woolf anknüpfend forderten sie das Recht auf »ein eigenes Zimmer«, ja sogar nur auf »ein eigenes Bett«[20], auf einen Platz, wo man sich ungehindert entfalten, wo man für sich und mit sich allein sein kann. Diese Forderung verband sich mit einer unerbittlichen Kritik an der Paarbeziehung, in der man »eine Illusion« sah, »die den einzelnen dazu bringen soll, sich selbst zu zerstören, indem er im anderen aufgeht, was er nicht täte, würde es nicht von einer Religion, einer Idealvorstellung verlangt«[21]. Evelyne Le Garrec denunziert den Mythos der Großen Liebe, die in Wirklichkeit nur ein ständiger Kampf ist, in dem jeder den anderen täuscht, in dem der Stärkere sich des Schwächeren bemächtigt.

»Welche Rolle habe ich gespielt, als ich schrieb, die Ehepartner müßten sich die Aufgaben teilen?... Ich glaubte, die Herrschaftsbeziehungen würden verschwinden... Ich habe mich geirrt. Innerhalb der Paarbeziehung zu kämpfen bedeutet, in einer nie zu gewinnenden, immer wieder neu beginnenden Schlacht eine Kraft zu erschöpfen, die man dann anderswo nicht mehr einsetzen kann... Es bedeutet, auf die Reform der Ehe zu setzen, so wie die Arbeiter auf die Reform des Unternehmens setzen.«[22] Vergebens.

Viele Feministinnen entschlossen sich damals, allein zu leben[23], nicht nur, um ihr Privatleben mit ihrer Ideologie in Einklang zu bringen, sondern auch, um als Person, als freies und autonomes »Ich« zu sich zu kommen. Evelyne Le Garrec betont, daß die Ehe die menschliche Person in einer krankmachenden Konfusion vernichte: »›Ich‹ verschwindet, im ›wir‹ aufgegangen, untergegangen. Niemals allein. Denn die Ehe läßt jene Einsamkeit, die für die Existenz des Individuums unerläßlich ist, nicht zu. Der andere ist noch in seiner Abwesenheit da, ein Bezugspunkt, eine bedrükkende Spur im Hause, voll der Erwartungen, die er weckt.«[24]

In Wirklichkeit ist die Ehe alles andere als ein Heilmittel gegen die Einsamkeit – oft wird gerade durch sie deutlich, wie furchtbar die Einsamkeit sein kann. Sie schirmt den einzelnen von den anderen ab, schwächt die Bindungen zur größeren Gemeinschaft. Sie bringt uns dazu, unsere Freiheit und Unabhängigkeit aufzugeben, und macht uns dadurch noch verletzlicher für den Fall, daß die Ehe zerbricht oder der andere stirbt. »Wer übrigbleibt, ist auf totale Einsamkeit, Isolierung und Ablehnung zurückgeworfen, ein Komplement ohne direktes Objekt, ein unverwertbares Überbleibsel eines Paares. Die Einsamkeit ist dann total, wenn der einzelne nicht in sich selbst ruht und auch keine Gemeinschaft da ist, in der er weiterhin seinen Platz hat. Wenn das ›Wir‹ weg ist, bleibt eine Hälfte zurück, die hilflos, schwach, nicht lebensfähig ist, wie ein Neugeborenes, das niemanden hat, der es füttert und kleidet, der Furcht ausgeliefert.«[25]

Im Kampf gegen diese Einsamkeit, die schlimmste Form der Entfremdung, lernt man – nicht ohne ein gewisses Vergnügen –, für sich zu leben und sein Ich zu pflegen. Ohne Zweifel kommen uns dabei unser übersteigerter Narzißmus und das Ideal der Vollständigkeit, das wir uns zu eigen gemacht haben, mächtig zuhilfe. Der Schutz des Ichs vor den Gefahren eines Leidens, das vom anderen ausgeht, ist zu einem kategorischen Imperativ geworden. Einige gehen sogar so weit wie der ehemalige Anführer des amerikanischen Studentenprotests Jerry Rubin, der heute verkündet, man solle nichts mehr in die Intersubjektivität investieren: »Auf die Liebe verzichten und mich selbst so lieben, daß ich, um glücklich zu sein, nicht auf einen anderen angewiesen bin.«[26]

G. Lipovetsky sieht in diesem narzißtischen Streben nach Autonomie um jeden Preis das Symptom einer an Depression grenzenden krankhaften Apathie. Die Personalisierung fördert nach seiner Ansicht die Destabilisierung: »Sie führt zu einer ganz und gar augenblicksbezogenen Existenz, einer totalen, sinn- und zwecklosen Subjektivität, die dem Taumel ihrer Selbstverführung ausgeliefert ist. Der einzelne, in das Getto seiner Botschaften eingesperrt, steht jetzt ohne jeden transzendenten Halt (politischer, moralischer oder religiöser Art) vor seiner Sterblichkeit.«[27]

Wir müssen die Apathie nicht unbedingt so pessimistisch sehen. Stoiker und Epikureer setzten sie ursprünglich mit der Weisheit, der Seelenruhe gleich. Das Streben nach Autonomie bedeutet nicht unbedingt, daß man unfähig ist, eine Zweierbeziehung herzustellen, sondern nur, daß man dafür nicht jeden Preis zu zahlen bereit ist. Der Frieden der Seele, den Demokrit schätzte, hütet sich vor Leidenschaften und Ausschweifungen aller Art. Mehr als alles fürchtet er den Verlust der Selbstbeherrschung, aber er fordert zugleich die Gelassenheit eines zufriedenen Herzens.

Als unvollkommene Androgyne können wir nie ganz vollständig sein. Das Erlernen der Einsamkeit ist eine Kraft und nicht ein Ziel. Es erlaubt uns, an die Paarbeziehung höchste Ansprüche zu stellen, sie als Verschmelzung zweier Wesen zu erleben, die gegenseitig ihre Freiheit respektieren.

Weniger Leidenschaft, mehr Zärtlichkeit

Das Nachlassen der Leidenschaften

»Ich sah ihn, ward rot und ward bleich schon vom Sehen.
Da war's um den Frieden der Seele geschehen.
Nichts sah ich mehr, brachte kein Wort mehr hervor,
Und mein Körper brannte zugleich und gefror.«[28]

So wie Phaidra können wir – leider – nicht mehr sprechen. Sie, die die äußerste Raserei der Leidenschaft verkörpert, hat mit den Frauen von heute nur noch geringe Ähnlichkeit. Auf den ersten Blick stimmt einen das melancholisch, denn hat die Heftigkeit der Empfindungen nicht etwas Hinreißendes? Dann fällt einem jedoch ein, daß Phaidras Leidenschaft unheilvoll und von schrecklicher Gewaltsamkeit durchtränkt ist: »Gewaltsamkeit steckt in den Schmähungen, mit denen die Eröffnung gegenüber Hyppolytos endet, mit Gewaltsamkeit beginnt der dritte Aufzug, in dem

Phaidra zu allem bereit ist, um ihrer Tollheit Genüge zu verschaffen, und grauenerregend ist die Gewaltsamkeit des vierten Aufzugs, als sie die Qualen der Eifersucht entdeckt.«[29]

Leidenschaft, wird man einwenden, schließe Zärtlichkeit nicht unbedingt aus. Aber die Zärtlichkeit wird leicht von allen möglichen widersprüchlichen Empfindungen überspielt. Sie hat nicht die Hauptrolle, der gegenüber alles andere nebensächlich wird. Die innere Heiterkeit, die ihr Kennzeichen ist, kann in jedem Augenblick verlorengehen und einem Wahnwitz Platz machen, der bis zum Totschlag oder zum Selbstmord geht. Für die Stoiker ist die Leidenschaft eine Krankheit der Seele, die unserer Freiheit stärkere Fesseln anlegt als jede beliebige Bindung. Man möchte sich verlieben und dennoch nicht der Zügellosigkeit verfallen, die uns uns selbst fremd werden läßt. Mit einem so schmerzhaften Gefühl läßt unser Ideal der Selbstbeherrschung und der Entfaltung sich nicht lange vereinbaren.

Eine Phaidra, die von einer so brennenden Begierde verzehrt wird, daß sie bereit ist, sich zu töten, kann man sich im 21. Jahrhundert ebenso wenig vorstellen wie den Helden des »Blauen Engels«, der zum jämmerlichen Hampelmann der Femme fatale wird. Wenn man vom Taumel der Liebe gepackt wird, so legt man doch Wert darauf, daß die Auswirkungen, die dem Ich gefährlich werden könnten, begrenzt bleiben. Wenn sich abzeichnet, daß die Leiden die Freuden überwiegen werden, nimmt man lieber Abstand. Auch hier verhält man sich berechnend, ist man den Ausschweifungen der Leidenschaft, die der Integrität des Ichs abträglich sein könnten, abgeneigt.

Die Leidenschaft ist dabei auszusterben, ebenso wie der sinnliche Rausch[30]. In unserer Ethik der Schmerzvermeidung ist für die Risiken des Leidens kein Platz. Wir träumen, ob Männer oder Frauen, von anderem als von seelischen Erschütterungen. Selbst wenn wir es wollten, wir könnten es nicht mehr. Die sozialen und die psychologischen Voraussetzungen der Leidenschaft sind nicht mehr gegeben.

Von der höfischen Erotik, die Denis de Rougemont so glänzend beschrieben hat[31], sind wir himmelweit entfernt. Rougemont hat gezeigt, daß das Begehren von seiner Unmöglichkeit lebt. Die Leidenschaft setzt Prüfungen, Hindernisse und Verbote voraus.

Das Gefühl der Phaidra, die den Sohn ihres Ehegatten liebt, unterliegt dem doppelten Verbot des Gesetzes und der Natur. Der Ehebruch ist eine Sünde, der Inzest eine Ungeheuerlichkeit – zwei unüberwindliche Hindernisse, die ein Begehren anstacheln, das man nicht eingestehen kann. Die Leidenschaft ist nicht zu trennen von der Übertretung des moralischen und gesellschaftlichen Gesetzes. Seine reale oder imaginäre Verletzung kann nur mit dem Tod oder seinem Äquivalent bezahlt werden. Romeo und Julia geben sich den Tod, um sich dem Gesetz der Väter zu entziehen, Phaidra tut es, um sich dafür zu strafen, daß sie Gefühle empfunden hat, die der Menschheit zuwiderlaufen; die Prinzessin von Clèves vergräbt sich in einem Kloster, weil sie weiß, daß ihre Leidenschaft ihren Gemahl getötet hat[32]. In allen Fällen muß man, um ein Held oder ein Opfer der Leidenschaft zu werden, eine hohe Meinung von der Moral haben.

Das ist heute nicht mehr der Fall. Inzestuöse Ehepaare breiten ihre Geheimnisse vor den Fernsehkameras aus, die Ehe ist nichts Heiliges mehr, die Treue gehört heute diesem, morgen jenem, und die verbreitete Permissivität beraubt die Leidenschaft ihres mächtigsten Antriebs. Indem man dem Herzen zugestanden hat, daß es nicht mehr außerhalb des Gesetzes steht, sondern vielmehr über dem Gesetz, hat man dem Begehren einen schlechten Dienst erwiesen. Indem man es erlaubt, raubt man ihm seine Kraft und seine Substanz. So kann es kaum noch entstehen. Es geht alles viel zu schnell, und so kann das Begehren nicht reifen, sich nicht steigern, sich nicht des Erotischen bemächtigen. Wir haben ein verändertes Verhältnis zur Zeit, einerseits, weil die Frau nicht mehr »unzugänglich« ist und von ihrem Liebhaber nicht mehr eine langwierige Initiation verlangt, ehe sie sich hingibt, andererseits, weil unser Verhältnis zum Zeitlichen sich nicht mehr nach dem Maßstab der Gesellschaft, sondern nach dem des Individuums richtet.

Die Präliminarien haben sich geändert: »An die Stelle der einzigen logischen und chronologischen Abfolge, die es früher gab, kann heute jedes Paar die anarchische Unordnung seiner Wünsche setzen. Es kann seinen eigenen Rhythmus selbst bestimmen, sich unabhängig von gesellschaftlichen Entscheidungen seine Geschichte selbst einteilen, denn außer ihnen selbst wird niemand auftreten, um die Abläufe ihres *Sicheinrichtens* zu harmonisieren und zu organisieren.«[33]

Aufgrund einer Tiefenstudie bei einigen Dutzend unverheiratet zusammenlebender junger Paare[34] kommt Sabine Chalvon-Demersay zu dem Schluß, daß »die Ereignisse manchmal sehr rasch aufeinander folgen: Man kommt gleich zur Sache, die Zwischenstufen werden zwanglos, ungehindert, unverzüglich zusammengerafft; das Begehren zergeht in seiner unmittelbaren Verwirklichung.«[35]

Es kommt vor, daß man sich nach einem Abend, an dem man »Feuer gefangen« hat, zum Zusammenleben entschließt, ohne daß man sich die Zeit gelassen hätte, »sich zu verlieben«. Eine junge Frau berichtet: »Man hat sich gleich in eine sehr große *Intimität* und in sehr starke Bindungen gestürzt. Man hat aber nicht die Zeit gehabt, einander zu entdecken. Man hat die ganze Zeit des *Wartens*, des Suchens übersprungen, in der man von dem anderen *träumt*, seine Blicke erwartet... Innerhalb von drei Tagen war man bereits ein altes Ehepaar.«[36]

Andere Paare brauchen zwar länger, bis sie sich zum Zusammenleben entschließen, doch die erotische Befriedigung wird selten aufgeschoben. Die Zeit ist kein Hindernis mehr für die Stillung der Begierde, sondern ein Zeichen der Vorsicht, was die Verbindlichkeit der Beziehung betrifft. Das Ziel ist für alle das gleiche: Sicherheit, Nähe, Verständnis. Letzten Endes schaltet man die leidenschaftliche Phase der Ungewißheit, des Unbehagens und der Fremdheit ganz aus, um sich schneller lieben zu können. Wenn Sylvie sagt: »Innerhalb von drei Tagen war man bereits ein *altes Ehepaar*«, so gibt sie einem Sachverhalt, den die Anhänger der Leidenschaft – ganz zu schweigen von den ewigen Don Juans – als trostlos bezeichnen würden, eine sehr positive Bedeutung.

Unser sich wandelndes Herz strebt nicht mehr nach den Qualen des Begehrens. Fast könnte man sagen, daß es damit nichts anzufangen weiß. Unter dem Leitbild der Ähnlichkeit kommt das Begehren abhanden. Indem man die Andersheit besser als früher verinnerlicht, begrenzt man die Fremdheit und das Geheimnis des anderen Geschlechts. Da jeder Männliches und Weibliches besitzt, möchte man gern die entsprechenden Anteile beim einen und beim anderen miteinander in Einklang bringen. Es ist möglich, daß die männlichsten Männer wegen des Femininen, die femininsten Frauen wegen des Männlichen, das sie haben, geliebt werden. Die im psychischen Sinne Bisexuellen fügen sich glänzend in ihr zweifaches Begehren, um den Frieden des Herzens zu finden. Wenn man beim anderen sucht, was man selbst am wenigsten besitzt, so schließt diese Komplementarität weder das Einverständnis über die Ähnlichkeit noch gar gewisse homosexuelle Empfindungen aus.

Von der herkömmlichen Auffassung des Begehrens im Sinne des Gegensatzes, die für das komplementäre Modell charakteristisch war, ist man weit entfernt. Nicht, daß der Mangel und die Verschiedenheit bei unseren Neigungen keine Rolle spielten. Sie dienen jedoch anderen Zielen als dem kriegerischen Ideal[37], das für die Liebe qua Begehren kennzeichnend war. Die sexuelle Eroberung ist nicht mehr die Krönung unserer amourösen Beziehungen. Gegenüber der Sexualität wird jetzt stärker die gefühlsmäßige Liebesbeziehung empfunden. Mögen sie auch zunächst nicht voneinander zu trennen sein – das Herz zählt stärker als der Körper. Ursache und Wirkung sind also auf den Kopf gestellt: Der Einklang der Körper wird dem Einklang der Herzen untergeordnet, und dieser wird zum großen Abenteuer des Paares.

Die Veränderung der Mentalitäten spiegelt sich in Literatur und Film, die nicht mehr die gleichen Geschichten erzählen wie bisher. Früher bildete der langwierige, von Fallstricken und Widerständen gesäumte Prozeß der Eroberung ihre Grundlage. Das Happy-End war da, wenn die beiden Helden endlich zu einem Paar wurden. Unter dem Vorwand, daß glückliche Menschen keine Geschichte haben, interessierte sich keiner mehr dafür, was anschließend aus ihnen wurde. Worauf es allein ankam, war die Vereinigung der Körper, die die ewige Verschmelzung der Herzen voraussetzte. Die sexuelle Eroberung finden wir heute weniger reizvoll als das Leben des Paares mit seinen Schwierigkeiten und Zerwürfnissen. Uns interessieren die Probleme der Verständigung, das Familienleben, die Scheidung, die Unzufriedenheit der Alltagshelden. Das Happy-End ist ein anderes geworden: Man wird der Schwierigkeiten des normalen Lebens Herr, oder man geht auseinander, um sich wieder mit jemand anderem zusammenzutun. Mag auch das Begehren nach dem anderen noch immer Hauptantrieb in den Herzensangelegenheiten sein, ihr Inhalt ist es nicht mehr. Die anfängliche Fremdheit mag noch so köstlich sein, sie stellt eine Phase dar, die es zu überwinden gilt. Das Ziel der Vereinigung ist ein völlig anderes. Wir haben es heute eilig, die Waffen niederzulegen, um unser Einverständnis unter Beweis zu stellen. Unsere Liebesbeziehungen sind vom Gebot der Transparenz bestimmt. Wir schließen dem anderen unser Herz weiter auf, in der Hoffnung, unseren Zwillingsbruder zu finden. Erst wenn die Leidenschaft schweigt, kann die wahre Liebe entstehen, die nicht mehr nur Verlangen nach Besitz und Unterwerfung ist.

Das Verlangen nach Zärtlichkeit

Im Altertum machte man einen grundlegenden Unterschied zwischen der freundschaftlichen und der leidenschaftlichen Liebe. Die erstere war eine brüderliche Beziehung, in der Sexualität keinen Platz hatte, die letztere kennzeichnete die erotische Beziehung. Beide waren so unterschiedlichen Ursprungs, daß es beim Erlöschen der Leidenschaft keinen Sinn mehr hatte, von Liebe zu sprechen: Eros ist leidenschaftlich, oder er ist nicht Eros. Der Soziologe Francesco Alberoni drückt die klassische Unterscheidung so aus: »Die Liebe ist eine Leidenschaft... Die Liebe ist Ekstase, aber auch Qual. Die Freundschaft dagegen verabscheut das Leiden... Freunde wollen zusammen sein, um glücklich zu sein. Wenn sie das nicht schaffen, trennen sie sich... Die Liebe ist nicht unbedingt ein gegenseitiges Gefühl, und es ist eines ihrer Kennzeichen, daß sie es zu werden trachtet. Die Freundschaft setzt hingegen immer Gegenseitigkeit voraus... In der Liebe können wir die Person, die wir lieben, hassen... In der Freundschaft ist für den Haß kein Platz.«[38]

Mehrere Anzeichen scheinen darauf hinzudeuten, daß die Vorstellung, die wir uns von der idealen Liebesbeziehung machen, mehr vom Leitbild der Freundschaft als von dem der Leidenschaft ausgeht. Der Erschütterung ziehen wir die Gelassenheit, der Fremdheit die Offenheit, dem Mißtrauen das Vertrauen vor. Das

Fehlen von Gegenseitigkeit schafft Abstand, und wir schaffen es nicht mehr, lange trüben Gedanken nachzuhängen, wenn unsere Liebe nicht erwidert wird. Die Liebenden wollen wie die von Alberoni geschilderten Freunde ähnliche Vorstellungen voneinander haben, zumindest dürfen die Dissonanzen nicht allzu groß werden. Man tut sich zusammen, weil man sich ähnelt und die Welt mit den gleichen Augen sehen möchte. Die Liebenden treten solidarisch, Seite an Seite, dem Leben gegenüber.

Ganz charakteristisch für die Art der Beziehung zwischen ihnen ist das Wort, mit dem man heute die Liebenden bezeichnet. Man spricht weniger von Liebenden oder Ehegatten als vielmehr von Freunden, Kameraden, Gefährten (im Französischen: *»compagnons«*). Als ein solcher wird der andere empfunden, gleichgültig, ob man verheiratet ist oder nicht. Ursprünglich bezeichnete das Wort *»compagnonnage«* Solidaritätsvereinigungen von Handwerksgesellen, *»compagnon«* war derjenige, mit dem man sein Brot teilte. Durch Bedeutungserweiterung wurde aus ihm »derjenige, der die Gefühle oder das Ideal eines anderen teilt«. Implizit wird zwischen den beiden, die brüderliche Gefühle empfinden, Standesgleichheit vorausgesetzt.

Scheinbares Paradoxon: Die Liebenden sind Brüder. Die sexuelle Beziehung wird zu einer Komponente dieser brüderlichen Beziehung, die einen leichten Beigeschmack von Inzest besitzt. Im übrigen gewinnen familiäre Empfindungen die Oberhand gegenüber den Gefühlen, die einst die Helden von Madame de Lafayette oder Racine empfanden. Man ist nicht so sehr daran interessiert, den anderen zu beherrschen und zu besitzen, als vielmehr daran, daß er einen liebt, beschützt, tröstet, versteht und daß er einem verzeiht. Nur der liebt einen, wie Theodor W. Adorno sagt, bei dem man sich schwach zeigen darf, ohne Gewalt zu provozieren. So stark wie noch nie ist die Liebe der Mutter zu ihrem Kind zum Inbegriff der Liebe geworden; man stellt sich diese Liebe als selbstlos, aufopfernd und über alle Konflikte erhaben vor. Der archaische Wunsch nach einer Rückkehr zur Symbiose mit der Mutter ist – bei Männern wie bei Frauen – noch nie so lebhaft gewesen. Die ersehnte Verschmelzung ist von der gleichen Art, bis auf eine allerdings gewichtige Ausnahme. Wir suchen die Transparenz der Beziehungen, die Milch der menschlichen Zärtlichkeit, das vollkommene Einverständnis, das uns mit unserer Mutter verband, wollen aber gleichzeitig nichts von den Zwängen der Abhängigkeit wissen. Auch wenn wir sie nicht auszunutzen gedenken, so betrachten wir doch unsere Freiheit als die entscheidende Bedingung unserer an eine Verschmelzung grenzenden Beziehung. Ohne Freiheit wird das Paradies zur Hölle, wird aus Zärtlichkeit Haß. Das Ich erträgt nur die freiwillige Entfremdung, die ein Teil seiner affektiven Entfaltung ist. Die erzwungene Bindung löst sich von selbst auf.

Für den Bestand der Paarbeziehung genügt es nicht, das geliebte Kind zu sein, man muß auch die bemutternde Mutter sein können. Da man alles bekommen will, müßte man alles geben. Nun macht aber, wie wir gesehen haben, unser übersteigerter Individualismus das Opfern und die Hingabe immer schwieriger. Wir wünschen uns nichts sehnlicher, als geliebt zu werden; aber sind wir fähig, den anderen um seiner selbst willen zu lieben? Die Unentgeltlichkeit hat ihre Grenzen – und mit ihr die mütterliche Zärtlichkeit, nach der man sich so heiß sehnt. Die niemals gesicherte Lösung wird erreicht durch subtile Kompromisse, bei denen es stets um die Befriedigung des Ichs geht. Sobald das Ich sich beeinträchtigt, unverstanden oder entfremdet fühlt, verliert die Paarbeziehung ihre Daseinsberechtigung.

Man ist sich durchaus darüber im klaren, wie zerbrechlich[39] sie ist, und so wird der Bruch als integrierender Bestandteil der Liebesgeschichte verstanden. Doch obwohl es scheint, als seien Heirat und Scheidung zu bloßen Formalitäten[40] geworden, sind sie mehr als das. Wenn die jungen Paare immer seltener heiraten, so liegt das vermutlich nicht nur daran, daß es ihnen widerstrebt, sich definitiv festzulegen[41] – was ihrer Freiheit zuwider liefe –, sondern auch daran, daß sie die traumatischen Folgen des immer häufiger werdenden Zerbrechens der Institution Ehe fürchten, das der Scheidung der Herzen noch eine gehörige Portion Verdruß hinzufügt. Man fürchtet die Eheschließung, weil sie immer stärker mit der Scheidung, also dem Scheitern, verknüpft zu sein scheint.

Die Ehe ist nicht länger ein von Gott gestiftetes Band, noch ist sie ein Bündnis zweier Familien oder eine wirtschaftliche Verbindung, sondern sie ist für diejenigen, die sie praktizieren, ein äußerster Beweis der Zärtlichkeit. Sie ist, oft im Zusammenhang mit dem Wunsch nach einem Kind, die Frucht eines lange gereiften Entschlusses und nicht eine Kurzschlußhandlung. Das Zusammenleben ohne Trauschein wird zu einer alltäglichen Erscheinungsform, der Zeitpunkt der Eheschließung wird immer weiter hinausgeschoben, und so kann man sich leicht vorstellen, daß die Zeit der ersten Leidenschaft nicht die Stunde der Institution ist. Die traditionellen Flitterwochen, die eine Vorbereitung auf das Eheleben sein sollten, haben für viele junge Leute keinen Sinn mehr. Heute heiratet man einen Liebhaber, den man sehr gut kennt, gewissermaßen den bevorzugten Freund[42].

In einer Hinsicht hat die Ehe von heute mehr mit der Ehe des klassischen Zeitalters zu tun – es lehnte die Leidenschaft als Fundament ab – als mit der Ehe der Jahre vor 1960. Damals heiratete man, um mit dem, den man liebte, eine Familie zu gründen. Heute wird durch die Heirat am Leben des schon bestehenden Paares kaum etwas geändert. Hingegen hat sich der Charakter des ehelichen Bandes grundlegend geändert seit jener Ausgabe des *Mercure galant* (1678), in der es hieß: »Es gibt nichts Gewöhnlicheres als die Heirat und nichts so Ungewöhnliches wie das Glück in der Ehe. Die Liebe, die zu den ersten Gästen gehören sollte, findet man dort fast nie«.

Heute trifft die zärtliche Liebe mit der Ehe zusammen, und man bleibt solange verheiratet, wie man Befriedigung davon erfährt. Dagegen wird es vielleicht bald nichts »weniger Gewöhnliches« geben als die Heirat. Immer mehr Paare bleiben bei der Ehe, weil sie nicht sehen, was sie an ihrer Lage ändern könnte. Für viele »ist die Institution ihrer Bedeutung entleert und überflüssig«[43] geworden.

Wie dem auch sei, die liebevolle Paarbeziehung bleibt »der erste und letzte Wert, der die Grundlage der legitimen Ehe bildet«[44]. Die Liebe soll stark, aber nicht leidenschaftlich, die Beziehung friedlich und nicht kriegerisch sein. Der Einklang der Herzen wächst durch die Klarheit, die der Freundschaft eigen ist. Die Freundschaft ist, anders als man uns lange hat glauben machen wollen, nicht unvereinbar mit der Erotik – dank dieses Gefühls kann sie sich vielmehr unter den Annehmlichkeiten der Zärtlichkeit behaupten.

Zwischen dem Warmen und dem Lauwarmen

Es ist üblich, die Wärme der Paarbeziehung der Kälte der Einsamkeit gegenüberzustellen. Vor noch nicht allzu ferner Zeit empfand man die Einsamkeit als etwas derart Entsetzliches, daß man sich lieber mit einer unvollkommenen Harmonie innerhalb der Ehe zufriedengab. Heute erwartet man, wie Louis Roussel bemerkt, daß die Paarbeziehung in jeder Hinsicht ein hundertprozentiger Erfolg ist: im affektiven, sexuellen, intellektuellen, materiellen Bereich usw. Man gibt sich keine Mühe mehr, eine wackelig gewordene Ehe zu retten. Lieber trennt man sich, weil man nur das Vollkommene will. Die Ehe – das ist entweder das Paradies oder die Hölle.

Das Schreckgespenst der Einsamkeit ist ersetzt worden durch die Hölle eines mißlungenen Lebens zu zweit. Es gibt für uns, anders als für unsere Vorfahren, nichts Schlimmeres als die Uneinigkeit zwischen den Ehegatten. Das Ende der Symbiose, gekennzeichnet durch das Ausbleiben des Dialogs, stößt uns in eine Einsamkeit, die weit unerträglicher ist, als wenn wir wirklich allein leben würden, befreit von den Zwängen, die mit der Anwesenheit des anderen verbunden sind. Der Annehmlichkeit eines Lebens im harmonischen Ineinanderaufgehen stellen wir nicht mehr die Härte des Lebens eines einsamen Menschen gegenüber, sondern das Unbehagen, welches das Scheitern der Liebesbeziehung weckt. Hier liegt die eigentliche Kälte, neben der uns die Einsamkeit als lauwarm erscheint.

Wenn es auch richtig ist, daß unsere Ansprüche noch nie so hoch gewesen sind – unsere Großeltern mögen uns als verwöhnte Kinder betrachten –, so hat diese Entwicklung doch ihr Positives. Wer heute über die wachsende Zahl der Trennungen und Scheidungen stöhnt, sollte an die früheren Ehe-Höllen denken, die einer lebenslänglichen Strafe gleichkamen. Wievielen Menschen ist das Leben durch Haß, Gewalt und Leiden verdorben worden? Heute lassen wir es nicht mehr so weit kommen. Wenn in einer Ehe die Uneinigkeit nicht mehr zu übersehen ist, nimmt man das zur Kenntnis und geht »in aller Freundschaft« auseinander. Wozu noch etwas oberflächlich und provisorisch flicken, wenn die innere Übereinstimmung fehlt? Eine wackelige Ehe hat ihre

Daseinsberechtigung verloren. Wer darüber hinwegzutäuschen versucht, betreibt eine Heuchelei, die unserer Moral der Aufrichtigkeit widerspricht.

Resultat: Die Zahl der »Einpersonenhaushalte« hat in den letzten dreißig Jahren ungeheuer zugenommen. »Um 1950 lag der Bevölkerungsanteil, der in solchen Haushalten lebte, in den meisten Industrieländern generell unter drei Prozent... Er ist seitdem in vielen Fällen auf das Drei- oder Vierfache gestiegen.«[45] In Frankreich zählt man annähernd fünf Millionen Einpersonenhaushalte, ihre Zahl ist also seit 1962 um über 70% gestiegen. Jeder vierte Haushalt besteht aus nur einer Person, in Paris und New York sogar jeder zweite. Diejenigen, die man in Ermangelung eines besseren Ausdrucks als »Unverheiratete« bezeichnet, sind ein sehr heterogenes Volk; zu ihnen gehören die wirklich Alleinstehenden ebenso wie Personen, die mit einem oder mehreren Kindern leben, Menschen, die vorübergehend miteinander leben, unverheiratet zusammenlebende Paare usw. Doch was uns wichtig erscheint, ist die wachsende Zahl von Personen, die das Risiko der Einsamkeit einzugehen bereit sind. Die meisten hoffen zwar, daß es sich um eine vorübergehende Phase zwischen zwei Beziehungen handelt, aber dennoch wird die Einsamkeit zu einer alltäglichen Erfahrung, die uns alle irgendwann betreffen kann. Früher betraf sie vornehmlich die älteren Frauen, heute breitet sie sich bei den unter Dreißigjährigen und den Geschiedenen aus. Im übrigen ist die Wahrscheinlichkeit einer baldigen Wiederverheiratung deutlich gesunken. Viele der Geschiedenen leben zwar anschließend in »wilder Ehe«, doch oft erst nach einer Zeit wirklicher Einsamkeit.

Die einsame Übergangszeit hat heute nicht mehr die gleiche Bedeutung wie früher, denn der Unverheiratete hat das negative Image abgelegt. In der traditionellen Gesellschaft galt der Alleinstehende als anormal und verdächtig. In der zweiten Hälfte des 19. Jahrhunderts »suchten die bürgerlichen Statistiker den Junggesellen in den Haftregistern, den Registern der Spitäler und Anstalten, des Leichenschauhauses, um seine Schädlichkeit und Verlorenheit zu beweisen«[46]. Manche schrieben den Junggesellen eine größere Sterblichkeit zu als den verheirateten Männern, die von ihren Frauen besser gepflegt wurden, andere sahen in ihnen eher künftige Selbstmörder und Verbrecher. Schlimmer war die Situation der »alten Jungfern«, die sich nicht als Künstler oder ewige Studenten ausgeben konnten. Was man von ihnen hielt, faßt Michelle Perrot folgendermaßen zusammen: »Die unverheiratete Frau ist sowohl in Gefahr als auch eine Gefahr. In Gefahr, Hungers zu sterben und ihre Ehre zu verlieren. Eine Gefahr für die Familie und die Gesellschaft. Eine Müßiggängerin, sofern die Wohltätigkeit sie nicht völlig in Anspruch nimmt, verbringt sie ihre Zeit mit Intrigen und Klatsch ... Da sie nicht über eine eigene Familie herrschen kann, schmarotzt sie an den Familien anderer ... Die alleinstehenden Frauen sind, da ihnen nicht der Aufenthalt am häuslichen Herd vorgeschrieben ist, unterwegs. Sie sind Leichenwäscherinnen, Kupplerinnen, Abtreiberinnen, auch Hexen.«[47]

Heute ist der Unverheiratete dem Verheirateten gleichgestellt, denn Schätzungen zufolge ist für über 36 Prozent der Bürger Frankreichs die Ehe ausgeschlossen, ja, die Einsamkeit ist nicht selten Folge einer bewußten Wahl. Der Anteil der Unverheirateten steigt mit der gesellschaftlichen Stellung – von zehn Prozent bei den Arbeiterinnen auf 24 Prozent bei den weiblichen leitenden Angestellten[48]. Für die Frauen ist, wenn man den Statistiken von François de Singly folgt, die Ehe hinderlich. Wenn sie ledig und daher beweglicher sind, erobern sie sich bessere berufliche Positionen als die ledigen Männer. Sind sie verheiratet, so bekommen sie weniger gute Positionen als die verheirateten Männer[49]. Der Ehrgeiz der Frau und der berufliche Aufstieg wirken sich stark im Sinne der Einsamkeit und der getrennten Wohnung aus. Die eine oder andere mag sich darüber beklagen und der großen Liebe nachseufzen, doch letztlich ziehen sie ihre Freiheit einer mediokren Beziehung vor.

Schließlich gibt es noch die echten Junggesellen, die entschlossen sind, es zu bleiben, weil sie es so gewollt haben. Sie entscheiden sich dafür, ihr Recht auf absoluten Egoismus wahrzunehmen. Mehr als alles schätzen sie ihre Beweglichkeit[50], die durch ein Leben zu zweit nur eingeschränkt würde. Sie wollen ihr Bett mit niemandem teilen, und sie glauben, ein wärmeres Nest zu haben als jene, deren Ehe mehr oder weniger gelungen ist. Sie lieben die Entdeckung, das Abenteuer, aber auch die Stille und vor allem das

Gefühl, nicht genötigt zu sein, dem anderen zu Gefallen etwas tun zu müssen. Gewiß gibt es neben diesen gut weggekommenen Einzelgängern auch die anderen[51], die frustriert sind und insgeheim von der großen Liebe träumen. Sie haben ihre Einsamkeit nicht gewählt und tragen schwer an ihr. Ihre Lage ist jedoch nicht so katastrophal wie in früheren Zeiten, und es ist nicht sicher, ob das Eheleben ihnen mehr zusagen würde.

Ob freiwillig oder erzwungen, ob vorübergehend oder endgültig, der zwanghaften Bindung zieht man immer mehr die Einsamkeit vor. Man lernt sie zu gestalten und seinem Egoismus Vorteile abzugewinnen. Für einige ist sie zwar weiterhin gleichbedeutend mit dem Unglück, doch wird sie nicht mehr als soziale und wirtschaftliche Katastrophe aufgefaßt. Sie kann, psychologisch gesehen, sogar ein Vergnügen sein. Sie wird, ob man es will oder nicht, zu einem Teil unseres Lebens, das »in mehr oder weniger kurze Abschnitte zerfällt, die man teils in Gemeinschaft, teils als Einzelgänger verbringt... Manche werden noch einen geschlossenen Lebenszyklus in der Familie verbringen, doch neben ihnen steigt unablässig die Zahl derer, deren Biographie sich aus einzelnen Abschnitten zusammensetzt, während derer sie in einer Gemeinschaft leben, unterbrochen durch mehr oder weniger lange Zeiten der Einsamkeit. Für sie stellt es sich so dar, als besäßen sie mehrere sehr kurze Leben anstelle einer geschlossenen Lebensgeschichte.«[52]

Eine einzige, erst mit dem Tod endende Liebesgeschichte zu erleben, wird weiterhin das Privileg von einigen sein. Nichts deutet im übrigen darauf hin, daß sie morgen weniger zahlreich sein werden als gestern. Wenn sich aber das Leben zu zweit als unerträglich oder auch nur enttäuschend erweist, gibt man gegenwärtig dem lauwarmen »Bett für sich« den Vorzug. Wenn uns die vollkommene Einheit mit dem anderen nicht gelingt, wenden wir uns lieber uns selbst zu und verhätscheln unser Ich. Diese Rückwendung zu uns selbst bestärkt unseren Egoismus und macht es manchmal schwerer, neue Bindungen herzustellen. Das ist der Preis, den wir für unsere Mutation zu zahlen haben. Wir sind hin und her gerissen zwischen unserem Wunsch nach Unabhängigkeit und Vollständigkeit und unserem Verlangen nach der vollkommenen Verschmelzung, und so schwankt unser Verhältnis zum anderen zwischen zwei Extremen – der Indifferenz und der Interferenz. Wenn ich mit Dir nicht im Warmen sein kann, dann will ich es (wenigstens) mit Mir angenehm haben. Die alte Logik des Gegensatzes, die zu Haß und Krieg führte, haben wir jedoch hinter uns gelassen.

Zwischen dem Warmen und dem Lauwarmen ist für den Rest kein Platz mehr.

Zurück zur Machtfrage

Wir haben bei unserem zeitlichen und räumlichen Überblick eine konstante Beziehung der Komplementarität zwischen den Geschlechtern erkennen können. Die Verteilung der Machtbefugnisse schwankt zwischen einem nahezu vollkommenen Gleichgewicht und krasser Ungleichheit. Sie zieht bald gegenseitigen Respekt, bald brutale Unterdrückung nach sich. Doch auch wenn das absolute Patriarchat mit seiner Absicht, alle Machtbefugnisse an sich zu reißen, und seiner Logik der Ausschließung sich hier und da durchsetzte, haben der positiv gekennzeichnete Mann und die negativ gekennzeichnete Frau sich weiterhin die Welt geteilt. Der Mann mußte auch dann, als er alle Privilegien besaß und sich als Herr der Welt verstand, immer noch Kompromisse mit der Frau schließen, von der seine Fortpflanzung, die Leitung der Alltagsangelegenheiten und der Frieden mit den anderen Männern abhingen.

In den westlichen Gesellschaften, die in Sachen Demokratie höhere Ansprüche stellen als andere, haben die Frauen sich die herrschende Ideologie zunutze gemacht und unter das Verhältnis der Ungleichheit, das sie mit den Männern verband, einen Schlußstrich gezogen. Nachdem ihre traditionellen Funktionen entwertet worden waren, haben die Frauen sich nicht mit der überkommenen Unterscheidung der Rollen zufriedengeben wollen, mochten diese auch aufgewertet[1] und gleichmäßig zwischen den Geschlechtern verteilt sein. Sie haben das komplementäre Verhaltensmuster, das den Menschen – wie gezeigt wurde – vom Primaten unterscheidet, mit all ihren Kräften bekämpft und ein Muster der Beziehungen zwischen den Geschlechtern herbeigeführt, das in der Geschichte der Menschheit ohne Beispiel ist. Die Welt wird immer weniger in besondere, einander ergänzende Sphären der Frau und des Mannes eingeteilt, vielmehr haben beide Geschlechter zu allen Bereichen gleichermaßen Zugang. Die Frage nach der Gleichheit wird unmerklich zur Frage nach der spezifischen Eigenart des einen und des anderen Geschlechts.

Mit dem Leitbild der Ähnlichkeit, das mit dem Rückzug auf sich selbst Hand in Hand geht, scheint die Machtfrage sich heute aufgelöst zu haben. Nachdem Gott für das Abendland kein Streitobjekt mehr ist, sind die Machtvorteile des einen Geschlechts gegenüber dem anderen nicht mehr benennbar, um so mehr seit alle Bereiche – Wirtschaft, Politik, Gesellschaft, Kultur usw. – beiden Geschlechtern offenstehen. Anscheinend bleibt nur noch eine Form der Machtausübung zwischen einzelnen Menschen übrig: die auf unserer Freiheit beruhende Fähigkeit zur Indifferenz. Ebenso gut, wie man sich trennen kann, kann man auch gar nicht erst eine Beziehung aufnehmen. Doch diese Freiheit stellt keinen Machtvorteil eines Geschlechts gegenüber dem anderen dar, denn beide besitzen sie.

Bleibt noch ein Wesensunterschied, der sich dank der Wissenschaft in eine fundamentale Ungleichheit verwandelt hat. Daß die Frauen von den Männern geschwängert werden und deren Kinder austragen, ist die »natürliche« Konstante, die sie mit ihren fernsten Urahninnen verbindet und von den Männern unterscheidet. Doch zu der seit jeher bestehenden Zeugungsmacht ist eine ausschließliche Entscheidungsbefugnis hinzugekommen, der auf der Seite der Männer nichts entspricht. Auch wenn die Frauen ihre Macht nur selten mißbrauchen, wissen die Männer sehr wohl, daß sie sie besitzen. Werden die Männer es noch lange hinnehmen, daß sie alles mit den Frauen teilen – außer dem, was vielleicht das Wesentliche ist, ihre Fortpflanzung und besonders die Entscheidung darüber? Nicht nur hat das egalitäre Ideal der Ähnlichkeit sie aller traditionellen Besonderheiten beraubt, sondern darüber hinaus hat die Entdeckung der Empfängnisverhütung sie objektiv zu Unterlegenen gemacht. Wenn sie ein Kind möchten, ihre Gefährtin aber nicht, müssen sie sich beugen.

Aus ihrer Sicht ist die Gleichheit der Geschlechter eine Illusion, sobald sie das Gefühl haben, ohne Gegenleistung alle Zugeständnisse gemacht zu haben. Viele haben, nebenbei gesagt, den vagen Eindruck, sie seien hereingelegt worden. Man kann schon verstehen, wenn sie diese neue Etappe insgeheim mit ähnlichen Empfindungen begleiten, wie sie die Frauen zur Zeit des absoluten Patriarchats hatten, nämlich mit dem Gefühl, ihre Machtbefugnisse seien ihnen enteignet worden.

Worüber man sich dagegen wundern muß, ist das Schweigen der Männer, seit vor nunmehr zwanzig Jahren diese außerordentliche Mutation begonnen hat. Es gibt weder Bücher noch Filme noch gründlichere Überlegungen zu ihrer neuen Situation[2]. Sie bleiben stumm, wie gelähmt von einer Entwicklung, die sie nicht kontrollieren. Einige tun so, als leugneten sie den Wandel, und eine Handvoll kämpft für eine wahrhaftige Gleichheit der Eltern, doch davon, daß die Männer sich kollektiv des neuen Verhältnisses der Geschlechter bewußt würden, kann keine Rede sein. Sie leugnen es, sie erdulden es oder sie ergeben sich der stummen Regression.

Das Schweigen der Hälfte der Menschheit ist nie ein gutes Vorzeichen. Man muß deshalb damit rechnen, daß die Männer über kurz oder lang auf den ihnen aufgezwungenen Wandel reagieren werden. In welcher Weise, das hängt sicherlich davon ab, wie sie mit ihren Identitätsproblemen fertig werden; vielleicht werden sie besser mit ihrem eigenen weiblichen Anteil zurechtkommen, vielleicht werden sie aber auch mehr um ihre Männlichkeit besorgt sein.

Es sind, je nachdem, wie sie reagieren werden, zwei Entwicklungen denkbar, die darauf abzielen, das Gleichgewicht wieder zu ihren Gunsten zu verändern: Sie könnten das Schema der Komplementarität, das heute verblaßt ist, wieder stärker betonen, sie könnten aber auch das egalitäre Leitbild der Ähnlichkeit noch weiter vorantreiben. Da man sich kaum vorstellen kann, daß die Männer erneut einen nur ihnen vorbehaltenen Tätigkeitsbereich schaffen werden – eine spiegelbildliche Entsprechung zu dem, was die Mutterschaft für die Frauen bedeutet –, bleibt die Möglichkeit, daß sie unverhüllte Reaktion betreiben. Sie könnten im Zuge einer ideologischen Wende den Frauen unter dem Vorwand der Geburtenförderung einen brutalen Rückmarsch in die Vergangenheit aufzwingen. Sie bräuchten ihnen nur die Kontrolle über ihre Fruchtbarkeit zu entziehen[3] (Abschaffung der Empfängnisverhütung und des Rechts auf Abtreibung), um die Frauen zurückzutreiben an den häuslichen Herd, wo sie sich einer

Nachkommenschaft annehmen würden, auf deren Zahl sie keinen Einfluß mehr hätten. Für den Fall einer Krise oder eines Krieges ist diese Lösung nicht ausgeschlossen.

Es gibt weitere Möglichkeiten, bei denen die Freiheiten, die sich die Frauen erobert haben, erhalten blieben, allerdings unter Beschränkung ihrer Zeugungs-Allmacht. So könnten die Männer ihre Verantwortung in Sachen Fortpflanzung wieder übernehmen[4]. Es kommt zwar selten vor, daß sie als bloße Samenspender behandelt werden, doch die Forderung nach Freiheit bleibt bestehen. Wenn sie schon im Hinblick auf die Fortpflanzung keine Gleichheit erzielen können, so könnten sie doch ohne weiteres auf gemeinsamer Entscheidungsbefugnis bestehen, genauer gesagt auf der Mitverantwortung für das Nichtwollen eines Kindes. Gewiß wäre das eine negative Freiheit, die aber in symbolischer und psychologischer Hinsicht gleichwohl bedeutsam wäre.

Es könnte auch sein, daß die Männer sich nicht mit der Fähigkeit begnügen, nein zu sagen, und danach trachten, den Frauen das Privileg der Mutterschaft zu nehmen. Jede Entwicklung in diese Richtung wäre ein unerhörter Frevel wider die Natur, dessen bloße Vorstellung dem »Biedermann« des 20. Jahrhunderts Angst und Schrecken einjagt. Gleichwohl sprechen zahlreiche Gründe für die Indienstnahme eines Brutapparates, der für einen durch künstliche Befruchtung entstandenen Embryo (auf französisch: FIVETE[5]) neun Monate lang als künstliche Mutter fungieren würde. Das Unglück jener Frauen, denen es versagt ist, ein Kind auszutragen, die geringe Zahl von »Leihmüttern« und adoptionsfähigen Kindern sowie das so heiß diskutierte »Recht« auf Elternschaft könnten die Wissenschaftler veranlassen, in dieser Richtung zu arbeiten. Wenn es aber dahin kommt, daß man auf den Körper der Frauen nicht mehr angewiesen ist, so werden ohne Zweifel die Männer auf lange Sicht die Hauptnutznießer sein. Sie werden dann ein Kind ohne Mutter haben können, ähnlich wie gewisse Frauen Kinder ohne Vater haben.

Heute kann man sich nur mit Grauen vorstellen, daß ein Fetus sich gänzlich *in vitro* entwickeln könnte, in einem aseptischen Milieu ohne physiologischen und affektiven Austausch mit einer Mutter. Wenn sich aber die Wünsche der Menschen gegen die Angst vor dem Unbekannten durchsetzen sollten – und das wäre nichts Neues für die Menschheit –, so ist es nicht ausgeschlossen, daß die Frauen eines Tages ihr Vorrecht mit der Maschine teilen werden.

Schließlich ist da noch eine Möglichkeit, den Frauen ihre mütterliche Macht zu rauben, die allerdings einen unglaublichen Wandel im Denken – besonders der Männer – voraussetzen würde. Es geht um den schwangeren Mann. Eine Wahnsinnsidee? Science-Fiction? Nicht unbedingt. Die beiden Hauptverantwortlichen für das erste französische Retortenbaby haben bereits Zweifel an der Behauptung angemeldet, der schwangere Mann sei unmöglich.

Im April 1985 wurde Professor René Frydman von Michèle Manceaux für eine Frauenzeitschrift gefragt: »Ist der schwangere Mann eine ernsthafte Möglichkeit?« Er antwortete: »Vor zwei Jahren hätte ich es nicht für möglich gehalten, aber jetzt bin ich mir, ehrlich gesagt, nicht mehr so sicher.«[6] Einige Monate später äußert sich der Vater von Amandine sehr viel entschiedener. Einer anderen Illustrierten gibt er auf die gleiche Frage zur Antwort: »Technisch ist es möglich ... Der Mythos von der männlichen Schwangerschaft kann heute Realität werden.«[7]

Ausführlicher äußert sich der Biologe Jacques Testart: »Man kann sich auch vorstellen, daß ein Mann eine Schwangerschaft erleben möchte und sich einen einige Tage alten Embryo in die Bauchhöhle einpflanzen läßt. Ein Transsexueller hat vor der Geburt von Amandine einen solchen Wunsch an uns gerichtet. Man darf nicht vergessen, daß die männliche Schwangerschaft (wie die Schwangerschaft einer Frau außerhalb des Geschlechtsapparats) tödliche Risiken birgt.«[8]

Gleichwohl ergänzt der Biologe seine Äußerung durch die Bemerkung: »Die männliche Schwangerschaft ist keine bloße Phantasterei. *Zwei physiologische Erkenntnisse lassen sie als möglich erscheinen:* Zum einen kann sich der menschliche Embryo vollständig außerhalb der Gebärmutter (in der Bauchhöhle) entwikkeln, und es gibt Kinder, die sich so entwickelt haben und durch Kaiserschnitt zur Welt gekommen sind; zum anderen kann auch ohne Eierstöcke, durch Injektion entsprechender Hormone, die hormonale Regulation der Schwangerschaft sichergestellt werden.«[9]

Die beiden Männer äußern sich zwar positiv darüber, daß der

schwangere Mann künftig möglich sein werde – und ähnlich haben sich weitere Mediziner aus den USA[10] und Neuseeland[11] geäußert –, aber die Opportunität solcher Experimente zweifeln sie grundsätzlich an. R. Frydman meint, daß »dabei die Welt auf den Kopf gestellt wird... und ein Mediziner sich nicht dazu hergeben darf, einen Embryo in die Bauchhöhle eines Mannes zu verpflanzen«. Und J. Testart betrachtet die Möglichkeit der männlichen Schwangerschaft als eine »Zweckentfremdung« der In-vitro-Befruchtung und Embryo-Übertragung.

Die philosophischen und moralischen Gründe, aus denen diese Möglichkeit verworfen wird, sind kaum zu erkennen. Doch angesichts der Reaktion der meisten Männer beschleichen einen Zweifel, ob denn Forscherteams daran gehen werden, dieses Ziel zu realisieren. Indessen kann sich hinter dem Abscheu von heute der Wunsch von morgen verbergen. Die Vorstellung einer Schwangerschaft verfolgt das männliche Unbewußte seit so langer Zeit[12], daß man nicht ausschließen kann, daß einige Männer versuchen werden, einer Sehnsucht, einem Unvermögen, von dem sie immer offener sprechen, ein Ende zu machen.

Gewiß sind Vorstellung und Realität himmelweit voneinander entfernt, aber noch nie war der Zeitpunkt für die Verwirklichung der Wünsche und die Übertretung der Verbote so günstig wie heute. Man hat den Männern die Tür zum Kinderzimmer geöffnet, sie unmittelbar an der Entbindung teilhaben lassen und damit dem Säugling nähergebracht, auf die Gefahr hin, bei einigen mütterliche Wünsche zu wecken, die sie bislang nicht eingestehen konnten. Wer vermag heute zu sagen, daß keiner die letzte Grenze überschreiten und damit die uralten natürlichen Gegebenheiten umstürzen wird?

Als die westliche Gesellschaft der Frau das Recht zugestand, sich ihres Feten zu entledigen, hat sie anerkannt, daß der Wunsch der Erwachsenen stärker ist als jede andere Erwägung und daß das Leben eines vollendeten Wesens wichtiger ist als das Leben eines potentiellen Wesens. Vielleicht wird die Menschheit einen weiteren Schritt in Richtung auf den absoluten Egoismus[13] hin tun und Kinder unter naturwidrigen Bedingungen entstehen lassen, auch wenn diese dabei unabsehbaren Gefahren ausgesetzt werden. Aber wer hätte schließlich vor noch gar nicht so langer

Zeit schwören mögen, daß der erste aus einer In-vitro-Befruchtung hervorgegangene Embryo zu einem ganz normalen reizenden Kind werden würde?

Falls die Menschheit von morgen sich darauf einlassen sollte, daß Kinder bis zur Geburt in einer Maschine oder in einem Mann heranreifen, wird sie vermutlich eine Mutation der Gattung auslösen. Einmal vorausgesetzt, daß diese Kinder keine Mißgeburten sind, wird allein schon die extreme Ähnlichkeit der Geschlechter und der durch sie bedingte radikale Individualismus eine Gefahr für unseren Fortbestand darstellen. Ist es denkbar, daß die notwendige Bindung, welche die Natur zwischen dem säugenden Weibchen und ihrem Jungen geschaffen hat (und die auch zwischen der Menschenmutter und ihrem Kind besteht), abbricht? Wie wird es um das Verhältnis zwischen den Geschlechtern und um das Überleben unserer Gesellschaften bestellt sein, wenn alle zwingenden Abhängigkeitsbeziehungen zwischen Mann und Frau aufgehoben sind?

Klugheit gebietet es, derartige Hypothesen abzulehnen, obwohl der bestehende Zustand uns schon jetzt unserer Gewißheiten beraubt hat. Noch gestern war man sich allgemein darüber einig, daß die Komplementarität der Rollen und Funktionen das sicherste Unterscheidungsmerkmal zwischen Mensch und Primaten sei[14]. Dieses Kriterium wird heute hinfällig. Wir müssen – nicht ohne eine gewisse Belustigung – feststellen, daß wir – allein unter dem Aspekt der Komplementarität gesehen – den Primaten näher stehen als den ersten Menschen. So als hätte sich in dieser Hinsicht der Kreis geschlossen.

Doch selbst unter der Annahme, daß unsere Gesellschaften eine Bedenkpause einlegen, wäre es naiv zu glauben, daß die Entwicklung auf der Stufe, die wir jetzt erreicht haben, zum Stillstand kommt. Trösten wir uns damit, daß in der Vergangenheit zwar einige Arten ausgestorben sind, weil sie sich nicht an die ökologischen Veränderungen anpassen konnten, dafür aber andere Arten aufgetaucht sind, um den Mythos vom Ende der Welt zu widerlegen. Die menschliche Gattung könnte sich morgen dank wissenschaftlicher Entdeckungen durchaus die Möglichkeiten einer noch radikaleren Mutation schaffen. Wäre das das Ende des Menschen? Nein, es bedeutete vielmehr, daß ein neuer Mensch entsteht.

Anmerkungen

Vorwort

1 Was unter den Bedingungen der Empfängnisverhütung nicht selbstverständlich ist, da Frauen, die es nicht wollen, nicht Mutter zu werden brauchen.
2 F. Héritier, »l'Africaine. Sexes et signes«. *Cahiers du GRIF*, Nr. 29, S. 10.

I. Teil: Das Eine *und* das Andere

1 »Es ist der große Fehler der Europäer, daß sie sich immer an dem ausrichten, was um sie herum geschieht, wenn sie über die Ursprünge der Dinge philosophieren.« *Essai sur l'origine des langues*, Bordeaux 1968, S. 87.
2 *Rasse und Geschichte,* Frankfurt 1981, 4. Kap.
3 A. Leroi-Gourhan, *Die Religionen der Vorgeschichte,* Frankfurt 1981, S. 9.

1. Die ursprüngliche Komplementarität der Geschlechter

1 *Mann und Weib,* Hamburg 1958, S. 10.
2 *Die Wirklichkeit der Frau,* hrsg. v. Evelyne Sullerot, München 1979, S. 487.
3 ebda., S. 486.
4 ebda., S. 468.
5 *Mann und Weib,* S. 59: »Zwischen Ehegatten ist das Geschlechtliche eine hastige, heimliche, schamerregende Angelegenheit... Der Geschlechtsakt wird eine Art von gemeinsam vollzogener Exkretion.«
6 ebda., S. 74, 75.
7 Ein von M. Mead erforschter Südseestamm.
8 M. Mead, a. a. O., S. 57: »Im späteren Leben wird der Geschlechtsverkehr wie die erste Runde eines Wettkampfes durchgeführt, und Beißen und Kratzen sind wichtige Teile des Vorspiels.«
9 *Anthropo-logiques,* Paris 1974, S. 14.
10 A. Leroi-Gourhan, *Hand und Wort,* Frankfurt 1980, S. 195.
11 *Des guenons et des femmes. Essai de sociobiologie,* Éd. Tierce, 1984, S. 20.
12 *Les Chimpanzés et moi*, Paris 1971.

13 Gelegentlich liest man allerdings auch, daß »die Jagd und das Sammeln im Paläolithikum gleichermaßen Sache der Männer und der Frauen waren« (Dossier du ministère des Droits de la femme sur l'histoire du travail féminin / G.G. / M.F. / 1984). Wenn die Frauen nach Ansicht der Paläontologen tatsächlich gejagt haben, so war es eine andere Art von Jagd als bei den Männern. Sie haben zweifellos die Kleintiere gejagt, auf die sie beim Sammeln stießen, doch nur die Männer zogen aus – manchmal sehr weit von ihrem Wohnort entfernt –, um das Großwild zu jagen.
14 Vgl. A. Leroi-Gourhan, R. Leakey, J. Goodall, S. Mellen, S. Moscovici usw.
15 Während dieses Buch in Druck geht, veröffentlicht A. Testart einen mit alten Vorstellungen aufräumenden Essay über *Les Fondements de la division sexuelle du travail chez les chasseurs-cueilleurs,* Éd. de l'École des hautes études en sciences sociales, 1986. Die geschlechtliche Arbeitsteilung, so versucht er zu zeigen, ist keine natürliche, sondern eine gesellschaftliche Tatsache, die sich auf eine komplizierte Ideologie stützt, welche die Frauen von allen blutigen Operationen der Jagd fernhält.
16 Helen Fisher, *La Stratégie du sexe,* Paris 1983.
17 Vergl. z.B. Owen Lovejoy, einen Fachmann für die Lokomotion, der vielfach zitiert wird in Donald Johanson und Maitland Edey, *Lucy. Die Anfänge der Menschheit,* München 1982. Nach seiner Ansicht ist die Lokomotion eines der Elemente einer umfassenden Überlebensstrategie, eng mit der Sexualität verknüpft und Bestandteil eines komplizierten Regelkreises.
18 Für die ganze folgende Beschreibung vgl. H. Fisher, a.a.O., S. 86–108.
19 Die Tabelle entstammt dem Buch von Johanson und Edey, a.a.O., S. 421.
20 Die Entwicklung dieser großartigen Kulturen, die man allesamt nach französischen Fundstätten benannt hat (Périgordien, Aurignacien, Solutréen und Magdalénien), vollzieht sich in einem Zeitraum von etwa 25 000 Jahren (von 35 000 bis 10 000 v.u.Z. Vgl. Anhang S. 314/315.).
21 Indizien findet man bereits in der vorangegangenen Periode des Neandertalers.
22 Es gibt zwei Formen von Kunst, die Wandkunst an Felswänden, in Höhlen, und die bewegliche Kunst; verzierte Objekte, Statuetten usw.
23 A. Leroi-Gourhan, *Le Fil du temps,* Paris 1983, S. 258.
24 Auf Eva lastet immer der gleiche göttliche Fluch!
25 Den Mythos schildert Jacqueline Roumeguère-Eberhardt, *Les Maasai, guerriers de la savane,* Paris 1984, S. 32f.
26 *La Société contre nature,* Paris 1972, S. 234. Gewöhnlich suchen die Frauen nach zarten Blättern, Früchten, Knollen, Zwiebeln.
27 *Les Racines du monde,* Paris 1982, S. 206. A. Leroi-Gourhan macht sich die Auffassung von M. Guerassimov zu eigen, der nördlich des Baikalsees sehr lange Zelte entdeckte, in denen die Gegenstände auf der als männlich bzw. als weiblich eingestuften Seite auf unterschiedliche Weise angeordnet waren.
28 In Zentralafrika gibt es in zahlreichen Dörfern getrennte »Refektorien« für beide Geschlechter.
29 A. Leroi-Gourhan, vervielfältigter Seminartext über die Buschmänner,

1956–57: Bei den afrikanischen Buschmännern (Sammlern und Jägern, mit denen man die Gesellschaften der Altsteinzeit vielfach vergleicht) übergibt der Jäger nach der Tötung von Großwild einen bestimmten Teil (das Fett, das Fleisch der Hinterhand, die Innereien) seiner Frau, die ihn mit den anderen Frauen des Lagers aufteilt. Der Rest des Tieres wird zwischen dem Häuptling, den Jugendlichen (die noch nicht unter die Jäger aufgenommen sind) und den Jägern selbst aufgeteilt, nach strengen Regeln für jede einzelne Personengruppe.

30 *Les Racines du monde,* S. 21.

31 Sie stellt einen erigierten Phallus dar.

32 A. Leroi-Gourhan, *Préhistoire de l'art occidental,* Paris 1965, S. 90.

33 Vgl. die Höhlen von Trois-Frères, Combarelles, Gabillou, Pech-Merle, Altamira, Rouffignac usw.

34 *Le Fil du temps,* a. a. O., S. 288.

35 Edgar Morin, *Das Rätsel des Humanen,* München 1974, S. 74.

36 ebda., S. 74.

37 ebda., S. 82.

38 Die Gewohnheit, jede Wissenschaftlerin, die gegen sexistische Vorurteile kämpft, als »Feministin« zu bezeichnen, empfinde ich als verletzend; demgegenüber wird jeder Forscher, der das Gegenteil tut, respektvoll als »Wissenschaftler« angesprochen.

39 Nancy Tanner und Adrienne Zilhman, »Woman in evolution: innovation and selection in human origins«, *Signs I* (3), 1970.

40 Wie D. Johanson, a. a. O., S. 404, schreibt, muß die menschliche Mutter einen sehr hohen IQ haben, um sich um die Kleinen zu kümmern.

41 In Lascaux ist bei den meisten Kompositionen das Thema Rind-Pferd bestimmend, in Pech-Merle das Thema Bison-Mammuth.

42 *Préhistoire de l'art occidental,* a. a. O., S. 86 (Hervorhebung von uns.)

43 Eleanor Leacock, »Women in egalitarian societies«, in Bridenthal und Koonz, *Becoming visible. Women in European History,* Boston 1977.

44 A. Leroi-Gourhan, *Les Racines du monde,* a. a. O., S. 211. Er hat errechnet, daß im Magdalénien in einem milden Klima die mittlere Tagesration an Rentierfleisch 800 Gramm pro Kopf betrug.

45 *Sur la théorie du droit maternel, discours anthropologiques et discours socialistes,* Dissertation, Oktober 1979, Paris IX.

46 New York und Toronto: Pathfinder Press 1975; französisch unter dem angemesseneren Titel *Féminisme et Anthropologie,* Paris 1979.

47 Erschienen in London 1927, nicht ins Französische übersetzt.

48 Das hat auch das klügere und besser belegte Buch von Françoise d'Eaubonne, *Les Femmes avant le patriarcat,* Paris 1977, nicht geschafft.

49 Repräsentiert von Boas und seinen Schülern Kroeber, Lowie usw.

50 F. Picq, a. a. O., S. 84: »Indem man anzweifelte, daß überall die gleiche Entwicklung stattgefunden habe, weigerte man sich, in Erwägung zu ziehen, daß die matrilineare im allgemeinen der patrilinearen Abstammung vorausgegangen war, kehrte man die Reihenfolge um oder lehnte jede regelmäßige Ordnung ab.«

51 R. Lowie, *Traité de sociologie primitive,* Paris 1969, S. 102: »Auch wenn die

Vaterschaft nicht feststeht, so beweist das nicht die Notwendigkeit der uterinen Abstammung, denn biologische und soziologische Vaterschaft ist zweierlei.«

52 Beide sind als Anthropologen an der Rutgers-Universität in den USA tätig.

53 E. Morin, a. a. O., S. 81 f.

54 In einigen Gesellschaften kann der Onkel noch heute als Vater betrachtet werden.

55 Morin, a. a. O., S. 186.

56 ebda., S. 187.

57 *Das andere Geschlecht*, Hamburg 1968, S. 77, 82.

58 »*Eine matriarchalische Gesellschaft* ist eine Gesellschaft, in der die rechtlichen Befugnisse bezüglich der Organisation und der Leitung der Familie – Eigentum, Erbschaft, Heirat, Haus – teilweise oder ganz in den Händen der Frauen und nicht der Männer liegen« (M. Mead, *Male and Female*, zit. nach der franz. Ausgabe *L'Un et l'Autre Sexe*, Paris 1975, S. 272; die Textstelle ist in den deutschen Ausgaben nicht enthalten. Anm. d. Ü.)

59 »Man spricht von matrilinearen Gesellschaften, wenn der Mann seinen Namen, seine Ländereien oder alles vom Bruder seiner Mutter, vermittelt durch diese, erhält. Was nicht heißt, daß die Frauen große Macht besitzen, wenngleich es ihnen recht gut geht, da es keine Polygamie gibt« (M. Mead, a. a. O., S. 272).

60 Bei Ausgrabungen von prähistorischen Gräbern hat sich gezeigt, daß die Toten bisweilen mit Gegenständen des täglichen Lebens – Werkzeugen und Schmuckstücken – bestattet wurden, so daß wenig übrig blieb, was sie an die Nachkommen »vermachen« konnten, falls sie überhaupt auf die Idee kamen.

61 Morgan wurde durch die Beobachtung der Irokesen-Gesellschaft und ihres Verwandtschaftssystems in der These vom Matriarchat bestärkt.

62 F. Héritier, »L'Africaine. Sexes et signes«. *Cahiers du GRIF*, Nr. 29, S. 10. (Hervorhebung von uns.)

63 Eine Form der Familie, die auf der Verwandtschaft durch die männliche Linie (agnatische Familie) und der Vormachtstellung des Vaters beruht.

64 E. Reed, a. a. O., S. 25: »Für uns ist eine Mutter ein Individuum weiblichen Geschlechts, das ein Kind zur Welt gebracht hat. Doch in den primitiven Gesellschaften (Aruntas oder im Inneren Australiens) werden alle weiblichen Erwachsenen des Stammes ›Mutter‹ gerufen, ob sie geboren haben oder nicht.«

65 Vgl. Michelle Zimbalist Rosaldo und Louise Lamphère, »Editor's Introduction«, in *Woman, Culture and Society*, Stanford 1974. Vgl. auch F. Héritier, »L'Africaine...«, a. a. O., S. 9, und *Die Wirklichkeit der Frau*, S. 397.

66 Vgl. Sarah Hrdy, a. a. O., S. 32–35.

67 »International Afar Research Expedition« unter Leitung von Y. Coppens, D. Johanson und M. Taieb.

68 Y. Coppens, *Le Singe, l'Afrique et l'Homme*, Paris 1984, S. 86–88: »Lucy war etwa einen Meter groß, ging aufrecht, besaß einen hominidenartigen Hirnaufbau und Hände, die präzise greifen konnten.«

69 Überreste von dreizehn Individuen wurden zusammengetragen und erhielten den Spitznamen »die erste Familie«.

70 Man nimmt allgemein an, daß Männer durchschnittlich 15 bis 20 Prozent

größer sind als Frauen und daß dieser Unterschied gegenwärtig tendenziell abnimmt.

71 Vgl. das sehr schöne Buch von Henri Delporte, *L'Image de la femme dans l'art préhistorique,* Paris 1979.

72 Rund vierzig in Frankreich, 35 in der sibirischen Gruppe.

73 Profilumrisse, ithyphallische Personen, bisweilen ein vereinzelter Phallus oder ein Gesicht von vorn oder im Profil.

74 Vgl. in Lascaux den Mann, der verletzt vor einem Wisent ausgestreckt liegt. Die drei Männer von Coufignac und der von Pech-Merle, der von Wurfspießen durchbohrt ist, usw.

75 *Geschichte der religiösen Ideen,* Bd. 1, Freiburg 1976, S. 44, Anm. 17. F. Héritier weist ihrerseits darauf hin, daß die bewältigten Aufgaben überall ungleich bewertet werden und der Wert weder von der Menge der geleisteten Arbeit noch von der Meisterhaftigkeit ihrer Ausführung abhängt. Die Frauen sichern durch das Sammeln manchmal drei Viertel der Nahrungsmittel der Gruppe, doch ändert das nichts daran, daß nur die Funktion des Jägers wirkliches Ansehen genießt.

76 F. Héritier, *Cahiers du GRIF,* a.a.O., S. 20.

77 Die Venus von Willendorf, der Kopf von Brassempouy usw.

78 Man versteht eigentlich nicht, was A. Leroi-Gourhan meint, wenn er schreibt: »Worauf will man hinaus, wenn man sagt, diese Statuetten seien Symbole der Fruchtbarkeit?« *(Les Racines du monde,* a.a.O., S. 89).

79 A. Leroi-Gourhan, *Préhistoire de l'art occidental,* a.a.O., S. 90.

80 A. Leroi-Gourhan, *Les Racines du monde,* S. 90: »Diese ›Venusse‹, deren Körper so weit von der anatomischen Realität entfernt sind, sind ›durchdachte‹ Abbilder der Frau, sind surrealistische und symbolische Werke.«

81 *Préhistoire de l'art occidental* S. 89f.; *Courier du CNRS,* Januar 1978, S. 9–13; *Les Racines du monde,* S. 183, usw.

82 Für die primitiven Gesellschaften der Gegenwart trifft diese Hypothese sicherlich nicht mehr zu, denn sie wissen, daß der Mann wesentlichen Anteil an der Fortpflanzung hat, auch wenn sie keine klare biologische Vorstellung davon haben.

83 Mircea Eliade, *Die Religionen und das Heilige,* Salzburg 1954, beschreibt im 7. Kap. die Geschichte des Glaubens vom Ursprung der Kinder.

84 Mircea Eliade, *Geschichte der religiösen Ideen,* a.a.O., S. 27–32.

85 Abbé Breuil hat den »Großen Zauberer« der Höhle von Trois-Fréres mit seinem Hirschkopf, seinen Wolfsohren und seinem Gamsbart berühmt gemacht. Nur die unteren Gliedmaßen, das Geschlechtsteil und die Tanzhaltung lassen erkennen, daß es sich um einen Menschen handelt.

86 Leroi-Gourhan, *Préhistoire de l'art occidental,* S. 96.

87 *L'Image de la femme dans l'art préhistorique,* a.a.O., S. 307. (Hervorhebung von uns.)

88 Ebenso wurde durch den roten Ocker, mit dem die Gräber übertüncht waren, das Blut und das ihm innewohnende Lebensprinzip beschworen.

89 *La Richesse des femmes, ou comment l'esprit vient aux hommes,* Paris 1983.

90 Die Trobriand-Inseln gehören zu Papua-Neuguinea.

91 Anne Weiner, a. a. O., S. 37f. (Hervorhebung von uns.)

92 Das *dala* bezeichnet die Blutsbande und den Unter-Clan.

93 a. a. O., S. 246: »Die gesellschaftliche Stellung und Rolle der Frauen ist nicht die von bloßen Objekten, sondern die von Individuen, die eine gewisse Macht besitzen.«

94 Dossier du ministère des Droits de la femme sur l'histoire du travail féminin, 3575/G.G./M.F./1984.

95 Interview in *Le Monde*, 4. Oktober 1985, über das Erscheinen seines Buches *Démocraties*, Paris 1985. Baechler behauptet, der Mensch sei von Natur aus demokratisch und die menschlichen Horden der Urzeit seien »der reinen und vollkommenen Demokratie asymptotisch nahe« gewesen.

96 a. a. O., S. 91.

97 a. a. O., S. 78.

2. Von der Macht der Frau zu den geteilten Machtbefugnissen

1 Diese Übergangsperiode zwischen Altsteinzeit und Jungsteinzeit bezeichnet man auch als Oberes Paläolithikum. Während aber die beiden letzten Etappen hinreichend Spuren hinterlassen haben, so daß man Hypothesen über das Verhältnis zwischen Männern und Frauen wagen kann, gilt das leider nicht für die älteste, die alle Merkmale einer Übergangsphase hat. Mit diesem letzten Stadium der Kultur der Jäger beginnt eine neue seßhafte Lebensweise, in der sich die Kultur der Jungsteinzeit ankündigt. Soweit man aber bei unserem gegenwärtigen Kenntnisstand etwas darüber sagen kann, haben sie nicht im gleichen Maße wie ihre altsteinzeitlichen Vorfahren und ihre jungsteinzeitlichen Nachfahren das Bedürfnis empfunden, ihren Glaubensvorstellungen Ausdruck zu geben.

2 Das Neolithikum (Jungsteinzeit) bezeichnet, im Wortsinn verstanden, das Zeitalter des neuen Steins, der geschliffen ist, im Gegensatz zum behauenen Stein des Paläolithikums. In Wirklichkeit beschränkt sich das, was man als »neolithische Revolution« bezeichnet, weder auf einen Wandel in der Steinbearbeitung noch auch nur auf eine ökonomische Veränderung.

3 Vom griechischen *chalkos* für Kupfer. So bezeichnet man die Übergangszeit vom Neolithikum zur Bronzezeit.

4 Bronzezeit und Eisenzeit, von – 2000 bis – 500.

5 G. Camps, *La Préhistoire. A la recherche d'un paradis perdu,* Paris 1982, S. 263.

6 ebda., S. 411.

7 A. Leroi-Gourhan: »Der Ackerbau ist höchstwahrscheinlich eine weibliche Erfindung.« Zitiert in A. Laurent, *Féminin-Masculin. Le nouvel équilibre*, Paris 1975, S. 61. Vgl.. auch G. Gordon-Childe, *La Naissance de la civilisation*, Paris 1964, S. 80; Elise Boulding, *The Underside of history; a view of women through time*, Boulder 1977.

8 *Le Mythe de la machine*, Paris 1973, Bd. 1, S. 192.

9 Lewis Mumford hat sehr hübsch den neolithischen Garten zu rekonstruieren versucht. Auf die Arbeiten von Edgar Anderson gestützt, glaubt er, daß die ältesten Gärten sich aus der Beobachtung von natürlichen Geländeteilen entwikkelt haben müssen, auf denen eßbare Blätter und Früchte wuchsen. Sie umfaßten wahrscheinlich nebeneinander verschiedene Pflanzenarten (als Unkräuter oder kultivierte Keimpflanzen), die als Nahrungspflanzen, Gewürze, Aromastoffe, Arzneien, Textilfasern, Blumenpflanzen usw. dienten.

10 Das Einkorn und der Glasweizen.

11 J. Guilaine, *Premiers Bergers et Paysans de l'Occident méditerranéen,* Paris 1976, S. 16.

12 Die Keramik geht bis in die erste Zeit des Ackerbaus zurück. Jacques Cauvin hat in Syrien die ältesten bis heute bekannten Keramiken entdeckt, die er auf die Zeit zwischen 8000 und 7000 v. Chr. datiert. Doch die Kulturen, die Keramiken besitzen, breiten sich erst um 6000 v. Chr. aus.

13 Die Töpferei ist für G. Gordon-Childe und George Thomson ohne Zweifel ein Frauenhandwerk, denn ihnen zufolge war die Kunst des Feuers den Frauen vorbehalten. Die Hypothese hat etwas für sich, denn man weiß, daß in der frühen Kultur Indiens stets die Frau mit der Unterhaltung des Feuers betraut war.

14 Lewis Mumford meint dagegen, die Tierzucht sei religiösen Ursprungs. Er übernimmt die Auffassung von Edward Hahn. Danach wurde der Auerochse zunächst aus religiösen und nicht aus wirtschaftlichen Gründen domestiziert. Man glaubte, die Hörner dieses Tieres entsprächen den Zacken der Mondsichel (a. a. O., S. 203). Es stimmt, daß Spuren eines Stierkults vom Nahen Osten (in Anatolien schon im 6. Jahrtausend) bis nach Südwestasien festzustellen sind und daß dieser Kult im minoischen Kreta noch sehr lebendig war (vgl. J. Cauvin, *Religions néolithiqṿes de Syro-Palestine,* Maisonneuve, 1972, S. 103 f.; und Chr. Picard, *Les Religions pré-helléniques,* Paris 1948). In der Jungsteinzeit tritt der Stierkult jedoch gegenüber dem Kult der Göttin zurück.

Nach P. Ducos, *L'Origine des animaux domestiques en Palestine*, Bordeaux 1968, ist das Schaf das älteste Haustier (zwischen 9000 und 8900 im nördlichen Irak), gefolgt von der Ziege (vor 7000 in Palästina). Man weiß, daß es zu Beginn des 7. Jahrtausends an der libanesischen Küste und um 6500 in Jarmo in Mesopotamien schon Hausschweine gibt. Das Rind taucht erst später, um 5000 in Palästina auf.

15 Erst zu Beginn des 8. Jahrtausends tauchen im Euphratgebiet (in Mireybet) die ersten Frauendarstellungen in Gestalt von Steinstatuetten und Terrakotta-Figurinen auf. Vgl. Jacques Cauvin, *Les Premiers Villages de Syrie-Palestine du IXe au VIIe millénaire avant J.-C.,* coll. de la Maison de l'Orient méditerranéen ancien, Nr. 4, Série archéologique 3, Lyon 1978, S. 116–118.

16 G. Camps, a. a. O., S. 414.

17 ebda., S. 415: »Bei den Völkern Nordafrikas, die mehr Hirten als Ackerbauern sind ... gehört keine weibliche Statuette der Zeit des beginnenden Neolithikums an.«

18 In der Gegend von Jericho hat man aus dieser Zeit eine Statuette aus Kalkstein mit ausgeprägten Gesichtszügen und einem stark hervorspringenden Hin-

terteil gefunden, das schon die Darstellungsweise vorwegnimmt, die sich im 5. Jahrtausend durchsetzen wird. Dies ist die allererste der explizit weiblichen Figuren, die man im Nahen Osten kennt und die einander von Palästina bis Anatolien so sehr ähneln.

19 Sie könnte zwischen 5000 und 7000 Einwohner gehabt haben.

20 G. Camps, a. a. O., S. 411: »In den Heiligtümern fanden sich zahlreiche Figurinen aus Stein oder Ton. Solche aus ungebranntem Ton stellen eher Männer oder Tiere dar. Ihre Fundorte in den entlegenen Winkeln oder außerhalb des Heiligtums und ihr geringer künstlerischer Reiz lassen die Vermutung zu, daß sie nur unbedeutende Weihgaben darstellten. Die Statuetten aus Stein scheinen dagegen einen hervorragenden Platz eingenommen zu haben... Sie stellen fast durchweg eine weibliche Person dar. Es handelt sich um eine wahre Gottheit.«

21 Siehe die Reproduktion nach Mellaart auf Seite 55. Sie wird *Potnia Theron* genannt, was »Herrin der Raubkatzen« bedeutet.

22 J. Cauvin, *Religions néolithiques...*, a. a. O., S. 88.

23 Der Ethnologe Camille Lacoste-Dujardin weist darauf hin, daß in den patriarchalischen Gesellschaften des Maghreb, wo die Mütter einen enormen Einfluß auf ihre Söhne haben, die strafende Menschenfresserin, die eine aggressive Weiblichkeit an den Tag legt, in den Mythen und in der Vorstellungswelt der Männer umherspukt. Vgl. *Des mères contre les femmes; maternité et patriarcat au Maghreb*, Paris 1985, S. 159–175.

24 Bei ihr ist das Fettgewebe in Höhe des Gesäßes stark entwickelt.

25 J. Cauvin, a. a. O., S. 102.

26 Dr. W. Lederer, *Gynophobia ou la peur des femmes*, Paris 1970. Wahrscheinlich war die Göttin, bevor sie eine Kuh war, eine Wildsau, wegen der Fruchtbarkeit dieses Tieres. Das würde erklären, warum die Wildsau – und besonders ihre Geschlechtsorgane – heilig war, bis die großen Religionen sie als unrein denunzierten.

27 Bisweilen hat die Große Göttin ihren Sitz in einem Baum, wie später Artemis. Sie wird als ein nackter oder mit Laub bedeckter Stamm dargestellt. Die Gegenwart der Göttin neben einem pflanzlichen Symbol bestätigt die Bedeutung, die der Baum in der archaischen Mythologie hat: die einer unerschöpflichen Quelle der kosmischen Fruchtbarkeit.

28 z. B. *Baubo, la vulve mythique* (s. G. Devereux, Paris 1983) oder die Göttin von Çatal Hüyük.

29 Ch. Picard, *Les Religions pré-helléniques*, a. a. O., S. 74–78. In Knossos hat man eine Potnia mit Löwen gefunden, eine andere war außerdem von Tauben umgeben. Vgl. J. Przyluski, *La Grande Déesse*, Paris 1950, S. 96: »Generell wird die Göttin mit wilden Bestien oder mit Haustieren dargestellt. Man darf vermuten, daß es zwischen diesen beiden Reihen Zusammenhänge gibt, die sich aus der Entwicklung der Techniken erklären. Der Domestikation muß das Einfangen des lebenden Wildes vorausgehen. Doch zwischen der Jagd und der Tierzucht ist Platz für die Tätigkeit des Tierbändigers, und diese drei Phasen der technischen Entwicklung spiegeln sich in den Haltungen der Göttin, die nacheinander Jägerin, Tierbändigerin und Herrin der Haustiere war.«

30 Ch. Picard, a.a.O., S. 109; siehe auch die polyandrische Triade der indischen oder assyrischen Mythologie.

31 *Der Rigveda*, deutsch von Adolf Kaegi, Leipzig 1881 S. 195.

32 J. Przyluski, a.a.O., S. 27.

33 Wie im Iran.

34 Mircea Eliade, *Die Religionen und das Heilige*, S. 298.

35 Ebda., S. 276: »Das Primäre ist die Idee, daß die Kinder nicht vom Vater gezeugt sind, sondern daß sie in einem mehr oder minder entwickelten Zustand in den Leib der Mutter geraten, und zwar infolge einer Berührung zwischen der Frau und einem Gegenstand oder Tier der kosmischen Umgebung.«

36 In armenischen und peruanischen Legenden. Nach Malinowski dringt auf den Trobriand-Inseln ein Geist in den Leib der Frau ein, um sie zu befruchten, wenngleich die Eingeborenen gern zugeben, daß der Geist leichter Zugang zu Frauen findet, die Verkehr mit Männern gehabt haben.

37 Mircea Eliade, a.a.O., S. 277. Das Ritual der Adoption durch den Vater, das in Griechenland und Rom fortgeführt wurde, bestand darin, daß der Vater das Kind von der Erde aufhob (was seine Anerkennung bedeutet) und wieder dort ablegte, wie um zu zeigen, daß sie seine eigentliche Mutter sei. In dieser tellurischen Sicht ist die menschliche Mutterschaft eine Fortsetzung des göttlichen Schöpfungswerkes, während die Vaterschaft lediglich eine gesellschaftliche Funktion hat. Mircea Eliade weist darauf hin, daß der Brauch noch bis in jüngste Zeit bei den Abruzzesen, den Japanern und den Skandinaviern üblich war.

38 Daß die Väter, die die Couvade pflegen, mitsamt der Gesellschaft, die sie umgibt und sie feiert, so als wären sie die eigentlichen Mütter, die biologische Wahrheit kennen, ist ganz klar. Aber darauf kommt es nicht an; das Wesentliche ist, daß der Vater in den Rang eines Erzeugers erhoben wird.

39 Mircea Eliade, a.a.O., S. 53.

40 Ebda., S. 379: »(Diese Glaubensvorstellungen und Riten sind uns deshalb bekannt, weil sie sich bei einigen europäischen Völkern sehr lange erhalten haben.) In Ostpreußen hielt man noch vor kurzem den Brauch, daß eine nackte Frau auf die Felder ging und grüne Erbsen säte. Bei den Finnen tragen die Frauen den Samen in einem Monatshemd,... Bei den Deutschen säen jetzt noch die Frauen, im besonderen verheiratete und schwangere Frauen, die Körner.«

41 In der vorhomerischen Mythologie gehören alle Gottheiten der Erde an und haben am Leben wie am Tode teil. Die chtonische Religion sondert den Toten nicht von der Gemeinschaft der Lebenden ab, weil er seine Bleibe im Schoß der mütterlichen Erde hat. Daher der vorhomerische Brauch, die Toten sorgfältig zu beerdigen. Das wird von der Kultur des homerischen Götterepos aufgegeben (die Toten werden eingeäschert), für die es zwischen Toten und Lebenden keinerlei Interdependenz mehr gibt. Bei Homer gehören die olympischen Götter ganz und gar dem Leben, mit den Toten haben sie nichts zu tun. Räumte die vorhomerische Religion der Erde dem Mütterlichen und dem Weiblichen den ersten Platz ein – das Männliche war stets untergeordnet –, so stellt die neue Religion diesen Sachverhalt auf den Kopf. Die Götter haben sich der Fähigkeiten der Göttinnen bemächtigt, wie die Männer der Fähigkeiten der Frauen.

42 Chr. Picard, *Les Religions pré-helléniques*, a. a. O., S. 87.

43 P. Vidal-Naquet, *Le Chasseur noir*, 1981, 2. Aufl. 1983, S. 272: Das Matriarchat existiert nur in den Mythen und Legenden. Der griechische Stadtstaat »entstand, indem er sich gegen sie wandte«.

44 Die *Ilias* erwähnt die Amazonen, die von König Priamos geschlagen wurden.

45 Wenn eine Gesellschaft im Grunde laizistisch wird, wie es bei uns (in Frankreich) der Fall ist, dann verliert die Macht des einen Geschlechts über das andere seine wertvollste Legitimation. Mit der Beseitigung des göttlichen Fundaments der Vormachtstellung untergräbt man jeden Gedanken einer »natürlichen« Überlegenheit des einen gegenüber dem anderen.

46 F. d'Eaubonne, a. a. O., S. 82, bemerkt, daß die geschlechtsspezifische Aufgabenverteilung – die Viehzucht ist Sache der Männer, der Ackerbau Sache der Frauen – sich in einigen Gegenden Europas noch sehr lange behauptet habe. Spuren deuten darauf hin, daß bei den ersten Bauern Britanniens zur Zeit der Megalithkultur die Frauen Getreide anbauten, während die Männer Hirten waren.

47 Im Unterschied zum weiblichen Ackerbau mit der Hacke.

48 Daniel Faucher, *Histoire générale des techniques*, Bd. 1, Paris 1962.

49 Ebda. Die Darstellungen der ältesten Hakenpflüge in den Felszeichnungen aus den Seealpen und aus Mittelschweden gehen auf den Anfang der Bronzezeit zurück.

50 Nach D. Faucher ist, genau gesagt, im alten Mesopotamien und Ägypten festzustellen, daß die früheste Verwendung des Hakenpfluges und der Schwingpflug erst in historischer Zeit auftritt.

51 D. Faucher: »Es ist vielleicht nicht übertrieben zu sagen, daß der Hakenpflug das Feld geschaffen hat.«

52 »Boden in Bebauung.«

53 Wie es noch in jüngster Zeit auf Borneo der Fall war. Vgl. Mircea Eliade, *Die Religionen und das Heilige*, S. 295.

54 Vgl. die Untersuchungen Malinowskis über die Trobriander oder von Spencer und Gillen über die Arunta zu einer Zeit, als diese Völker noch keinen Kontakt mit den Europäern gehabt hatten.

55 Bei den Trobriandern sagte man, eine Frau werde schwanger, wenn ein matrilinearer Ahnengeist einen »Kindesgeist« in ihren Körper schickt.

56 J. Przyluski, a. a. O., S. 161.

57 Ebd., S. 161f. Im Widerspruch zum Augenschein hat man sich lange geweigert, die Folgerungen aus der alltäglichen Erfahrung auf die Helden und Könige auszudehnen: »Nach dem Anbruch des christlichen Zeitalters sind die Andhra-Könige Indiens noch immer die Söhne des Pferdes, gezeugt von einem Opferpferd. Das Prinzip der Zeugung durch den Vater, für die Tiere ohne weiteres anerkannt, sollte erst allmählich, widerstrebend und mit Ausnahmen für die herausragenden Persönlichkeiten auf die Menschen übertragen werden.«

58 *Le Chasseur noir*, a. a. O., S. 285 f. P. Vidal-Naquet erinnert daran, daß das Verdienst, den Mythos rekonstruiert zu haben, S. Pembroke zukommt (*Women*, 1967).

59 Ebda., S. 86.
60 Nach der Legende war Kekrops der erste mythische König Attikas und Begründer Athens, das zuerst Kekropia hieß.
61 Max Escalon de Fonton, »La fin du monde des chasseurs et la naissance de la guerre«, *Courrier du CNRS*, Juli 1977, S. 28–33.
62 G. Camps, a. a. O., S. 311: »Gelegentlich geht es um wahre Blutbäder; das beste Beispiel dafür ist die unterirdische Grabstätte der Höhlen von Roaix im Vaucluse. Die oberste Schicht enthält Dutzende von übereinandergestapelten, gleichzeitig begrabenen Skeletten, und zwischen den Gebeinen finden sich zahlreiche Pfeilspitzen.«
63 F. d'Eaubonne (a. a. O., S. 59) findet sie »in den verschiedensten Gegenden, darunter auch China und die geheimnisvollen Inseln, von denen die arabischen Reisenden des 11. und 12. Jahrhunderts in ihren Erinnerungen berichten«.
64 Ebda., S. 60: »Nur zur Erinnerung seien die dahomeischen Bataillone genannt, die im Jahre 1600 von zwei Forschungsreisenden gemeldete äthiopische Gynokratie, die Kriegerinnen von Monomatopa, die russischen Frauenbataillone vor 1917 usw.«
65 J. Markale, *La Femme Celte*, Paris 1972, S. 47f., zitiert das historische Beispiel der »Königin der Iceni, Bodicéa, die, nachdem ihre Töchter von römischen Legionären vergewaltigt worden waren, den großen bretonischen Aufstand des Jahres 61 auslöste, der alle Völker der Insel erfaßte, nachdem das Heer des Suetonius Paulinius ein Blutbad unter den Druiden angerichtet hatte«.
66 André Pelletier, *La Femme dans la Société Galloromaine*, Picard 1984, S. 13. Die Ambronen waren ein keltisches Volk.
66a Plutarch, *Römische Heldenleben*, Stuttgart 1942, S. 114f.
67 F. Héritier weist darauf hin, daß in einigen indianischen Gesellschaften die Frauen die Männer bei Jagd- und Kriegszügen begleiteten.
68 F. Héritier räumt in *Die Wirklichkeit der Frau*, a. a. O., S. 485, ein, daß es vereinzelt kriegerische Frauen gegeben hat und daß sie in einigen (indianischen und gallischen) Gesellschaften das Recht hatten, die Männer auf die Jagd und in den Krieg zu begleiten. Héritier schränkt jedoch ein: »Sie führten sie aber nicht an«: diese Aktivität war das Vorrecht der »jungen Konkubinen... solange sie noch nicht den normalen Rang einer verheirateten Frau besaßen«.
69 A. Moret, *Mélanges offerts à Jean Capart*, Brüssel 1935, S. 312.
70 Ebda., S. 325: »Basreliefs auf Felswänden aus dieser Zeit schildern Prozessionen und Zeremonien der mystischen Hochzeit zwischen dem Großen Gott und der Großen Göttin.«
71 F. d'Eaubonne macht (a. a. O., S. 88 und 98) zu Recht darauf aufmerksam, daß die Megalithperiode Westeuropas und der afrikanischen Mittelmeerküste (vom Ende des 3. bis zum Beginn des 1. Jahrtausends) gleichfalls den göttlichen Dualismus kennt, dargestellt durch zwei verschiedene Arten von Gesteinsblökken: *Menhire*, phallische Säulen mit eiförmiger Spitze (Vertikalität), und *Dolmen*, einfache Tische von riesigen Ausmaßen (Horizontalität). Sie wundert sich darüber, daß man sich so wenig mit der weiblichen Symbolik des Dolmens beschäftigt hat, während jeder den phallischen Aspekt des Menhirs begreift. Sie

weist darauf hin, daß bei den Khassi in Assam die Dolmen die Große Mutter des Clans und die Menhire den Großen Vater repräsentieren.

72 J. Przyluski, a. a. O., S. 153.

73 Ebda., S. 162. Auf die eingeschlechtliche Dyade stößt man in der griechischen, der lateinischen, der etruskischen und sogar der japanischen Mythologie.

74 J. Przyluski, a. a. O., S. 163: »Das aus der Göttin und einem jungen Gott bestehende Paar bildet einen Übergang zwischen den beiden Konzeptionen. Der junge Gott ist zugleich Sohn und Liebhaber, weil er zunächst an die Stelle einer Göttin tritt, die die Tochter der Großen Mutter war.«

75 Vgl. Pauline Schmitt-Pantel, *Une histoire des femmes est-elle possible?*, Rivages 1984; J.-P. Vernant, *Mythe et Pensée chez les Grecs*, 2 Bde., Paris 1971; Pierre Vidal-Naquet, *Le Chasseur noir*, a. a. O.; Nicole Loraux, »Le Lit et la Guerre«, in *L'Homme*, Januar–März 1981, XXI.

76 »Hestia-Hermès«, a. a. O., S. 124–170, erstmals 1963 erschienen.

77 Ebda., S. 132: Vernant spricht von dem Fall der Ehe, in der »die Orientierung des Mannes nach außen und der Frau nach innen umgekehrt wird. (Hier) ist im Unterschied zu allen anderen sozialen Aktivitäten die Frau das bewegliche Element, das für den Zusammenhalt zwischen unterschiedlichen familialen Gruppen sorgt, während der Mann an seinen häuslichen Herd gefesselt bleibt. Das Zweideutige an der Stellung der Frau besteht also darin, daß die Tochter des Hauses ... sich als Frau nicht durch die Ehe verwirklichen kann, ohne dem Herdfeuer, das ihr anvertraut ist, zu entsagen«.

78 Ebda., S. 143: Als Göttin des Herdfeuers hat Hestia den Vorsitz bei den Mahlzeiten, die zugleich eine abgeschlossene und eine nach außen hin offene Angelegenheit sind. Einerseits nahmen die Alten, wenn sie Hestia Opfer brachten, ihre Mahlzeiten gemeinsam ein und duldeten keinen Fremden an ihrer Tafel. Gleichzeitig haben jedoch das Herdfeuer und die Tafel »auch die Funktion, den häuslichen Kreis dem, der nicht zur Familie gehört, zu öffnen, ihn in die familiale Gemeinschaft aufzunehmen«.

79 Ebda., S. 144. (Hervorhebung von uns.)

80 Besonders bei Aristophanes.

81 *Le Chasseur noir*, a. a. O., S. 191.

82 Plutarch, »Tugenden der Frauen«, zitiert von Vidal-Naquet, a. a. O., S. 205.

83 »Le Lit et la Guerre«, in *L'Homme*, a. a. O., S. 37–67.

84 Ebda., S. 39. »Allerdings verbietet die Zensur die Darstellung der Niederkunft; die Zeit erstarrt auf den Stelen zu einem Vorher und Nachher: der gelöste Gürtel, die aufgelösten Haare, die leidende Frau sinkt ihren Dienerinnen in die Arme ... oder die Tote betrachtet mit leerem Blick das Neugeborene ... Worauf es ankommt: Die Frau hat, wie der Soldat, der stets in der Pose eines Kämpfers dargestellt wird, im Tod die Erfüllung gefunden.«

85 Zitiert von N. Loraux, S. 41; P. Chautraine, *Dictionnaire étymologique de la langue grecque*, Paris 1968: »Sämtliche Ableitungen von lochos beziehen sich entweder auf die Entbindung oder auf den militärischen Gebrauch.«

86 Zitiert nach der Übersetzung von Ernst Buschor, in: Gustav Adolf Seeck

(Hrsg.), *Euripides, Sämtliche Tragödien und Fragmente*, griechisch-deutsch, Bd. I, München 1972, S. 105.

87 N. Loraux, a. a. O., S. 45.

88 Ebda., S. 66.

89 J.-P. Vernant, *Mythe et Société en Grèce ancienne*, Paris 1974, S. 65: »Aus der unterschiedlichen Stellung der Frauen folgt nicht unbedingt eine unterschiedliche Behandlung. Die Bastarde werden nicht schlechter behandelt als die ehelichen Kinder. Alles hängt von der ›timé‹ ab, die das Haupt der Familie ihnen zuerkennt.«

90 Ebda., S. 68.

91 J. Przyluski, a. a. O., S. 170. Die männlichen Götter heißen Varuna, Mitra, Agni, Soma.

92 Indira Mahindra, *Des Indiennes*, Paris 1985, S. 57–62.

93 Die Geschichte erwähnt namentlich Shashiyasi, Vadhrimati und Vishpatd.

94 J. Markale, *La Femme celte*, Paris 1984, S. 19. Er erläutert (S. 45–53), wie in diesem gemäßigten patriarchalischen System das Paar die Basis der Familie bildet. Die Frau war grundsätzlich berechtigt, sich ihren Ehemann auszusuchen, zumindest konnte sie nicht ohne ihre Zustimmung verheiratet werden. Anders als nach römischem Recht »trat die irische Frau nicht in die Familie ihres Mannes ein«. Sie besaß weiterhin ihre eigenen Güter und konnte sich leicht scheiden lassen. Wenn der Mann als »Familienoberhaupt« gilt, so kannte das irische Recht doch zwei Fälle, in denen er nicht mehr das Haupt des Ehepaares war: falls die Frau von gleichem Vermögen und gleicher Geburt war wie er (völlige Gleichheit der Ehegatten); besaß sie ein größeres Vermögen als ihr Ehemann, so war sie ohne Einspruchsmöglichkeit das Haupt der Familie. Diese Situation ist in den späteren patriarchalischen Gesellschaften, die unter Berufung auf Gott die natürliche Unterlegenheit der Frau bestätigen werden, undenkbar.

II. Teil: Das Eine *ohne* das Andere

1 Es gibt viele Formen des Patriarchats. Wenn es maßvoll ist und den Frauen eine bestimmte Zahl von Rechten einräumt, sind relativ ausgeglichene Beziehungen zwischen den Geschlechtern möglich. Wenn dagegen der Mann sich als absoluter Herrscher aufspielt und sich alle Machtbefugnisse aneignet, so daß die Beziehungen zwischen den Geschlechtern völlig unsymmetrisch werden, kann man von einem absoluten Patriarchat sprechen.

2 Dieser Ausdruck stammt von Maurice Godelier, aus seinem Vorwort zu dem Buch von Marie-Elisabeth Haudmann, *La Violence et la Ruse. Hommes et femmes dans un village grec*, Aix-en-Provence 1983.

3 Germaine Tillion, *Le Harem et les Cousins*, Paris 1966, S. 6.

1. Das absolute Patriarchat oder alle Machtbefugnisse werden konfisziert

1 Oder die Brüder ihre Schwestern gegen Ehefrauen.

2 Guilaine, *La France d'avant la France, du néolitique à l'age du fer*, Hachette/Littérature, S. 39: »Seit dem 5. Jahrtausend hat in Europa der Austausch von Frauen zwischen Gemeinschaften möglicherweise zur Ausbreitung neuer Ideen und Techniken beigetragen.«

3 Wir werden uns hier vor allem mit dem absolutistischen Patriarchat befassen, weil der ihm zugrundeliegende, karikaturenhafte ideologische Diskurs die maßgebenden Grundsätze des Systems am ehesten erkennen läßt.

4 Dieser bedeutungsreiche Mythos wird von Phyllis Chesler, *Les Femmes et la Folie*, Paris 1975, analysiert; darauf stützt sich F. d'Eaubonne, a. a. O., S. 107–110. Der Ethno-Psychoanalytiker Georges Devereux hat ihm ebenfalls einen Teil seines Buches *Baubo, la vulve mythique,* Paris 1983, gewidmet.

5 F. d'Eaubonne, a. a. O., S. 107.

6 Zitiert von F. d'Eaubonne, a. a. O., S. 108.

7 Ebda., S. 109.

8 Ebda., S. 110.

9 J. Guilaine (*La France* ..., a. a. O., S. 160) beruft sich auf den Reichtum der armorikanischen Grabfunde, die die These einer hierarchischen Gesellschaft stützen, in der der Kriegshäuptling einen besonderen Respekt genießt.

10 Ebda., S. 161.

11 Ebda.

12 J. Markale, a. a. O., S. 93: »Die blonde Isolde ist die Verkörperung der Sonne.«

13 Ebda., S. 127. J. Markale fährt fort: »Schwein ist nicht nur derjenige, der schmutzig ist und sich nicht wäscht, sondern auch ein Mensch, der Schweinereien (mehr oder weniger ausgefallene unzüchtige Dinge) treibt. Die Frau, die sich die Freiheit nimmt, von ihren Geschlechtsorganen nach eigenem Gutdünken Gebrauch zu machen, ist eine Sau«.

14 Nach der Überlieferung wurde Homer im 8. Jahrhundert v. Chr. geboren.

15 Zitiert von F. d'Eaubonne, a. a. O., S. 112.

16 Geboren 495, gestorben 406.

17 Zitiert von F. d'Eaubonne, a. a. O., S. 112.

18 Titel eines Stückes von Aischylos. Sie sind die »wohlwollenden« Erinnyen.

19 Die ganze folgende Darstellung stützt sich auf Fatna Ait Sabbah, *La Femme dans l'inconscient musulman,* Paris 1982, S. 179–181.

20 J. Markale, a. a. O., S. 218.

21 Siehe die sehr schöne vergleichende Analyse von Lilith und Eva durch J. Markale sowie die entsprechende Analyse von Lilith und Pandora bei J. Bril, *Lilith ou la mère obscure*, Paris 1981, S. 174–177.

22 I, 1–2.

23 I, 3.

24 Der Überlieferung zufolge ist Abraham um 1750 v. Chr. in Kanaan ange-

kommen (vgl. A. Chouraqui, *Des hommes de la Bible,* Paris 1985, S. 343).

25 Mircea Eliade, *Geschichte der religiösen Ideen,* a. a. O., S. 170: »Gott gibt sich zu erkennen als ›der Gott deines Vaters, der Gott Abrahams, der Gott Isaaks‹ ...«

26 Kap. 4 der Genesis.

27 A. Chouraqui, a. a. O., S. 64.

28 Catherine Chalier, *Les Matriarches, Sarah, Rebecca, Rachel et Léa,* Paris 1985.

29 Kap. 22.

30 A. Chouraqui, a. a. O., S. 160f.

31 »Du sollst deinen Vater und deine Mutter ehren ...«

32 J. Markale, a. a. O., S. 158.

33 Ebda., S. 167.

34 *Le Songe du vergier,* verfaßt im 14. Jahrhundert, Buch I. Kap. CXLVI.

35 E. Benveniste, *Le Vocabulaire des institutions indoeuropéennes,* Bd. 1, Paris 1975, weist darauf hin, daß im Indoeuropäischen der Name des Vaters *(Pater)* die am besten gesicherte Form sei. Seine Verwendung im Mythologischen ist prägnant: so wird ständig der höchste Gott bezeichnet. Doch in seiner ursprünglichen Darstellung schließt er die physische Vaterschaftsbeziehung aus. Der nährende Vater wird mit dem Wort *atta* bezeichnet (S. 209f.).

36 Genesis, 2. Kap., Verse 18–23: Nachdem Gott die Frau aus seiner Rippe geformt hatte, rief Adam aus: »Das ist doch Bein von meinem Bein und Fleisch von meinem Fleisch; man wird sie Männin heißen, darum daß sie vom Manne genommen ist.«

37 Hesiod, *Theogonie,* Verse 453 ... und 886–900.

38 »Die Eumeniden«, Vers 736.

39 Ebda., Verse 665 und 735.

40 Den Mythos beschreibt S. Dunis, *Sans tabou ni totem*, Paris 1984, S. 50. (Hervorhebung von uns.)

41 Ebda.

42 In den Berichten der Arier wurde ebenfalls die Beteiligung der Frau an der Erschaffung der Welt und der Menschen geleugnet. Diese war nach Manu ein spezifisch männliches Unternehmen: »Vernehmt ... daß der, den der göttliche Mann, genannt Virag, aus sich selbst hervorbrachte, indem er sich einer strengen Andacht hingab, ich bin, Manu, der Schöpfer des gesamten Universums« (*Gesetze Manus,* Buch 9, Verse 34–36).

43 J.-P. Vernant, *Mythe et Pensée chez les Grecs,* a. a. O., S. 145, definiert das Epiklerat durch Verweis auf die Gesetze Manus: »Derjenige, der keinen Sohn hat, kann seine Tochter beauftragen, ihm einen zu verschaffen ... An dem Tage, da seine Tochter einen Sohn zur Welt bringt, wird der Großvater mütterlicherseits zum Vater dieses Kindes.«

44 Ebda., S. 145.

45 Äschylos, geboren 525, gestorben 457 vor Chr.

46 Verse 660–670. (Hervorhebung von uns.)

47 Aristoteles wurde 384 geboren und ist 322 v. Chr. gestorben.

48 Für Aristoteles ist es die Form, »das Wesen«, »der Akt« oder die Vollkommenheit, die den Stempel des Göttlichen trägt. Die Materie ist dagegen nur das Sein in potentia, das Unbestimmte, gekennzeichnet durch die Passivität.
49 *Über die Zeugung der Geschöpfe,* Buch I, 1.
50 *Über die Seele,* II,1, 412a.
51 *Metaphysik,* 1032a 25; *über die Zeugung...* II,1.
52 *Metaphysik,* 1034b 3.
53 *Über die Zeugung...*
54 Ebda., I,22 und II,5.
55 Im Sinne von Zersetzung, Zerfall.
56 *Metaphysik,* 1033b: die widernatürliche Zeugung, wenn etwa ein Pferd ein Maultier zeugt.
57 *Über die Zeugung...* IV, 3: »ja auch wer den Eltern nicht gleicht, ist in gewissem Sinne schon ein Wundertier, da in ihm die Natur schon gewissermaßen aus der Art geschlagen ist. Den Anfang dazu bildet es schon, wenn etwas Weibchen wird, statt Männchen.«
58 Ebda., II,3, 737 a 27. In diesem Zusammenhang fällt es schwer, nicht an Freud, der wohl der letzte große Theoretiker des Patriarchats war, und seine Ansichten über das weibliche Geschlecht zu denken.
59 Ebda., IV, 6, 775a. Die Weibchen sind von Natur aus schwächer, ja sogar kälter, und man muß ihr Wesen in einer natürlichen Mangelhaftigkeit sehen. Eine Mißgeburt liegt auch dann vor, wenn ein männliches Kind seiner Mutter ähnelt.
60 Indira Mahindra, *Des Indiennes,* a. a. O., S. 70. Da man keinen sicheren historischen Anhaltspunkt hat, schätzt man, daß das Gesetzbuch Manus etwa 1200 bis 1500 vor unserer Zeitrechnung entstanden ist (vgl. *Nouvelle Biographie Générale*).
61 *Gesetze Manus,* Buch 9, Verse 33–37, 44.
62 *Der Koran*, Sure 2 (»Die Kuh«), Vers 223.
63 Ebda., Sure 2, Vers 223; Sure 4, Verse 34 und 38.
64 Camille Lacoste-Dujardin, a. a. O., S. 78.
65 Ebda., S. 78 und 103.
66 G. Delaisi de Parseval faßt die drei wichtigsten Theorien über die Empfängnis sehr hübsch zusammen; da ist die, nach der *die Frau* nur *als Hotel fungiert:* Ihre Gebärmutter beherbergt den Fetus, der gänzlich von dem Vater oder den Vätern ernährt wird; die andere, nach der die Frau als *Hotel-Restaurant mit Halbpension fungiert:* Man glaubt, Vater und Mutter trügen beide zum Wachstum des Fetus bei; die dritte, nach der die Frau als *Hotel-Restaurant mit Vollpension* fungiert: Die Mutter versorgt den Fetus mit allem, was er braucht; der Vater gilt als unnütz, ja sogar gefährlich *(La Part du père)*, Paris 1981, S. 42f.
67 Zitiert von M. Mead, a. a. O.,S. 30. Die Insel liegt in der Nähe der Antarktis.
68 Vgl. Lévi-Strauss, *Mythologica I,* 2, 3.
69 G. Delaisi de Parseval, a. a. O., S. 67: »Komplex von vorgeschriebenen Verhaltensweisen des Vaters im Zusammenhang mit der Geburt eines Kindes«.
70 Zitiert und hervorgehoben von B. This, *Le Père: acte de naissance*, Paris 1980, S. 184.

71 Zitiert und hervorgehoben von B. This, a. a. O., S. 185. Er fährt fort: »Im 16. Jahrhundert berichtet Marco Polo ähnliche Tatsachen aus einer Provinz Chinas. Andere haben die Couvade in Südindien, Malaysia und Amerika beobachtet. Überall legt sich der Vater bei der Geburt des Kindes hin und kümmert sich um den Säugling.«

72 *La Part du père*, a. a. O., S. 68. Dabei ist unwichtig, daß »das Ritual in Europa nur die pseudo-mütterliche, peri- und postnatale Couvade zu umfassen scheint (Couvade mit Initiative, bei der der Mann die Arbeit der entbindenden Frau übernimmt), im Unterschied zu anderen Praktiken vor allem in Südamerika, wo man die Phase der pränatalen Tabus erkennen kann«; in allen Fällen wird der Vater dazu gebracht, einen oder mehrere Abschnitte der Mutterschaft nachzuahmen.

73 Ebda., S. 70. Es handelt sich um K. und J. Paige.

74 Ebda., S. 75 f.

75 *La Pensée sauvage,* Paris 1962, S. 258. Auf Befragen von G. Cohen sagt Lévi-Strauss: »Ein sonderbarer alter Volksbrauch, die Couvade«. *Psyché,* 4, 1949, S. 80–93.

76 Zitiert von G. Delaisi de Parseval, a. a. O., S. 79 f.

77 G. Delaisi de Parseval, a. a. O., S. 95.

78 M. Mead, a. a. O., S. 83.

79 Ebda., S. 84: »Die Neulinge werden von dem Krokodil verschluckt, das die Männergruppe darstellt, und kommen neugeboren am anderen Ende wieder heraus. Sie werden in einem ›Uterus‹ untergebracht und von männlichen ›Müttern‹ mit Blut ernährt, gemästet, mit der Hand gefüttert und gepflegt. Hinter dem Kult liegt der Mythos, daß all dies von den Frauen einmal gestohlen worden ist; manchmal wurden die Frauen sogar deshalb getötet. Die Männer verdanken ihre Mannheit einem Diebstahl und einem theatralischen Possenspiel, das sofort zu Staub und Asche zerfiele, wenn die wahre Beschaffenheit seiner Bestandteile bekannt würde.«

80 Zitiert und kommentiert von Bruno Bettelheim, *Die symbolischen Wunden,* München 1975, S. 152 f.

91 *La Production des grands hommes,* Paris 1982.

82 Man beachte die engen Analogien zur Theorie des Aristoteles.

83 Die Baruya glauben, die Milch der Frauen entstehe aus dem Samen der Männer.

84 *La Production des grands hommes,* S. 91 f. Bei der Ankunft der Europäer im Jahre 1960 verschwand dieser Brauch, aber bei den Anga-Stämmen, die, dem Einfluß der Europäer nicht so leicht ausgesetzt, in den Bergen und Wäldern leben, soll er sich Godelier zufolge gehalten haben.

85 Ebda., S. 93.

86 Ebda., S. 94.

87 Ebda., S. 12: »In ihren Augen erklären sich alle Aspekte der wirtschaftlichen, politischen oder symbolischen Vorherrschaft des Mannes aus der unterschiedlichen Stellung, die beide Geschlechter im Prozeß der Reproduktion des Lebens einnehmen.«

88 M. Mead, a. a. O., (frz. Ausgabe) S. 273. Diese von allen patriarchalischen

Gesellschaften geteilte Vorstellung weist gelegentlich Abwandlungen auf. In gesellschaftlichen Strukturen matrilinearer Art hängt das kleine Mädchen vom Onkel mütterlicherseits und seine Mutter von ihrem Bruder ab. Doch ungeachtet aller Abwandlungen stellen die Ethnologen überall fest, daß der Mann letztlich gegenüber der Frau dominiert.

89 Georges Duby, *Ritter, Frau und Priester*, Frankfurt 1985, S. 25.

90 Claude Lévi-Strauss, *Die elementaren Strukturen der Verwandtschaft*, Frankfurt 981, S. 118.

91 Ebda., S. 88: ... »für ihre (der Triebe) Verdrängung einzig die Umwelt und die Kultur verantwortlich sind. Die Monogamie ist in unseren Augen also keine positive Institution: sie stellt lediglich die Grenze der Polygamie in Gesellschaften dar, in denen, aus den verschiedensten Gründen, die ökonomische und die sexuelle Konkurrenz eine kritische Form annimmt.«

92 Ebda., S. 89.

93 H. Fisher, a. a. O., S. 29: »Die Natur hat sie mit einer Klitoris ausgestattet, einem Geflecht von Nerven, das ausschließlich der kopulatorischen Aktivität dient. Wenn der Orgasmus beim Mann dem gleichen Mechanismus gehorcht wie bei der Frau, so besteht doch ein klarer Unterschied im Hinblick auf das Lusterlebnis. Der Orgasmus des Mannes entspricht drei oder vier stärkeren Kontraktionen, denen einige schwächere Kontraktionen folgen, die sämtlich im Genitalbereich lokalisiert sind. Wenn er endet, erschlafft der Penis, und der Mann muß, um erneut den Orgasmus zu erreichen, denselben Prozeß nochmals durchlaufen. Die Frau funktioniert anders. Sie spürt normalerweise fünf bis acht stärkere und anschließend neun bis fünfzehn schwächere Kontraktionen, die sich über den ganzen Beckenbereich ausbreiten. Doch anders als bei ihrem Partner fließt bei ihr nicht das gesamte angestaute Blut aus ihren Geschlechtsorganen ab, und sie kann noch mehrere Male einen Orgasmus haben.«

94 Ebda., S. 30: »Noch 1966 hatte von den Bewohnern einer irischen Insel keiner je etwas vom weiblichen Orgasmus gehört. Die Sexualität war dort tabu.«

95 Claude Lévi-Strauss, *Die elementaren Strukturen der Verwandtschaft*, S. 90.

96 Ebda., S. 90: »›Je mehr Frauen es gibt, desto mehr gibt es zu essen‹, sagen die Pygmäen.«

97 Ebda., S. 127.

98 Ebda., S. 189f. (Hervorhebung von uns.)

99 *Ritter, Frau und Priester*, S. 121f.102 Georges Duby, *Guillaume le Maréchal oder der beste aller Ritter*, Frankfurt 1987, S. 177.

101 Ebda., S. 177.

102 Georges Duby, *Ritter, Frau und Priester*, a. a. O., S. 51.

103 Ebda., S. 115–119: Die Rechte der Ehefrau wurden so sehr von den Rechten des Mannes erdrückt, daß manche Väter darin im 11. Jahrhundert eine unerträgliche Gefahr für den Besitz ihrer eigenen Nachkommenschaft sahen. Das Gegenmittel gegen die Gefahr, die von den Schwiegersöhnen ausging, war die Beschneidung des Erbrechts verheirateter Töchter, »seine Beschränkung auf bestimmte Güter, die ihre Mutter selbst als Wittum innegehabt hatte«.

104 Ebda., S. 109.
105 Geboren um 1145, gestorben am 14. Mai 1219.
106 Georges Duby, *Guillaume le Maréchal oder der beste aller Ritter,* S. 155 f.
107 Ebda., S. 61.
108 Ebda., S. 69 f.
109 Lord Raglan, *Jocasta's crime,* S. 180.
110 Lippert, *Evolution of Culture,* weist darauf hin, daß es in den Gesetzen Manus heißt, daß »das Kind dem Vater gehört, so wie der Besitzer einer Kuh zum Besitzer des Kalbes wird«; zitiert von Evelyn Reed, a. a. O., S. 227.
111 Georges Duby, *Ritter, Frau und Priester,* S. 35 f.
112 Siehe Nancy Marval, *The case for feminist celibacy,* zitiert von Sarah Hrdy, a. a. O. 1986 zählte man in der patriarchalischen Welt 80 Millionen beschnittene Frauen und einige -zig Millionen, die durch einen Schleier den Blicken von Männern, mit denen sie nicht verheiratet sind, entzogen sind.
113 Der Liebhaber wurde nur als Komplize der Ehebrecherin verfolgt; allgemeiner kann man sagen, daß die Männer nur verurteilt wurden, wenn sie den Ehebruch in der ehelichen Wohnung begingen.
114 Hervorgehoben von Lévi-Strauss, a. a. O., S. 188, Anm. 44.
115 Ebda., S. 190 f.: Lévi-Strauss erwähnt, daß bei den Menangkaban auf Sumatra der Ehemann den Namen »geborgter Mann« erhält, und er betont, daß in solchen Systemen »der Bruder oder der älteste Sohn der Familie der Mutter es ist, der die Autorität besitzt und ausübt«. In allen anderen Fällen, von denen man Kenntnis hat, geht die matrilineare Abstammung mit dem patrilokalen Wohnsitz einher. Die Frau folgt ihrem Ehemann, der ein Fremder, manchmal sogar ein Feind ist, um Kinder zu gebären, die niemals die seinen sein werden. In diesem Falle bedeutet die matrilineare Abstammung »die Autorität des Vaters oder des Bruders der Frau, die bis ins Dorf des Schwagers reicht«.
116 G. Murdock, zitiert von Lévi-Strauss, ebda., S. 191.
117 Ebda., S. 191.
118 Ebda., S. 191. (Hervorhebung von uns.)
119 Ebda., S. 188.
120 S. Moscovici, a. a. O., S. 285.

2. Die Logik der Gegensätze oder der Krieg der Geschlechter

1 Im philosophischen und ärztlichen Denken der Griechen wird von Aristoteles bis Hippokrates das Gleichgewicht der Welt und die Gesundheit des menschlichen Körpers als eine harmonische Mischung der Gegensätze aufgefaßt. Die Weisheit und die ärztliche Kunst haben kein anderes Ziel, als das durch den einen oder anderen Exzeß gefährdete »natürliche« Gleichgewicht wiederherzustellen. Die Hauptkategorien bilden das Kalte und das Warme, das Trockene und das Feuchte, und diese Kategorien werden mit dem Männlichen und dem Weiblichen in Zusammenhang gebracht und mit einem positiven oder negativen Wert versehen. Aristoteles und seine Zeitgenossen hielten das Warme und das

Trockene für positiv, das Kalte und Feuchte für negativ. Es ist wohl nicht erstaunlich, daß das Männliche auf der richtigen Seite ist und das Weibliche auf der falschen. Die Komplementarität wird – obwohl eine Frage von mehr oder weniger – in einer Logik der Gegensätze gedacht.

2 Nachdem er Emil ausgiebig als einen aktiven, ungestümen, starken, beherzten und intelligenten Menschen geschildert hat, entwirft der Philosoph das Porträt einer passiven, schüchternen, schwachen und gefügigen Ehefrau. »Eigens geschaffen, um dem Mann zu gefallen«, wird Sophie dazu erzogen, kokett und dümmlich zu sein und sich mit Nebenrollen zufriedenzugeben. Es ist ihre »Natur«, daß sie nicht für sich selbst geschaffen wurde, sondern dazu, sich dem Mann zu unterwerfen, sich ihm liebenswert zu zeigen, ihm nachzugeben und selbst seine Ungerechtigkeit geduldig zu ertragen. Vgl. *Emil*, Paderborn 1971, S. 385–429.

3 Ebda., S. 400.

4 Zitiert von Indira Mahindra, a. a. O., S. 76.

5 Georges Duby, *Ritter, Frau und Priester,* S. 243.

6 Ebda., S. 56.

7 »Mahabharata« (43, 23–26) zitiert von Indira Mahindra, a. a. O., S. 76f.

8 Georges Duby, a. a. O., S. 248f.

9 Pseudonym des Verfassers von *La Femme dans l'inconscient musulman,* Paris 1982.

10 *La Prairie parfumée oú s'ébattent les plaisirs,* von Scheich Mohammed.

11 *Comment le vieillard retrouvera sa jeunesse par la puissance sexuelle,* von Ibn Suleyman, bekannter unter dem Namen Kamal Pact.

12 Fatna Ait Sabbah erklärt, diese beiden Bücher seien in den Gassen und Buchhandlungen der Medinas zu Spottpreisen erhältlich.

13 *Comment le vieillard*..., zitiert von Fatna Ait Sabbah, a. a. O., S. 51.

14 Diese Lehrbücher sind, wie der Verfasser erklärt, in den Auslagen der Buchhandlungen und am Eingang zu den Moscheen überall zu finden.

15 Der Koran, Sure 4, Vers 3, zitiert von Fatna Ait Sabbah, a. a. O., S. 57: Die Polygamie gibt dem Mann das Recht, seine Gunst auf vier legitime Ehefrauen zu verteilen, zusätzlich zu den unzähligen Nebenfrauen.

16 Ebda., S. 62.

17 Georges Duby, a. a. O., S. 245: Diese Paraliturgie, die (zwischen 1150 und 1170) für ein adliges Publikum geschrieben und im Innern einer Kirche aufgeführt wurde, läßt vier Personen auftreten: Adam (den Ehemann), Eva (die Frau), Gott (das Gute) und Satan (das Böse).

18 Zitiert von Georges Duby, a. a. O., S. 70.

19 Ebda., S. 76.

20 Ebda., S. 76f.

21 Ebda., S. 77.

22 Ebda., S. 86.

23 *Les Rôles masculins et féminins,* Paris 1964, veröffentlicht mit Unterstützung des CNRS.

24 *Anthropo-logiques,* a. a. O., S. 34. Fatna Ait Sabbah spricht von einer

»Verdinglichung der Frau als einer Bedingung der patriarchalischen Strategie«, a. a. O., S. 78.

25 H. Deutsch, *La Psychologie des femmes*, Bd. 1 (1945), Paris 1949, S. 249f.

26 G. Balandier, a. a. O., S. 34.

27 Fatna Ait Sabbah, a. a. O., S. 58: Im Koran wird diese zerstörerische Intelligenz des weiblichen Geschlechts als *Kayd* bezeichnet, sie ist ein Schlüsselbegriff der islamischen Ordnung.

28 Georges Duby, *Ritter, Frau und Priester*, S. 123.

29 Camille Lacoste-Dujardin (a. a. O., S. 79) trifft im Hinblick auf die Gesellschaften des Maghreb die gleiche Feststellung. Die Ehe ist, wie sie sagt, nicht die Folge des »Paares« (eine eurozentrische Vorstellung), sondern ein Schritt zur Erweiterung der Familie in väterlicher Linie. Im gleichen Sinne Wédad Zénié-Ziegler, die den folgenden Dialog mit einer Gruppe ägyptischer Bäuerinnen wiedergibt: »Bei uns Fellachen darf eine Tochter ihren Eltern nicht widersprechen. – Ist es verboten zu lieben? – Ja, das ist verboten. Bei uns wird nicht diskutiert. Die Tochter muß den nehmen, den man ihr präsentiert, ob er krumm, taub, blind oder blöde ist...« *(La Face voilée des femmes d'Égypte*, Paris 1985, S. 36).

30 Denis de Rougemont, *Die Liebe und das Abendland*, Köln, Berlin 1966, S. 289.

31 Denis de Rougemont betrachtet (a. a. O., S. 24) Tristan nicht als literarisches Werk, sondern als Typ der Beziehungen zwischen Mann und Frau in einer bestimmten historischen Gruppe, in der »sozialen Elite, der Ritterschaft des zwölften und dreizehnten Jahrhunderts«.

32 Chrétien de Troyes, zitiert von Denis de Rougemont, a. a. O., S. 46.

33 Ebda.

34 Ebda., S. 48.

35 Ebda., S. 64. Über den Zusammenhang zwischen Begehren und Tod siehe auch Marquis de Sade und Georges Bataille.

36 *La prairie parfumée*..., zitiert von Fatna Ait Sabbah, a. a. O., S. 64.

37 a. a. O., S. 25.

38 Godelier, a. a. O., S. 109: Das Menstruationsblut, das den Gegensatz zum Sperma darstellt, ist unerläßliche Voraussetzung dafür, daß diese Fähigkeit sich im Leib der Frau äußert. Die Frau besitzt daher in dieser Substanz eine für die Reproduktion des Lebens notwendige Fähigkeit, die aber von der des Mannes verschieden ist.

39 Ebda., S. 227: Die Flöte ist Symbol der Macht, Kinder entstehen und »wachsen« zu lassen.

40 Ebda., S. 119.

41 Ebda., S. 234–236.

42 Vgl. die Arbeiten von Melanie Klein.

43 Fatna Ait Sabbah, a. a. O., S. 107.

44 Siehe die unzähligen Legenden über die »Vagina dentata«. In vielen indischen Geschichten ist die Rede von Frauen, deren Scheide voller Zähne ist, die den Penis des Mannes abtrennen (vgl. W. Lederer, *Gynophobia ou la peur des femmes*, a. a. O., S. 48).

45 Im Fabelreich des Priesters Jean, von dem man sich während des ganzen Mittelalters erzählt, ist die Scheide von Schlangen erfüllt. Anderswo wird der Zugang zu ihr von wilden Tieren bewacht.
46 Die Bibel bietet vielfältige Belege dafür.
47 Man glaube nur nicht, daß die Angst vor dem weiblichen Geschlechtsteil sich auf primitive Gesellschaften beschränkt. Unsere Gesellschaften stehen ihnen diesbezüglich in nichts nach, wie es das folgende Chanson beweist, das man zu Beginn des Jahrhunderts in den Stationszimmern von Krankenhäusern trällerte:

»Petit anneau de chair, petite fente laide,
Petit sphincter païen,
Petit coin toujours moite, empoisonné d'air tiède,
Petit trou, petit rien!

Es-tu laid, quand tu ris de ta lèvre lippue;
Es-tu laid quand tu dors!
Laid, toi que Dieu cacha dans cet angle qui pue.
Près des égouts du corps!

Ah! tu peux pour lécher ta babine rosée,
Vilain monstre d'orgueil!
Tu peux, ouvrant ta geule à crinière frisée,
Bâiller comme un cercueil.

Ventouse venimeuse, insatiable gouffre,
Si funeste et si cher;
Je veux te mépriser, toi par qui pleure et souffre
Le meilleur de ma chair.

Je veux te détester toujours, chose infâme,
Toi rends mal pour bien;
Petit néant creusé dans le bas de la femme,
Petit trou, petit rien!«

Kleiner Fleischring, häßliches Spältchen
gottloser, kleiner Schließmuskel,
kleiner, immer feuchter Winkel, verpestet von lauwarmer Luft,
kleines Loch, kleine Nichtigkeit!

Bist du häßlich, wenn du mit deinen wulstigen Lippen lachst,
bist du häßlich, wenn du schläfst!
Häßlich bist du, Gott versteckte dich in dieser stinkenden Ecke
direkt bei den Kloaken des Körpers!

Oh, du abstoßendes, hochmütiges Ungeheuer!
Wenn die Lust deine Lippen anfeuchtet
und du dein Maul mit gekräuselter Mähne öffnest,
kannst du aufklaffen wie ein Sarg.

Giftiger Saugnapf, unersättlicher Abgrund,
so unheilvoll und so geliebt,
ich will dich verachten, denn um deinetwillen
weint und leidet das Beste meines Fleisches.

Ich will dich immer verabscheuen, du schmutziges Ding,
denn du vergiltst Gutes mit Bösem;
kleines Nichts, ausgehöhlt im Unterleib der Frau,
kleines Loch, kleine Nichtigkeit!

Entnommen der *Anthologie hospitalière et latinesque:* »Recueil de chansons de salles de garde anciennes et nouvelles...«, 2 Bde., Sammlung Bichat, 1911 und 1913. Zitiert von Hervé Manchet in seiner medizinischen Dissertation, Nr. 119, Juni 1985: *La Chanson d'internat aujourd'hui, étude polycentrique,* académie Orléans, Tours, université François-Rabelais.

48 Maurice Godelier, a. a. O., S. 99.

49 Ebda., S. 101 f.

50 Ebda., S. 103.

51 Ebda., S. 106.

52 Ebda., S. 239–241.

53 S. Dunis, a. a. O., S. 197 f. *Po* bedeutet »Finsternis«.

54 Das Folgende stützt sich auf die Darstellung von Dunis, a. a. O., S. 199 f. und 415.

55 Ebda., S. 211: Taranga ist ein Name, der sowohl den Penis als auch die Vulva bezeichnet. Sie besitzt den charakteristischen Haarknoten der Häuptlinge *(tikitiki)*. Das läßt auf ihre zweigeschlechtliche Natur schließen, zumal da von Mauis Vater nicht die Rede ist.

56 Ebda., S. 252.

57 *Das andere Geschlecht*, a. a. O., S. 157 f.

58 Es soll aber nicht bestritten werden, daß die Darstellung des Todes in weiblicher, mehr noch, in mütterlicher Gestalt in anderen Gesellschaften eine beruhigende und tröstende Funktion hat.

59 Vgl. die Arbeiten von Robert Stoller, auf die wir unten noch zurückkommen.

60 M. Mead, a. a. O., S. 126.

61 »Der Weiblichkeitskomplex der Männer erscheint ebenso unverständlich wie der Kastrationskomplex bei den Frauen, und dennoch ist er nicht minder bedeutsam«; Melanie Klein, *Essais de psychanalyse*, Paris 1968, S. 234.

62 Marcel Griaule, *Dieu d'eau*, Paris 1983.

63 Ebda., S. 146.

64 G. Groddeck, »Le double sexe de l'être humain«, *Nouvelle Revue de psychanalyse,* Nr. 7, Frühjahr 1973, S. 193–198.

65 R. Lewinter, »Groddeck: (anti)judaïsme et bisexualité;«, *Nouvelle Revue de psychanalyse,* Nr. 7, Frühjahr 1973, S. 200.

66 *The Ritual. Couvade and the fear of retaliation,* London 1931.

67 *Psychanalyse et Anthropologie,* Paris.

68 Herman Nunberg, »Tentatives de rejet de la circoncision« (1959), *Nouvelle Revue de psychanalyse, Nr.* 7, Frühjahr 1973, S. 205.

69 Maurice Godelier, a. a. O., S. 84.

70 Ebda., S. 240.

71 a. a. O., S. 11.

72 Fatna Ait Sabbah, a. a. O., S. 64.

73 Rita Thalmann, *Frausein im Dritten Reich,* München 1984, 74.

74 Ebda., S. 94: Von dem Augenblick an, als Hitler Kanzler wird, werden Frauen ausgeschaltet, indem man sie suspendiert; mit Erlaß vom 7. April 1933 wird die Suspendierung in eine Entlassung umgewandelt.

75 Ebda., S. 104: Gesetz vom 25. April 1933, vervollständigt durch eine Verordnung vom 28. Dezember.

76 Ebda., S. 115.

77 Freikarten für öffentliche Veranstaltungen (!), vorrangige Benutzung der Ferienzentren (!), Erklärung des Muttertags zum nationalen Feiertag im Jahr 1935, Verteilung von Medaillen usw.

78 *Frausein im Dritten Reich, S.* 132.

79 Ebda., S. 156.

80 Er behauptete, daß selbst der gemeinste Mann der bemerkenswertesten Frau unendlich überlegen bleibt.

81 Maurice Godelier, a. a. O., S. 122: »Im Wald nimmt der Mann den Saft der großen Bäume in sich auf, der zu seinem Sperma wird, dort jagt er, tötet er, spürt er seine Kraft, seine Widerstandsfähigkeit und seine Meisterschaft in der Anwendung der Zerstörungsmittel ...«

82 Ebda.

83 In ihrer Untersuchung über die patriarchalischen Gesellschaften des Maghreb betont C. Lacoste-Dujardin die tiefe Dichotomie zwischen den Welten des Mannes und der Frau, das Fehlen jeglicher Verständigung, das es unmöglich macht, einen Ehegatten zu wählen, die Mißbilligung der ehelichen Intimität, den Mangel an affektiver Zuwendung in dieser Beziehung und schließlich die vollkommen falsche Beurteilung der Ideologie des Paares (a. a. O., S. 79, 92, 223).

84 *Cahiers du GRIF,* a. a. O., S. 9.

3. Der Tod des Patriarchats

1 Bossuet, *Politique tirée des propres paroles de l'Écriture Sainte* (1709), Bücher II und III.

2 Es gibt keine Macht, die nicht von Gott kommt.

3 J. Lacroix, »Paternité et démocratie«, *Esprit*, Mai 1947, S. 748–755, und Albert Camus schreibt in *L'Homme révolté* zur Exekution Ludwigs XVI.: »Gott wankt, und um sich in der Gleichheit zu behaupten, muß die Justiz ihm den letzten Stoß versetzen, indem sie unmittelbar seinen Stellvertreter auf Erden angreift« (S. 145).

4 Robespierre hatte die Notwendigkeit des Gründungsaktes im voraus gerechtfertigt und im Konvent verkündet, die Republik werde nur dann für unschuldig erklärt, wenn der König schuldig gesprochen werde. Damit die Nation lebe, müsse der König sterben (Rede am 3. Dezember 1792).

5 a.a.O., S. 750.

6 Ebda., S. 752. Lacroix erinnert daran, daß nach der Verfassung vom 3. September 1791 nationale Feste veranstaltet werden sollten, um »die Brüderlichkeit zwischen den Bürgern zu erhalten«.

7 Lacroix, a.a.O., S. 750: »Der kennzeichnendste Zug des modernen Bewußtseins ist zweifellos, daß der Glaube an den Menschen das Ende des Glaubens an Gott einschließt.«

8 Jean Dupuy, »La laïcité dans les déclarations internationales des droits de l'homme«, *La Laïcité*, Paris 1960, S. 147.

9 A. Latreille, »L'Église catholique et la laïcité«, *La Laïcité*, a.a.O., S. 60.

10 Ebda., S. 67.

11 Ein Titel des bereits zitierten Artikels von J. Dupuy.

12 J. Dupuy, a.a.O., S. 151f.: Die USA und Brasilien unterstützt von den meisten Ländern Lateinamerikas. Vgl. das *Livre des droits de l'homme*, vorgelegt von J.-J. Vincensini, Paris 1985.

13 Ebda., S. 152.

14 Sie wurden für »unverletzlich und heilig« erklärt.

15 *De l'égalité des deux sexes*, wiedererschienen im Rahmen des Corpus des œuvres de philosophie en langue française, unter Leitung von M. Serres, Paris 1984.

16 Thomas, *Sur le caractère, les mœurs et l'esprit des femmes*, 1772.

17 *Sur les femmes*, 1. April 1772, in Diderot, *Œuvres complètes*, Bd. X, Club français du livre, 1971.

18 Ebda., S. 32.

19 Ebda.

20 Ebda., S. 33.

21 Ebda., S. 34.

22 J.-M. Dolle, *Diderot, politique et éducation*, Paris 1973, 4. Kap. über die Bildung der Frauen.

23 Ebda., S. 36.

24 Ebda., S. 34.

25 *Correspondance avec l'abbé Galiani*, Brief 107, 14. März 1772.

26 Ebda.
27 Ebda.
28 Unter den Revolutionären traten nur wenige für die Frauen ein – erwähnt seien der Abbé Grégoire, Pierre Guyomar, Saint-Just, Chabot, Cambacérès, Charlier, u. a.
29 »Lettres d'un bourgeois de New Haven à un citoyen de Virginie«, *Recherches sur les États-Unis,* Bd. 1, 1788, S. 281–287.
30 Ebda., S. 286. (Hervorhebung von uns.)
31 Ebda., S. 284–285.
32 *Mémoire sur l'éducation des femmes,* ein Memorandum zum Entwurf über die allgemeine Organisation des öffentlichen Unterrichtswesens, der der Nationalversammlung am 20. und 21. April 1792 vorgetragen wurde. Vgl. C. Hippeau, *L'Instruction publique en France pendant la Révolution, Paris* 1881, S. 279. (Hervorhebung von uns.)
33 Ebda., S. 280. (Hervorhebung von uns.)
34 Debatte in der Konstituante über die Bildung, September 1791.
35 a. a. O., S. 282.
36 1791. Art. 1: Die Frau ist frei geboren und bleibt dem Mann gleichberechtigt. Art. 2: Der Zweck jeglicher Vereinigung ist die Erhaltung der natürlichen Rechte der Frau und des Mannes; diese Rechte bestehen in der Freiheit, dem Eigentum, der Sicherheit und vor allem dem Widerstand gegen die Unterdrükkung.
37 Der Entwurf wurde vom Konvent im August 1793 zurückgestellt.
38 Amar, *Discours de la Convention,* zitiert von P.-M. Duhet, *Les Femmes et la Révolution,* 1789–1791, Paris 1977, S. 155.
39 Vgl. Art. 212 des Code civil.
40 F. Picq, a. a. O., S. 20.
41 Es gibt heute noch einige Schweizer Kantone, in denen die Frauen kein Stimmrecht haben.
42 1914 haben die amerikanischen Frauen in allen Bundesstaaten das Stimmrecht, mit Ausnahme Neumexikos.
43 Den deutschen Frauen wird das Stimmrecht 1919 durch die Weimarer Verfassung gewährt.
44 Das englische Wahlgesetz von 1918 gibt allen Männern von über 21 Jahren und den Frauen von über 30 Jahren das Stimmrecht. Die Altersgrenze wurde 1928 aufgehoben.
45 Er wurde 1865 zum Abgeordneten des Bezirks Westminster gewählt, nachdem er das Frauenwahlrecht in sein Programm aufgenommen hatte, und veröffentlichte 1869 seinen berühmt gewordenen Text *The Subjection of Women,* woraufhin er nicht wiedergewählt wurde.
46 Er veröffentlicht 1879 ein sehr wichtiges Buch: *Die Frau und der Sozialismus.*
47 Am 20. April 1945 beteiligen sie sich an der Wahl der Gemeinderäte, am 21. Oktober dieses Jahres an der Wahl der Verfassunggebenden Versammlung.
48 Sie meldete 1849 ihre Kandidatur zur Legislative an.

49 Brief vom März 1881.
50 Irène Joliot-Curie für die wissenschaftliche Forschung, Suzanne Lacor für das Gesundheitswesen und Cécile Brunschvicg für das Bildungswesen.
51 Mme Peyroles am 19. März 1946 in der Verfassunggebenden Versammlung. Zitiert von Jean Rabaut, *Histoire des féminismes français,* Paris 1978, S. 305. Frankreich war eines der letzten demokratischen Länder Europas, das den Frauen dieses Recht zuerkannte.
52 Titel eines Romans von Colette Yver (1913). Eine abschätzige Bezeichnung für intellektuelle Frauen.
53 Von der Partei der Suffragetten erfährt die Welt 1905. Die militanten Kämpferinnen organisieren in London große tumultuarische Demonstrationen.
54 Léon Abensour, *Histoire générale du féminisme, Paris* 1921, S. 290–293: Norwegen gibt den Frauen im Jahre 1907 das Stimmrecht, nachdem es von Schweden losgekommen ist.
55 Tocqueville, *De la démocratie en Amérique,* Bd. 2, Paris 1981, S. 247: »Bei fast allen protestantischen Nationen sind die jungen Mädchen unendlich viel sicherer im Auftreten als bei den katholischen Völkern...« Die Unabhängigkeit der Frauen »ist noch größer in den protestantischen Ländern, die sich wie England das Recht auf Selbstregierung erhalten oder erworben haben. Dort dringt die Freiheit durch die politischen Gepflogenheiten und durch die religiösen Glaubensvorstellungen in die Familien ein«.
56 Ebda., S. 248: »Man hält sie nicht im Mißtrauen gegen sich selbst, sondern ist ständig bemüht, ihr Vertrauen in die eigenen Kräfte zu stärken... ihr frühzeitig Kenntnisse von allen Dingen zu vermitteln.«
57 Ebda., S. 248.
58 *Histoire mondiale de l'éducation*, Paris 1981.
59 30. Oktober 1867: Runderlaß Victor Duruy über den Sekundarunterricht für Mädchen.
60 21. Dezember 1880: Gesetz Camille Sée über die Einführung des Sekundarunterrichts für Mädchen, gleichzeitig die entsprechenden Gesetze über die Schaffung von Lehrerbildungsanstalten für Frauen, die Unentgeltlichkeit, die Schulpflicht und den laizistischen Charakter der Grundschulen.
61 Rede vom 10. April 1870 über die Gleichheit im Bildungswesen.
62 Erlaß vom 25. März 1921.
63 F. Mayeur, *L'Éducation des filles en France au XIXe siècle,* Paris 1979, S. 167.
64 Schon 1889 errichtet Paul Robin, ein Verfechter des Neomalthusianismus, in Paris ein Zentrum der Information und des Vertriebs von empfängnisverhütenden Mitteln. Im gleichen Sinne kämpfen Nelly Roussel, Madeleine Pelletier, Marie Huot und Jeanne Dubois.
65 In Malthus' Heimatland gründen die Brüder Drysdale 1877 die erste neomalthusianische Organisation.
66 1878 öffnet das erste Beratungszentrum, wo Hebammen über empfängnisverhütende Mittel aufklären. 1895 wird dem neomalthusianischen Bund durch königliche Verordnung die Gemeinnützigkeit zuerkannt.

67 Der erste neomalthusianische Verband Deutschlands wird 1892 gegründet.
68 Für einen Gesamtüberblick über die Geschichte der freien Mutterschaft vgl. *D'une révolte à une lutte, vingt-cinq ans d'histoire du Planning familial,* Paris 1982, Kap. 1 bis 4.
69 Ebda., S. 25: Erklärung von Dr. Doléris, 1918.
70 Ebda., S. 27: Die Eheleute Humbert werden wegen geburtenfeindlicher Propaganda zu fünf bzw. zwei Jahren Gefängnis verurteilt.
71 Ebda., S. 35: 1930 erkennt die Anglikanische Kirche auf einer Konferenz in Lambeth gegen die Widerstände einer Minderheit (193 gegen 67 Stimmen) die Nützlichkeit der Geburtenkontrolle an.
72 Maria-Antonietta Macciocchi, *Les Femmes et leurs maîtres,* Paris 1978. Man muß sagen, daß das Pétain-Regime die Frauen nicht in der gleichen Weise belastet hat wie die genannten drei faschistischen Länder.
73 Liberalisierung der Eheschließung und der Scheidung, Empfängnisverhütung und Abtreibung auf Verlangen.
74 Am 19. Dezember 1917 und am 17. Oktober 1918 erließ Lenin zwei Dekrete, die den Frauen das Recht auf wirtschaftliche, soziale und sexuelle Selbstbestimmung zuerkannten.
75 Schon 1932 wurde der Schwangerschaftsabbruch auf dem Kiewer Parteitag schlechtgemacht; es war die Rede von der Erhaltung der Rasse. 1944 wurde die legale Abtreibung abgeschafft, und die Beihilfe zur Abtreibung mit zwei Jahren Gefängnis bedroht. Im März 1934 wurde die alte zaristische Gesetzgebung, welche die Homosexualität unter Strafe stellte, wiedereingeführt, mit Strafandrohung von drei bis acht Jahren Gefängnis. 1936 sah ein neues Scheidungsgesetz Geldstrafen vor, 1944 Verschärfung durch ein noch strengeres Gesetz. Die uneheliche Geburt wurde erneut unter Strafe gestellt, Mutter und Kind stigmatisiert, der Vater wurde nicht mehr zur Verantwortung gezogen. Entsprechende Gesetze von 1936 und 1946 gewährten den Müttern von sechs Kindern Vorteile, usw.
76 In den besseren Kreisen spricht man von der »Herrin des Hauses«.
77 Der Schweizer Biologe Herman Fol hatte 1877 erstmals bei den Seesternen das Eindringen des Spermatozoons beobachtet und damit einen definitiven Schlußstrich unter einen jahrtausendealten Streit gezogen. Er zeigte, daß die beiden Keimzellen von Vater und Mutter (die Gameten), die einander so unähnlich sind (Eizelle und Samenzelle), vollkommen gleichwertig sind, was den Zellkern angeht, und an der Entstehung des Zellkerns des befruchteten Eis gleichermaßen teilhaben. Man muß allerdings sagen, daß diese Entdeckung, durch die klar wurde, daß Vater und Mutter an der Entstehung der Nachkommenschaft genau gleichen Anteil haben, keine Leidenschaften entfesselte.
78 *Das Rätsel des Humanen,* a. a. O., S. 81. (Hervorhebung von uns.)
79 F. Héritier, *Cahiers du GRIF,* a.a.O., S. 19.
80 Gérard Mendel, *La Révolte contre le père,* Paris 1978, S. 224.
81 Die Kriegsgefangenen wurden besser behandelt als die zur Ausrottung bestimmten verschleppten Zivilisten.
82 Sie gründete 1966 die erste große feministische Bewegung: NOW (National Organisation of Women).

83 Im Mai 1968 gründete Anne Tristan zusammen mit einigen Freundinnen »Féminin-Masculin-Avenir«. Nach 1970 las man in den Zeitungen vom MLF, das jedoch nicht mehr als eine vage Zusammenfassung kleiner Gruppen von kurzer Lebensdauer war.

84 Anne Tristan und A. de Pisan, *Histoires du MLF*, Paris 1977, S. 99.

85 Die junge Generation wird immer wieder mit einer nicht endenden Flut von Bildern, Filmen und Büchern überschüttet, die von den Greueln des Zweiten Weltkriegs (des deutschen Überfalls auf Frankreich) berichten.

86 Vgl. die Parole der neutralistischen »Grünen«: »Lieber rot als tot«.

87 Siehe die Hauptthemen der ökologischen Bewegungen, ihre Kämpfe gegen die Atomforschung usw.

88 Abgesehen von der Machtstellung gegenüber den Familienangehörigen.

89 Von ihnen waren 43,65% in der Landwirtschaft tätig.

90 Tabelle der erwerbstätigen Frauen, nach *L'Express* vom 3.–9 März 1975:

	Frankr.	BRD	Italien	Großbrit.	UdSSR	USA	Schweden
Frauenanteil an Erwerbstätigen %	38	36,9	27,8	37,2	51	37	40,7
Anteil erwerbstätiger Frauen an weibl. Gesamtbevölkerung %	52,3	45,5	18	48,4	90	24,5	61
Anteil Ehefrauen an erwerbstätigen Frauen %	62	59,6	51,4	64		23,4	59

91 *Le Nouvel Observateur*, 17. Januar 1985.

92 1983 waren von den Müttern, die Kinder unter 18 Jahren hatten, 60% erwerbstätig, 1970 waren es 40%. Angaben des US Bureau of Labor Statistics, zitiert von Brigitte Ouvry-Vial, »Femmes made in USA«, *Autrement*, 1984, S. 56f. Im Jahre 1983 sind 70% der Mütter von Kindern im Vorschulalter vollzeitbeschäftigt.

93 Italien und Spanien.

94 1975 stellte Deutschland (BRD) den 9,5 Millionen berufstätigen Frauen nur 20428 Krippenplätze zur Verfügung, England den 9,3 Millionen berufstätigen Müttern 29902. Schweden besaß dagegen 36000 Krippenplätze für 1,6 Millionen berufstätige Mütter, Frankreich 51064 für 7,9 Millionen berufstätige Frauen.

95 Nicole Marc und Olivier Marchand stellen fest, daß der Anteil der Erwerbstätigen bei den Müttern mit einem Kind zwischen 1975 und 1982 um 10 Prozentpunkte und bei den Müttern mit zwei Kindern um 15 Prozentpunkte gestiegen ist; in *Économie et Statistiques*, Nr. 171–172, Nov.–Dez. 1984.

96 *Population et Sociétés,* Nr. 186, Dez. 1984: 1982 hatten 52% der Säuglinge eine berufstätige Mutter.
97 Seither stehen Polytechnique, HEC und ESSEC den Frauen offen.
98 Von 20 840 Führungskräften in der Leitung der 4300 größten Unternehmen Frankreichs sind nur 810 oder 3,9% Frauen *(Nouvel Économiste,* März 1985).
99 Zahlen aus einer Untersuchung des CEGOS im Jahr 1984. 1983 waren 43,3% der Frauen in leitender Position jünger als 35 Jahre, 33% jünger als 25.
100 a. a. O., S. 49: »Dem Handelsministerium zufolge beliefen sich die Steuereinnahmen aus diesen Unternehmen, die von Frauen geschaffen und geleitet wurden, auf über 40 Milliarden Dollar.«
101 E. Sullerot, *Histoire et Sociologie du travail féminin,* Paris 1971, S. 102: Ende des 19. Jahrhunderts liegt der Durchschnittslohn der Männer fast doppelt so hoch wie der Durchschnittslohn der Frauen. In Deutschland erhalten Frauen für die gleiche Arbeit oft nur ein Viertel des Lohns der Männer.
102 Ebda., S. 97f.: Den Frauen werden im 19. Jahrhundert die schmutzigsten und widerlichsten Arbeiten übertragen; sie räumen die Abwasserkanäle, reinigen pflanzliche Fette, sortieren Lumpen, kehren die Straße usw.
103 Anfang der achtziger Jahre machte das Gehalt der Frau etwa 40% des Familienbudgets aus.
104 Wenn man von ihrem Lohn alle Kosten abzieht, die durch ihre Berufstätigkeit entstehen (Einbuße von sozialen und steuerlichen Vorteilen, Kosten für die Unterbringung der Kinder, Verkehr, Kantine usw.), dann bleibt ihnen ein geradezu lächerlicher Ertrag.
105 Siehe den Werbefeldzug im Fernsehen in den Jahren 1979–1980.
106 a. a. O., S. 91 f. Edgar Morin weist zu Recht darauf hin, daß dies nicht für die Männer gilt, die durch die frühen Bindungen zur Mutter Zugang zur weiblichen Kultur haben.
107 Ivan Illich, *Le Genre vernaculaire,* Paris 1983.
108 Er dauerte beinahe hundert Jahre.
109 Nach den Verfechtern des Neomalthusianismus zu Beginn dieses Jahrhunderts möchten wir an dieser Stelle die Anarchisten, gewisse Freimaurer, alle Ärzte von Planning familial und Dr. Étienne Baulieu, den Vater der französischen Pille, ehrend erwähnen.
110 Dr. Gregory Pincus (1903–1967).
111 Nach Ansicht von Prof. Baulieu, der 1961 in den USA arbeitete, war Dr. Pincus besonders empfänglich für das von Margaret Sanger vorgetragene Argument der Gefahren einer Übervölkerung der Welt (vgl. »La nouvelle sexualité« in *Science et Avenir* Nr. 48, S. 46).
112 Mrs. MacCormink stellte die ersten Mittel für diese Forschungen bereit, und sie wurde abgelöst von der Firma Searle, die Pincus großzügig half. Andere Pharmaunternehmen steuerten ihre Hilfe bei, als sie das gewinnträchtige Geschäft witterten (vgl. Baulieu, a. a. O.).
113 Am 28. Dezember 1967 wurde es verabschiedet.
114 Während des Ministerrats vom 9. Juni 1967 soll General de Gaulle gesagt haben: »Die Pille ist für's Vergnügen.«

115 Die Japaner liberalisieren die Abtreibung mit dem Gesetz von 1968.

116 Rolande Ballorain, *Le Nouveau Féminisme américain*, Paris 1972, S. 317.

117 Die Vorposten waren in Frankreich: Planning familial, Choisir (gegründet 1971), das MLAC (1973), das MLF usw.

118 Mit der Lex Veil, die am 17. Januar 1975 von der gesamten Linken und einer Minderheit der Rechten beschlossen wurde.

119 Dänemark (1978), Italien (1978), Luxemburg (1978), Niederlande (1981)...

120 Nach dem Gesetz vom 27. Januar 1984 ist der Schwangerschaftsabbruch aufgrund medizinischer, nicht aber sozialer Indikation zulässig.

121 März 1983: Die Abtreibung ist ein Verbrechen und mit lebenslänglicher Haftstrafe bedroht.

122 Mary Jane Sherfey, zitiert von Sarah Hrdy, a. a. O., S. 264.

123 E. Sullerot, *Pour le meilleur et sans le pire*, Paris 1984, S. 66.

124 Ebda., S. 67.

125 Ebda, S. 70: »Man glaubt es kaum, aber noch vor zwanzig Jahren erschienen in den USA kleine Bücher mit Ratschlägen, wie man sich einen Mann angelt.«

126 Der Anteil der erwerbstätigen Frauen im Alter von 25 bis 30 Jahren ist von 45,3% in 1962 auf 71,1% in 1982 gestiegen (Zahlen des Arbeitsministeriums, 1984).

127 E. Sullerot, *Pour le meilleur...*, a. a. O., S. 71.

128 *Économie et Statistiques*, Nr. 145, Juni 1982.

129 Ausgenommen einige Mittelmeerländer, in denen die Scheidungsgesetzgebung erst kürzlich geändert wurde.

130 Nachdem die Scheidung 1965 erleichtert worden war, stieg die Scheidungsziffer in der Sowjetunion auf spektakuläre Weise, von 360000 im Jahr 1965 auf 646000 im Jahr 1966 und 950000 im Jahr 1979. Vgl. H. Yvert-Jalu, »Le divorce en Union soviétique«, *Femmes, Sexisme et Sociétés*, Paris 1977.

131 *Le Divorce en France*, herausgegeben vom Justizministerium und der INSEE, 1981.

132 Zahlen von L. Roussel, aus *Colloque national de démographie de 1980*, S. 68.

133 J.-C. Deville und E. Naulleau, »Les nouveaux enfants naturels et leurs parents«, *Économie et Statistiques*, Nr. 145, Juni 1982, S. 79. Vgl. auch Louis Roussel und Odile Bourguignon, »Générations nouvelles et mariage traditionnel«, *Cahier de l'INED*, Nr. 86, Paris 1979.

134 *Économie et Statistiques*, Nr. 145, a. a. O.; vgl. den Artikel von Pierre-Alain Audirac, »Cohabitation et mariage: qui vit avec qui?«, in *Économie et Statistiques*, Nr. 185, Februar 1986.

135 A. Fouquet und A.-C. Morin, *Données sociales*, INSEE 1984, S. 41. *Économie et Statistiques*, Nr. 185, Februar 1986.

136 1965 betrug die Zahl der vorehelich gezeugten Kinder 65000, und seitdem stieg sie stetig auf 108000 im Jahre 1972, als man in der Handhabung der Empfängnisverhütung sicherer war; mit anderen Worten, annähernd 30% der

Kinder wurden innerhalb von weniger als sieben Monaten nach der Eheschließung ihrer Eltern geboren (vgl. Sullerot, a. a. O., S. 50).
137 *Population et Société,* März 1984, Nr. 78: Sieben von zehn unehelich geborenen Kindern werden von beiden unverheirateten Elternteilen anerkannt (vgl. E. Sullerot, a. a. O., S. 50).
138 In diesem Jahr wird in Schweden ein Drittel der Kinder unehelich geboren.
139 *Population et Société,* a. a. O.
140 Vgl. E. Sullerot, a. a. O., 8. und 9. Kap.
141 J.-L. Flandrin, *Le Sexe et l'Occident,* Paris 1981, und E. Badinter, *Die Mutterliebe,* München 1981.
142 Louis Roussel und Odile Bourguignon, »Générations nouvelles ...«, a. a. O., s. 81.
143 Sabine Chalvon-Demersay, *Concubin-Concubine,* Paris 1983, S. 35.
144 Ebda., S. 37f.
145 Ebda., S. 38.
146 E. Sullerot, a. a. O., S. 94.
147 Vgl. oben II. Teil, 1. Kap., S. 112.
148 *Die elementaren Strukturen der Verwandtschaft,* a. a. O., S. 188.
149 Ebda., S. 191.
150 Ebda., S. 191.
151 Dossier *Le Monde de l'éducation* (März 1985): 1984 gab es eine Million alleinerziehender Eltern, davon waren 821 000 Frauen.
152 Claude Lévi-Strauss, a. a. O., S. 190.
153 Ebda., S. 52–56.
154 Fernsehsendung »Vendredi«, ausgestrahlt im 3. französischen Programm am 4. September 1984. Ein Geschwisterpaar, das in eheähnlicher Beziehung zusammenlebte und ein Mädchen bekommen hatte, bat den Präsidenten der Republik um die Heiratserlaubnis. Vgl. auch in *Le Monde-Dimanche* vom 20. September 1981 den Artikel von Alain Woodrow, »L'inceste, dernier tabou?«, der die Auffassungen von Menschen wiedergibt, die in einer inzestuösen Beziehung leben.
155 Die beiden Zitate stammen aus *Le Monde-Dimanche.*
156 In *Der Ursprung der Familie, des Privateigentums und des Staates,* Berlin 1946, S. 35, hatte Engels das Entstehen der patriarchalischen Familie als »weltgeschichtliche Niederlage des weiblichen Geschlechts« bezeichnet.

III. Teil: Das Eine *ist* das Andere

1 *Parmenides,* übersetzt von Otto Apelt, Leizpig 1922 (Gesamtausgabe »Platons Dialoge«).
2 Alain Finkielkraut, »La nostalgie de l'épreuve«, *Le Genre humain,* Nr. 10, Juni 1984: »Worin besteht das Männliche? Die westlichen Gesellschaften können diese Frage nicht mehr beantworten.«

1. Die Ähnlichkeit der Geschlechter

1 G. Balandier, a. a. O., S. 61.
2 XX bei den Frauen, XY bei den Männern.
3 E. Baulieu, *Die Wirklichkeit der Frau*, a. a. O., S. 156–165: Das Testosteron ist die androgene Hormonsekretion des Mannes. Das Östradiol und das Progesteron sind feminisierende Hormone. »Die sexuellen Hormonunterschiede (haben) ein Netz von biochemischen und funktionalen Folgen..., die bei Mann und Frau sehr verschieden sind« (S. 165).
4 Ebda., S. 161: »Das Östradiol und das Progesteron werden vom männlichen Geschlecht produziert, aber in viel niedrigeren prozentualen Mengen als bei der Frau. Umgekehrt findet man einen schwachen Testosteron-Spiegel beim weiblichen Geschlecht... Typisch weibliche Hormone, wie das Prolaktin, das die Entwicklung des Brustdrüsengewebes und der Milchsekretion stimuliert, und das Oxytocin, das die Kontraktion des Uterus bei der Geburt hervorruft, sind in nicht geringer Quantität beim männlichen Geschlecht vorhanden.«
5 Odette Thibault, *Le Fait féminin*, S. 218: Die Muskelkraft der Frau beträgt grob 570/1000 von der des Mannes.
6 Odette Thibault, ebda.: Die Aggressivität ist teilweise durch die männlichen Hormone bedingt.
7 E. Baulieu, ebda., S. 146.
8 Odette Thibault, ebda., S. 215.
9 Ebda., S. 146.
10 Ebda., S. 215.
11 E. Sullerot, *Le Fait féminin*, S. 483.
12 Namentlich die biologischen und genetischen Konsequenzen.
13 Edgar Morin, a. a. O., S. 81.
14 Margaret Mead, a. a .O., S. 10. (Hervorhebung von uns.)
15 Ebda., S. 149: In den einfachsten Gesellschaften wird eine kleine Zahl von Menschen, die sich dieser Verantwortung entziehen, zu Vagabunden. In den komplexen Gesellschaften hat eine große Zahl von Menschen diese Verantwortung durch den Eintritt in ein Kloster meiden können.
16 Ebda., S. 148, 149.
17 In einigen, selteneren Fällen erhält der Vater das Sorgerecht für seine Kinder, und die Mutter ist »verpflichtet«, Alimente zu zahlen.
18 *Cahiers du GRIF*, a. a. O., S. 20.
19 Wenn man etwa beobachtet, wie sich die israelischen Frauen gegenüber ihren Männern und Söhnen verhalten, wird einem klar, wie sehr der Mann, der sein Leben für die Seinen riskiert, als König gilt.
20 Margarete Mitscherlich, *Das Ende der Vorbilder*, München ^{2}1980, S. 61, Artikel »Idealismus und Terror«.
21 Ebda., S. 64 f.
22 Die folgende Analyse stützt sich auf den Artikel von J. Levine, »La nouvelle paternité aux États-Unis«, *Les Pères d'aujourd'hui*, internationales Kolloquium, Paris, 17.–19. Februar 1981, Institut national d'études démographiques, 1982.

23 Die Entwicklung des amerikanischen Rechts beginnt 1973. Elf der fünfzig Bundesstaaten erlauben die gemeinsame Wahrnehmung des Sorgerechts durch Mutter und Vater. In Kalifornien gilt dies sogar als der Regelfall.
24 Violette Gorny, *Le Divorce en face,* Paris 1985, S. 112–120. Ein Beschluß des Kassationsgerichts vom 2. Mai 1984 untersagt die abwechselnde Wahrnehmung des Sorgerechts, weil sie sich schädlich auf das Kind auswirke, erkennt dagegen die positiven Folgen der gemeinsamen Fürsorge an, die beiden Eltern die Verantwortung für wichtige Entscheidungen gibt und die Möglichkeit vorsieht, daß das Kind sich abwechselnd bei beiden Elternteilen aufhält.
25 »Ich denke, daß in diesem Jahr in unserem Land mehr Dissertationen über die Vaterschaft geschrieben werden als in den letzten zwanzig Jahren zusammengenommen«, schreibt J. Levine. Er hat andererseits im Juni 1984 in sechs der größten Städte der USA ein Forum über die Vaterschaft organisiert. Schließlich hat er aus diesem Anlaß den ersten nationalen Ratgeber zu Fragen der Vaterschaft herausgegeben, unter dem Titel: *Fatherhood USA,* Bavi Street College of Education.
26 Französische Ausgabe: *Comment soigner et éduquer son enfant,* Verviers 1972; deutscher Titel: *Säuglings- und Kinderpflege.* Berlin 1986.
27 Paris 1956. Das Werk wird alljährlich überarbeitet und neuaufgelegt. Ebenso das Werk *J'élève mon enfant,* Paris 1965.
28 G. Delaisi de Parseval und S. Lallemand, *L'Art d'accomoder les bébés,* Paris 1980, S. 53 f., präzisieren, daß es in den meisten Leitfäden heißt, Väter könnten notfalls zwar das Kind füttern, spazierenfahren und amüsieren, seien aber »konstitutionell« außerstande, ihm die Windeln zu wechseln.
29 J. Levine, a. a. O., S. 70.
30 G. Delaisi de Parseval, *La Part du Père,* a. a. O.
31 Ebda., S. 283–287.
32 Ebda., S. 284: »Dieser Punkt muß allerdings nuanciert vorgetragen werden. Alles hängt von der libidinösen Entwicklung des einzelnen ab.«
33 »Parenthood as a developmental phase«, *Journal of the American Psychoanalytic Association*, 1959, 7.
34 G. Delaisi de Parseval, a. a. . O., S. 284.
34a Dr. Michael Yogman, »Présence du père«, in Zeitschrift *Autrement*, Nr. 72, September 1985, S. 142.
35 Frans Veldman hat die neuen Methoden des Berührens unter der Bezeichnung »Haptomanie« (Wissen von der Berührung) entwickelt; Tony Lainé, G. Lauzun und B. Martino haben darüber einen Film gedreht, der am 12. Sepember 1984 im 1. französischen Fernsehprogramm ausgestrahlt wurde.
36 Im Jahr darauf wurde Publicis rückfällig mit dem Slogan »Ein Kind, das erzieht man zu zweit«.
37 Im Jahre 1974 schafft die Liga für die Rechte der Frau den Begriff »Sexismus« und verkündet ihre Entschlossenheit, jedes Anzeichen einer geschlechtlichen Diskriminierung »gezielter« anzuprangern.
38 Das Wort »Sexismus« wurde 1977 in den »Dictionnaire Robert« aufgenommen, mit der folgenden Definition: »Diskriminierende Haltung gegenüber

dem weiblichen Geschlecht. *Siehe* Phallocentrismus.« Im alltäglichen Sprachgebrauch wurde »Diskriminierung« gleichbedeutend mit »Aussonderung: eine gesellschaftliche Gruppe durch Schlechterbehandlung von den anderen trennen«.

39 Siehe insbesondere Luce Irigaray, Hélène Cixous und Annie Leclerc.

40 Zum Beispiel: 1976 können die Frauen Polizeikommissar werden; 1980 ist Micheline Colin Feuerwehrhauptmann (Brandmeisterin); 1984 wird die Hebammenschule den Männern geöffnet.

41 Trotz der Verordnung vom 30. Juli 1946, die Abschläge bei der Entlohnung von Frauen verbot, und trotz des Gesetzes von 1972 ist der an Frauen ausgezahlte Lohn noch immer niedriger als die Löhne der Männer. Der Abstand lag 1980 je nach Berufsgruppe zwischen 20 und 30 Prozent.

42 Annie Decroux-Masson, *Papa lit, maman coud,* Paris 1979.

43 Besonders, was die Arbeitsteilung in Familie und Haushalt angeht.

44 In allen Ländern im abendländischen Raum (in allen Ländern der Welt – d. Ü.) setzt sich die »politische Klasse« überwiegend aus Männern zusammen.

45 Im Auftrag der staatlichen Kindergeld-Behörde. Herausgegeben von CNRS, CREDOC und CNAF, erschien die bemerkenswerte Arbeit von Nicole Tabard 1974 unter dem Titel *Besoins et Aspirations des familles.*

46 Die Untersuchungsstichprobe umfaßte 2000 Familien.

47 N. Tabard, *Besoins et Aspirations des familles et des jeunes*, 1974, S. 178.

48 *Générations nouvelles et Mariage traditionnel,* INED, Cahier Nr. 86, Paris 1978.

49 Man merkt, daß die Frage so neutral und unpersönlich wie möglich formuliert ist; Tabelle 22, S. 121.

50 Die CREDOC-Untersuchung (1983), 1984 veröffentlicht, erstreckte sich auf alle sozialen Gruppen und bestätigt die vorliegenden Resultate. Die Frage: »Sollten sich Männer und Frauen nach Ihrer Meinung in gleicher Weise in die Aufgaben teilen?« wurde von den Befragten zu 64% von den berufstätigen Frauen zu 73% und von den Frauen unter 40 Jahren zu 70% bejaht.

51 a. a. O., S. 122.

52 *Demain les femmes,* Paris 1965, S. 106. Diese Ansicht hat sie wiederholt bekräftigt, siehe *Die Wirklichkeit der Frau*, (Le Fait féminin) a. a. O., S. 483.

53 Im »Dictionnaire Robert« heißt es, eine Frau sei androgyn, wenn ihre Morphologie dem Mann ähnelt, ein Mann sei androgyn, wenn er äußere weibliche Merkmale aufweise.

54 Serge Dunis, *Sans tabou ni totem*, a. a. O., S. 263: »Für sich selbst geboren zu werden heißt, seine Sexualität anzunehmen ... über die Spaltung Mann/Frau hinauszugehen, um in der Integration des Vaters und der Mutter die bisexuelle Strukturierung der Persönlichkeit zu akzeptieren ...«

55 *Das Gastmahl*, 189 d – 193 c.

56 Ebda., 193 a.

57 Die beiden anderen Arten bestanden aus zwei männlichen bzw. zwei weiblichen Hälften. Zerteilt, streben sie nach ihrer gleichgeschlechtlichen Hälfte. Dies sind die Homosexuellen.

58 Einteilungen und Aufzählungen sind nicht sehr hilfreich, wenn es darum geht, den Mann und die Frau zu erkennen. Und wie gelangt man vom Einfachen zum Komplexen, wenn es nichts Einfaches mehr gibt und alles komplex, »zusammengesetzt« ist?

59 S. Lilar, *Le Malentendu du deuxième sexe*, Paris 1962, unterscheidet (ohne zu entscheiden) zwischen den Traditionalisten, die jeden aufgrund seiner naturgegebenen Differenz identifizieren, und den Feministinnen, die dem Biologisch-Physiologischen jegliche Bedeutung absprechen.

60 E. Wolff, *Les Changements de sexe,* Paris 1946, S. 59. Er weist darauf hin, daß das Vorhandensein von Brustwarzen und Drüsengewebe beim Mann ein handgreiflicher Beweis für die morphologische Bipotentialität des Soma ist.

61 S. Lilar, a. a. O., S. 206.

62 Ebda., S. 207.

63 Brief an Fließ, Nr. 81, 4. Januar 1898. Briefe an W. Fließ, 1887–1904. Vollständige Ausgabe, hrsg. von Masson, J. Moussaieff, Fischer, Frankfurt a. M. 1985.

64 In seinen Briefen an Fließ (Nr. 145 und 146) ist Freud der Ansicht, daß die Verdrängung die Bisexualität voraussetzt.

65 Insbesondere die *Drei Abhandlungen zur Sexualtheorie* (1905), in *Gesammelte Werke,* Bd. V, S. 40 ff.; »Ein Kind wird geschlagen« (1919), a. a. O., Bd. XII.

66 Ein Beleg dieser Auffassung ist »Über die Psychogenese eines Falles weiblicher Homosexualität« (a. a. O., Bd. XII), wo Freud den Zweck der psychoanalytischen Behandlung der Homosexuellen darin sieht, ihre volle bisexuelle Funktion wiederherzustellen. Denn normalerweise schwankt die menschliche Sexualität das ganze Leben lang zwischen dem männlichen und dem weiblichen Objekt.

67 Aus dem bewundernswerten Bericht von Christian David über die psychische Bisexualität, in *Revue française de psychanalyse*, 5–6, 1975, S. 720.

68 *Revue française de psychanalyse,* 3, 1975.

69 Der »normale« Mann ist ein viriler Mann. Eine »normale« Frau ist eine »feminine« Frau (Helene Deutsch).

70 Das Normale wird hier im doppelten Sinne verstanden als das »Natürliche« und das »geistig Gesunde«.

71 »Rapport sur la bisexualité psychique«, a. a. O., S. 728. (Hervorhebung von uns.)

72 Ebda., S. 700.

72 Ebda., S. 700.

73 Ebda., S. 702. C. David erinnert daran, daß Melanie Klein schon 1928 dem Weiblichkeitskomplex der Männer die gleiche Bedeutung beimaß wie dem Kastrationskomplex der Frauen.

75 Ebda., S. 703. (Hervorhebung von uns.) C. David fährt fort: »Es sei denn, man würde die Auffassung Nietzsches von der Liebe teilen, daß ihr Mittel der Krieg sei und sie im Grunde den tödlichen Haß der Geschlechter verberge.«

76 Ebda., S. 711.

77 *Anthropo-logiques,* a. a. O., S. 21.

78 Vgl. II. Teil, 2. Kapitel.

79 Vgl. *Mann und Weib*, a. a. O. Die sieben Kulturen sind die Samoaner, die Manus der Admiralitätsinseln, die Arapesh auf Neuguinea, die Mundugumor am Fluß Yuat, die Jatmul auf Neuguinea, die Tchambuli und die Balinesen.

80 Ebda., S. 118.

81 Ebda., S. 118; M. Mead schreibt (S. 119) weiter: »Wenn das Stillen als eine Form des Kindernährens vollkommen aufgegeben würde... und Väter und Brüder die gleiche Verantwortlichkeit für das Kind zu übernehmen hätten, würde diese biologische Regelmäßigkeit verschwinden. Anstatt daß die Mädchen lernen, daß sie einfach da sind, und die Knaben, daß sie etwas werden müssen, würde sich die Betonung auf Dinge wie relative Größe und Stärke verschieben, das Hauptinteresse des heranwachsenden Kindes würde sich ändern und damit wohl die ganze Psychologie der Geschlechter«.

82 Ebda., S. 128.

83 Ob es nun darum geht, Gärten anzulegen, Vieh zu züchten, Wild oder Feinde zu töten, Brücken zu bauen oder an der Börse mit Werten zu manipulieren.

84 Vgl. die beiden Artikel »Création d'une illusion: l'extrême féminité chez les garçons«, in *Nouvelle Revue de psychanalyse*, Nr. 4, 1974, und »Examen du concept freudien de bisexualité«, in *Nouvelle Revue de psychanalyse, Nr.* 7, 1973.

85 J. Money, J. G. Hampson, J.L. Hampson, »Imprinting and the establishment of gender role«, *Arch. Neurol. Psycha.*, 77, 1957, S. 333–336.

86 Robert Stoller, »Faits et hypothèses: un examen du concept freudien de bisexualité«, *Nouvelle Revue de psychanalyse,* S. 150.

87 Ebda., S. 151.

88 Ebda., S. 152. Wenn es dagegen bei einer kalten Mutter an der primären Symbiose mangelt, wird die Tochter in homosexuellen Abenteuern endlos nach einer guten Mutter suchen.

89 Ebda., S. 152.

90 Ebda., S. 153.

91 Man darf wohl annehmen, daß jene Männer, die sich als Machos oder Phallokraten ausgeben (oder als solche bezichtigt werden), am meisten um ihre geschlechtliche Spezifität besorgt sind – Hinweis auf ein schwaches Gefühl männlicher Identität.

92 So gesehen, ist ihre Position vollkommen symmetrisch zu der der Machos, die dieses Leitbild als Vernichtung der männlichen Werte und der Natur des Mannes empfinden.

93 *Anthropo-logiques,* a. a. O., S. 35 f.

94 »La cohésion sociale dans les sociétés polysegmentaires« (1931), in *Œuvres,* Paris 1968, Bd. 3, S. 15.

95 E. Morin, *Das Rätsel des Humanen,* a. a. O., S. 92, Anm.

96 Serge Dunis, *Sans tabou ni totem,* S. 263.

97 Ebda.

98 Mit den grundlegenden Veränderungen in der Sexualität, von denen im

I. Teil, 1. Kapitel, die Rede war, besonders dem Verschwinden des Östrus bei der Frau.

99 Mögen wir sie auch auf unterschiedliche Weise befriedigen, je nachdem, welcher Kultur wir angehören.

100 Die ersten Publikationen reichen in das Jahr 1955 zurück.

101 Die *Intersexualität* ist gekennzeichnet durch fehlende Übereinstimmung zwischen den Erscheinungen, deren Vorhandensein normalerweise das somatische Geschlecht bestimmt. In manchen Fällen sind die äußeren Geschlechtsorgane von einer sofort oder erst später bemerkten Uneindeutigkeit. In anderen Fällen sind die äußeren Geschlechtsorgane äußerlich der Norm vergleichbar, doch entwickeln sich in der Pubertät die sekundären Geschlechtsmerkmale nicht in Übereinstimmung mit dem äußeren Anschein. Vgl. L. Kreisler, »Les intersexuels avec ambiguité génitale«, *La Psychiatrie de l'enfant*, Bd. XIII, Paris 1970. Die Intersexualität ist zu unterscheiden vom Transsexualismus, der bei normaler sexueller Morphologie in dem Gefühl besteht, dem anderen Geschlecht anzugehören, meist verbunden mit dem Wunsch, das Geschlecht zu wechseln.

102 Geschildert von Robert Stoller in seinem Vorwort zu *Recherches sur l'identité sexuelle,* Paris 1978, S. 13.

103 Money spricht von *gender role,* Stoller von *gender identity.* Stoller bezeichnet mit dem Wort »Identität« die Organisation der seelischen Komponenten, die das Bewußtsein bewahren müssen, daß man existiert.

104 Robert Stoller, *Recherches sur l'identité sexuelle,* a. a. O., S. 12.

105 Ebda., S. 15.

106 Robert Stoller, »Création d'une illusion: l'extrême féminité chez les garçons«, in *Nouvelle Revue de psychanalyse, Nr.* 4, 1974.

107 Stoller weist darauf hin, daß Fälle transsexueller Mädchen selten sind.

108 Der kleine Junge ist ein Phallusersatz für die Mutter, die ihn wie ein Übergangsobjekt behandelt.

109 Robert Stoller, »Création d'une illusion...«, a. a. O., S. 70.

110 Eine Kategorie von uneindeutiger Zugehörigkeit, bei der das Geschlecht, in dem sie erzogen werden, unbeschadet gewechselt werden kann.

111 *Recherches sur l'identité sexuelle,* a. a. O., S. 72–79. Fünf klinische Sachverhalte werden zugunsten dieser Auffassung angeführt: Mädchen mit vaginaler Aplasie, die ansonsten in jeder Hinsicht normal sind; Personen, die biologische Neutren sind, deren weiblich erscheinende äußere Geschlechtsorgane aber bei ihren Eltern keine Zweifel aufkommen ließen; Mädchen, die biologisch normal sind, deren äußere Geschlechtsorgane aber vermännlicht sind und die eindeutig wie Jungen erzogen wurden; Mädchen, die biologisch normal sind, aber keine Klitoris besitzen.

112 Ebda., S. 60–68.

113 S. Mellen, *The Evolution of love,* Oxford 1981, S. 165f.

114 G.Canguilhem, *Le Normal et le Pathologique,* Paris 1966.

115 Es gibt kaum statistische Angaben, und sie sind schwer zu beschaffen, denn man kann erst nach längerer Zeit sicher sein, daß eine Frau nicht mehr Mutter wird. Bleiben noch die Umfragen bezüglich der Zahl der erwünschten Kinder.

Die letzte, von der SOFRES für den *Nouvel Observateur* (14. Januar 1983) durchgeführt, ergab, daß vier Prozent der Befragten kein Kind wünschen.

116 Vgl. die Arbeiten von Édith Vallée, insbesondere »Les anti-mères«, *Perspectives psychiatriques,* 1978, IV, Nr. 68.

117 Vgl. die Arbeiten von J. E. Veevers, über die Michelle de Wilde berichtet: »Ceux qui n'en veulent pas...«, *Le Groupe familial,* Nr. 84, Juli 1979.

118 Ebda., S. 52.

119 *Population et Société,* Oktober 1985, Nr. 195, veröffentlicht die jüngsten Zahlen aus 1983–84: BRD 1,27; Dänemark 1,40; Frankreich 1,81; Italien 1,53; Niederlande 1,47; Großbritannien 1,77; Kanada 1,68; USA 1,75; Australien 1,93, usw.

120 G. Doucet und Dr. D. Elia, *Femme pour toujours, la ménopause oubliée,* Paris 1985.

121 *Die Wirklichkeit der Frau,* a. a. O., S. 579. M. Livi-Bacci erklärt, das Alter bei der ersten Menstruation sei innerhalb von hundert Jahren um zwei bis drei Jahre gesunken, während das Alter bei Eintreten der Menopause von 46 auf 49 Jahre stieg.

122 Zwei neuere Umfragen belegen das. Die IFOP-Umfrage für *Parents* (Mai 1982) bei tausend Jugendlichen zwischen 15 und 18 Jahren zeigt, daß eine Mehrheit der Mädchen und Jungen ihre ersten sexuellen Erfahrungen in diesem Alter haben. Dies wurde anschließend durch die Umfrage der Zeitschrift *l'Étudiant* bei 5110 Gymnasiasten bestätigt (1983).

123 Ein Mann kann ohne sexuellen Kontakt mit seiner Frau Vater werden. In den letzten zehn Jahren sind 10000 Kinder nach künstlicher Insemination geboren worden, und die Inanspruchnahme von Leihmüttern beruht auf dem »Verbot für den genetischen Vater, mit der Mutter seines Kindes sexuelle Beziehungen zu haben«. Paul Yonnet spricht von einem Prozeß der »Entgenitalisierung«. Vgl. »Mères porteuses, père écarté;«, *Le Débat*, Nr. 36, September 1985.

124 Kant, *Kritik der Urteilskraft,* § 17: »Schönheit ist Form der Zweckmäßigkeit... ohne Vorstellung eines Zwecks...«

125 E. Sullerot, *Demain les femmes,* Paris 1965, S. 106.

126 F. Héritier, *Die Wirklichkeit der Frau,* Le Fait féminin, a. a. O., S. 476. Sie zeigt, daß das Los der unfruchtbaren Frau tragisch ist. Da die Samo befürchten, daß der Leib, der nie den Schmerz des Gebärens, das durch diesen Schmerz aufgewühlte Becken gekannt hat, diese Leiden nach dem Tode kennenlernen wird, ist es in verschiedenen Gebieten des Samolandes üblich, an der unfruchtbaren Frau vor der Beerdigung eine Operation vorzunehmen, um ihr »die Hüften zu zerbrechen«.

127 Ebda., S. 488.

2. Das Paar oder die Wandlungen des Herzens

1 *L'Ère du vide,* Paris 1983, S. 81.

2 Ebda., S. 67: »Aber gleichzeitig mit diesem Verschwinden der Gestalt des Anderen aus der sozialen Sphäre taucht eine neue *Teilung* auf, die in das Bewußte und das Unbewußte ...« ICH ist ein anderer, der »den narzißtischen Prozeß einleitet ...«

3 Ebda., S. 78.

4 Die im Affekt – besonders aus Eifersucht – begangenen Verbrechen werden in unserer Gesellschaft immer seltener.

5 Dictionnaire Robert: »die sich erbieten, die Bedürfnisse des anderen zu befriedigen zu Lasten der eigenen«.

6 Paris 1984.

7 Dem Kind seine ganze Liebe zu schenken bedeutet nicht, ihm all die Liebe zu geben, die es *braucht,* um richtig leben zu können, sondern jene Liebe, die wir zu geben *imstande sind.* Die Mutterliebe ist bei jeder Frau etwas ganz anderes. Manche teilen sie freigebig aus, andere können nur das geben, was sie selbst empfangen haben, und das ist mitunter recht wenig.

8 Sabine Chalvon-Demersay, a. a. O., S. 57: »Eine Arbeit außerhalb wird nicht mehr durch eine Arbeit im Hause aufgewogen, sondern eine aktuelle Arbeit durch ihr Äquivalent in der Zukunft: ›Ich mache den Abwasch heute, du machst ihn morgen. Ich mache den Haushalt heute, du bist nächste Woche dran; wenn ich mich heute um das Baby kümmere, wirst du es morgen tun.‹ Jeder begründet mit der Erledigung einer Aufgabe eine *Schuld,* die erst durch die anschließende Ausführung einer ähnlichen Aufgabe getilgt wird.«

9 Hélène Yvert-Jalu, »Le divorce en Union soviétique«, a. a. O., S. 79–198.

10 *Population et Société,* Nr. 195, Oktober 1985.

11 In der Vendée mit ihrer starken religiösen Tradition gibt es weniger Scheidungen. Vgl. *Données sociales,* INSEE, 1984.

12 Dieses Phänomen wurde bereits unter dem Revolutionsgesetz von 1792 beobachtet. 1979 wurden 64 von hundert Scheidungsklagen von Frauen eingereicht.

13 James Morgan, Ismail Sirageldin, Nancy Baerwaldt, *Productive Americans,* University of Michigan 1966; zitiert von André Michel, *Les Femmes dans la société marchande,* Paris 1978, S. 151.

14 Hélène Yvert-Jalu, a. a. O., S. 186.

15 *Der Selbstmord,* Neuwied/Berlin 1973, S. 212.

16 Vgl. in der UdSSR: H. Yvert-Jalu, a. a. O., S. 182. Für die USA und Frankreich vgl. A. Michel, *Activité professionnelle de la femme et Vie conjugale,* CNRS 1974.

17 Die Kinder werden in 85% der Fälle der Mutter anvertraut.

18 Die Männer haben dagegen, wenn sie sich nach der Scheidung nicht mit einer anderen Frau verbinden, bei der Trennung alles zu verlieren. Nicht nur den häuslichen Komfort müssen sie entbehren, sondern sie sehen auch einer realen Einsamkeit entgegen. Da weniger als zehn Prozent der geschiedenen Väter das Sorgerecht für ihre Kinder erhalten, kann man ohne übertriebene Dramatisie-

rung sagen, daß einige sich als verwaiste Väter fühlen werden. Warum sollten sie also fortgehen, solange ihnen das Eheleben nicht unerträglich ist?

19 Die meisten Scheidungsbegehren kommen von den Frauen zwischen 25 und 35 Jahren. Sie erheben zwei Drittel aller Klagen.

20 Évelyne le Garrec, *Un lit à soi,* Paris 1979.

21 Ebda., S. 12.

22 Ebda., S. 16.

23 G. Halimi deutet im »Gemeinsamen Programm der Frauen« an, daß es, um die patriarchalische Familie zu beseitigen, nötig sein könnte, für eine Generation das Zusammenleben des Paares aufzuheben.

24 a. a. O., S. 18.

25 Ebda., S. 19.

26 Zitiert von G. Lipovetsky, a. a. O., S. 61.

27 Ebda., S. 69.

28. Racine, »Phaidra«, *Dramatische Dichtungen,* Bd. 2, Darmstadt 1956, S. 147.

29 Anmerkungen von Jean Balou, *Nouveaux Classiques illustrés.*

30 Anne Martin-Fugier meint in *Les Indépendantes,* Paris 1985, S. 149: »Die Leidenschaft ist bereits tot«.

31 a. a. O., vgl. II. Teil, 2. Kapitel.

32 Und weil sie weiß, daß eine Leidenschaft durch Hindernisse aufrechterhalten wird. »Soll ich für mich auf ein Wunder hoffen?«, vertraut sie Herrn von Nemours an. »Will ich mich der Gefahr aussetzen, Ihre Leidenschaft, die mein ganzes Glück ausmacht, erlöschen zu sehen? Herr von Clèves war vielleicht der einzige Mann, der es vermochte, seine Liebe in der Ehe zu bewahren ... vielleicht war auch seine Leidenschaft nur dauerhaft, weil ich sie nicht erwiderte. Ich aber hätte keine Macht, mir Ihre Liebe zu bewahren: Ich glaube sogar, daß die Hindernisse der Grund für Ihre Beständigkeit waren.« *Die Prinzessin von Clèves,* Frankfurt 1984, S. 237.

33 Sabine Chalvon-Demersay, *Concubin-Concubine,* a. a. O., S. 100. (Hervorhebung von uns.)

34 Es handelt sich um 70 Personen im Alter von 20 bis 35 Jahren, die seit mehreren Jahren in einem eheähnlichen Verhältnis leben.

35 a. a. O., S. 101.

36 Ebda., S. 102. (Hervorhebung von uns.)

37 *Vocabulaire de la psychanalyse* von Laplanche und Pontalis, Artikel *Désir* (Begehren): »Das Begehren will sich ohne Rücksicht auf die Sprache und das Unbewußte des anderen durchsetzen.«

38 *L'Amitié,* Paris 1985, S. 14. u. 43.

39 Nur 15 Prozent derjenigen, die in einer eheähnlichen Beziehung leben, und nicht einmal ein Drittel der Ehepaare sind der Ansicht, daß »zwei Menschen sich wirklich (für immer) einig bleiben können«. E. Sullerot, *Pour le meilleur et sans le pire,* a. a. O., S. 91.

40 Eine Untersuchung von Louis Roussel ergab 1977, daß 80 Prozent der unter 30jährigen die Eheschließung nur für eine bloße Formalität hielten.

41 *Concubin-Concubine,* a. a. O., S. 91.

42 Michel Lévy bemerkt, daß »die Eheschließung immer häufiger während des Zusammenlebens der Paare erfolgt, statt dessen Anfang zu markieren«; *Population et Société,* Oktober 1985, Nr. 195.

43 *Concubin-Concubine,* a. a. O., S. 131.

44 E. Sullerot, *Pour le meilleur et sans le pire,* a. a. O., S. 93.

45 L. Roussel, »Les ménages d'une personne: évolution récente«, *Population,* Nr. 6, 1983, S. 996. Auf S. 998 bringt er die folgende Tabelle:

Prozentuale Steigerung der Zahl der Einpersonenhaushalte

	1. Periode *(a)*	2. Periode *(b)*	Insgesamt
Deutschland (BRD)	48,3	39,4	106,7
Österreich	37,4	11,5	52,9
Norwegen	33,7	55,5	107,9
Niederlande	81,3	22,2	121,2
Schweden	47,7	48,9	119,9
Schweiz	79,3	76,1	217,0
Kanada	91,0	107,3	295,4
USA	61,1	64,2	164,5

(a) von 1960 bzw. 1961 bis 1970 bzw. 1971.

(b) von 1970 bzw. 1971 bis 1980 bzw. 1981, nur bei den Niederlanden von 1971 bis 1978.

46 Dossier du *Nouvel Observateur,* Nr. 2228, 8.–14. November 1985, über die abenteuerlichen Singles.

47 *Autrement,* Dossier Nr. 32, Juni 1981: »Die Unverheirateten«, S. 223.

48 François de Singly, »Mariage, dot scolaire et position sociale«, *Économie et Statistiques,* Nr. 142, März 1982.

49 Ebda., S. 10: Von den unverheirateten Frauen sind annähernd 28% mittlere oder höhere Führungskräfte, von den unverheirateten Männern nur 8%; 14% der verheirateten Frauen und 21% der verheirateten Männer sind Führungskräfte.

50 Verglichen mit den Verheirateten kaufen die Unverheirateten dreimal soviele Bücher, gehen sie doppelt so oft ins Restaurant und neunmal so oft ins Kino. Ihre Ausgaben für Wochenende und Urlaub sind zehnmal so hoch wie die eines Ehepaares.

51 Man denke vor allem an die Probleme der Unverheirateten auf dem Lande, wo ihr Anteil dreimal so hoch ist wie in der Stadt (INSEE).

52 L. Roussel, a. a. O., S. 1012.

Zurück zur Machtfrage

1 Siehe die extreme Aufwertung der Mutter im 19. Jahrhundert.

2 Es war eine Frau, Coline Serreau, die sich in *Trois Hommes et un couffin* über die neue Beziehung zwischen Mann und Kleinkind Gedanken gemacht hat.

3 In den USA und in Europa haben sich bereits Bewegungen zu Wort gemeldet, die eine Geburtenförderung aus moralischen Gründen befürworten und das Recht auf Schwangerschaftsabbruch abschaffen wollen.

4 Durch Bereitstellung neuer empfängnisverhütender Mittel für Männer.

5 »FIVETE« bedeutet »Fécondation *in vitro* et transfert d'embryon«.

6 »Le procès des mères porteuses«, *Marie Claire*, April 1985.

7 »A quand la grossesse masculine?« *Actuel*, Nr. 76, Februar 1986.

8 J. Testart, *De l'éprouvette au bébé spectacle*, Paris 1984, S. 103.

9 Ebda., S. 103, Anm. 17. (Hervorhebung von uns.)

10 Dr. Cecil Jacobsen, Direktor des Reproductive Genetics Center in Vienna (Washington); Dr. Landrum Shettles, Direktor der Abteilung für Gynäkologie und Geburtshilfe am Women's Hospital von Las Vegas. Diese beiden amerikanischen Ärzte scheinen, nach ihren Äußerungen gegenüber *Actuel* zu urteilen, weit geringere Vorbehalte gegen den schwangeren Mann zu haben als ihre französischen Kollegen.

11 Vgl. *Actuel*, Februar 1986.

12 Roberto Zapperi, *L'Homme enceint*, Paris 1983. Dt. Ausgabe: Der schwangere Mann, München 1984.

14 Die Psychoanalytiker sprechen von einer Perversion.

14 Im I. Teil, 1. Kapitel, wurde gezeigt, daß die Nahrungssuche bei den Primaten eine individuelle Angelegenheit ist und kein Anhaltspunkt für eine geschlechtliche Spezialisierung existiert, während die Beziehungen zwischen Mann und Frau sich durch technisch-ökonomische Komplementarität auszeichnen.

Chronologie der Kulturen

	Entdeckungen
I. Das Paläolithikum Mittleres Pal.: 100000 bis 35000 Jahre v. u. Z.: *homo sapiens,* Neandertaler genannt	Abschlaggeräte Totenkult
Oberes Pal.: 35000 bis 9000 Jahre v. u. Z.: *homo sapiens sapiens* (mit den körperlichen Merkmalen des heutigen Menschen)	Leichteres und aus Knochen und Elfenbein zusammengesetztes Gerät Wand- und bewegliche Kunst
Umfaßt vier Perioden:	
a) 70000 bis 35000 Jahre v. u. Z.: Moustérien	Keile von Châtelperron »Venus«figuren
b) 35000 bis 25000 Jahre v. u. Z.: Aurignacien oder Périgordien	Keile von la Gravette
c) 25000 bis 16000 Jahre v. u. Z.: Châtelperronien und Solutréen	Nadeln mit Ösen, Lorbeerblätter Feuersteinbenutzung
d) 16000 bis 10000 Jahre v. u. Z.: Magdalénien	Harpunen, Meißel, Schaber Gerät aus Mikrolithen
II. Mesolithikum oder Jungpaläolithikum	

Im Nahen Osten von 10000 bis 5000 Jahre v.u.Z.:	Entwicklung der Mikrolithe Pfeil und Bogen, Sammeln von Gräsern Anfang der Schafzucht Domestikation des Hundes Anfertigung von Pirogen Beginn der Keramik
III. Nahöstliches Neolithikum	
9000 bis 4000 Jahre v.u.Z.: älteres Neolithikum 4000 bis 3000 Jahre v.u.Z.: mittleres und jüngeres Neolithikum	Seßhaftwerden, Ackerbau, Viehzucht, Keramik und Töpferei, Kult der Göttinnen
IV. Chalkolithikum: Kupferzeitalter	
3000 bis 1800 Jahre v.u.Z.:	Beginn der Metallurgie Auftreten der Bronze, Hieroglyphen Nutzung tierischer Energie, Pflug Rad, Gewerbliche Töpferei Göttinnen von Göttern begleitet
V. Zeitalter der Metalle	
1800 bis 750 Jahre v.u.Z.: Bronzezeit 1000 bis 50 Jahre v.u.Z.: Eisenzeit	Ausbreitung der linearen Schrift Entwicklung des Krieges Beginn des jüdischen Monotheismus Hegemonie des männlichen Gottes

Bibliographie

Das nachfolgende Literaturverzeichnis ist weitgehend identisch mit der Bibliographie des französischen Originaltextes. Nur in den Fällen, in denen deutsche Ausgaben der aufgeführten Werke verfügbar sind, haben wir Titel und bibliographische Angaben entsprechend adaptiert.

Vorwort und I. Teil

Baechler, J., *Démocraties,* Calmann-Lévy, 1985.

Balandier, G., *Anthropo-logiques,* PUF, 1974.

Beauvoir, S. de, *Das andere Geschlecht,* Reinbek bei Hamburg, 1968.

Boulding, E., *The Underside of history; a view of woman through time,* Boulder, Westview Press, 1977.

Bulletin du MAUSS, n° 10, 1984: »La non-utilité des femmes«.

Camps, G., *La Préhistoire. A la recherche d'un paradis perdu,* Perrin, 1982.

Cauvin, J., *Religions néolithiques de Syro-Palestine,* Maisonneuve, 1972.

–, *Les Premiers Villages de Syrie-Palestine du IXe au VIIe millénaire avant J.-C.,* collection de la Maison de l'Orient méditerranéen ancien, n° 4, Série archéologique 3, Lyon, 1978.

Coppens, Y., *Die Wurzeln des Menschen: das neue Bild unserer Herkunft,* Stuttgart, 1985.

Delporte, H., *L'Image de la femme dans l'art préhistorique,* Picard, 1979.

Devereux, G., *Femme et Mythe,* Flammarion, 1982.

–, *Baubo. Die mythische Vulva,* Gütersloh, 1985.

Dictionnaire des mythologies, sous la direction de Y. Bonnefoy, 2 tomes, Flammarion, 1981.

Eaubonne, F. d', *Les Femmes avant le patriarcat,* Payot, 1976.

Eliade, M., *Die Religionen und das Heilige,* Salzburg 1954.

–, *Geschichte der religiösen Ideen,* Frankfurt/M., 1985.

Escalon de Fonton, M., »La fin du monde des chasseurs et la naissance de la guerre«, *Courrier du CNRS,* juillet 1977, p. 28–33.

Sullerot, E. (Hg.), *Die Wirklichkeit der Frau,* München 1979.

Fischer, H., *La Stratégie du sexe,* Calmann-Lévy, 1983.

Gernet, L., *Anthropologie de la Grèce antique,* Champs-Flammarion, 1982.

Goodall, J., *Les Chimpanzés et moi,* Stock, 1971.

Gordon-Childe, G., *La Naissance de la civilisation,* Gonthier, 1964.

–, *De la préhistoire à l'histoire,* collection »Idées«, NRF, 1963.

Guilaine, J., *Premiers Bergers et Paysans de l'Occident méditerranéen,* Hachette, 1976.

–, *La France d'avant la France, du néolithique à l'âge du fer,* Hachette-Littérature, 1983.

Héritier, F., »L'Africaine. Sexes et signes«, *Cahiers du GRIF, n°* 29, automne 1984.

–, » Fécondité et sterilité: la traduction de ces notions dans le champ idéologique au stade préscientifique«, in *Le Fait féminin*, Fayard, 1978.
Histoire générale des techniques, publiée sous la direction de M. Daumas, tome I, PUF, 1962.
Hrdy, S., *Des guenons et des femmes. Essai de sociobiologie*, Éd. Tierce, 1984.
James, E. O., Le Culte de la Déesse-Mère, Payot, 1960.
Johanson, D./Edey, M., *Lucy. Die Anfänge der Menschheit*, Berlin, 1984.
Lacoste-Dujardin, C., *Des Mères contre les femmes; maternité et patriarcat au Maghreb*, La Découverte/Texas à l'appui, 1985.
Lederer, W., *Gynophobia ou la peur des femmes*, Payot, 1970.
Leroi-Gourhan, A., *Ethnologie des sociétes primitives: les Bochimans*, cours Polycopié, 1956–1957, Groupe de sociologie, Paris.
–, *Prähistorische Kunst. Die Ursprünge der Kunst in Europa*, Freiburg, 1971.
–, *Hand und Wort. Die Evolution von Technik, Sprache und Kunst*, Frankfurt a. M., 1980.
–, »Les signes géometriques dans l'art paléolithique. France/Espagne«, in *Courrier du CNRS, janvier* 1978.
–, *Les Racines du monde*, Belfond, 1982.
–, *Le Fil du temps, Fayard*, 1983.
–, *Les Chasseurs de la préhistoire, A.M. Métailié*, 1983.
–, Die Religionen der Vorgeschichte, Frankfurt a. M., 1981.
Loraux, N., »Le lit et la guerre«, in *L'Homme*, janvier-mars 1981, XXI.
–, *Les Enfants d'Athéna*, Maspero/Textes à l'appui, 1981.
–, *Façons tragiques de tuer une femme*, Hachette, Textes du xxe siècle, 1985.
Lowie, R., *Traité de sociologie primitive*, Payot, 1969.
Mahindra, I., *Des Indiennes*, Ed. des Femmes, 1985.
Maringer, J., *Vorgeschichtliche Religion. Religionen im steinzeitlichen Europa*, Köln, 1956.
Markale, J., *Die keltische Frau*, München, 1984.
Mead, M., *Mann und Weib, Das Verhältnis der Geschlechter in einer sich wandelnden Welt*, Hamburg, 1962.
Mellen, S., *The Evolution of love*, Oxford, W. H. Freeman, 1981.
Moret, A., *Mélanges offerts à Jean Capart*, Bruxelles, 1935.
Morin, E., *Das Rätsel des Humanen. Grundfragen einer neuen Anthropologie*, München Zürich, 1974.
,*L'Homme et la Mort*, Le Seuil, collection »Points«, 1976.
Moscovici, S., *La Société contre nature*, collection »10/18«, UGE, 1972.
Mumford, L., *Mythos der Maschine*, Frankfurt/M., 1984.
Otto, W. F., *Die Götter Griechenlands*, Frankfurt/M., 1983.
Pelletier, A., *La Femme dans la société gallo-romaine*, Picard, 1984.
Picard, Ch., *Les Religions pré-helléniques*, PUF, 1948.
Picq, F., *Sur la théorie du droit maternel discours anthropologiques et discours socialistes*, thèse pour le doctorat d'État, octobre 1979, Paris IX.
Przyluski, J., *La Grande Déesse*, Payot, 1950.
Reed, E., *Féminisme et Anthropologie*, Denoël-Gonthier, 1979.

Roumeguère-Eberhardt, J., *Les Maasai, guerriers de la savane,* Berger-Levrault, 1984.
Schmitt-Pantel, P., »La différence des sexes. Histoire. Anthropologie et Cité grecque«, in *Une histoire des femmes est-elle possible?,* Rivages, 1984.
Sullerot, E. (Hg.), *Die Wirklichkeit der Frau,* München 1979.
Tanner, N., et Zilman, A., »Woman in evolution: innovation and selection in human origins«, *Signs I* (3), 1970.
Testart, A., *Essai sur les fondements de la division sexuelle du travail chez les chasseurs-cueilleurs,* Éd. de l'École des hautes études en sciences sociales, 1986.
Vernant, J.-P., *Mythe et Pensée chez les Grecs,* 2 volumes, Maspero, 1971.
Vidal-Naquet, P., *Le Chasseur noir,* rééd. LD/Fondations, 1983.
Weiner, A., *La Richesse des femmes, ou comment l'esprit vient aux hommes,* Le Seuil, 1983.
Zimbalist Rosaldo, M., et Lamphère, L., »Editor's introduction«, in *Woman, culture and society,* Stanford, Stanford University Press, 1974.

II. Teil

Abensour, L., *Histoire générale du féminisme,* Ressources, 1921.
Äschylos, *Werke,* 2 Bde., München, 1953 und 1958.
Ait Sabbah, F., *La Femme dans l'inconscient musulman,* Le Sycomore, 1982.
Albistur, M., et Armogathe, D., *Le Grief des femmes. Anthologie de textes féministes du Moyen Age à 1848,* Éd. Hier et Demain, 1978.
Aristoteles, *De la génération et de la corruption,* trad. et notes de P. Louis, les Belles Lettres, 1961.
–, *Metaphysik,* Hamburg, 1978.
–, *Über die Seele,* Reinbek bei Hamburg, 1968.
Badinter, E., *Die Mutterliebe,* München Zürich, 1981.
Benveniste, E., *Die symbolischen Wunden,* Frankfurt/M., 1982.
La Bible, traduite par les membres du rabbinat français sous la direction de Z. Kahn, Librairie Durlacher, 1952.
La Bible, traduite et présentée par A. Chouraqui, Desclée de Brouwer, 1985.
Bril, J., *Lilith ou la mère obscure,* Payot, 1981.
Cahiers de doléances des femmes, 1789, Éd. des Femmes, 1981.
Chalier, C., *Les Matriarches, Sarah, Rebecca, Rachel et Léa, Le Cerf,* 1985.
Chesler P., *Frauen – Das verrückteGeschlecht,* Reinbek bei Hamburg, 1977.
Chouraqui, A., *Des hommes de la Bible,* Hachette, rééd. 1985.
Condorcet, »Lettres d'un bourgeois de New Haven à un citoyen de Virginie«, *Recherches sur les États-Unis,* tome I, 1788.
–, *Sur l'admission des femmes au droit de cité,* 3 juillet 1790.
Delaisi de Parseval, G., *Was wird aus den Vätern: künstliche Befruchtung und das Erlebnis der Vaterschaft,* Weinheim, 1985.
Deutsch, H., *Psychologie der Frau,* Bern, 1948.
Diabate, M.-M., *Comme une piqûre de guêpe,* Présence africaine, 1980.

Diderot, *Sur les femmes* (1772), in *(Œuvres complètes,* tome X, Club français du livre, 1971.
Dolle, J.-M., *Diderot, politique et Éducation,* Vrin, 1973.
Duby, G., *Die Kunst des Mittelalters.* Band 3: Ritter, Frau und Priester, Frankfurt/M., 1985.
–, *Guillaume le Maréchal,* Frankfurt/M., 1986.
Duchet, M., »Du sexe des livres, sur les *Femmes* de Diderot«, *Revue des sciences humaines,* tome XLIV, n° 168, octobre-décembre 1977.
Duhet, P. M., *Les Femmes et la Révolution,* 1789–1794, collection »Archives«, Gallimard, 1977.
Dunis, S., *Sans tabou ni totem,* Fayard, 1984.
Dupuy, J., »La Laïcité dans les déclarations internationales des droits de l'homme«, *La Laïcité,* PUF, 1960.
Épinay, Mme d', *Correspondance avec l'abbé Galiani,* Fausto Nolini, Bari, 2 tomes, 1929 et 1933.
Euripides, *Sämtliche Tragödien und Fragmente,* München, 1972.
Flandrin, J.-L., *Le Sexe et l'Occident,* Le Seuil, 1981.
Génétique, Procréation et Droit, Actes du colloque, Actes Sud, 1985.
Godelier, M., *Die Produktion der großen Männer,* Frankfurt a. M., 1986.
Gouges, M. O. de, *Schriften.* Hrsg. von: Dillier, M., Frankfurt a. M., 1980.
Griaule, M., *Dieu d'eau, Fayard, rééd.* 1983.
Groddeck, G., *Das Buch vom Es,* München, 1972.
Hippeau, C., *L'Instruction publique en France pendant la Révolution* (1881), Librairie académique.
Histoire mondiale de l'éducation, PUF, 1981.
Illich, I., *Le Genre vernaculaire,* Le Seuil, 1983.
Klein, M., *Essais de psychanalyse,* Payot, 1968.
Kristeva, J., *Pouvoirs de l'horreur. Essai sur l'abjection,* Le Seuil, 1980.
Lacroix, J., »Paternité et démocratie«, *Esprit,* mai 1947.
Latreille, A., »L'Église catholique et la laïcité«, La Laïcité, PUF, 1961.
Lévi-Strauss, Cl., *Das wilde Denken,* Frankfurt/M., 1973.
–, *Rasse und Geschichte,* Frankfurt a. M., 1972.
–, *Mythologica,* Frankfurt a. M., 1971.
–, *Die elementaren Strukturen der Verwandtschaft,* Frankfurt a. M., 1981.
Macciocchi, M.-A., Les Femmes et leurs maîtres, Christian Bourgois, 1978.
Le Mahabharata, vol.I. GF/Flammarion, 1985.
Mayeur, F., *L'Éducation des filles en France au XIXe siècle,* Hachette, 1979.
Mendel G., Die Revolte gegen den Vater, Frankfurt a. M., 1972.
Michel, A., *Activité professionnelle et Vie conjugale,* CNRS 1974.
–, *Femmes, Sexisme et Sociétés,* PUF, 1977.
–, *Les Femmes dans la société marchande,* PUF, 1978.
Millet, K., *Sexus und Herrschaft: Die Tyrannei des Mannes in unserer Gesellschaft,* München, 1980.
Nouvelle Revue de psychanalyse, n° 7, 1973, Gallimard: »Bisexualité et différences des sexes«.

Ouvry-Vial, B., *Femmes made in USA*, Autrement, 1984.
Poulain de la Barre, *De l'égalité des sexes*, 1673, rééd. Le Corpus des Œuvres de philosophie de langue française, Fayard, 1984.
Rabaut, J., *Histoire des féminismes français*, Stock, 1978.
Rocheblave-Spenlé, A. M., *Les Rôles masculins et féminins*, PUF, 1964.
Roncin, F., *La Grève des ventres*, Aubier, 1980.
Rougemont, D. de, *Die Liebe und das Abendland*, Zürich, 1986.
Rousseau, J.-J., *Emil oder Von der Erziehung*, München, 1979.
Sullerot, E., *Die emanzipierte Sklavin*, Köln, 1972.
Thalmann, R., *Frausein im Dritten Reich*, München, 1984.
This, B., *Le Père: acte de naissance*, Le Seuil, 1980.
Thomas, *Sur le caractère, les mœurs et l'esprit des femmes*, 1772.
Tillion, G., *Le Harem et les Cousins*, Le Seuil, 1966.
Tocqueville, A. de, *Über die Demokratie in Amerika*, Ditzingen, 1985.
Tristan, A./Pisan, A. de, *Jedesmal, wenn eine Frau sich wehrt… Geschichten aus der französischen Frauenbewegung*, Münster, 1979.
Vingt-cinq ans d'histoire du Planning familial, Éd. Tierce, 1982.
Zénié-Ziegler, W., La Face voilée des femmes d'Égypte, Mercure de France, collection »Mille et une femmes«, 1985.

III. Teil

Alberoni, F., *L'Amitié*, Ramsay, 1985.
Badinter, E., »Des causes de l'évolution du modèle paternel«, *Le Groupe familial*, n° 92, juillet-septembre 1981.
Ballorain, R., *Le Nouveau Féminisme américain*, Denoël-Gonthier, 1972.
Benedeck, Th., »Parenthood as a developmental phase«, in *Journal of the American Psychoanalytic Association*, 1959, 7.
Caron, J., *Des mères célibataires*, Pierre Horay, 1982.
Castro, G., *Radioscopie du féminisme américain*, Presses de la Fondation nationale des sciences politiques, 1984.
Chalvon-Demersay, S., *Concubin-Concubine*, Le Seuil, 1983.
Clément, C., et Cixous, H., *La Jeune Née*, collection »10/18«, UGE, 1975.
David, C., »Rapport sur la bisexualité psychique«, *Revue française de psychanalyse*, n° 5–6, 1975.
Delaisi de Parseval, G., et Lallemand, S., *L'Art d'accommoder les bébés*, Le Seuil, 1980.
Delaisi de Parseval, G./Janaud, J., *Ein Kind um jeden Preis*, Weinheim, 1986.
Deleuze, G./Guattari, F., *Anti-Ödipus*, Frankfurt/M., 1977.
Dierichs, H./Mitscherlich, M., *Männer*, Frankfurt/M., 1986.
Le Divorce en France, 3 vol., publié par le ministère de la Justice et l'INSEE, 1981.
Doucet, G., et Élia, Dr D., *Femme pour toujours, la ménopause oubliée*, Hachette, 1985.

Feigen-Fasteau, M., *Le Robot mâle,* Denoël-Gonthier, 1980.
Femmes et Russie 1980, collectif de rédaction de l'Almanach, Éd. des Femmes, 1980.
Freud, S., *Aus den Anfängen der Psychoanalyse,* hrsg. v. M. Bonaparte, A. Freud und E. Kris, London 1950.
–, *Drei Abhandlungen zur Sexualtheorie,* Frankfurt a. M., 1985.
–, »Ein Kind wird geschlagen«, *G. W.*, Bd. 12.
–, »Über die Psychogenese eines Falles weiblicher Homosexualität«, *G. W.*, Bd. 12.
–, »Die endliche und die unendliche Analyse«, *G. W.*, Bd. 16, S. 59.
Frischer, D., *Les Mères célibataires volontaires,* Stock 2, 1979.
Frydman, R., *L'Irrésistible Désir de naissance,* PUF, 1986.
Garcia, I., *Promenade femmilière. Recherches sur l'écriture féminine,* Éd. des Femmes, 1981.
Gorny, V., *Le Divorce en face,* Hachette, 1985.
Hermann, C., *Les Voleuses de langue,* Éd. des Femmes, 1976.
Irigaray, L., *Speculum,* Frankfurt, 1980.
–, *Ce sexe qui n'en est pas un,* Éd. de Minuit, 1983.
–, Entretien avec X. Gauthier et A. M. de Vilaine, revue *Sorcières, n°* 20, »La nature assassinée«.
Kreisler, F., »Les intersexuels avec ambiguïté génitale«, *La Psychiatrie de l'enfant,* vol. XIII, fasc. 1, PUF, 1970.
–, »L'enfant et l'adolescent de sexe ambigu ou l'envers du mythe«, *Nouvelle Revue de psychanalyse,* n° 7, 1973.
Laplanche, J., Pontalis, J. B., *Das Vokabular der Psychoanalyse,* Frankfurt/M., 1973.
Leclerc, A., *Parole de femmes,* Grasset, 1976.
Le Garrec, E., *Un lit à soi,* Le Seuil, collection »Points«, 1981.
Lilar, S., *Le Malentendu du deuxième sexe,* PUF, 1962.
Lipovetsky, G., *L'Ère du vide,* Gallimard, 1983.
Maggiori, R., *De la convivance,* Fayard, 1985.
Marbeau-Cleirens, B., *Les Mères célibataires et l'Inconscient,* J. P. Delarge, 1980.
Martin Fugier, A., *Les Indépendantes,* Grasset, 1985.
Mitscherlich, M., *Das Ende der Vorbilder,* München Zürich, 1980.
Le Monde de l'éducation, mars 1985.
Money, J., Hampson, J. G., Hampson, J. L., »Imprinting and the establishment of gender role«, *Arch. Neurol. Psych.*, 77, 1957.
Norvez, A., Court, M., Vingt-Trois, A., *Dossier: La cohabitation juvénile,* Belgique, Chalet, 1979.
Orr, A., *Devenir père,* Dossier 90, F. Nathan, 1981.
Partisans, *Libération des femmes,* F. M. Maspero, 1974.
Les Pères aujourd'hui, Actes du colloque international, 17, 18, 19 février 1981, INED, 1982.
Plato, *Das Gastmahl,* München Zürich, 1987.
Revue *Autrement,* n° 32, juin 1981, »Les célibataires«.

–, n° 61, juin 1984, »Pères et fils, masculinités aujourd'hui«.
–, n° 72, septembre 1985, »Objectif bébé...«.
Revue *Le Débat*, n° 36, septembre 1985, Gallimard »Le droit, la médecine et la vie«.
Revue *Le Genre humain*, n° 10, printemps-été 1984, Ed. Complexe, »Le masculin«.
Revue *Le Groupe familial*, n° 84, juillet 1979, »Vouloir un enfant«.
Revue *Sorcières*, Éd. Garance, voir en particulier:
–, n° 4, »Enceintes«.
–, n° 7, »Écritures«.
–, n° 9, »Le sang«.
–, n° 20, »La nature assassinée«.
Stoller, R., *Recherches sur l'identité sexuelle*, Gallimard, 1978.
–, »Création d'une illusion: l'extrême féminité chez les garçons«, *Nouvelle Revue de psychanalyse*, n° 4, 1971.
–, »Faits et hypothèses: un examen du concept freudien de la bisexualité«, *Nouvelle Revue de psychanalyse*, n° 7, 1973.
Sullerot, E., *Demain les femmes*, R. Laffont, 1965.
–, *Pour le meilleur et sans le pire*, Fayard, 1984.
Tabard, N., *Besoins et Aspirations des familles et des jeunes, Éd. par la Caisse nationale des allocations familiales et le Centre de recherches et de documentation sur la consommation*, 1974.
Testart, J., *De l'éprouvette au bébé spectacle*, Éd. Complexe, 1984.
Vallée, E., »Les anti-mères«, *Perspectives psychiatriques*, 1978, IV, n° 68.
–, *Pas d'enfant, dit-elle, Éd. Tierce*, 1981.
Wolff, E., *Les Changements de sexe*, Gallimard, 1946.
Yogman, Dr M., »La présence du père«, *Autrement*, n° 72, septembre 1985: »Objectif bébé...«.
Yvert-Jalu, H., »Le divorce en Union soviétique«, *Femmes, Sexisme et Sociétés*, PUF, 1977.
Zapperi, R., *Der schwangere Mann*, München 1984.

Namenregister

Frauen-sachen

Bettina Böhm:
Stumme Fluchten
Eine Inzestgeschichte
dtv 30368

Frauen berichten vom
Kinderkriegen
Hrsg. v. Doris Reim
dtv 10242

Gabriele M.
Grafenhorst:
Abtreibung
Erfahrungsberichte
zu einem Tabu
dtv 30300

Mary Kingsley:
Die grünen Mauern
meiner Flüsse
Aufzeichnungen aus
Westafrika
dtv 30315

Christian Graf von
Krockow:
Die Stunde der Frauen
Bericht aus Pommern
1944 – 1947
dtv 30014

Lesebuch für Raben-mütter
Von den Schwierig-keiten, eine gute
Mutter zu sein
Hrsg. v. Sophie v.
Lenthe
dtv 30348

Naila Minai:
Schwestern unterm
Halbmond
Muslimische Frauen
zwischen Tradition
und Emanzipation
dtv 11098

Paul Noack:
Olympe de Gouges
1748 – 1793
Kurtisane und
Kämpferin für
die Rechte der Frau
dtv 30319

Régine Pernoud:
Königin der
Troubadoure
Eleonore von
Aquitanien
dtv 30042

Christine de Pizan
Das Leben einer
außergewöhnlichen
Frau im Mittelalter
dtv 11192

Herrscherin
in bewegter Zeit
Blanca von Kastilien,
Königin
von Frankreich
dtv 30359

Giovanni Pettinato:
Semiramis
Herrin über Assur
und Babylon
dtv 11402

Christa Rotzoll:
Frauen und Zeiten
Porträts
dtv 11352

Helga Schubert:
Judasfrauen
Zehn Fallgeschichten
weiblicher Denunzia-tion im Dritten Reich
dtv 11523

Eva Weissweiler:
Clara Schumann
Eine Biographie
dtv 30344

Gesellschaft
Politik
Wirtschaft

Jewgenia Albaz:
Das Geheimimperium
KGB
Totengräber der
Sowjetunion
dtv 30326

Timothy Garton Ash:
Ein Jahrhundert
wird abgewählt
Aus den Zentren
Mitteleuropas
1980-1990
dtv 30328

Fritjof Capra:
Wendezeit
Bausteine für ein
neues Weltbild
dtv 30029

Das neue Denken
Ein ganzheitliches
Weltbild im
Spannungsfeld
zwischen Naturwissen-
schaft und Mystik
Begegnungen und
Reflexionen
dtv 30301

Alfred Grosser:
Verbrechen und
Erinnerung
Der Genozid im
Gedächtnis der Völker
dtv 30366

Graf Christian von
Krockow:
Politik und
menschliche Natur
Dämme gegen die
Selbstzerstörung
dtv 30321

Heimat
Erfahrungen mit
einem deutschen
Thema
Aktualisierte Ausgabe
dtv 30321

Dagobert Lindlau:
Der Mob
Recherchen
zum organisierten
Verbrechen
dtv 30070

John R. MacArthur:
Die Schlacht der Lügen
Wie die USA den
Golfkrieg verkauften
dtv 30352

Gérard Mermet:
Die Europäer
Länder, Leute,
Leidenschaften
Mit zahlr. Tabellen,
Karten u. Abbildungen
dtv 30340

Hans Jürgen Schultz:
Trennung
Eine Grunderfahrung
des menschlichen
Lebens
dtv 30001

Dorothee Sölle:
Gott im Müll
Eine andere
Entdeckung
Lateinamerikas
dtv 30040

Zeitbombe Mensch
Überbevölkerung und
Lebenschance
Hrsg. v. Reymer Klüver
dtv 30375

dialog
und praxis

Kinder
Eltern
Familie

Bruno Bettelheim:
Der Weg aus dem Labyrinth
Leben lernen als Therapie
dtv 15051

Themen meines Lebens
Essays über Psychoanalyse, Kindererziehung und das jüdische Schicksal
dtv 35062

Paula J. Caplan:
So viel Liebe, so viel Haß
Zur Verbesserung der Mutter-Tochter-Beziehung
dtv 35060

Eugen Drewermann:
Lieb Schwesterlein, laß mich herein
dtv 35050

Rapunzel, Rapunzel laß dein Haar herunter
dtv 35056
Grimms Märchen tiefenpsychologisch gedeutet

Nancy Friday:
Eifersucht
Die dunkle Seite der Liebe
dtv 35063

Sara Gilbert:
Morgen werde ich schlank sein
Diät und Psyche
dtv 35064

Arno Gruen:
Der Verrat am Selbst
Die Angst vor Autonomie bei Mann und Frau
dtv 35000

Der Wahnsinn der Normalität
Realismus als Krankheit: eine grundlegende Theorie zur menschlichen Destruktivität
dtv 35002

Falsche Götter
Über Liebe, Haß und die Schwierigkeit des Friedens
dtv 35059

Der frühe Abschied
Eine Deutung des Plötzlichen Kindstodes
dtv 35066